Werner Dettelbacher

Oberpfalz
Bayerischer Wald
Niederbayern

DuMont Buchverlag Köln

Einband Vorderseite: Wallfahrtskirche Kappel bei Waldsassen

Einband Rückseite: Landschaft am Regen bei Cham, Bayerischer Wald

Vordere Innenklappe: Regensburg, St. Emmeram, Emmeram-Schrein von 1440

Karten der Innenseiten des Einbandes: Ossi Krapf, Rottendorf bei Würzburg

© 1980 DuMont Buchverlag, Köln
3. Auflage 1983
Alle Rechte vorbehalten
Satz und Druck: Rasch, Bramsche
Buchbinderische Verarbeitung: Boss-Druck, Kleve

Printed in Germany   ISBN 3-7701-1211-3

Kunst-Reiseführer in der Reihe DuMont Dokumente

Zur schnellen Orientierung hier die wichtigsten Orte auf einen Blick (Auszug aus dem ausführlichen Ortsregister S. 337 ff.)

Übersichtskarten in beiden Einbandklappen

Zunftzeichen der Donauschiffer- und Fischerinnung. 1630. Museum Regensburg

Inhalt

nitz, St. Martin, Hl. Geist, St. Jodok, St. Ignatius, die Marktstraßen, Stadtresidenz, Kloster Seligenthal) – Dingolfing – Sünching – Schloß Alteglofsheim –
Mallersdorf – Rohr

Vorbemerkung

Mit diesem Kunstreiseführer sollen Ihnen die beiden Regierungsbezirke Oberpfalz und Niederbayern sowie der sie durchziehende Bayerische Wald vorgestellt werden, die neben ihren landschaftlichen Schönheiten auch zahlreiche Kunstwerke aller Epochen besitzen. Selbst die provinzialrömische Kunst des 3. und 4. Jahrhunderts ist durch Ausgrabungen in Regensburg, Straubing und Passau repräsentiert. Die zahlreichsten Zeugnisse gehören allerdings dem Barock an, dessen Kirchenbauten vom gegenreformatorischen Impetus bis in die nördliche Oberpfalz geprägt wurden. Da meine Seitenzahl beschränkt war, wird man zu den lokalen Kunstführern greifen, wenn es um Details wie Grabinschriften, Kapellenausstattung etc. geht.

Im Anhang (Gelbe Seiten) sollen Ihnen Besonderheiten der besuchten Landstriche nahegebracht werden, so vier markante Landschaften, dann einige kleine, aber besuchenswerte Museen, schließlich Feste und Speis' und Trank, denen sich auch Kunstfreunde gelegentlich nähern sollten. In diesem letzten Punkte werden allerdings Sie und ich nicht vor Überraschungen sicher sein.

Um den Text etwas zu entlasten, wurden folgende Abkürzungen benutzt: Jh. für Jahrhundert; Joh. für Johann(es); Jos. für Josef (Joseph). Die Klammer hinter einem Namen bringt die Lebensdaten, ausgenommen bei Herrschern, wozu auch Bischöfe und Administratoren gehören. Hier wird nur die Regierungszeit geboten, damit die Zeit umrissen ist, in der sie als Bauherren, Sammler und Mäzene auftreten konnten.

Allen, die mir geholfen haben, diesen Band zu schreiben, dessen Objekte über ein Gebiet von 20 300 qkm verstreut sind, danke ich von Herzen. Insbesondere gilt mein Dank im Verlag Frau Inge Bodesohn für ihre stete Betreuung des Buches. Für kritische Durchsicht des Kapitels Regensburg bin ich Frau Friederike Strobel sehr verbunden. Mit Auskünften und Nachforschungen waren sehr behilflich die Herren Rudolph Meckl in Amberg, Dr. Peter Ludwig Merz in Waldetzenberg, Dr. Wolfgang Schöberl in Burglengenfeld und Toni Siegert in Altenstadt a. d. Waldnaab.

Falls dieser Band Sie zu den Kunstwerken und Naturschönheiten eines Bereichs locken kann, der noch abseits der Ströme des Fremdenverkehrs liegt, also noch Entdeckungen in Muße zuläßt, würde sich freuen

Werner Dettelbacher

Das Land im Nordosten Bayerns

Das Land zwischen Fichtelgebirge und Voralpenland gehört politisch zu den Regierungsbezirken Oberpfalz und Niederbayern. Geologisches Rückgrat ist das Ostbayerische Grenzgebirge, ein neuerer Sammelname für den Oberpfälzer Wald zwischen Fichtelgebirge und der Cham-Further Senke und dem Bayerischen Wald (Bayerwald) südlich dieser Senke, denn durch Landtagsbeschluß von 1951 wurde der Name Böhmerwald verdrängt, um Empfindlichkeiten zu schonen. Obwohl während der mittelalterlichen Rodungszeit und gerade in unserem Jahrhundert der Wald stark eingeschlagen wurde, kann im Vergleich etwa zum Voralpenland immer noch vom Waldgebirge gesprochen werden. Im Hinteren Bayerischen Wald erreicht eine Reihe von Gipfeln 1300 m, der Große Arber 1456 m und der Rachel 1452 m. Im Vorderen Bayerischen Wald erreicht der Dreitannenriegel nur 1092 m, im Oberpfälzer Wald der allerdings auf böhmischer Seite gelegene Gipfel der Schwarzkoppe 1039 m. Im Oberbayerischen Grenzgebirge liegt das Urgestein mit kristallinen Schiefern, vor allem Gneisen, an der Oberfläche. Die in die Schiefer eingedrungenen Granite werden heute bei Falkenberg im Falkensteiner Vorwald, bei Flossenbürg im Oberpfälzer Wald und bei Hauzenberg und Saldenburg nördlich Passau abgebaut. Im Obermiozän brachen die Basalte des Reichsforstes und des landschaftsprägenden Rauhen Kulm durch.

Wichtig für die Oberflächenformen war neben den Gesteinsarten das Klima, vor allem das der Eiszeit. Es schuf nicht nur die malerischen Karseen (Rachelsee, Großer und Kleiner Arbersee), sondern auch die Blockmeere und die tiefen Taleinschnitte an den Mittelgebirgsrändern. Das gegenwärtige Klima mit langen, schneereichen Wintern zerlegt mit häufigem Bodenfrost in den Hochlagen Granit und Gneis zu Grus. Da der heizungsfreie Sommer im Schnitt nur 85 Tage dauert, wird die Vegetation eng zwischen zwei Frostperioden gedrängt. Die natürliche Walddecke bestand einst aus Buche, Tanne und Fichte, doch wurden seit dem 19. Jh. und seiner ökonomisch denkenden Forstwirtschaft alle Baumarten zugunsten der Fichte eingeschlagen. Sie wuchs am schnellsten und brachte am meisten ein. Rechtzeitig konnten zahlreiche Naturschutzgebiete aus dem Nutzungsbereich herausgelöst und so einmalige Landschaften für Gegenwart und Zukunft vor Zerstörung bewahrt werden.

Wichtigster Bodenfund der Oberpfalz war das Eisenerz, das vom 14. bis zum Beginn des 17. Jh. ein blühendes Eisengewerbe zur Folge hatte. Nach starkem Niedergang lebten während der Napoleonischen Kriege die Hammerwerke wieder auf, dank der Erzförderung bei Amberg, Sulzbach und Langenbruck. Während die kleineren Betriebe wegen der englischen Konkurrenz schon im 19. Jh. schließen mußten, konnte sich die Luitpoldhütte in Amberg halten, die allerdings 1964 den Erzabbau einstellte, 1968 Hochöfen und Kokerei stillegte und mit Gießerei und Kunststoffröhrenwerk ein Teilbetrieb des Salzgitter-Konzerns wurde. Die Eisenerze im Raum Sulzbach–Rosenberg konnten erst verhüttet werden, als Sulzbach an die Bahnstrecke Nürnberg-Amberg angeschlossen war. Die Maximilianshütte, heute im Besitz des Klöckner-Konzerns, verhüttet nur noch fremde, vor allem schwedische Erze. Als Bodenschatz ist das Graphitvorkommen bei Kropfmühl nahe Passau zu nennen, dessen Absatz aber geringer geworden ist. Ausländische Konkurrenz hat auch den Granitbrüchen zugesetzt, denn Portugal und die Ostblockländer können billiger liefern.

Dem Ostbayerischen Grenzgebirge ist westlich die Oberpfälzer Senke vorgelagert, die bis zur Ostabdachung des Fränkischen Jura reicht. Sie wechselt in der Höhe zwischen 250 und 550 m und besteht überwiegend aus Sandsteinen. Charakterbaum ist die Kiefer, die auch mit den geringen Niederschlägen im Lee der Frankenalb zurechtkommt. Die leichten Sandböden ergeben gute Erträge nur bei Roggen und Kartoffeln (Kartoffelpfalz), abgesehen vom Nordteil (Steinpfalz) mit den zahlreichen Weihern, die reiche Fischzucht ermöglichen. Im Südwesteck und schon in der Alb liegen die Kelheimer Kalke (fälschlich Marmor gen.), aus denen u. a. die Befreiungshalle und die Walhalla erbaut wurden. Die heute 2000 Einwohner zählende Ortschaft Ihrlerstein bei Kelheim ist nach dem Steinmetz Jakob Ihrler benannt, der hier einen Steinbruch für die Belieferung der Befreiungshalle anlegte und bis zu 200 Arbeiter beschäftigte. Der Kelheimer Kalkstein hat den Regensburger Grünsandstein verdrängt – der z. B. bei der Fertigstellung des Regensburger Doms verwendet wurde –, weil dieser Stein vor allem durch Industrieabgase rasch zerfällt.

Überschreiten wir die Donau, so betreten wir das Niederbayerische Tertiärhügelland, das vom Tal der Isar in einen größeren West- und kleineren Ostteil zerlegt wird. Gebildet wird die Oberfläche von Süßwasserablagerungen des Obermiozän, also u. a. Mergel, Kies, Grobsand, Feinsand, deren Wechsel entscheidend für die krassen Unterschiede der Bodengüte sind. Die nach Nordost strebenden Flüsse und die ihnen zufließenden Bäche haben die Schotterfläche in ein flachwelliges Hügelland zerlegt, wobei die Osthänge von angewehtem Löß bedeckt sind, der beste Ernten garantiert, während der Nachbar im Westen oft nur eine Kiesgrube zur Ausbeute besitzt. Ein geschlossenes Lößgebiet existiert zwischen Regensburg und Vilshofen, der 'Gäuboden', seit Jahrtausenden als Ackerbauland genutzt. In jüngster Zeit wurde das tischebene Land durch Deiche vor den verheerenden Hochwässern der Donau geschützt, die Bodenabschwemmung gestoppt. Außerhalb dieser ›Kornkammer Bayerns‹ sind die Erträge nur 'mittel' bis 'schlecht'. Die Flußgerölle wurden bis ins 19. Jh. mangels eigener Werksteine für Straßenpflaster und Mauerbau genutzt. Erst nach der Erschließung des Gebietes durch die Bahnlinien werden Kalk- und Sandsteine aus dem nördlichen Bayern verwendet. In der Hallertau (Holledau) – im Südwesteck Niederbayerns – ist eine Spezialkultur für Hopfen entstanden, keine Monokultur, weil die seit Jahrzehnten geübte staatliche Beschränkung des Hopfenanbaus keine Erweiterung der

Flächen ermöglicht hat. Trotz der Begrenzung der Anbauflächen ist die Hallertau immer noch Europas größter Lieferant an Hopfen, dessen Dolden dem Bier eine bittere, schaumbildende, aromatische, konservierende und antiseptische Wirkung verleihen. Die 'Stangenalleen', an deren Drähten die 4–8 m hohe Schlingpflanze hinaufklettert, markieren in geschlossenen Karrees die Landschaft.

Kurze Geschichte der Oberpfalz

Nur die südlichste Ecke der Oberpfalz mit Regensburg war als Teil der Provinz Rätien römisches Staatsgebiet. Der größte Teil der Oberpfalz war von Kelten bewohnt, in deren dünnbesiedeltes Land die Markomannen und im Norden auch die Slawen eindrangen. Schließlich stießen Bajuwaren auch in das Gebiet von Vils, Naab und Regen vor, das sie ihrem Stammesherzogtum einverleibten. Erst 788, mit dem Sturz Tassilos III., wurde der fränkische Nordgau auch auf das Gebiet östlich der Naab zum Böhmerwald hin, das die Agilolfinger besessen hatten, ausgedehnt. Für das Frankenkönigtum war das nicht nur ein Gebietszuwachs, eine Verwandlung von Herzogs- in Königsgut, sondern auch der Zwang zur militärischen, administrativen und kirchlichen Organisation, zur Verteidigung dieses Grenzraumes. Das Diedenhofener Capitulare Karls d. Gr. regelte den Handelsverkehr mit Slawen und Awaren, die sich der Stapelplätze Forchheim, Premberg und Regensburg im Vorfeld des Grenzsaumes bedienen mußten. Der Ausbau des Nordgaues, einst von den Königshöfen Ingolstadt und Lauterhofen ausgehend, hatte bald die nördliche und östliche Oberpfalz erreicht, war von königlichen Sachwaltern und deren Beauftragten verwaltet worden, von denen zunächst die Luitpoldinger, dann die babenbergischen Markgrafen von Schweinfurt hervortraten. Nach der Niederlage Heinrichs von Schweinfurt (906), der sich mit seinem Anhang vergeblich gegen die Konradiner aufgelehnt hatte, wurde der Nordgau zerschlagen, nur um die Reichsburgen Cham und Nabburg waren noch Marken (Verteidigungsbezirke) intakt. Ihre Markgrafen, die Rapatonen und Diepoldinger, schickten Rodungskolonnen bis ins Gebiet der oberen Eger. Zwischen die Stützpunkte der Markgrafschaften hatten sich bereits klösterliche Gebiete wie Reichenbach, Waldsassen, Speinshart und vor allem Kastl geschoben, die ja nicht nur geistige, sondern auch politische Herrschaft ausübten. Das größte Einzugsgebiet hatte sich von Cham aus das Kloster St. Emmeram gesichert, das durch Kaiser Heinrich II. gefördert wurde, der neben tiefer greifender Christianisierung auch die Einengung aufsteigender Territorialfürsten im Sinn hatte.

    Salier und Staufer förderten vor allem den niederen Adel und die Ministerialen (Dienstmannen), die sich mit jenen versippten, um Parteigänger bei Landesausbau und Landesverteidigung zu besitzen. Die zahlreichen Burgen und Burgruinen sind ein Zeichen der Aufsplitterung des Königsgutes, das allerdings beim Aussterben der Sulzbacher (1188) nochmals gemehrt wurde. Die intensive Rodungstätigkeit des 12. und 13. Jh. führte zur Anlage zahlreicher Märkte am 'Wald' wie Freyung, Grafenau, Kötzting, Lam u. a., doch wurden nur die Orte reich, die an der belebten Handelsstraße von Nürnberg nach Prag lagen. Ende des 12. Jh. faßten die Wittelsbacher, seit 1180 Herzöge des verkleinerten Bayern und 1214 Pfalzgrafen bei Rhein, im zersplitterten Nordgau Fuß. Im Hausvertrag von Pavia 1329 wurden diese Erwerbungen, die erst viel später Oberpfalz hießen, der Pfalzgrafschaft zugewiesen. Die aufwendige Hofhaltung in Heidelberg, Kriege und Ambitionen zwangen die Pfälzer Kurfürsten, ihre neuen Städte und Märkte zu verpfänden. So konnte Kaiser Karl IV., Böhmens König, von Eger über Floß, Parkstein, Sulzbach eine Landbrücke bis nach Erlenstegen bei Nürnberg schlagen. In diesem 'Neuböhmen' und dem anschließenden Fichtelgebirge förderte er den vorhandenen Abbau von Silber, Zinn und vor allem Eisenerz, das in Auerbach, Sulzbach und Amberg verhüttet oder in den zahlreichen Hammermühlen an Flüssen und Bächen der Oberpfalz weiterverarbeitet wurde.

Karl IV. selbst begann mit der Liquidierung seines kleinsten, aber reichsten Fürstentums, als 1373 das südliche 'Neuböhmen' wieder an die Pfalz zurückfiel, weil diese zugunsten des Kaisers auf die Mark Brandenburg verzichtet hatte. Ruprecht III. von der Pfalz griff als Gegenkönig zu Karls IV. Sohn Wenzel die restlichen böhmischen Besitzungen um Auerbach an und vereinnahmte sie. Die Hussitenschwärme, die 1420–34 die Städte und Märkte der Oberpfalz plünderten oder niederbrannten, zeigten jedermann, was religiöser Fanatismus ausrichten konnte.

Zwei Jahrhunderte später, zu Beginn eines 30 Jahre währenden Krieges, ließ sich Friedrich V. von der Pfalz von den aufständischen böhmischen Großen zum König wählen. Nach der Niederlage am Weißen Berg bei Prag (1620) rückte Maximilian von Bayern in die Oberpfalz ein und ließ sich 1621 von den Ständen huldigen, die wie das Land sofort die katholische Konfession anzunehmen hatten. Um die Mitte des 16. Jh. nämlich hatte sich die evangelisch-lutherische Lehre so weit verbreitet, daß sie durch die pfalz-neuburgische Kirchenordnung praktisch zur Staatsreligion geworden war, doch wurde bald darauf der Calvinismus durchgesetzt, denn das Land hatte die Religion des Fürsten zu übernehmen. Dann hatten alle zum Luthertum zurückzukehren, um erneut calvinistisch zu werden, bis ab 1628 nur noch der katholische Glaube geduldet wurde. Die Gegenreformation führten vor allem die Orden der Jesuiten, Franziskaner, Kapuziner und Karmeliter durch, die neben ihren Klöstern zahlreiche Wallfahrtsstätten gründeten, die in Pest- und Kriegsjahren besonders häufig besucht wurden.

Der Dreißigjährige Krieg ruinierte die Oberpfalz – die Bevölkerung verarmte, zahlreiche Orte verfielen, die Städte sanken zur Bedeutungslosigkeit herab. Erst Ende des 17. Jh. kam es zu einer dritten, wenn auch schwachen Kolonisation der Waldtäler. Zahlreiche Holzhauerkolonien entstanden, um Bau- und Brennholz einzuschlagen; die Glashütten benötigten reichlich Pottasche und Holzkohlen, die in Meilern bereitet wurden.

Bis tief ins 19. Jh. hinein war die Oberpfalz Bayerns ärmste Provinz, die außer Holz und Steinen (Granit) wenig zu bieten hatte. Erst die erneute Erschließung der Eisenerze brachte neuen Verdienst ins Land, aus dem aber bis heute mehr Jugendliche in die Großstädte und Industr020reviere abwandern als aus anderen Regierungsbezirken. Grenzlandförderung, Konjunkturprogramme und Ansiedlung von Zweigwerken haben manches gebessert, doch die Randsituation nicht aufheben können.

I Regensburg

Ein Gang durch die Geschichte der Stadt

Als 15 v. Chr. römische Truppen die nördlichen Kalkalpen überwanden und ins Alpenvor-
land vordrangen, trafen sie ein nur dünn besiedeltes Gebiet an. Die keltischen Vindeliker,
die zwischen Inn und Bodensee wohnten, wurden im gleichen Jahr von Tiberius und
Drusus, den Stiefsöhnen des Kaisers Augustus, in einer »schweren Schlacht« irgendwo im
Land zwischen Alpen und Donau besiegt. In der hinzugewonnenen Provinz Rätien wurde
das Legionslager in Augsburg stationiert, durch kleinere Militärlager zunächst der Nach-
schubweg nach Italien gesichert. An die nördliche Begrenzung dachte man erst, als durch
den ›Limes‹ eine befestigte Linie vom Odenwald bzw. Untermain zur Donau gezogen
wurde. Diese mit Kastellen gespickte Grenzwehr stak noch in den Anfängen, als Kaiser
Domitian nach seinen Kämpfen gegen die Markomannen im heutigen Böhmen um 90
n. Chr. auf der Höhe von (Regensburg-)Kumpfmühl etwa 500 Reiter und Fußsoldaten
zurückließ. Von hier aus konnten sie den Donauübergang und das Regental kontrollieren.
Um die Militärsiedlung entstand ein Lagerdorf, von Händlern, Handwerkern und ausge-
dienten Soldaten bewohnt. Sie brachten die Ziegelbauweise mit, legten Fußbodenheizungen
und importierten u. a. rotglänzende Terra Sigillata als Tafelgeschirr, von dem Proben aus
Bodenfunden im Museum der Stadt Regensburg (ehem. Minoritenkloster) gezeigt werden.
Vom Kastell Kumpfmühl führte eine Straße zur Donaulände hinab, die gut genutzt
wurde, wie ein zweites Händlerdorf beweist, das man erst bei Grabungen 1976/77 unterm
Bismarckplatz und nahe dem Arnulfplatz aufgedeckt hat. Die Markomannenkriege vernich-
teten den relativen Wohlstand der Siedlungen; 170 n. Chr. wurden diese niedergebrannt.
Übrig blieb die 1977 gefundene Wangenklappe eines Reiterhelms. Diese Verluste veranlaß-
ten Kaiser Marc Aurel (161–180) den nördlichen Eckstein der Provinz Rätien auszubauen.
Er stationierte eine ganze Legion von 6000 Mann, die Legio III Italica, gegenüber der
Regenmündung. Dieses Lager, wegen des Flusses Castra Regina gen., hatte eine Seitenlänge
von 540 × 450 m und war über zehnmal so groß wie das Kumpfmühler Kastell. Von der
Bauinschrift aus dem Jahre 179 n. Chr. ist das 3 m lange Mittelstück erhalten geblieben, weil
es in den Fundamenten des östlichen Lagertores verbaut war. Regensburg konnte deshalb

kürzlich als Gründung des Marc Aurel ein Jubiläum feiern, das durch eine steinerne Fertigstellungsurkunde belegt werden kann. Aus dieser Zeit stammt auch die Porta Praetoria, das Nordtor des Kastells, nach der Porta Nigra in Trier das älteste derartige Denkmal römischer Zeit in Deutschland. Die tonnenschweren Quader für Mauern und Türme wurden per Lastkahn auf der Donau herabgefahren und mit Kränen und Flaschenzügen aufeinandergehoben.

Da bereits 180 n. Chr. zwischen Römern und Germanenstämmen Frieden geschlossen wurde, der lange anhielt, entstand bald eine Lagervorstadt (cannabae), in der sich Kaufleute, Handwerker und allerlei Gewerbetreibende niederließen, denn Offiziere wie Soldaten wurden an der Grenze gut bezahlt. Während feines Geschirr und Glas aus Italien importiert wurden, waren Töpfer und Metallgießer am Ort tätig. Unter mehreren Ärzten ist auch ein Spezialist durch einen 'Augenarztstempel' bezeugt. Als Abfindung ließen sich manche Veteranen ein Stück Land zuweisen und belieferten von ihrem Gutshof aus die Truppe mit Nahrungsmitteln. Von Gutshöfen in Rogging und Niedertraubling, beide südlich Regensburg gelegen, stammen die schönsten Bronzestatuetten des Regensburger Museums: ein Merkur und der Apisstier. Die jüngst in Kumpfmühl gefundene Theatermaske und ein Relief mit 'Gasthausszene' lassen auf die Unterhaltung in einer romfernen Garnison schließen. Selbst Ansätze zu einer provinzialrömischen Kunst in Rätien fanden sich im ›Großen Gräberfeld‹, so der Kopf eines Mars aus Kalkstein.

Das gemächliche Leben im und vor dem Lager wurde durch Germaneneinfälle im 3. Jh. jäh unterbrochen. Zuerst zogen die Alemannen plündernd durchs Land. Wer bleiben mußte, versteckte seine Schätze, die dann erst in den letzten 500 Jahren nach und nach gehoben wurden, denn die Besitzer kamen nicht mehr dazu, ihren Hort wieder auszugraben. Wer durch keinen Eid gebunden war, eilte 'heim' nach Italien. Um 240 n. Chr. war der Raum um Regensburg ohne Romanen, sie waren erschlagen worden oder geflüchtet. Spätestens 288 n. Chr. war auch Castra Regina ein Schutthaufen. Wiederaufgebaut, erlebte das Lager noch einmal eine Spätblüte, überstand sogar die Juthungeneinfälle des 4. Jh., aber damals war die Provinz Rätien bereits abgeschrieben. Militär blieb zwar bis zu Beginn des 5. Jh. in Castra Regina, aber die Soldatenkaiser waren nur noch mit Italien beschäftigt. Langsam, aber sicher 'barbarisierte' sich Regensburg. Die Münzreihe, unter der Niedermünsterkirche angetroffen, reicht immerhin bis 408 n. Chr. Noch liegt im dunkeln, was in den anderthalb Jahrhunderten geschah, die bis zur Nennung des ersten agilolfingischen Herzogs vergingen. Aus der Zeit um 600 stammen reich mit Gold und Silber beschlagene Zaumzeuge von vier Pferden, die mit ihrem adeligen Herrn auf dem heutigen Bismarckplatz bestattet worden waren.

Seit dem Ende des 6. Jh. besteht Bayern* als geschlossenes Staatswesen unter Führung von Herzögen aus dem Geschlecht der Agilolfinger, die sich im Nordosten der stark demolierten Siedlung im Donaubogen eine Residenz bauten, geschützt durch die römische Mauer. Der

---

* Bis 1825 wurde Baiern überwiegend mit ›i‹ geschrieben. Erst nach der Thronbesteigung Ludwigs I. wurde das ›y‹ endgültig eingeführt, weil der König seine Begeisterung für die Griechen und ihren Freiheitskampf deutlich machen wollte. (Wir haben uns durchgehend für die Schreibweise ›y‹ entschieden.)

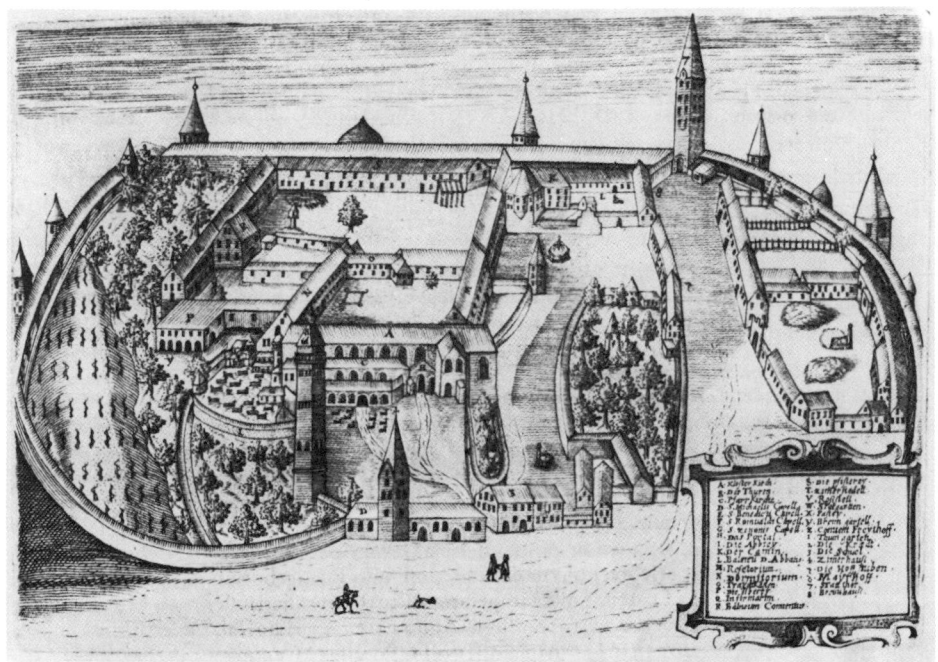

Ehem. Benediktinerabtei ST. EMMERAM   Kupferstich von 1619 aus C. Stengels ›Monasteriologia‹

Freisinger Bischof Arbeo rühmt im 8. Jh. in seiner Lebensbeschreibung des hl. Emmeram die Stadt als »uneinnehmbar, aus Quadern erbaut, mit hochragenden Türmen und mit Brunnen reichlich versehen«. Das erste agilolfingische Bauwerk ist sicherlich die erste Bischofskirche unter dem Niedermünster, um 700 n. Chr. eigens für den hl. Erhard errichtet, dessen Sarg aus Tuffsteinplatten mit einem römischen Sarkophagdeckel bedeckt wurde. Eine christliche Gemeinde dürfte schon Ende des 3. Jh. in Regensburg existiert haben, wie der Grabstein der Christin Sarmannina (heute im Museum) ausweist, doch wurde erst der hl. Emmeram zum glühenden Prediger des Christentums. Ende des 7. Jh. bei einer St. Georg gewidmeten Kapelle bestattet, bildete sich bald um das Grab Emmerams eine Klostergemeinde, aus der später das Reichsstift St. Emmeram sich entwickelte. Keine andere Kirche und kein anderes Kloster in Regensburg kam St. Emmeram gleich an Tradition und Kunstwerten.

Die Agilolfinger, von deren Pfalz zu Regensburg sich keine Spuren erhalten haben, erreichten mit Tassilo III. ihren Höhepunkt. Als neuer Konstantin gefeiert, hatte er die Slowenen Kärntens vor den Awaren beschützt und durch eine Reihe von Klöstern (z. B. Mattsee und Kremsmünster 777) das Christentum in der Ostmark gefestigt. Karl d. Gr. hielt jedoch Tassilo III. wegen dessen Verschwägerung mit dem langobardischen Königshaus und dem Herzog Arichis von Benevent für gefährlich, versuchte ihn zu stürzen und das Herzogtum Bayern unmittelbar in sein Reich einzugliedern. Von drei Frankenheeren bedroht und von der fränkischen Partei in Kirche und Adel im Stich gelassen, unterwarf er sich 787 und nahm von Karl sein Herzogtum als Lehen an. Weil er mit den Awaren verhandeln habe wollen, wurde er als Landesverräter diskreditiert und auf der Reichsversammlung 788 in Ingelheim zum Tode verurteilt, doch von Karl zu lebenslanger Klosterhaft begnadigt. Getrennt von ihm wurden seine Frau und seine Kinder ebenfalls in Klöstern verwahrt. Bayern konnte seine politische Einheit bewahren – zunächst unter des Königs Schwager Gerold – und erhielt mit der Gründung der Kirchenprovinz Salzburg 798 auch seine kirchliche Einheit. Der ausgedehnte Grundbesitz der Agilolfinger aber wurde zu fränkischem Königsgut wie auch die Regensburger Pfalz.

Karl d. Gr., der 791 zum ersten Mal nach Regensburg kam, hielt dort mehrere Reichsversammlungen ab, doch begründete erst sein Enkel, der Karolinger Ludwig der Deutsche (843–876), König in Ostfranken seit dem Teilungsvertrag von Verdun, eine Hofhaltung in Regensburg. Kurz vor 850 ließ er die Alte Kapelle als seine Pfalzkapelle neu errichten und vermutlich auch die weiträumige winterfeste Pfalz neubauen. Seine Gemahlin, Königin Hemma, erhob Obermünster zum Reichsstift. Die dritte Pfalz ließ Arnulf von Kärnten (König 887–899, Kaiser 896), der große Gönner von St. Emmeram, nach seiner Wahl zum König beim Kloster errichten; bis zu ihrer Zerstörung 1250/51 auf Geheiß Konrads IV. dürfte sie im 'Paradies' seines Lieblingsklosters gestanden haben. Der Unterhalt des königlichen Hofes wurde aus dem ausgedehnten Königsgutbezirk um Regensburg bestritten, zu dem der Tiergarten bei Prüll und die Fischteiche bei Kumpfmühl ebenso gehörten wie die Weinberge von Bergmatting bis Kruckenberg und die Forste um Donaustauf, Sulzbach und Wörth. Die verkehrsgünstige Lage Regensburgs machte sie zum idealen Sitz der Kanzlei der 'Wanderkönige', denn die Karolinger und alle ihre königlichen Erben mußten von Reichsteil zu Reichsteil ziehen und, schon um sich und ihr Gefolge zu ernähren, von Pfalz zu Pfalz, wo die Erträge der Königsgüter gestapelt lagen.

Wie in allen Bischofssitzen des Frankenreiches war auch in Regensburg das Domkloster (Domstift) Träger der Bildung, nach der Mitte des 8. Jh. ergänzt durch die Schreibschule von St. Emmeram, die allein in der 1. Hälfte des 9. Jh. 60 der insgesamt 80 bekannten Emmeramer Codices der Karolingerzeit anfertigte. Zu den Geschenken König Arnulfs an das Kloster zählt als wertvollstes der Codex Aureus, das berühmteste Denkmal karolingischer Buchkunst, der mit der Säkularisation in die Bayer. Staatsbibliothek München kam.

Nachdem die Karolinger mit Ludwig dem Kind († 911), dem 17jährigen Sohn Kaiser Arnulfs, erloschen waren, konnte Arnulf aus dem Hause der Luitpoldinger den Herzogtitel aufnehmen. König Konrad I. gelang es, ihn zweimal aus Regensburg zu vertreiben, erhielt aber beim dritten Versuch eine tödliche Verwundung. Arnulf, der sich wie ein König titulieren ließ, konnte sich auch gegen König Heinrich I., der ihn 920 vergeblich belagerte, durchsetzen. Erst dessen Sohn Otto I. gelang es nach dem Tode des Herzogs Berthold die Luitpoldinger zu entmachten und seinen Bruder, der als Achtzehnjähriger die Tochter

Herzog Arnulfs geheiratet hatte, als Herzog Heinrich I. einzusetzen. Großzügig überließ er ihm bayerisches Königsgut. Herzog Heinrich I. begann Mitte des 10. Jh. in Niedermünster mit dem Bau einer Basilika, in der er, seine Gemahlin Judith, die dort bis 987 Äbtissin war, und weitere Angehörige seiner Familie bestattet wurden. Herzog Heinrich IV., 1002 als Heinrich II. deutscher König (Kaiser 1014–24), ließ die Alte Kapelle neu bauen und erhob sie zur Pfalzkapelle. Um seinen 'geistlichen Stützen' bequeme Unterkunft in Regensburg zu verschaffen, schenkte er an Bischöfe (z. B. die von Brixen, Freising, Bamberg, Eichstätt) und Klöster (z. B. Niederaltaich, Tegernsee, Seeon) stattliche Höfe, was in Deutschland nur noch Aachen widerfahren war.

Die Gunstbeweise des Königs endeten abrupt, als er 1007 das Bistum Bamberg gründete und mit Gütern ausstattete, wozu auch die Alte Kapelle gehörte. In den Mittelpunkt rückte Regensburg erst wieder unter Heinrich IV. (1056–1106), der bei seiner langen Auseinandersetzung mit dem Papst und den deutschen Fürsten hier seinen Hauptstützpunkt hatte. Die wohlhabenden Bürger der Stadt unterstützten ihn mit Geld. Zum Leid der Stadt tobte hier auch die Auseinandersetzung zwischen ihm und seinem Sohn Heinrich V. (1106–25), der die Stadt bestrafte, weil sie an seinem Vater festgehalten hatte. Noch Heinrich IV. hatte 1070 eine neue bayrische Herzogsdynastie begründet, als er Welf I. zum Herzog von Bayern einsetzte.

In und vor Regensburg fanden die entscheidenden Auseinandersetzungen zwischen Welfen und Staufern, zwischen Welfen und Babenbergern statt. So zwang der Stauferkönig Konrad III. (1138–52) 1138 den Welfen Heinrich den Stolzen, Herzog von Baiern und Sachsen, ihm die Reichsinsignien herauszugeben, die diesem sein Schwiegervater Lothar III. hinterlassen hatte. Hier erhielt Heinrich der Löwe, der Sohn Heinrichs des Stolzen, auf dem Reichstag von 1156 das Herzogtum Bayern zurück, gleichzeitig aber wurde Heinrich Jasomirgott die zum Herzogtum erhobene Ostmark zugesprochen; hier verlor 1180 Heinrich d. L. endgültig seine Herzogtümer Sachsen und Bayern. Seit 1180 waren die Wittelsbacher Herzöge und blieben es – inzwischen zu Kurfürsten und Königen erhoben – bis 1918.

Die gute Lage nach Südosten entlang der Donau machte Regensburg zum Ausgangspunkt der Kreuzzüge Kaiser Konrads III. 1147 und Kaiser Friedrich I. Barbarossa 1189. Am Kreuzungspunkt wichtiger Handelsstraßen gelegen, wurde die Stadt für Fernhändler attraktiv und für geraume Zeit zur volkreichsten und wohlhabendsten Stadt Deutschlands. Im Viertel um das Rathaus erbauten reiche Kaufmannsfamilien steinerne Wohnburgen, meist mit breiter Einfahrt zum Innenhof, mit Hausturm und Kapelle. Bis heute bestimmen einige der 20 erhaltenen Geschlechtertürme die Silhouette der Altstadt. Am Abend der Stauferherrschaft, um 1250, dem Todesjahr Kaiser Friedrich II., stieg Regensburg zur Reichsstadt auf. Garant des Reichtums war lange Zeit die Steinerne Brücke, 1135–46 von Bürgern gebaut, der bequemste Donauübergang in Deutschland. Besonders einträglich war der Handel zwischen dem Orient und Frankreich, vor allem mit Seide aus Byzanz und Metallen aus Ungarn. Wegen ihrer Bedeutung führten Regensburger Kaufleute im Fondaco dei Tedeschi in Venedig stets den Vorsitz.

Um 1250 wurde Regensburg Reichsstadt, war also von Herzog und Bischof unabhängig. Dank seines Reichtums konnte es 1385 Donaustauf und 1408 den Brückenkopf Stadtamhof kaufen. Inzwischen waren, von Spenden der Bürger getragen, neue Klöster gebaut worden, so westlich der arnulfinischen Mauer St. Jakob, Hl. Kreuz und St. Leonhard, östlich Klöster der Minoriten und Klarissinnen. Kirchlicher Mittelpunkt dieser an die 10000 Einwohner zählenden Großstadt damaliger Zeit war der Mitte des 13. Jh. begonnene gotische Dom, bürgerliches Zentrum das nach einem Brand 1356 umgebaute Rathaus, der spätere Versammlungsort des Reichstages.

Der wirtschaftliche und politische Abstieg begann im 14. Jh. mit den Kämpfen reicher Patrizierfamilien um die Vorherrschaft im Stadtregiment, mit dem ausblutenden Städtekrieg und der Bedrohung durch die Hussiten. Entscheidend aber war die Verlagerung der Handelswege. Im unteren Donauraum wurde Wien das Zentrum, im oberen Donauraum zogen Augsburg und Ulm den Fernhandel an sich und leiteten ihn über Nürnberg weiter, das Regensburg aus der Spitzenposition verdrängte. Von Habsburg und Wittelsbach bedrängt, tief verschuldet und unfähig, Pfänder einzulösen, kapitulierte die Stadt 1486. Herzog Albrecht IV. nahm sie feierlich in seinen Besitz. Zehn Jahre später mußte er sie wieder dem Reich zurückgeben, bedroht vom Schwäbischen Bund, doch bekam er 400 fl. als jährliche Ablöse. Straff regierten jetzt die habsburgischen Kaiser die Stadt, die 1532 die erste der großen Reichsversammlungen erlebte; damals wurde die ›Constitutio criminalis Carolina‹ verkündet, die den Strafprozeß des Reiches bis 1804 festlegte.

In diesen wüsten Zeiten war das geistige Leben nicht erloschen. Zwar waren mit Albertus Magnus und Conrad von Megenberg die weit über die Stadt hinauswirkenden Genies schon lange verstorben, doch hatte der Abt Erasmus Münzer von St. Emmeram 1493 die Bibliothek den Gelehrten geöffnet, so daß Conrad Celtis dort die Dramen der Hroswitha von Gandersheim entdecken, Aventinus die einzige Handschrift der Vita Heinrichs IV. zum Druck bringen konnte. (Joh. Turmair aus Abensberg, gen. Aventinus, schrieb 1519 eine vielbeachtete ›Bayerische Chronik‹, wurde 1534 im Vorgarten von St. Emmeram beigesetzt.) Weit überstrahlte sie alle Albrecht Altdorfer (1480–1538), der als Rat und Kämmerer (1532) aktiv teilnahm an der städtischen Politik. In seine Zeit fällt die Vertreibung der Juden 1519 und der Bau der Wallfahrtskapelle der ›Schönen Maria‹ anstelle der abgerissenen Synagoge.

Die Wallfahrt brach zusammen, als 1525 der Klerus den bürgerlichen Lasten unterworfen und das Klostervermögen inventarisiert wurde. Erst 1537 wurde in der Wallfahrtskapelle die ›Neue Pfarre‹ eingerichtet, 1542 traten Rat und Bürgerschaft mehrheitlich zur evangelischen Lehre über. Zwar zwang Karl V. 1548 die evangelischen Geistlichen zum Abzug, gestattete jedoch 1552 ihren Gottesdienst wieder, um die Stadt auf seiner Seite zu halten. Der Augsburger Religionsfriede 1555 machte Regensburg zur paritätischen Stadt mit freier Gewissensentscheidung seiner Bürger, die überwiegend evangelisch waren. Daneben blieben Bischof, Domkapitel, Stifte und Klöster mit all ihren Untertanen katholisch. Seitdem war das Verhältnis zu den Herzögen von Bayern zum Zerreißen gespannt. Mit mörderischen Zöllen und Versorgungsblockaden beeinträchtigten sie den Handel. Nur die

Die ›Steinerne Brücke‹ in Regensburg. 1657. Kupferstich von Matthaeus Merian

unbedingte Kaisertreue bewahrte Regensburg davor, wie die Oberpfalz 1628 an Max I. ausgeliefert zu werden.

Seit 1594 wurden alle Reichstage in Regensburg abgehalten. Als sich der Reichstag 1663 nicht mehr auflösen konnte, tagte er als Immerwährender Reichstag bis ans Ende des Alten Reiches. Die Bezeichnung »ältestes deutsches Parlament« taugt nur im eingeschränktesten Sinn, denn es war eine reine Ständekammer der Fürsten, Grafen, Ritter und freien Städte, die sich souverän fühlten oder es wie der König von Preußen seit 1700 auch waren. An die 70 Gesandtschaften deutscher und auswärtiger Staaten brachten zwar barocken Glanz in die Stadt, aber wegen ihrer Steuerfreiheit kaum Geld in deren Kassen. Die Gesandtenkinder besuchten wie die der Einheimischen das städtische Gymnasium Poeticum oder das ebenso anspruchsvolle Jesuitenkolleg St. Paul. Als das Amt des kaiserlichen Stellvertreters, des Prinzipalkommissars, 1743 an den Fürsten Alexander Ferdinand von Thurn und Taxis kam, verlegte der den Sitz von Frankfurt nach Regensburg. Da das Amt bis zum Reichsdeputationshauptschluß vom 24.3.1803, der Reichsauflösung, in seiner Familie blieb, sah Regensburg glanzvolle Feste und fürstliche Repräsentation, von den Thurn und Taxis in der Regel aus der Privatschatulle bezahlt. Die füllte sich stets aus den Einnahmen des Generalerbpostmeisteramtes für das Deutsche Reich und die Österreichischen Niederlande (Belgien). Sie wurden auch zum Unterhalt eines Hoftheaters, einer Hofoper und Hofbibliothek benutzt, die an drei Tagen in der Woche öffentlich zugänglich war und 1782 immerhin

4000 Besucher zählte, was keiner Universitätsbibliothek im damaligen Deutschland beschieden war. Im 19. Jh. wurden die Posthoheiten von den einzelnen deutschen Staaten gegen Entschädigung erworben; 1866 erlosch das Amt formell. Das fürstliche Haus Thurn und Taxis hat Vermögen wie Entschädigungen gut angelegt, betreibt eine Bank, Brauerei, Pferdegestüt etc. und hat trotz mancher karitativen Leistung viel behalten.

Mit der Reichsauflösung kam Regensburg zum Staat des Reichserzkanzlers und Fürstprimas Carl von Dalberg, der aus der Reichsstadt Frankfurt, der Herrschaft Wetzlar, dem Bistum Fulda und dem aus Kurmainz gelösten Fürstentum Aschaffenburg bestand. Der neue Regent hatte kaum begonnen, die Stadt mit einigen Bauwerken im Empirestil zu schmücken, als er 1810 Stadt und Bistum an das vier Jahre alte Königreich Bayern abtreten mußte. Von 1814 bis zu seinem Tode durfte Dalberg als Bischof in der Stadt weilen. Sie war jetzt bayerische Provinzstadt geworden, Sitz der Regierung des Regenkreises – später Oberpfalz genannt – und hatte 1840 fast 22000 Einwohner. Zwei Jahre zuvor war die regelmäßige Donauschiffahrt aufgenommen worden. Der wirtschaftliche Aufschwung kam aber erst mit dem Bau der vier Eisenbahnlinien 1859–74 und des Luitpoldhafens 1906–10 am Endpunkt der Donaulastschiffahrt.

Regensburg verlor 1933, es war inzwischen auf rund 80000 Einwohner angewachsen, die Kreisregierung, denn die Regierungsbezirke Niederbayern, Oberpfalz und Oberfranken wurden zum Gau ›Bayerische Ostmark‹ mit Sitz in Bayreuth fusioniert und hatten die Aufgabe »eines Bollwerks gegen die Slawengefahr«. Nach dem Ende des 2. Weltkrieges zählte die Stadt im August 1946 34000 Evakuierte und Heimatvertriebene, vor allem aus Böhmen und Schlesien, die z. T. später weiterzogen. Bei Fliegerangriffen mußten 1100 Regensburger ihr Leben lassen; Obermünster und die Messerschmitt-Flugzeugwerke wurden total zerstört.

In den letzten Jahrzehnten hat sich Regensburg weiter zur Industriestadt entwickelt, gefördert durch Autobahnanschlüsse und die Aussicht auf die Großschiffahrtsstraße Rhein-Main-Donau. Das geistige Regensburg hat wichtige Impulse durch eine 1964 gegründete, großzügig ausgestattete Universität erhalten. Die 1957 begonnene Altstadtsanierung hat große Fortschritte gemacht, vor allem nach der Aufnahme Regensburgs in die Liste der drei besonders förderungswürdigen Städte. Auch dieser Stadt ist aufgetragen, ihr Erbe zu bewahren und trotzdem im ausgehenden 20. Jahrhundert zu leben.

Stadtsiegel von Regensburg von einer Urkunde von 1248.
Bayer. Staatsarchiv, München

Regensburg – Ein Rundgang durch die alte Stadt

Ausnahmsweise beginnen wir unseren Rundgang nicht beim ältesten Gebäude, sondern beim STADTMUSEUM AM DACHAUPLATZ, da es die ältesten Funde birgt und die Romanik und Gotik in Regensburg mit besonders aussagekräftigen Stücken vorstellt. Dieses Sammelbekken der Region ist seit 1931 im ehem. Minoritenkloster St. Salvator untergebracht, das durch zwei moderne Anbauten jetzt über 100 Räume verfügt (Abb. 18, 19). Noch im Todesjahr des hl. Franziskus 1226 gegründet, flossen der Klostergemeinschaft so viele Spenden zu, daß nach 1250 der Neubau der Ordenskirche in der heutigen Gestalt gewagt werden konnte. Unter den bedeutenden Minoriten Regensburgs wurde weit bekannt der Prediger Berthold von Regensburg († 1272). In jener Zeit besaß das Kloster eine reichhaltige Bibliothek antiker Autoren und eine tüchtige Klosterschule. Die wenigen verbliebenen Mönche übergaben 1544 Kirche und Kloster an die Stadt, die darin eine erste evangelische Druckerei aufbaute. Doch 1552 fielen die Gebäude wieder an den Orden zurück, der mit der Säkularisation 1803

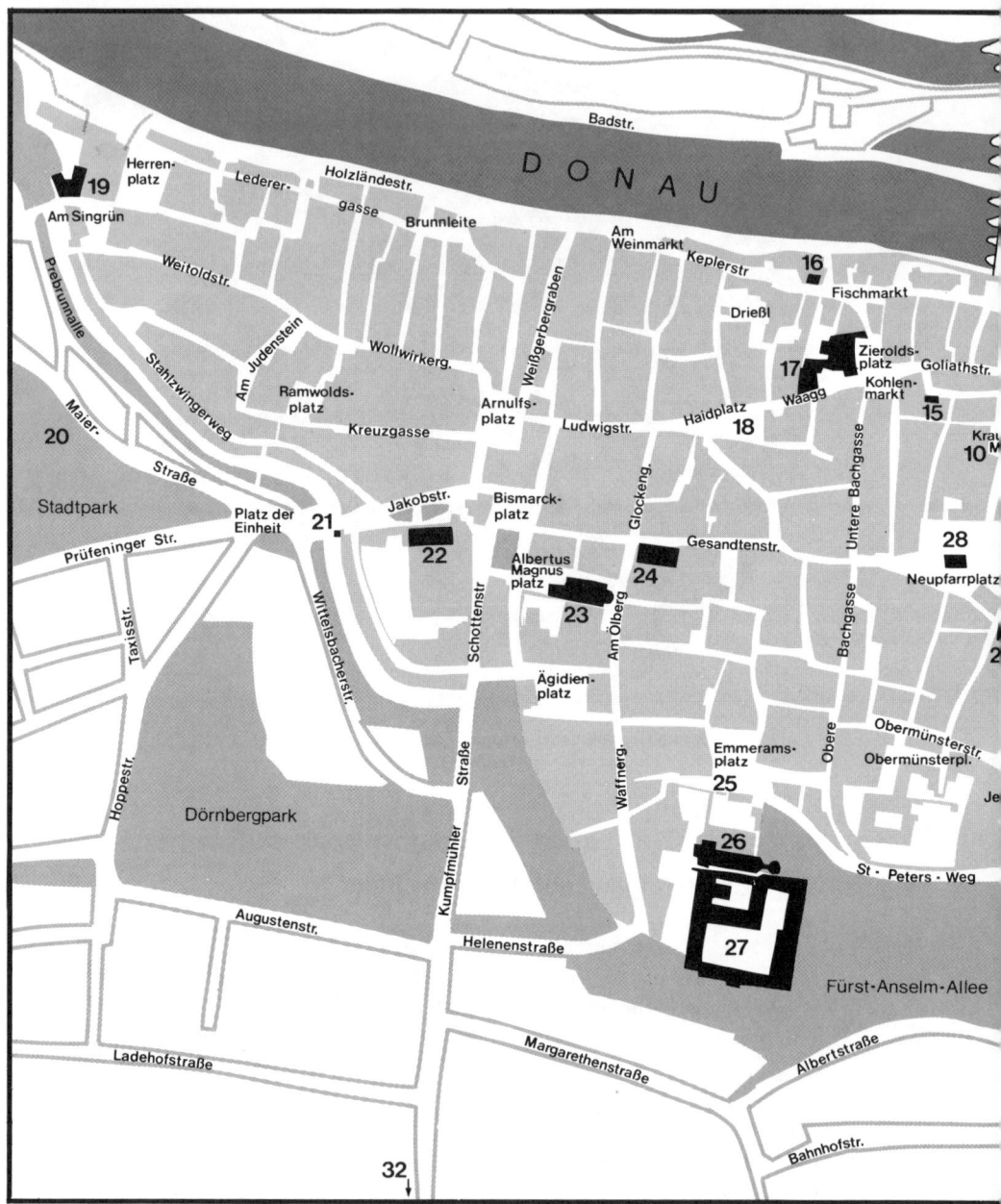

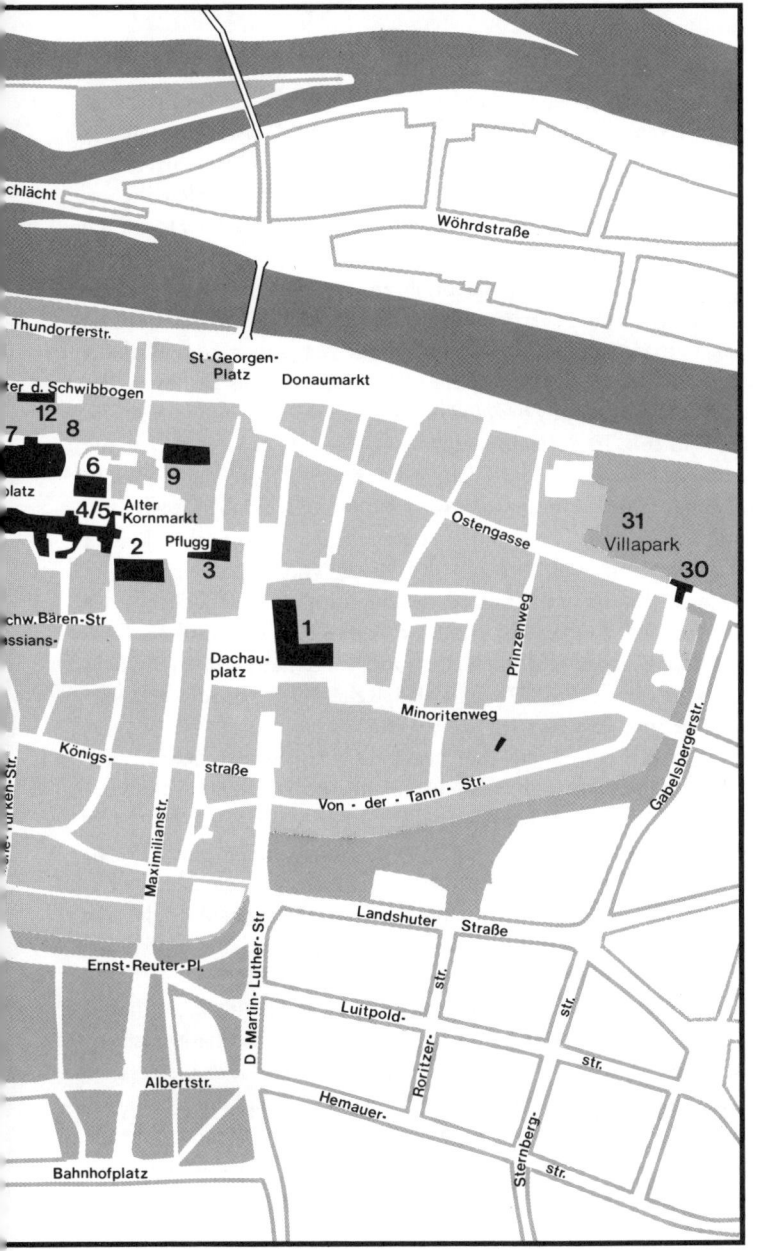

Alt-Regensburg

für immer aufhören mußte, in Regensburg zu wirken. Während das Kloster als Kaserne diente, kamen große Teile der künstlerischen Ausstattung in Münchner Sammlungen. Historisch bedeutsam ist der Kreuzgang im Süden der Kirche mit Fensterarkaden der Hochgotik. Im Nord- und Ostflügel ist eine Lehrschau mittelalterlicher Architekturteile aus der Stadt zu sehen, so die einmaligen romanischen Fensterstöcke aus Eichenbohlen, die um 1150 für St. Emmeram behauen wurden, oder die Arkadenfenster des Brixener Hofes, die um 1050 gemeißelt wurden. Die im Osten dem Chor vorgelagerten zwei gotischen Räume bergen *Monumentalplastik*. In der Onophriuskapelle mit ihrem Mittelpfeiler sind die Reste der Stuckbildwerke untergebracht, die ein oberrheinischer Meister um 1290 für den Festsaal der Dollinger formte, einer Patrizierfamilie, deren Burg einst gegenüber dem Rathaus (Zieroldsplatz 3) stand. Dargestellt war u. a. der sagenhafte Zweikampf eines Dollinger mit dem Hunnen Krako, dessen erbeutete Rüstung bis 1542 in Niedermünster beim Grab des hl. Erhard aufbewahrt gewesen sein soll. In der Sakristei nebenan ergreift uns der thronende Petrus des Erminoldmeisters, ein Hauptwerk der Frühgotik um 1284. Noch der Romanik verhaftet ist das Tympanon der Augustinerkirche, um 1270/80 geschaffen, eine Deesis, also Christus zwischen Maria und Johannes d. T. zeigend. Mittelpunkt der romanischen Plastik in der ehem. Paulsdorffer-Kapelle ist das um 1060/70 von Wilhelm von Hirsau entwickelte *Astrolabium* (Abb. 18), ein in St. Emmeram benutztes astronomisches Lehrgerät mit der Figur des griechischen Astronomen Aratos; man konnte damit den Nordpol und die Hauptkreise bestimmen. Aus dem gleichen Jahrhundert stammt das Relieffragment mit dem Bild der Kaiserin Agnes von Poitou († 1077) und das Relief des Samson von der Chorschranke des Obermünsters um 1050/60.

Durch die kleine Sakristei gelangen wir in den Chor der dreischiffigen PFEILERBASILIKA, der größten Kirche des Franziskanerordens in Süddeutschland, gemäß den Ordensvorschriften von großer Schlichtheit. Während das flachgedeckte Langhaus von 1260/70 in frühgotischen Formen gebaut wurde, beherrschen hochgotische Formen den um 1330/40 neugebauten Chor. Die Ausstattung vor 1810 ist zwar vollständig verlorengegangen, aber in jüngster Zeit konnten Freskenreste aus dem 14.–16. Jh. freigelegt werden. Anstelle des Hochaltars erhebt sich heute eine *Kreuzigungsgruppe* des Erhard Heydenreich von 1513 für den Vorhof von St. Emmeram, eine Sühnestiftung des Münzmeisters Martin Lerch aus Schwäbisch Hall, der im Jähzorn einen seiner Knechte mit einer Schaufel erschlagen hatte. Davor ist die Grabplatte für den berühmten Volksprediger Berthold von Regensburg († 1272) eingelassen. Von den *Grabmälern* der Gotik und Renaissance *im Chor* interessiert ein Epitaph von 1510 mit dem Relief der Gregoriusmesse. Eine Rarität sind die erhaltenen Seitenteile des gotischen Lettners. Im Südteil sind Dokumente zur Geschichte der Juden in Regensburg aufgestellt, die bis zu ihrer Vertreibung 1519 eine starke Gemeinde bildeten. Der nördliche Lettnerrest mit spätgotischen Plastiken führt zur frühgotischen Familienkapelle der Weintinger (um 1280 erbaut), mit einer seltenen Darstellung der Verklärung Christi (um 1500) aus dem Vorort Steinweg. In den Seitenschiffen des Langhauses sind barocke Prunkgrabmäler aus den aufgelassenen evangelischen Friedhöfen der Stadt untergebracht worden. Ein wertvolles Orgelpositiv des Stephan Cuntz aus Nürnberg von 1627 steht unter

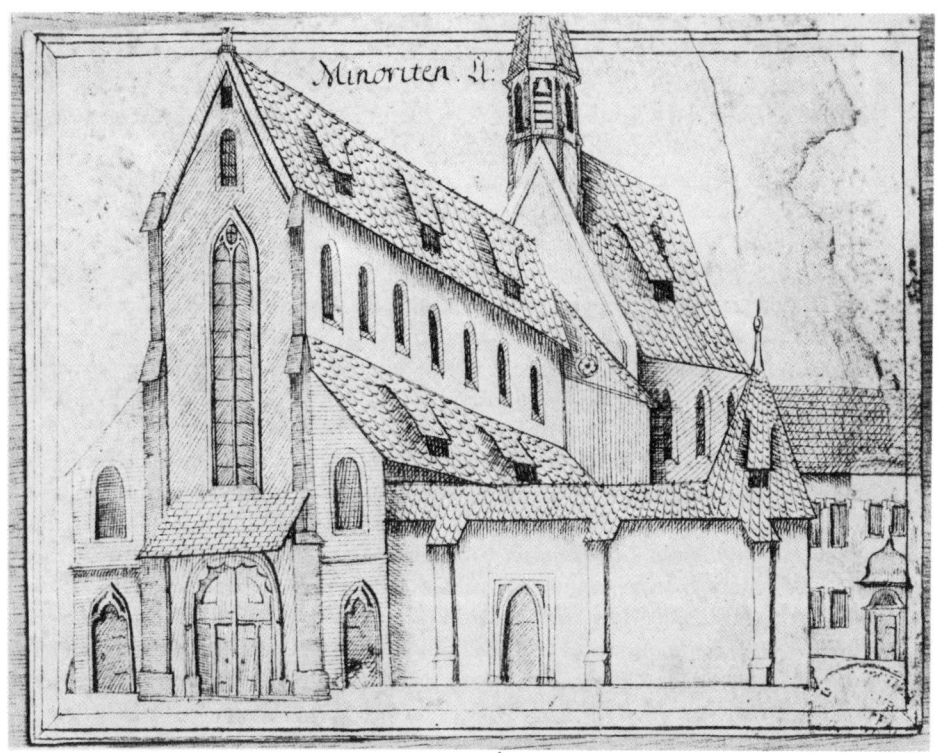

REGENSBURG   Kirche und kleiner Kreuzgang des Minoritenklosters. 18. Jh. Federzeichnung. Stadtmuseum Regensburg

der barocken Orgelempore. – Aus dem Langhaus gelangt man hinüber in den kleinen
KREUZGANG (1461–63), in dem alte Glocken abgestellt wurden, darunter barocke Exem-
plare aus der Hütte der bedeutenden Glockengießerfamilie Schelchshorn aus dem 17. und
18. Jh. Hinter den ehem. Kreuzgangfenstern ist die *Waffensammlung* untergebracht mit den
Geschützen aus dem Zeughaus, darunter die 1531 von Hans Turnkopf in Regensburg
gegossene ›Pfeiferin‹. Der letzte Raum des Erdgeschosses enthält Kostbarkeiten der
Steinätzkunst, die im 16. und 17. Jh. von Regensburger Schreibmeistern auf Steinplatten aus
Solnhofen und Kelheim perfekt geübt wurde.

Das erste Obergeschoß birgt die STADTGESCHICHTLICHEN UND VOLKSKUNDLICHEN
SCHAURÄUME. Schon das große Stadtmodell (1:4000) im Treppenhaus erlaubt einen Blick
auf die Stadt um 1700 und informiert uns über den geplanten Rundgang durch die Altstadt.
Drei Räume sind dem kirchlichen Leben gewidmet, bieten wertvolle Briefe Luthers,
Melanchthons, kostbares Kirchengerät, darunter die Taufgarnitur eines Augsburger Mei-
sters um 1630, aber auch Breviare und Missale aus dem 15.–17. Jh. und aus St. Emmeram die

Prachthandschrift von 1567 mit geistlichen Gesängen des Orlando di Lasso. Die Schriften in Regensburg tätig gewesener Gelehrter wie Conrad von Megenberg († 1374), Albertus Magnus († 1280) und Aventinus († 1534) werden ebenso präsentiert wie die Papiermaschine des Naturforschers Jakob Christian Schäffer († 1790). Eine Kostbarkeit der Wirtschaftsgeschichte ist das 1384–1407 geführte Runtingerbuch, das Hauptbuch eines Regensburger Handelshauses. Die volkskundliche Abteilung zeigt die Vielfalt bäuerlichen Lebens des 18. und 19. Jh. vom Gäuboden bis zum Jura und vom 'Landl' bei Sulzbürg bis zum Dreisessel einschließlich einer komplett eingerichteten Oberpfälzer Küche. Schwerpunkte sind das Wallfahrtswesen und Hinterglasmalereien mit Rissen (Vorzeichnungen) aus Winklarn/Opf. Das zweite Obergeschoß präsentiert Beispiele sakraler Kunst wie gotische Glasmalereien, den Passionsaltar aus St. Ulrich, das erste größere Werk des Salzburger Malers Rueland Frueauf d. Ä., spätgotische Plastiken des 'Weichen Stils' um 1400. Die kostbaren gotischen Wandteppiche, teils am Oberrhein, teils in Regensburg gewirkt, stammen aus dem Rathaus und zeigen noch um 1390 Themen der höfischen Gesellschaft.

Weitere Räume sind dem Wirken *Albrecht Altdorfers* und der ›DONAUSCHULE‹ gewidmet, jener Kunstrichtung, die zwischen 1500 und 1530 auf bayerisch-österreichischem Gebiet die radikale Ablösung von der mittelalterlichen Werkstattüberlieferung vollzog und, von einem neuen Naturgefühl beseelt, die Landschaft in ihre Darstellungen einbezog. Zu ihren Meistern zählt außer Altdorfer der junge Lucas Cranach in seiner Wiener Zeit, Wolf Huber in Passau, der Meister der Historia, neuerdings auch der Plastiker Hans Leinberger. Altdorfer, der in seiner verarmenden, von religiösen Wirren geschüttelten Vaterstadt auch als Ratsherr wirkte, was durch eine 1536 gemalte Miniatur des Regensburger Freiheitenbuches sichtbar gemacht wird, vollzog den Weg von der Spätgotik zur Neuzeit besonders deutlich und bewußt. Von seinen weit verstreuten Werken kann das Museum nur zwei Zeugnisse bieten. Die große Bildtafel aus dem Regensburger Katharinenspital rückt die beiden Johannes in die Weite einer visionären Landschaft, die Fragmente der Wandmalereien für die Badestube des Administrators Johann IV. im Bischofshof verlegen sinnenfrohes Treiben in eine illusionistische Renaissancearchitektur. Da seine Autorschaft am dort aufgestellten Flügelaltar der ehem. Minoritenkirche angezweifelt wird, werden die fünf Tafeln von 1517 nur noch als »Altdorfer nahestehend« bezeichnet. Zwei Radierungen (Vorhalle und Inneres der Synagoge) sind mit »AA 1519« datiert, dem Jahr, in dem Altdorfer in den Äußeren Rat gewählt wurde. Als Mitglied der Ratsdelegation übermittelte er der Judengemeinde am 21. 2. 1519 den Ratsbefehl, die Stadt bis zum 25. 2. zu verlassen; die Synagoge mußte in zwei Stunden geräumt sein und wurde sofort abgerissen und eingeebnet, um ein Holzkirchlein zur ›Schönen Maria‹ zu errichten, deren Bild Altdorfer in Anlehnung an das Gnadenbild der Alten Kapelle 1518 gemalt hat. Nachdem er 1526 in den Inneren Rat und zum Stadtbaumeister berufen war, weshalb man ihm die Entwürfe zum Weinstadel und ehem. Fleischhaus zuweist, trug man ihm das Amt des Bürgermeisters von St. Emmeram (22. 9.) bis Weihnachten 1528 an. Altdorfer bat, einen anderen zu bestimmen, da er ein großes Gemälde für Herzog Wilhelm IV. von Bayern zu vollenden habe; es ist dies die berühmte ›Alexanderschlacht‹ (heute Alte Pinakothek, München) gewesen. Ähnlich Rubens wird er mit einer diplomatischen Mission betraut: 1535 überbringt und erläutert er König Ferdinand I. in Wien ein Entschuldigungsschreiben der Stadt, die aus politischen und religiösen Gründen bei Karls V. Bruder in Ungnade gefallen war. Von seinem Grabstein von 1538 in der ehem. Augustinerklosterkirche zeigt das Museum ein Fragment.

Kacheln, Pokale, Gläser, Schnitzwerke u. a. runden die Bestände ab. Provisorisch ist die OSTBAYERISCHE GALERIE hier untergebracht, die bis in die Gegenwart reicht. Ein besonderer Akzent ist die Sammlung von Jugendstilgläsern von Bruno Mauder aus der Glashütte von Ferdinand Poschinger und die originellen Glasschöpfungen von Erwin Eisch. – (Öffnungszeiten des Museums: 1. 10. bis 31. 3. Di mit Sa 14–16 Uhr, So 10–13 Uhr; 1. 4. bis 30. 9. Di mit So 10–13 Uhr, Di mit Sa 14–17 Uhr).

Gehen wir über den Dachauplatz hinüber zum Alten Kornmarkt, dann liegt als kräftiger Querriegel an der Südseite des Platzes die Stiftskirche Unserer Lieben Frau zur ALTEN KAPELLE. Der Legende nach hat bereits der hl. Rupert, Gründer des Bistums Salzburg, hier einen Heidentempel in eine Marienkirche gewandelt und darin 616 den Agilolfinger Herzog Theodo samt Familie und Hofstaat getauft. Urkundlich erwähnt wird die Alte Kapelle jedoch erst 875, als König Ludwig der Deutsche, der Ostfranken von 843–76 regierte, sich als Erbauer der Marienkirche und Stifter eines Kollegiatstiftes nennt. Die über Grundbesitz verfügende Stiftung existiert bis heute, denn nach 1810 säkularisierte das Königreich Bayern dieses Stift nicht wie andere in seinem Machtbereich, weil die Kapitalien, bei Wiener Banken angelegt, sonst verlorengegangen wären. Seit 1933 bestimmt der Bischof von Regensburg die sieben Kanoniker, die unter einem Dekan handeln, der bis 1803 in der Regel ein Bamberger Domherr war. Diese 'Leitung aus der Fremde' kommt daher, daß Kaiser Heinrich II. die in Verfall geratene »alte Kapelle« als seine Pfalzkapelle wieder herrichten ließ, das Kollegiatstift neu besetzte, die Kirche aber 1009 an das von ihm gegründete Bistum Bamberg schenkte, in dessen Besitz sie bis zur Säkularisation 1803 verblieb. In Anerkennung dieser ungebrochenen Tradition verlieh Papst Paul VI. der Kirche 1964 den Titel ›Basilika Minor‹.

Vom Platz aus ist die Bauentwicklung der Kirche klar abzulesen. Das dreischiffige Langhaus zu sechs Jochen geht wohl auf den Ludwigsbau um 850 zurück, denn entgegen Regensburger Bauweise ist hier eine karolingische Basilika entstanden, deren Grundriß auch unter Heinrich II. erhalten blieb. Vom ehemaligen Westwerk mit Doppelturmfassade und Königsempore blieb nach Bränden nur der Südturm erhalten, der jetzt allerdings frei steht, nur durch eine Bogenbrücke ans Langhaus gebunden ist. Deutlich abgesetzt vom frühmittelalterlichen Langhaus ist der höhere und breitere Chor der Spätgotik, dessen Naht zum Querhaus mit einem Dachreiter markiert ist. Die Innenausstattung des 18. Jh. ließ die Außenhaut im wesentlichen unberührt, nur die Fenster wurden im Baßgeigenumriß vergrößert. Wie sehr man bestrebt war, das hohe Alter der Kirche zu dokumentieren, zeigt das Hauptportal von 1752, in das Spolien (wörtlich 'Beutestücke'), mittelalterliche Figuren, eingepaßt wurden, so die um 1370 gearbeitete Madonna über dem Eingang oder die zwei romanischen Löwen als Portalwächter. Die um 1200 entstandenen Figuren in beiden

REGENSBURG, Alte Kapelle   Beichtszene in den Portalnischen. Um 1200

Portalnischen, gemeinhin als *Beichtszene* gedeutet. sind wohl Teil einer Taufe, die man im 18. Jh. als Darstellung der Taufe des Herzogs Theodo wertete.

Das INNERE der Kirche zeigt den lebhaften und verschwenderischen Rokokostil Bayerns, ohne jedoch die spätottonische Struktur des Baues und die spätgotische Anlage des Chors zu überdecken (Abb. 15). Die Ausstattung des 18. Jh. erfolgte nach einem festen, wohl vom Stiftskapitel festgelegten Programm mit drei Themen: Gründungslegende und Tauftradition, dann die Verherrlichung Mariens, der Kirchenpatronin, schließlich der Hinweis auf das kaiserliche Stifterpaar Heinrich und Kunigunde, der zu jener Zeit wichtig war, denn der Regensburger Bischof machte dem Stift die Auszeichnung 'kaiserlich' streitig. Der Augsburger Maler Christoph Thomas Scheffler signierte 1752 sein Fresko über der Orgelempore, das die Taufe des Herzogs Theodo darstellt und den Anspruch, die erste Taufkirche Bayerns zu sein, untermauern sollte. Schefflers nächstes Fresko im Langhaus zeigt, wie 1014 Papst Benedikt VIII. bei der Kaiserkrönung Heinrichs II. diesem ein Gnadenbild übergibt, das der Legende nach vom hl. Lukas gemalt wurde; der Kaiser schenkte es seiner Pfalzkapelle. Beim Fresko der Vierung thront Maria als Himmelskönigin im Kreis der Chöre der Engel, adoriert von Gestalten des Alten Testaments und Heiligen, die zumeist Altarpatrozinien in der Alten Kapelle hatten – ein 'hauseigener Heiligenhimmel' also. Das Deckenbild im nördlichen Querhausarm zeigt, wie Heinrich wunderbarerweise einen zerbrochenen Kristallkelch wieder zusammenfügt, das Fresko an der Nordwand hingegen die 'Engelsmesse' in St. Michael am Monte Gargano in Rom, die Christus selbst bei Anwesenheit Heinrichs gefeiert habe. Das Deckenbild des Südarms des Querhauses zeigt, wie die Kaiserin Kunigunde, des Ehebruchs bezichtigt, unversehrt über zwölf glühende Pflugscharen wandelt und somit ihre Unschuld beweist. Das Wandbild dort erinnert an die Vermählung Giselas, der Schwester Heinrichs, mit König Stephan d. Hl. von Ungarn, die Heinrich nur unter der Bedingung gestattet habe, daß Ungarn den christlichen Glauben annähme. Das Chorfresko, 1762 vom Augsburger Gottfried Bernhard Göz geschaffen, bringt die ›Apokalyptische Vision‹ des Evangelisten Johannes auf Patmos nahe. Neben den 24 Ältesten verehren das Lamm Gottes auch Heinrich und Kunigunde, ausgewiesen durch das Modell der Alten Kapelle. Die 1765 von Göz gemalten Wandbilder des dritten Joches haben die Schlüsselübergabe an Petrus und die Predigt des hl. Paulus auf dem Areopag in Athen zum Thema, wiederum komplizierte Anspielungen auf den Stifter Heinrich, der sein Bistum Bamberg Rom direkt unterstellt und unter den Heiden missioniert hatte.

Festlicher Höhepunkt und Abschluß des Chores ist der in goldenen Tönen glänzende HOCHALTAR, entworfen und ausgeführt 1769–75 von Simon Sorg aus Regensburg, unterstützt von dem Kistler (Schreiner) Carl Heinrich und dem Faßmaler (Maler der farbigen Fassungen) Georg Caspar Zellner, beide aus Stadtamhof. Lebhaftes Rocaille-Ornament überzieht den ganzen Aufbau des Säulenaltares, der durch Wolken, Engel und zahlreiche Strahlenbündel als himmlischer Ort ausgewiesen wird. In der Mitte steht Maria als 'apokalyptisches Weib' vor einer Triumphbogennische, scheint über dem Tabernakel zu schweben. Im Gebälk darüber segnet der Jesusknabe die Andächtigen, beobachtet von Gottvater auf der Weltkugel und der Taube des Hl. Geistes im Auszug darüber. Auf den Stegen zwischen den Säulen verehren Heinrich und Kunigunde die Patronin Maria, während weit darüber auf den Gebälkschrägen die Evangelisten Johannes und Lukas sitzen, der Verfasser der ›Apokalypse‹ also und der Maler, der auf die Kopie des Gnadenbildes weist, die bis 1694 im Chor zu sehen gewesen war. Das Programm des Hochaltars, des Hauptwerkes des Rokoko in Regensburg, wird ergänzt durch Darstellungen im Chorraum, wie den Stuckfiguren der drei theologischen Tugenden (Glaube, Hoffnung, Liebe) und der Figur der Mission, dann den lebensgroßen Figuren der vier Erdteile (1764 von Sorg gearbeitet) an den Doppeloratorien, die an räderlose Prunkwagen des Rokoko erinnern (Abb. 16). Ihre stuckierten Brüstungen zieren Reliefs der Kardinaltugenden (Stärke und Mäßigkeit auf der linken, Gerechtigkeit und Klugheit auf der rechten Seite), getrennt durch den Bußpsalmen singenden David und die orgelspielende Cäcilia, Fingerzeige auf die beiden Formen des kirchlichen Chorgesangs: Miserere und Laudate. Zur Ausstattung gehört auch das 1765 von Sorg aus dunkler Eiche gezimmerte und geschnitzte Gestühl, zwei Bronzekandelaber von 1607 und die Silberampel von 1683, sehr wahrscheinlich von H. M. Schober aus Regensburg geschmiedet.

Das Programm beschließen die zehn Fresken über den Langhausarkaden, 1753 von
Scheffler angetragen. Die Episoden aus dem Leben des Kaiserpaares waren zugleich
tugendsame Belehrung. Im ersten Joch der linken Seite beginnend, sieht man die Prophezei-
ung des hl. Wolfgang, Heinrichs Erzieher, der mit »post sex« nicht das Todes-, sondern das
Krönungsjahr seines Schülers meinte; Heinrichs Empfang zur Kaiserkrönung in Rom 1014;
die Begnadigung der unteritalischen Stadt Troja; Empfang der Kommunion vor der Schlacht
gegen die Polen; Kunigunde als Kirchenstifterin; Abschied des in Josefsehe lebenden Paares
1024 in Grona b. Göttingen; Kunigunde tritt in das von ihr gestiftete Kloster Kaufungen
(1025) ein; Kunigunde stirbt 1039; Wunder am Grabe des Paares; Heiligsprechung
Heinrichs 1146 durch Papst Eugen III. Über alle Gewölbe, die 1747 geschalt wurden, zieht
in Weiß und Gold der Stuck des Wessobrunners Anton Lades hinweg, der 1750–52 mit
seinen Gehilfen hier tätig war, von früherem Stuck nur den der Gnadenkapelle unberührt
ließ.

Unter den KAPELLEN ist die besuchteste die Gnadenkapelle an der Südseite des Langhauses, die ehem. Jakobskapelle. Seit 1694 wird darin das Gnadenbild verwahrt, eine im
byzantinisierenden Stil gehaltene Madonna, die im 1. Viertel des 13. Jh. in Süddeutschland
gemalt wurde, sehr wahrscheinlich als Replik eines älteren Bildes. Johann Baptist Dirr schuf
1751/52 einen Altar für dieses Bild mit den Kniefiguren Heinrichs und Kunigundens, die das
Gnadenbild gestiftet haben sollen. Das romanische Portal zur Kirche trägt im Bogenfeld das
Bild ›Christus im Grab‹ des Hans Mielich, eine Stiftung des Kanonikers Urban Pruner (†
1544). Östlich der Nordvorhalle steht die kreuzrippengewölbte Vituskapelle, um 1270 als
Begräbnis der Familie Gumprecht gestiftet, heute Taufkapelle der Stiftspfarrei St. Kassian

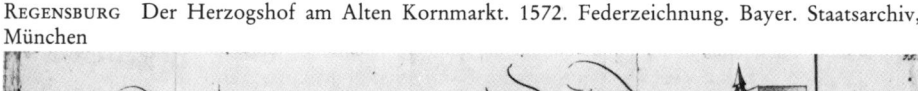

REGENSBURG Der Herzogshof am Alten Kornmarkt. 1572. Federzeichnung. Bayer. Staatsarchiv,
München

mit einem Taufstein aus dem Ende des 12. Jh., einem Erbärmdechristus um 1490 und einem prächtigen schmiedeeisernen Gitter, das nach Bombenschaden 1960 erneuert wurde. Westlich der Vorhalle, durch die wir die Kirche verlassen, steht die Maria-Vermähl-Kapelle, der Gründungsbau, möglicherweise identisch mit der Pfalzkapelle der Agilolfinger, 1944 durch Bombentreffer arg zerstört. Über 1200 Jahre war die Alte Kapelle, ein Kunstwerk hohen Ranges, ein Zentrum frommer Marienverehrung.

Wer auf einem Rundgang 'alles mitnehmen' möchte, wende sich dem Südosteck des Alten Kornmarktes zu, wo die 1641–60 erbaute KARMELITENKIRCHE steht, die ihren Turm erst 1681 erhielt. Die strenge Giebelfront der Schauseite zum Platz hin wurde in Formen des römischen Barock gehalten und 1673 vollendet. Damals wurden als Nischenfiguren die Heiligen Joseph, Therese und Johann vom Kreuz geschaffen, wozu Mitte des 18. Jh. die Figuren von Heinrich und Kunigunde kamen, die als Vorläufer des Kaisers Ferdinand II. galten, der sich persönlich 1634/35 um den Zuzug der Unbeschuhten Karmeliten bemüht hatte. Der einschiffige Innenraum mit seiner kräftigen Pilastergliederung, mit Querhaus und Seitenkapellen entspricht ganz den Ordensvorschriften. Der stattliche Hochaltar von 1690 wurde erst 1837 aus dem Dom hierher abgegeben, auch die beiden Seitenaltäre, wohl Salzburger Schöpfungen um 1640, standen ursprünglich im Dom St. Peter.

Gehen wir von der Karmelitenkirche nach Westen zum HERZOGSHOF hinüber, so schreiten wir über römische Fundamente zum römischen Innenkastell, in dem die Agilolfinger ihre Residenz eingerichtet hatten. Nach der Absetzung Tassilos III. karolingischer Besitz geworden, richtete Ludwig der Deutsche, einer der Söhne Ludwigs des Frommen, hier 826 seine Pfalz (von lat. palatium = Palast) ein und erbaute nahebei die Pfalzkapelle. Der Emmeramer Mönch Otloh, der 1048–64 schrieb, berichtet von einem geschlossenen Bezirk mit Wohnpalast, Pfalzsaal für Reichsversammlungen, Pfalzkapelle und Pfalzschule. Schon die sächsischen Kaiser verschenkten Gebäude aus dem Pfalzbereich, so 976 Otto II. einen großen Hof im Westen an den Erzbischof von Salzburg, Otto III. einen Hof im Süden an den Erzbischof Tagini von Magdeburg; Heinrich II. schenkte nicht nur die Alte Kapelle ans Bistum Bamberg, sondern auch das Areal des späteren Karmeliterklosters an den Bischof von Freising und das Gelände des heutigen Hotel Karmeliten an den Bischof von Bamberg. Die eigentliche Pfalz kam 1195 an die Wittelsbacher, die sie über 700 Jahre besaßen. Der heutige Baubestand gehört in die Zeit Herzog Ludwig des Kelheimers (1183–1231). Für Zwecke der Oberpostdirektion wurde die Vierflügelanlage 1937–40 durchgreifend erneuert. Der Hauptbau am Alten Kornmarkt öffnet sich noch mit einer alten Dreier- und Viererarkade zum Platz, deren achtkantige Schäfte aus rotem Marmor aus Salzburg importiert wurden. Die schlichten Säulchen zeigen die gleichen Formen wie die der 1221 geweihten Franziskanerkirche zu Salzburg. Drei Viertel des Obergeschosses nimmt der Pfalzsaal ein, heute ›Herzogssaal‹ genannt, mit einer Holzdecke, deren Zierleisten abwechselnd Rautenschilde, Löwe, Adler und Rosen zeigen. Ein Schwibbogen führt hinüber zum Römer- oder Heidenturm, dem 28 m hohen Bergfried des Herzogshofes, der letzten Zuflucht auch für Schatz und Archiv. Der Sockel mit seinen mächtigen Quadern stammt noch aus der Karolingerzeit, wobei das Material, was noch zu untersuchen wäre, aus Kastellresten stammen kann. Der Einstieg des Fluchtturms, der am Fuß 4 m Mauerstärke besitzt, war in 9 m Höhe eingelassen und zum Wohnen geeignet, wie die Kamine im ersten und vierten Obergeschoß zeigen. Im Rücken des Römerturms steht die ehem. Dompfarrkirche ST. ULRICH, 1263 zum ersten Mal genannt, aus stilistischen Vergleichen aber in die Jahre 1230–50 gesetzt. Mit dem Verlust des Turms und der westlichen Vorhalle hat der schlichte Bau vollends sein Gesicht eingebüßt. An frühere Pracht erinnert nur noch ein maßwerkgeziertes Rosenfenster in der Mitte des Obergeschosses, das dem der Kathedrale von Laon nachgebildet ist. Das Hauptportal, mit schlanken Säulen gerahmt und einem neuen Bogenfeldrelief geschmückt, führt in einen Innenraum mit zweigeschossigen Seitenschiffen, die einen flachgedeckten Saal umziehen, um mehr Gläubige in der kleinen Kirche aufnehmen zu können. Die Gemeinde erhielt erst 1824 mit der Niedermünsterkirche ein geräumiges Gotteshaus. Die Wandmalereien stammen von 1571, die mehr Licht einlassenden Ochsenaugenfenster von 1688. Sehr beachtlich ist die Bauplastik, vor allem am Tympanon des Südportals, die unter dem Einfluß der nordfranzösischen Frühgotik stehen und starke Verwandtschaft mit der gleichzeitigen Plastik von St. Emmeram zeigen. (Erst nach Ende der Renovierungen 1981 wird die Kirche wieder als Teil des Diözesanmuseums zugänglich sein.)

Bevor wir den mächtigen Dom St. Peter betreten, sollten wir an seiner langen Südflanke entlanggehen, die Chorpartie, die Fensterreihen, die Pfeiler und Fialen mit den Augen aufwärts verfolgen und, so mein Vorschlag, bevor wir in der größten Kirche der Stadt untertauchen, die kleinste Kapelle besuchen. Im Südwesteck des Domplatzes (Pfauengasse 2) hat der Domherr (spätere Weihbischof) Albert Ernst Graf von Wartenberg beim Neubau seiner Hauskapelle zwei Reliquienkästchen gefunden, die u. a. auf einem Goldglasscherben Petrus und Paulus auf einer Bank sitzend zeigten. Voller Begeisterung glaubte der Hausherr, Katakomben aufgedeckt zu haben, in denen die Apostel beim Besuche Regensburgs geweilt haben könnten. In dieser Unterkirche stand die steinerne Sitzfigur des hl. Petrus vom Erminoldmeister, heute im Museum (s. S. 24). Wichtiger war, daß Wartenberg in seiner SALVATORKAPELLE die Holzskulptur einer Madonna aufstellte, die der ›Schönen Maria‹ von 1519 auf dem Neupfarrplatz ähnlich ist. Da eine im Kopf der Figur eingelegte Urkunde davon sprach, dies sei ein Abbild Mariens, wie sie auf Erden gewesen, so wurde auch in Regensburg wie anderswo der von der Kirche abgelehnte Glaube genährt, man könne sich Maria (oder anderen Heiligen) dadurch nähern, indem man Zettel abbete, die so lang wie der verehrte Heilige seien. Seitdem man Mariens Länge in dieser Kapelle erfahren konnte, heißt sie ›Maria Läng‹ und wird viel besucht von Gläubigen, die der Gottesmutter ein Anliegen vorzutragen haben. Zwischen den beiden Fenstern der linken Wand steht auf einer Konsole das alte Gnadenbild, eine Holzfigur um 1675, die nach dem Vorbild der ›Schönen Maria‹ gearbeitet wurde. Daneben ein geschnitztes Kruzifix mit einer ›mater dolorosa‹ (schmerzensreichen Mutter), einer Arbeit des späten 17. Jh. und wie das Gnadenbild von Opferkerzen und Votivgaben umgeben. Auf dem Altar von 1678 steht das neue Gnadenbild Maria Läng mit Krone, 12 Sternen und Szepter, mit Damastkleid und weißem Überwurf. Auf der

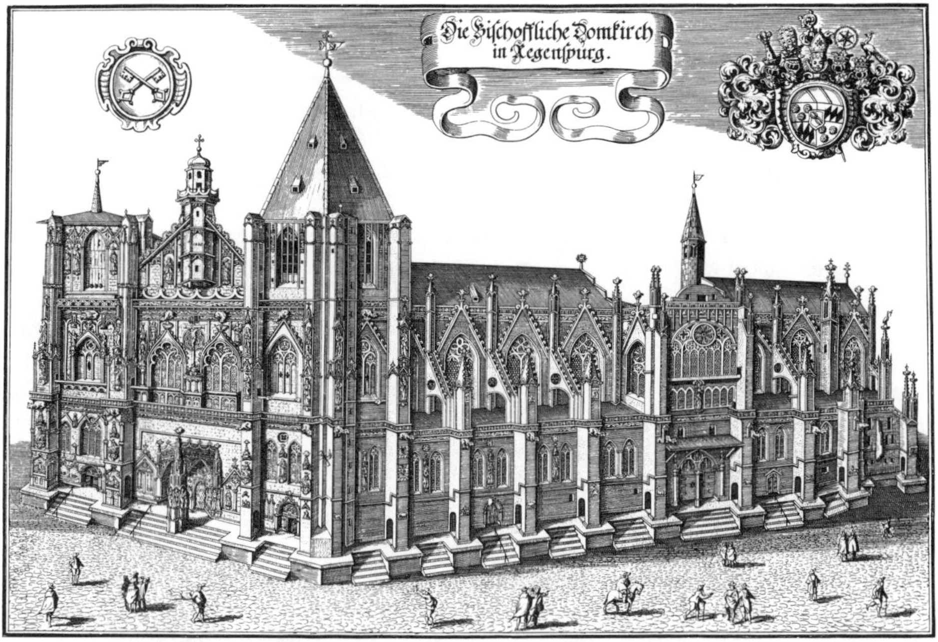

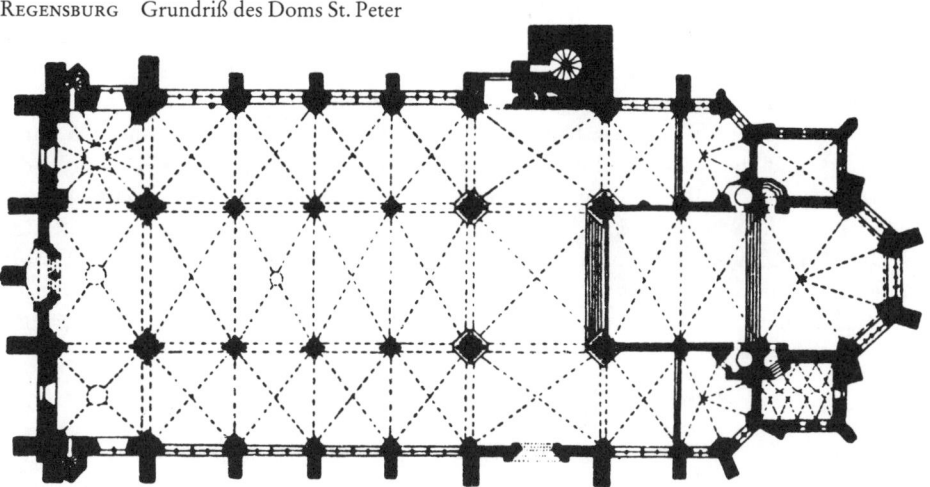

Die Bischoffliche Domkirch
in Regenspurg.

REGENSBURG ›Die Bischoffliche Domkirch‹. 1657. Kupferstich von Matthaeus Merian

REGENSBURG   Grundriß des Doms St. Peter

Leuchterbank kleine Figuren der Apostel Petrus und Paulus aus der Donauschule um 1520 in späteren Fassungen.

Nun gehen wir hinüber zum DOM ST. PETER, dem imposantesten Bauwerk Regensburgs, seinem weithin sichtbaren Wahrzeichen, dessen beide spitze Türme schon in großer Entfernung die Stadt ankündigen (Abb. 1). Zwar wird aus früher Zeit nur der Name eines Bischofs Ratharius überliefert, doch betritt man sicheren Boden erst 739, als der Angelsachse Bonifatius im päpstlichen Auftrag die Städte Salzburg, Passau, Freising und Regensburg zu Bischofssitzen erhebt, sie der bayerischen Kirchenprovinz zuordnet und Gaubald (Gawibald), vermutlich einen Angelsachsen, zum Bischof von Regensburg einsetzt. Obwohl 798 mit Erzbischof Arn Salzburg und nicht Regensburg Metropolitansitz wurde, so waren doch die Regensburger Bischöfe Sindbert und Adalwin wiederholt als ›missi‹ (Gesandte; Kontrolleure) Karls d. Gr. tätig, war Bischof Baturich Erzkaplan Ludwigs des Deutschen und Bischof Aspert Erzkanzler Arnulfs von Kärnten. Obwohl die Frühzeit des Dombereichs noch nicht aufgeklärt ist, steht doch fest, daß es spätestens 778 ein St. Peter gegeben hat; 847/ 63 und 888 wurde der Bischofssitz ausdrücklich als bei St. Peter gelegen bezeichnet, 932 tagte eine Synode in St. Peter, die als Mutterkirche Regensburgs bezeichnet wird. Die von Karl Zahn bei seinen Grabungen 1924/25 ermittelten Fundamente eines Dombaus aus dem frühen 11. Jh. stellten sich als Westhaus mit Türmen und Westchor einer Anlage heraus, die als dreischiffige Pfeilerbasilika mit ihrem älteren Ostteil in den heutigen Domgarten reichte. Interessant ist, daß das Westwerk mit dem Hauptportal an der alten Via Praetoria (der Nordstraße des Römerkastells) stand, die zur heute noch stehenden Porta Praetoria zog, dem späteren Wassertor. Im 11. Jh. wurde diese Basilika durch ein westliches Querhaus mit Chor und Krypta erweitert, die weit über die römische Straße in den heutigen Krauterermarkt vorstießen. In den schweren Stadtbränden von 1152 und 1176 wurde der Dom verwüstet, aber sogleich wieder aufgebaut. Bereits 1250–54 hatte man begonnen, den Dom im gotischen Stil weiter im Westen neu zu errichten, wobei die Ostteile Zug um Zug folgen sollten. Als 1273 der karolingische Bau nochmals durch Brand eingeäschert wurde, entschloß sich Bischof Leo der Thundorfer zu einem völligen Neubau.* Sein Nachfolger, Bischof Heinrich von Rotteneck (1277–96), ließ nach einheitlichem, für den ganzen Bau verbindlichen Plan weiterbauen. Um 1300 war der Hauptchor eingewölbt, um 1325 waren Querhaus und die ersten Joche des Langhauses fertiggestellt. Nach 1341 wurde der Südturm, nach 1383 der Nordturm begonnen, von dem 1436 aber erst zwei Geschosse sichtbar waren. 1486 war das Dominnere bis auf die geplante Vierungskuppel vollendet. Doch 1525 mußten die Bauarbeiten eingestellt werden, weil der wirtschaftliche Niedergang Regensburgs die Spenden der Bürger versiegen ließ, weil Seuchen und innere Spannungen die Bürgerschaft geschwächt, der Streit zwischen Kaiser und Stadt jeglichen Opferwillen erstickte.

---

* Als einziger Zeuge des Vorgängerbaues blieb der ›Eselsturm‹ beim nördlichen Seitenportal stehen, jetzt als Treppenaufgang und Glockenturm genutzt.

Erst im 17. Jh. hatten sich Domkapitel und Bischof finanziell so weit erholt, daß die mit der Reformation 1542 zum Stillstand gekommenen Arbeiten wieder aufgenommen werden konnten. Bischof Albert von Törring (1613–49) stiftete zwei Marmoraltäre, Tafelbilder für die Domwände und die riesigen Bronzeleuchter, die heute noch den Hochaltar flankieren. Die drei noch unvollendeten Joche des Mittelschiffes ließ er einwölben, eine neue Orgel und ein Chorgitter statt des abgebrochenen Lettners einbauen. 1697 wurde der Vierung ein barockes Kuppelgewölbe vom Landshuter Anton Riva aufgesetzt, das die Brüder Carlone mit prächtigen Fresken und Stukkaturen schmückten. Im 17. und 18. Jh. faßte man die Kapitelle in Gold, die Wände in Weiß, baute Musiktribünen und Oratorien dazu, bestückte Langhaus und Chor mit Gestühl und stellte prachtvolle Grabmäler auf. Durch Stiftungen wurden die Altäre auf 17 vermehrt, ehe 1784/85 mit dem Hochaltar die Ausstattung vollendet war. Die in der Romantik des frühen 19. Jh. aufblühende Verehrung des gotischen Stils als des einzig reinen und die Verachtung des Barock als 'schwülstig' und 'diesseitig-verlogen' veranlaßten König Ludwig I. von Bayern, durch Friedrich von Gärtner 1834–39 eine radikale 'Reinigung' des Doms vorzunehmen, um diesem die »ideale gotische Form« zurückzugeben. Dabei übersah der gekrönte Purist, daß die barocken Altäre und Grabmäler, die er herausreißen ließ, auch Ausdruck einer Frömmigkeit und Zuneigung gewesen waren, deren Fehlen er so lebhaft an seiner Zeit beklagte. Nur der Hochaltar wurde geschont, die neue Orgel unsichtbar dahinter eingebaut, die Barockkuppel durch ein gotisches Rippengewölbe ersetzt und die den Innenraum umziehenden Laufgänge mit gotisierenden Maßwerkformen ausgestattet.

Nach der Säuberung des Innern ging man an die Vollendung des Außenbaus. Analog zur Fertigstellung des Kölner Doms war auch der Ausbau des Regensburger Doms ein nationales Anliegen geworden, denn in den gotischen Domen sah man reinste deutsche Schöpfungen, deren Lücken zu schließen waren. Obwohl der abgedankte Ludwig I. nur noch über private Mittel verfügte, konnte er 1859 Bischof Ignatius von Senestréy dazu bringen, durch Dombaumeister Franz Denzinger die Helme der beiden Türme auf die vorgesehenen 105 m Höhe ausbauen zu lassen. Als 1872 der Querhausgiebel fertig war und der Dachreiter der Vierung aufsaß, waren mehr als 600 Jahre seit der Grundsteinlegung des gotischen Doms vergangen. Da im Unterschied zum Kalkstein des Langhauses schon in der Spätgotik und im 19. Jh. weicher Grünsandstein verwendet wurde, hatte die Dombauhütte stets verwitterte Steine auszutauschen, mußten 1954–58 sogar beide Turmhelme erneuert werden. Da der Dom seit 1810 Eigentum des Staates ist, Hochaltar und Silberampel ausgenommen, so fällt diesem die Baulast zu.

Der Dom, eine dreischiffige, durchweg gewölbte Pfeilerbasilika mit zwei Westtürmen und einem östlichen Querhaus, das nicht über die Front hinausragt, ist die einzige gotische Kirche Süddeutschlands, die ein vereinfachtes Schema der französischen Kathedralen der Gotik benutzt. Weshalb hier (wie in Köln, Freiburg, Straßburg u. a.) um 1250 eine Kirche in so großen Abmessungen (85,4 m lang, 34,8 m breit, 31,85 m Höhe des Mittelschiffes) fundamentiert wurde, ist nur unbefriedigend beantwortet worden. War es der Gedanke an die Zukunft der Stadt – deren Bevölkerung um 1350 dreimal Platz im Dom gehabt hätte –, die große Spendenfreudigkeit bis ins späte Mittelalter hinein, die kühnen Baumeister, die sich an ungewohnte Konstruktionen wagen konnten, oder der Ehrgeiz, andere Städte mit diesen Dimensionen weit und unerreichbar zu übertreffen?

Da die Nordseite des Doms auf Fernsicht berechnet war, der Chor in den Domfriedhof (heute Domgarten) schaute, die Südfront erst 1894 von den nahestehenden Häusern 'befreit' wurde (was sich als Fehler herausstellen sollte), so war reicher Schmuck nur der WESTFAS-SADE vorbehalten (Abb. 1). Dort zeugen leere Konsolen, daß weit reichlicher Figuren vorgesehen waren. Die geplante große Fensterrose im Mitteltrakt wurde um 1480 durch eine Fenstergruppe ersetzt, wobei ein steinernes Kreuz vor einem Rundfenster aufgerichtet wurde; unterm Kreuz ist St. Peter im Schifflein zu sehen, dem Wappen des Domkapitels. Es ist der Familie Roritzer zu danken, daß trotz 150jähriger Bauzeit der Fassade vom Plan nicht abgewichen wurde, nur in Details Einzelheiten der Spätgotik sichtbar wurden. Nur am Hauptportal, das um 1430 vollendet wurde, hat um 1400 ein unbekannter Baumeister den einmaligen Gedanken gehabt, die Vorhalle auf einem dreieckigen Grundriß zu errichten (Abb. 14). Die Plastiken gehören dem 'Weichen Stil' an, so Petrus vor dem Mittelpfeiler, in den Archivolten (Frontseiten der Bogen) Szenen aus dem Leben Mariens und der Jugend Jesu (Wurzel Jesse, Joachim und Anna, Geburt und Jugend Mariens bis zum zwölfjährigen Jesus im Tempel) als Vorbereitung der drei Reliefstreifen des Tympanons (Bogenfeld über dem Türsturz) mit Tod, Begräbnis, Himmelfahrt und Krönung Mariens. Am Portalge-wände stehen die Heiligen Stephan und Laurentius und vier Apostel, am Freipfeiler der Vorhalle weitere acht Apostel unter Maßwerkbaldachinen und auf blattreichen Konsolen. Zu diesem Programm, das die Zeugen des Alten und Neuen Testamentes zitiert, gehören die Propheten in den Bogenlaibungen der Vorhalle. Von den zahlreichen Plastiken der Westfassade verdienen einige besondere Beachtung, so die ›Befreiung Petri‹ im Tympanon des Südwestportals, um 1360 gemeißelt, bei der ein Engel einfach den Turm des Gefängnis-ses aufklappt (Abb. 7), oder die um 1410 geschaffene ›Übergabe der Gesetzestafeln‹ an Moses im Tympanon des Nordwestportals. Gleichaltrig sind die Reliefs an den Strebepfei-lern des Nordturmes, wie die ›Opferung Isaaks‹ und die ›Anbetung des Goldenen Kalbes‹. Die reitenden Könige an den vier Strebepfeilern sind die Verkörperungen der vier Weltreiche nach der Vision Davids (Abb. 8). Alle Plastiken hatten die Aufgabe, den Betrachter mit religiösen Themen zu konfrontieren, denn da nur wenige Menschen die Kunst des Lesens beherrschten, war man auf 'Illustrationen' durch Plastiken, Bilder (Fresken) und Glasfenster angewiesen.

Diese Erbauung finden wir wieder, wenn wir den breiten und hohen Innenraum bis hin zum Chor durchschreiten (Abb. 10), dessen drei Schlußseiten leuchtende *Glasgemälde* aus der Zeit von 1313 bis 1380 unversehrt über 600 Jahre bewahrt haben. Wenn am Morgen das Licht auf den Hochaltar fällt, so wird es farbig gebrochen und erzählt – so etwa am unteren Mittelfenster, das Bischof Nikolaus von Ybbs (1313–40) gestiftet hat – von der Kindheit Jesu und den Heiligen des Bistums Eichstätt, wo einst der Stifter Kanoniker gewesen war. Die anderen Fenster, von Domherren und Bürgern in Auftrag gegeben, berichten vom Leben und Martyrium einiger Apostel (links unten) oder vom Stammbaum Christi (rechts unten), zeigen die Passion Christi und die Werke der Barmherzigkeit (im oberen Mittelfenster links) und die 14 Nothelfer und andere Heilige (oben rechts). Zu den hervorragenden Glasgemälden gehören die um 1370 geschaffenen Fenster in der Höhe des Hauptchores mit der Geburt Christi, der Anbetung der Könige, der Himmelfahrt Christi und dem Tod Mariens.

Nun fällt unser Blick auf den glänzenden HOCHALTAR, dessen einzelne Teile von Augsburger Künstlern, vor allem von Georg Ignaz Bauer, geschaffen und erst 1784/85 zusammengefügt wurden, als der Aufbau mit Tabernakel und Vasen durch eine Stiftung gesichert war. Die silbernen Büsten von Maria und Joseph sind bereits 1695 getrieben, das Antependium (Verkleidung der Vorderseite) mit Relief des hl. Johannes Nepomuk stiftete 1731 der Domherr Johann Sigismund von Pienzenau, die silbernen Büsten von Petrus und Paulus kamen 1764 hinzu, das Altarkreuz und die sechs Silberleuchter stiftete 1777 Bischof Anton Ignaz Graf von Fugger, der Aufbau schließlich wurde mit 5000 Gulden des gleichen Bischofs und weiterer 10000 Gulden des Domkapitels finanziert, die nur aufgebracht werden konnten, indem man 29 ältere Silberfiguren einschmolz. Eingeschmolzen hatte man schon 1698 die große, im Chor frei hängende Ewig-Licht-Ampel von 1626, damit der Regensburger Goldschmied A. Harrer die jetzige schaffen konnte. Neben dem nördlichen Chorfenster ist das Sakramentshäuschen an die Wand gerückt, dessen unterer Teil 1493 geschaffen und dessen überschlanker Aufbau im frühen 16. Jh. aufgesetzt wurde.

Treten wir zur Vierung vor, so überraschen die mächtigen Bündelpfeiler, die einst die Kuppel tragen sollten, von der sich nur der Ansatz des Tambours über dem Kreuzrippengewölbe des 19. Jh. erhalten hat. An den PFEILERN zu den Querhäusern stehen die Steinplastiken der Apostel Jakobus und Bartholomäus, um 1370 geschaffen, des Paulus aus dem frühen 14. Jh. und vor allem die bedeutende Arbeit des Kirchenpatrons Petrus, bald nach 1300 sehr gefühlsbetont angelegt. Vom Hauptchor an die beiden westlichen Vierungspfeiler wurde die um 1280 gearbeitete Gruppe der *Verkündigung* gesetzt, ein bedeutendes Werk des Erminoldmeisters (so nach einem Grabmal in Prüfening gen.). Die Würde Mariens und die Freude des Engels sind unnachahmlich geblieben; der lachende Engel ist, dank zahlreicher Abbildungen, das bestbekannte Denkmal Regensburgs geworden (Abb. 6). Der rechte Nebenchor, mit dem der gotische Neubau begann, bewahrt nicht nur spätromanische Kapitelle des Vorgängerbaus bei den Blendarkaden auf, sondern mit dem Christi-Geburts-Altar auch einen der fünf Ziborienaltäre, die sich als Rarität im Dom erhalten haben. Das namengebende Altarblatt malte Kransberger allerdings erst 1838. Über dem Altar steht die elegante Figur einer Muttergottes mit Kind, die in die Zeit von 1320/30 gesetzt wird. Unter den Bischofsgrabmälern der linken Wand ist das für Johann Michael von Sailer (1829–32) bemerkenswert, auf Kosten König Ludwigs I. errichtet, der damit einen seiner Lehrer ehren wollte, der die Aufklärung der Katholiken in Süddeutschland stoppte und mit seiner Erweckungsbewegung den Gläubigen neue Wege wies. Die lebensgroße Figur des hl. Wenzeslaus in der Nordwestecke stiftete der Prager Erzbischof Zbinko Berka († 1606), der vorher Dompropst in Regensburg gewesen war. Qualitätvolle Glasfenster bietet die südliche Querhauswand mit dem neunteiligen Fenster aus dem 14. Jh. und den vor 1273 aus dem alten Dom ausgebauten Teilen mit dem Stammbaum, der Verkündigung, Geburt und Kreuzigung

REGENSBURG, Dom   St. Petrus mit der Tiara (Detail). Nach 1300

Christi. An der Wand steht überlebensgroß ein farbig gefaßter Kruzifixus aus der 2. Hälfte des 16. Jh. mit natürlichem Menschenhaar. Originell ist die dem Wolfgang Roritzer zugedachte Abtreppung über dem Südportal mit der schönen hl. Katharina von ca. 1350 am Mittelpfosten des Portals. Von W. Roritzer stammt wohl auch der Maßwerkbaldachin über dem Ziehbrunnen, der 17 m tief bis zum Grundwasser reicht, dazu die kleine Gruppe ›Christus und die Samariterin am Jakobsbrunnen‹, auf 1500 datiert.

Im südlichen Seitenschiff (Abb. 4) steht ein weiterer Ziboriumsaltar mit einer ›Verkündigung‹ von 1350/60 unter den Eckbaldachinen, deren Muttergottes eine vereinfachende Kopie der des Erminoldmeisters ist. Statt eines Altarblattes wurde eine kleine Steinfigur der Muttergottes mit Kind im 'Weichen Stil' um 1420–30 aufgestellt. Der ständige Blumenschmuck an der Grablege des Dompredigers Dr. Joh. Maier zeigt an, daß die Regensburger nicht vergessen haben, daß er die Stadt vor Zerstörung retten wollte und dafür am 23. 4. 1945 auf dem Dachauplatz gehängt wurde. – Am übernächsten Joch steht die reich drapierte Figur eines hl. Petrus aus der Zeit um 1430, wobei der Kopf aus dem späten 13. Jh. hier eine zweite Verwendung fand. Unter den Grabsteinen im Turmjoch fällt der Epitaph für Ursula Aquila († 1547) aus weißem Marmor wegen der Fülle von Grotesken in italienischer Manier auf. Begleitet haben uns die Glasfenster des Seitenschiffes aus der Zeit zwischen 1360 und 1380 von feinster Farbgebung.

Im MITTELSCHIFF steht vor dem ersten Langhauspfeiler die 1482 errichtete Kanzel, deren achtseitiger Korb mit kunstvoll gewundenen Ästen und Maßwerk überzogen ist, wohin ein schmiedeeisernes Treppengeländer des 18. Jh. geleitet. In der Schiffsmitte wurde das prunkende Grabmal für Kardinal Philipp Wilhelm Herzog von Bayern († 1598) aufgestellt, wobei die Figur des knienden Prinzen und sein prächtiges Wappen vom Münchner Hofbildhauer Hans Krumper modelliert wurden, während das Bronzekreuz eine Nachschöpfung des Kruzifixes des Giovanni da Bologna in der Münchner Michaelskirche ist (Abb. 10). Die innere Westwand ist geschickt durch einen Laufgang gegliedert, der als Galerie über den Eingang zieht, durch zwei offene Wendeltreppen erreicht wird, deren Bekrönung wie die Brüstung erst 1838 hinzugefügt wurden. Die dekorativen Glasfenster darüber sind Stiftungen König Ludwigs I. von 1828, als diese Kunst der Glasmalerei im Gefolge der Romantik neu belebt wurde. Aus der Mitte des 14. Jh. stammen die etwas klein geratenen heiligen Reiter Georg und Martin (Abb. 9). Ende des 14. Jh. wurden in die abgeschrägten Flanken des Hauptportals in zwei Nischen Tiere mit menschlichen Köpfen gesetzt, volkstümlich als der ›Teufel und seine Großmutter‹ gedeutet. Diese Dämonen sollten böse Geister, die bereits ins Gotteshaus eingedrungen waren, wieder vertreiben, schlich doch nach dem Aberglauben jener Zeit der Teufel einmal im Jahr unbemerkt ins Gotteshaus, um darin Kirchweih zu halten. Rechts vom Hauptportal erhielt Margareta Tucher († 1521) ein Bronze-Epitaph aus der Werkstatt des Nürnbergers Peter Vischer.

Im Turmjoch des NÖRDLICHEN SEITENSCHIFFES kommen wir am Oberteil der 1333 gegossenen, aber 1958 zersprungenen Predigtglocke vorbei zur Gruppe der ›Heimsuchung‹ neben der Türe, die, 1320 gearbeitet, von der Südflanke des Hauptportals hierher versetzt wurde, damit die Figuren von Maria und Elisabeth nicht noch mehr verwittern (Abb. 5). Die

Figur eines Königs links oben ist wohl Überrest einer um 1390 gehauenen ›Anbetung der Könige‹, die stilistisch den Prager Parlern nahesteht. Die Reihe der Altäre beginnt mit dem Wolfgangsaltar von 1938, dann folgt der Rupertusaltar von ca. 1340, der älteste der Ziborienaltäre, mit freigelegter alter Bemalung. In den Tabernakeln stehen die Figuren von Heinrich und Kunigunde über den Stifterwappen und Evangelistensymbolen. Das Altarblatt mit dem Thema ›St. Rupert tauft den Herzog Theodo‹ wurde erst 1839 von Hailer gemalt. Am nächsten Joch steht der Michaelsaltar mit einer guten Holzfigur des Erzengels. Eine Steinskulptur der hl. Margareta (um 1370), sehr elegant dargestellt, schmückt den nächsten Altar. Der Mangel an großen Glasfenstern erklärt sich daraus, daß die angebauten Kapellen der 'Säuberung' vor 1838 zum Opfer fielen.

Im NÖRDLICHEN QUERHAUS lehnt an der Nordwand ein schmuckloser Ziborienaltar aus der 1. Hälfte des 15. Jh. mit einem Altarblatt von 1932 des Franz X. Dietrich. In der Wand darüber hängt eine Muttergottes mit Kind von 1360. Links vom Altar steht ein hervorragender Christophorus aus dem Anfang des 14. Jh., ein Andachtsbild von großer Eindringlichkeit. Im linken Nebenchor finden wir bei einem 1460–70 geschaffenen Ziborienaltar die Steinmetzkunst auf ihrem Höhepunkt, denn graziler ist Stein wohl nicht zu gestalten. Über der Mensa, dem Altartisch, erzählen wenig ältere Reliefs die ›Verkündigung‹ und das ›Martyrium der hl. Ursula und ihrer Gefährtinnen‹. Unter den Bischofsgrabmälern rechts vom Altar ragt die von Astwerk aus Kalkstein umwucherte Rotmarmorplatte für Heinrich von Absberg († 1492) und die Solnhofer Platte mit der ›Wunderbaren Brotvermehrung‹ für Johann Georg Graf von Herberstein († 1663) heraus.

Nach der Fülle des Gesehenen sollte man, um wenigstens einen Höhepunkt im Gedächtnis zu behalten, nochmals zur Vierung gehen und die Verkündigungsgruppe betrachten. Das sind keine 'toten' Kunstwerke, sondern Stiftungen Andächtiger, die in einem Gotteshaus leben, nicht in einem Museum vor Verfall oder Verkauf nach Übersee gerettet wurden. Daß sie leben und sich mitteilen, kann man bei einem Gottesdienst erfahren, wobei das sonntägliche Hochamt von den ›Regensburger Domspatzen‹ mitgestaltet wird, sofern sie in der Stadt weilen.

Im nördlichen Querhaus nahe der sensiblen Christophorusgruppe ist der Eingang zum DOMSCHATZMUSEUM. Im Durchgang erinnert ein Grabmal an den Fürstprimas und Erzbischof Carl Theodor von Dalberg (1803–17), den letzten Kanzler des Hl. Römischen Reiches Deutscher Nation, der das kleine Territorium des Erzbistums 1810 an das Königreich Bayern abgeben mußte. Die gediegene klassizistische Anlage von Luigi Zandomeneghi wurde auf Geheiß Ludwigs I. in diesen stillen Winkel versetzt. Das Domschatzmuseum ist im Südflügel des ehem. Bischofshofes, der Residenz der Bischöfe bis 1803, untergebracht und umfaßt auch die ehem. Hauskapelle, die Zwölf-Boten(Apostel-)-Kapelle. Hierher transferierte man aus der 1945 zerstörten Obermünsterkirche den von der Äbtissin Wandula von Schaumberg gestifteten Marienaltar, ein 1534–40 geschaffenes exzellentes Beispiel deutscher Frührenaissance. Während als Bildhauer ein Spezialist aus dem Umkreis des Augsburgers Victor Kayser angenommen wird, glaubt man bei den Reliefs der ›Sieben Freuden Mariens‹ an Vorzeichnungen Albrecht Altdorfers. Bei der anschließenden Besichtigung der in einem Jahrtausend zusammengetragenen und verbliebenen Kostbarkeiten sollte nicht vergessen werden, daß es sich um Kultgeräte handelt und daß zu Verehrung und Gottesdienst das Beste gerade gut genug war. Daher ist es in dieser und anderen Schatzkammern müßig, nach dem heutigen Wert zu fragen, denn einzigartige Stücke der Kunst und Andacht haben keinen Tageskurs. Ausnahmsweise waren es hier weder Schweden noch Hussiten, die den Domschatz minderten, sondern die Eigentümer (heute das Domkapitel) selbst. So ließ man 1631 zwölf silbervergoldete Kelche und eine Monstranz einschmelzen, um die große Turmmonstranz des Münchners Ferdinand Zschokk bezahlen zu können. Von der Einschmelzaktion 1784/85 zugunsten der Finanzierung des neuen Hochaltars wurde schon berichtet. Der dritte Aderlaß geht auf die Gewissenhaftigkeit jenes Carl von Dalberg zurück, der zwei Monate vor Übergabe seines Kleinstaates an Bayern dessen Finanzen durch eine Schmelzausbeute von 6846 Gulden sanieren wollte. Inzwischen konnte durch Zukauf manches Kunstwerk der Sammlung hinzugefügt werden, die bis heute kein Museum im strengen Sinne ist, sondern immer wieder Geräte zum liturgischen Gebrauch abgibt. Für die Glanzpunkte wie den oberrheinischen (sog. Wolfgangs-) Kelch von 1250–60, die Turmmonstranz von 1632, das romanische Vortragskreuz aus Schwaben um 1150, das berühmte Kreuz, das König Ottokar von Böhmen für einen Splitter vom Kreuze Christi nach 1261 anfertigen ließ (Abb. 11), und für andere Kostbarkeiten bemühe man den Kunstführer Nr. 1040 von Schnell.

Den DOMKREUZGANG kann man heute nur an der Nordseite des Domgartens betreten. Durch einen Mitteltrakt ist er in zwei Höfe mit zwei Umgängen zerlegt worden, wobei der östliche Teil spätestens im 11. Jh., der westliche 1120–30 gebaut wurde, während die Mittelhalle, die offenbar als Mortuarium (Grablege) gedacht war, erst 1130–40 zu ihrer heutigen Größe erweitert wurde. Im frühen 15. Jh. wurde hier ein gotisches Kreuzrippengewölbe eingezogen, um 1520 dann neue, im Dekor der Frührenaissance gefaßte Fenster ausgebrochen, die das Licht auf Hunderte von Grabplatten fallen lassen, die, vom 14. bis 19. Jh. reichend und oft von aufgegebenen Begräbnisplätzen stammend, in Wände und Boden eingelassen wurden. An der Ostwand des Mittelbaues steht ein bedeutendes Werk der Regensburger Romanik, die ALLERHEILIGENKAPELLE, kurz vor 1164 als Grabkapelle für Bischof Hartwig II. († 1164) geschaffen (Abb. 13). Der von Comasken, Steinmetzen und Maurern aus der Diözese Como, errichtete Zentralbau, der an drei Seiten des Kubus halbrunde Apsiden besitzt und von einem achteckigen Tambour gekrönt wird, ist von klassischer Schönheit. Von der ursprünglichen Bemalung (um 1150–60) des Innenraumes, die sich auf die Epistel des Allerheiligenfestes bezieht und auf das 7. Kapitel der Apokalypse anspielt, haben sich große Reste erhalten, die 1955 von den Ergänzungen des 19. Jh. befreit wurden. Sowohl die Architektur als auch die Fresken und der Altartisch, alle aus der Mitte des 12. Jh., sind erhalten geblieben und bilden eine Einheit, wie sie selten zu sehen ist. – Das nördliche Ende des Traktes nimmt die Kirche ST. STEPHAN ein, früher ›Alter Dom‹ gen., spätestens im 11. Jh. mit zwei Meter dicken Mauern errichtet, in die halbrunde Nischen gehöhlt wurden. Im Westen zeigt eine Empore an, daß der rechteckige Raum wohl als

Kapelle des Bischofs genutzt wurde. Unbekannt ist das Alter des in der Apsis stehenden Altares, der aus einem Kalksteinblock gemeißelt und ausgehöhlt wurde, wohl weil der Altar über einem Reliquiengrab lagerte. Wegen seiner Größe hält es der Kenner Achim Hubel für möglich, daß er dem karolingischen Dom als Hauptaltar diente.

Die heutige DOMPFARRKIRCHE NIEDERMÜNSTER, nordöstlich des Doms gelegen, kann nur im Rahmen einer Domführung in allen Teilen – vor allem mit den jüngsten Ausgrabungen – besichtigt werden. Sie erlauben einen Blick in das erste nachchristliche Jahrtausend der 1800 Jahre alten Stadt Regensburg, beginnend bei den Resten massiv gebauter Legionärsunterkünfte und eines römischen Wohnhauses des 4. Jh. Niedermünster birgt auch die Reste der ersten Bischofskirche aus dem 7. Jh., in massiver Bauweise wohl auf Anordnung der Agilolfinger auf herzoglichem Grund errichtet. Als die Wanderbischöfe seßhaft wurden, ließ sich auch der hl. Erhard in Regensburg nieder und wurde um 700 in dieser merowingischen Kirche begraben, in der bereits der irische Erzbischof Albert von Cashel bestattet lag, der bei einem Besuch Erhards in Regensburg verstorben war. Diese 21,5 m lange Saalkirche orientierte sich an den Mauerresten der römischen Lagerbaracke. Die zweite, diesmal 25 m lange Saalkirche wurde zwischen 825 und 856 erbaut, als das adelige Damenstift Niedermünster gegründet war und ein Konventsgebäude besaß. Bauherren waren die Karolinger, die damals Bayern selbst verwalteten und von Regensburg aus ihr Reich regierten. Die große Gönnerin von Niedermünster aber war die Herzogin Judith, Gemahlin Herzog Heinrichs I. von Bayern, die eine neue große Saalkirche bauen ließ. Als Heinrich I. 955 starb, ließ sie ihn im unfertigen Gotteshaus bestatten, vollendete den Bau, nahm 973 selbst den Schleier, wurde Äbtissin von Niedermünster und beschenkte diese Stiftung reichlich mit Grund und Boden. 986 wurde sie neben ihrem Gemahl beigesetzt, dessen Grab man 1966 öffnen ließ. Als Herzog Heinrich IV. als Heinrich II. König geworden war, erhob er 1002 Niedermünster zum Reichsstift und damit die Äbtissin zur Reichsfürstin, die allein zur Ehelosigkeit verpflichtet war. Die zwölf Stiftsdamen der Gemeinschaft stifteten zwar in der Regel aus ihrem Besitz, doch waren sie nicht zur Ehe- und Besitzlosigkeit verpflichtet, konnten trotz allen Reformeifers, den z. B. der hl. Wolfgang aufwandte, ihren freien Status bis zur Säkularisation 1803 erhalten. Nach kurzem Zwischenspiel des Fürstprimas Carl von Dalberg fiel Niedermünster, nach St. Emmeram das reichste Stift Regenburgs, 1810 an das Königreich Bayern, das die Stiftskirche 1824 der Dompfarrei übergab, während die barocken Stiftsgebäude als Bischofswohnung und Diensträume des Ordinariats eingerichtet wurden.

Die ehem. Stiftskirche Niedermünster ist nicht mehr der Bau der Herzogin Judith, der Mitte des 10. Jh. abgerissen wurde, sondern eine dreischiffige Basilika, die nach einem Brand 1152 in den heutigen Formen wiederaufgebaut wurde; eingewölbt hat man sie im 17. Jh., stuckiert erst um 1730. Das ÄUSSERE gibt sich schlicht und schmucklos als dreischiffige Basilika ohne Querschiff, aber mit einem Haupt- und zwei Nebenchören, einem Turmpaar im Westen samt einer zweigeschossigen VORHALLE, einst ›Paradies‹ geheißen. Durch ein rundbogiges, zweimal gestuftes Portal betritt man sie; die Eisenbänder und Türklopfer der

Türflügel stammen aus der 2. Hälfte des 12. Jh. Das UNTERGESCHOSS DER HALLE ist mit einem barocken Kreuzgewölbe überspannt, an den Wänden reihen sich Grabmäler für Stiftsbedienstete aus dem 15. bis 18. Jh., die überhöht werden durch ein Kolossalgemälde der Huldigung der Weisen aus dem frühen 17. Jh. an der Nordwand, während zwei Gemälde an der Ostwand aus etwa der gleichen Zeit Maria mit ihrem Kind und die hl. Anna mit ihrer Tochter Maria zeigen. An der Südwand führt ein Spitzbogenportal zu einer 1305 gestifteten Kapelle, die seit 1955 dem Gedächtnis an die gefallenen Soldaten dient. Beeindruckend ist eine Kreuzigungsgruppe aus dem frühen 14. Jh. ob ihrer Innigkeit. Die Äbtissin Anna Maria von Salis ließ 1621 ein Obergeschoß auf die Vorhalle setzen, das heute Bischöfliche Hauskapelle und daher öffentlich nicht zugänglich ist. Die gleiche Äbtissin stiftete 1631 einen Marmorsarkophag für ihre große Vorgängerin Herzogin Judith, der unter der Orgelempore aufgestellt wurde. Die Tumba trägt die Liegefigur der Stifterin Judith, die in ihrer Rechten das Modell der Niedermünsterkirche hält. Eine Grabanlage besonderer Art steht im linken Seitenschiff beim Erhardsgrab: drei miteinander verbundene Altartische unter einem baldachinartigen Ziborium, dessen Gewölbeschlußsteine einen Engel mit Spruchband und einen Frauenkopf tragen. Die Anlage aus dem 14. Jh. öffnet sich an der Langseite mit drei Arkaden; die Bemalung aus dem 16. Jh. wurde kürzlich freigelegt und restauriert. Unter den Tischen, deren westlicher jünger und aus Holz ist, liegen (von Ost nach West) die im 14. Jh. geschaffenen lebensgroßen Bildnisse des hl. Erhard, seines Gefährten, des sel. Albert, aus Stein, und des hl. Bischofs Wolfgang aus Holz, erst im frühen 16. Jh. geschnitzt. Die Gebeine des hl. Erhard ruhen in einem erst 1866 gefertigten Reliquienschrein, der auf einem neugefaßten Holzschrein steht, in dem als Reliquien der Erhardistab und die Erhardistola aufbewahrt werden. Am mittleren, dem seligen Albert gewidmeten Altar zeigt ein Tafelgemälde von 1696 den hl. Erhard, wie er die Alemannenprinzessin Ottilie (Odilia) tauft und zur Äbtissin weiht; nach der Legende wurde sie durch die Taufe von ihrer angeborenen Blindheit geheilt. Der westliche Altar ist dem Gedächtnis an die sel. Kunigunde von Uttenhofen gewidmet, die z. Z. des hl. Bischofs Wolfgang († 994) Nonne und Küsterin in Niedermünster gewesen ist. Ihre und Alberts Gebeine sind jetzt im bemalten Holzschrein auf der Mensa (Altartisch) verwahrt. Diese Häufung von Reliquien ist für das Mittelalter nicht außergewöhnlich, denn je mehr Reliquien, desto besuchter der Wallfahrtsort. Dazu gehörte, daß der Gläubige die irdischen Überreste des Heiligen auch sehen und berühren konnte. Das Reliquiar, ein ovales Silbergefäß von 1653, gibt den Blick auf das Erhardshaupt frei, mit dem einst in der Festwoche des hl. Erhard (8.–15. 1.) in einer Zeremonie die unter Kopfschmerz leidenden Pilger berührt wurden.

Nahe dem Erhardigrab steht gegen Westen ein zweisäuliger Altar aus der Mitte des 17. Jh., der in einem Rokokogehäuse das Gnadenbild der ›Schwarzen Madonna‹ birgt, flankiert vom hl. Wolfgang und dem hl. Dionys. Mutter und Kind, denen erst 1670 Krone und Zepter zugefügt wurden, sollen in ihrer starren und majestätischen Haltung, die an byzantinische Vorbilder erinnert, im 10. Jh. geschnitzt worden sein. Ähnlich den Madonnen in Altötting und Tschenstochau ist dieses Gnadenbild dunkel, vermutlich durch den Ruß vieler Kerzen. Die vier Seitenaltäre haben den zweisäuligen Aufbau und das Alter

(Mitte des 17. Jh.) gemeinsam. Ein farbenfrohes Altarblatt mit einer volkstümlichen Schilderung der Hirten in der Heiligen Nacht hat ein unbekannter Meister für den Altar geschaffen, der an der Wand zwischen nördlichem Seitenschiff und dessen Chorraum steht. Den Sakramentsaltar an der Wand zwischen dem südlichen Seitenschiff und seinem Chor trägt als gegensätzliches Blatt den Leichnam Christi im Kreise seiner trauernden Getreuen, von Sattler um 1630 gemalt, von den Hll. Leonhard (mit Kette) und Wendelin flankiert. Der Altar im Südwesteck des südlichen Langhauses wird von einer Barockfigur des hl. Sebastian beherrscht, des Helfers gegen die mörderische Pest; ein barockes Bild zeigt, wie das Blut Christi die Schuld der Seelen im Fegfeuer tilgt. Daneben bedeckt die Westwand ein Gemälde mit dem Tempelgang Mariens aus dem frühen 17. Jh. Im Chor des südlichen Seitenschiffes wird das Altarbild der Immaculata von 1860 von Barockplastiken der Eltern Mariens, Joachim und Anna, beseitet.

Den mächtigen HOCHALTAR entwarf der Salzburger Steinmetz Jakob Mösl 1763 und führte ihn mit seinem Landsmann, dem Bildhauer Lorenz Wieser, aus. Das Altarblatt mit der Aufnahme Mariens in den Himmel wurde erst 1900 gemalt und ist flankiert von den beiden Regensburger Hll. Bischöfen Erhard (mit Stab und Buch) und Wolfgang (mit Stab und Beil). Gleichzeitig sind die beiden 2,45 m hohen Bronzekandelaber. An der Nordwand des Hauptchores steht auf einem Rotmarmorsockel ein Kruzifixus mit Maria Magdalena zu Füßen. Die lebensgroßen Figuren goß Georg Petel 1631 in Bronze. Der 1601/02 in Weilheim/Obb. geborene und 1634 in Augsburg gestorbene Künstler, befreundet mit van Dyck und Rubens, löste sich rasch vom Manierismus und wurde zum großen Bildhauer des Barock in Deutschland. Das tief geneigte Haupt des Gekreuzigten verweist auf die ergreifend mitleidende Magdalena. – An der Südwand steht fast lebensgroß eine Steinplastik der Muttergottes mit ihrem Kind, in der Mitte des 14. Jh. geschaffen. Die Geste von Zeigefinger und Daumen läßt daran denken, daß Maria ein Zepter trug; der Mond am Sockel verweist auf die Geheime Offenbarung 12,1.

Wenden wir uns zum Westportal, dann sehen wir an der Innenseite der HAUPTCHOR-WAND den überlebensgroß gemalten thronenden Christus, eine erst 1955 wieder aufgedeckte Kostbarkeit romanischer Freskokunst. (Weitere Fresken zeigen die Südseite des Apsisbogens und die Südwand des Nordchores.) Jetzt fällt unser Blick auf das barocke Langhausgewölbe mit den zurückhaltenden Stukkaturen von 1730 und die nur wenig jüngere Orgel im siebenteiligen Barockgehäuse mit seinen musizierenden Engeln und dem reichvergoldeten Schnitzwerk. Aus dieser Zeit stammt auch die Stuckmarmorkanzel mit der Gestalt des hl. Erhard auf dem Überbau, der wohlgefällig auf die Hörer der Predigten schaut.

Ehe Sie Niedermünster ganz verlassen, sollten Sie nochmals die Kreuzigungsgruppe in der Kapelle der hl. Apostel Simon und Judas Thaddäus (Gefallenengedächtnis) betrachten.

Setzt man sich in der warmen Jahreszeit, um die Westfassade des Doms mit dem Filigranwerk seiner Türme gemächlich zu betrachten, in das Straßencafé gegenüber, dann hat man im Rücken das HAUS AN DER HEUPORT, eine der rund 60 Patrizierburgen, die zwischen Dom und Weißgerbergraben noch nachgewiesen werden können. Neben dem

grundt=Riß von den Strasskircherischen Hauss auf
den Krauterer markt Litra E: 53: und 54: von A: 1713·

REGENSBURG   Das ›Haus an der Heuport‹, um 1300

Dom sind diese Wohnburgen mit ihren Türmen Wahrzeichen des gotischen Regensburg, die
in so großer Zahl in keiner Stadt nördlich der Alpen erhalten blieben; man muß schon bis
Verona und Bologna fahren, um zahlreichere GESCHLECHTERTÜRME zu sehen. Die ältesten
dieser Wohn- und Handelsburgen stammen aus dem 12. Jh., sind also nur wenig jünger als
die Höfe der bayerischen, in Regensburg beschenkten Bischöfe und der Stifte. Errichtet
haben sie entweder Kaufleute, die im Fernhandel zu Reichtum gelangt waren oder im
Dienste von Herzog oder Bischof zu Vermögen gelangte Familien. Obwohl eine Stadtmauer
alle Wohnstätten schützte, hatten diese Familien doch Anlaß, Handelsgut und Vermögen
besonders gut zu sichern, gegen Rivalen und interne Stadtkämpfe einen zusätzlichen Schutz
zu suchen. Aus dem blockhaften Baukörper ragt ein Turm bis zu neun Geschossen auf, an
den sich in der Regel links ein drei- bis viergeschossiger Wohntrakt fügt. Im Erdgeschoß
öffnet sich ein wuchtiges Tor, neben dem, meist im Turmuntergeschoß, die Hauskapelle
liegt, die in keiner Patrizierburg fehlte. Die oberen Turmgeschosse waren (im Unterschied
zu italienischen Türmen) zum Stapeln der Handelswaren, der Gewürze, Pelze, Eisenbarren
usw. eingerichtet, denn die Händler waren verpflichtet, alle Waren, die sie im Transit durch
Regensburg führten, zunächst am Ort zu günstigem Preis anzubieten. Gelegentlich wurde
der Stapel in den offenen Lauben des ersten Stockes ausgelegt; nur das ›Haus an der Heuport‹
(Domplatz 7), das seinen Turm 1539 einbüßte, hatte große Lauben im Erdgeschoß, was ihm
palastartigen Charakter verlieh. Das Hauptgeschoß des Wohntraktes hatte einen Festsaal für

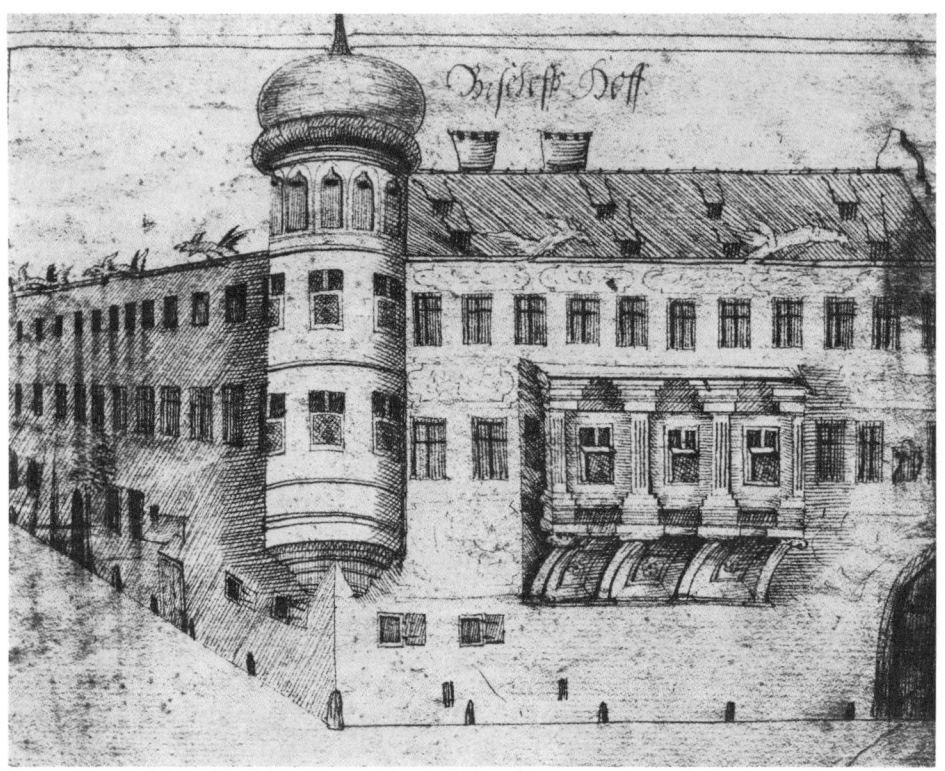

REGENSBURG   Bischofshof (Krauterermarkt 3). Federzeichnung um 1700. Stadtmuseum Regensburg

die zahlreichen Familienfeiern, der mitunter den Saal der Pfalz nachahmte, Zeichen großen Selbstbewußtseins. Die zwei- oder dreifachen Spitzbogenfenster mit ihren Säulchen und feinen Kapitellen ließen Licht in die Wohnräume, nehmen also auf Symmetrie der Fassade keine Rücksicht. Man lebte innen. Um den engen Innenhof lagen die Stallungen und die Schlafräume des Gesindes.

Um Ihnen einige besonders schöne Beispiele dieser Patrizierburgen zu zeigen, die trotz mancher Veränderung noch aus der gotischen und reichen Zeit Regensburgs erzählen, ist ein kleiner Zickzackweg nötig, der Sie nicht verdrießen möge. Beginnen wir beim ›Haus an der Heuport‹ am ehem. Heumarkt, dessen Festsaal über der Eingangshalle 1938 freigelegt wurde. Halle wie Saal besitzen noch die originale gotische Balkendecke, während die kleineren Räume des Oberstockes schwere italienische Stuckdecken von ca. 1700 zeigen. Einen Raum zierte der Regensburger Joseph Zacharias nach 1800 mit Architekturmalerei des frühen Empire aus. Schon im Treppenhaus überrascht eine (nachgeschaffene) Figurengruppe von 1330–40, puppengroß auf spitzen Konsolen, eine Jungfrau und ihr Freier, dessen aufgerissener Rücken Ratten und eine Schlange birgt, so daß an Satan als Verführer zu

46

REGENSBURG   Die ›Steinerne Brücke‹. Ausschnitt aus einem alten Stich

denken ist. – Am Adlerbrunnen vorbei, dessen Becken von 1566 und Eisengitter von 1592 inzwischen erneuert werden mußten, gelangen wir zum BISCHOFSHOF (Krauterermarkt 3), bis 1803 Residenz des Bischofs (dann Brauerei, jetzt Hotel), in dem die Kaiser abzusteigen pflegten. Hier wurde 1623 nach dem Sieg über den Winterkönig Herzog Max I. von Bayern mit der Kurwürde belehnt, die dem Pfälzer Kurfürsten Friedrich V. als dem besiegten Haupt der Protestantischen Union abgesprochen wurde. Die heutige Vierflügelanlage wurde im 14. bis 16. Jh. aus älteren Bauteilen harmonisiert, wobei der Nordflügel zum größten Teil, wie im Keller und der Tiefgarage sichtbar, auf der römischen Nordmauer steht. Am eifrigsten ließ der Administrator (Bistumsverweser) Johann von der Pfalz bauen, der auch das ›Kaiserbad‹ mit Fresken Albrecht Altdorfers ausstatten ließ, deren Reste im Museum verwahrt werden.

Auch die nördlich vom Bischofshof laufende Straße ›Unter den Schwibbögen‹ gehörte, benannt nach drei begehbaren Brücken, zum 'geistlichen' Regensburg, präsentiert aber die PORTA PRAETORIA, das 179 vollendete Nordtor des Lagers Castra Regina, nach der Porta Nigra in Trier der älteste römische Hochbau auf deutschem Boden. Der östliche Flanken- turm erhebt sich 11 m übers heutige Straßenniveau und besitzt fünf rundbogige Fenster im Oberbau zur Verteidigung. Das anschließende, erst 1885 wieder aufgedeckte Tor mit vier Metern Bogenbreite wurde ohne Mörtel aus 13 keilförmigen, radial genau aufeinanderpas- senden Kalksteinblöcken aufgerichtet. (Weitere Reste der Römermauer sind am St.- Georgen-Platz, nahe dem Ernst-Reuter-Platz [Bahnhofsnähe] und der Martin-Luther- Straße [Parkhaus] zu betrachten.) An manchen Quadern sieht man noch die Löcher für die Greifzange des Hebewerks.

Gehen wir zurück zum Eck des Bischofshofes und biegen rechts ab durch die Weiße- Hahnen-Gasse zum Donauufer. (Die prächtigen Gassennamen in der ganzen Altstadt wie Goldene-Bären-, Blaue-Lilien-, Blaue-Stern- und Rote-Stern-Gasse gehen auf Gasthofna- men zurück, auch die Fröhliche-Türken-Straße verdankt ihren Namen einem Wirtshaus ›Zum Fröhlichen Mann‹, das eine Zeitlang von einer Familie Türk betrieben wurde.) Das namengebende Gasthaus ›Zum Weißen Hahn‹ (Unter den Schwibbögen 1) benutzte die 1542 profanierte Salvatorkapelle, die zur Sühne eines Hostienfrevels 1467 erbaut worden war. Mit wenigen Schritten erreichen wir die STEINERNE BRÜCKE, die bis tief in die Neuzeit als Wunder der Baukunst galt, neben dem Dom das einprägsamste Wahrzeichen (Ft. 6). Von 1135–46 soll sie erbaut worden sein, auf Kosten des Rates und der Bürgerschaft mit Hilfe des Bayernherzogs Heinrich X. des Stolzen errichtet. Von den 16 in der Tonne gewölbten Bogen wurde der stadtseitige 16. schon lange eingefüllt. Die Brücke ist 310 m lang und erreicht in der Mitte eine Höhe von 7 m über der Pfeilerinsel. Der Stau vor den Pfeilern und deren Inseln führt zu großen Wirbeln unterhalb der Brücke, dem Regensburger Strudel, der ja längst ins Volkslied eingegangen ist. Dieser massive Donauübergang war nicht nur für die Kaufleute von Vorteil, sondern auch strategisch wichtig, weshalb er mit drei Türmen gesichert wurde, von denen der stadtseitige Brück- oder Schuldturm erhalten blieb, der im

1 REGENSBURG Westfassade des Doms St. Peter ▷

3   REGENSBURG   Neupfarrplatz mit Neupfarrkirche

◁ 2   REGENSBURG   Blick auf die Altstadt und den Dom

4   REGENSBURG, Dom   Blick in das südliche Seitenschiff

7 Befreiung Petri vom Tympanon
des Südwestportals. Um 1360

5 Mariä Heimsuchung. 1320
6 Erminoldmeister: Engel der
Verkündung. Um 1280

8 Reitender König
9 Hl. Martin. Um 1330

10 REGENSBURG, Dom Mittelschiff mit Blick auf den Hochaltar und das Grabmal für Kardinal Phil. Wilhelm Herzog v. Bayern († 1598)

12 DOMSCHATZMUSEUM Reliquienkästchen.
1. Drittel 14. Jh.

15 REGENSBURG Stiftskirche Unsere Liebe Frau ▷
zur Alten Kapelle. Innenraum mit Blick zum
Hochaltar (1769–75)

11 DOMSCHATZMUSEUM Ottokarkreuz. Nach
1261

13 DOM Allerheiligenkapelle. 1155–64

14 DOM Westportal. Um 1430 vollendet

16   REGENSBURG   Stiftskirche Unsere Liebe Frau zur Alten Kapelle. Doppeloratorium im Chor. 1761/62

17   REGENSBURG   Schottenkirche St. Jakob. Nordportal. Um 1190 vollendet ▷

18 STADTMUSEUM Roman. Saal mit Astrolabium (1060–70)

19 STADTMUSEUM Ausstellungsräume im Kreuzgang

20 Altes Rathaus Reichstagssaal

21 PFARRKIRCHE ST. EMMERAM Wolfgangskrypta. 1052 geweiht

22 Grabmal der Königin Hemma († 876). Um 1280

23 Thronender Christus am Hauptportal. 1050

24 Kirchenschiff. Barocke Ausstattung (1731–33) durch die Brüder Asam

25 Keplerhaus in der Keplerstraße

26 Keplerzimmer im Keplerhaus

27 Haidplatz mit Justitiabrunnen

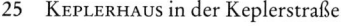

13. Jh. errichtet wurde. Durch das 1648 wiederaufgebaute, 1652 mit einer Uhr bereicherte Brücktor zogen Könige, Kaiser und Fürsten in die Reichsstadt ein, deren Wappen, die gekreuzten Schlüssel des hl. Petrus, des Patrons von Dom und Stadt, auf dem Brückenscheitel zur Stadt hin blickt, während die zum bayerischen Stadtamhof blickende Seite den Bayerischen Löwen trägt. Wappensäule und Brückmännchen (›Bruckmandl‹) wurden trotz der altertümelnden Verse erst 1854 aufgerichtet. Den Torso des Vorgängers mit dem Schriftband »chuck wie heiß« bewahrt das Museum, dazu die wertvollen Originalplastiken vom abgerissenen nördlichen und mittleren Brückenturm, einen um 1290 gemeißelten hl. Oswald, dazu die Sitzfiguren von König Philipp von Schwaben (1198–1208), der Regensburg 1207 einen Schutzbrief ausstellte, und seiner Gemahlin Irene von Byzanz, in Deutschland Maria gen., von Walther von der Vogelweide als »Rose ohne Dorn, Taube sonder Gallen« besungen. Kopien dieser Figuren sind in die Nordfront des Brückturms eingelassen.

Durch die BRÜCKSTRASSE ziehen wir wie einst Kaufleute und Fürsten in die Stadt ein. Der Kunsthistoriker Berthold Riehl sah 1890 die Straße so: »Die Brückengasse zeigt noch den ganzen malerischen Reiz mittelalterlicher, echt deutscher Straßen; nicht in einer einförmigen, geraden Linie, sondern in leichter Biegung steigt sie etwas bergan gegen das HAUS ZUM GOLIATH, das einen prächtigen Hintergrund dieses kleinen Straßenprojektes bildet.« Schon das Haus Brückstraße 4, um 1220–30 erbaut und lange Zeit Herberge des Klosters Kastl, ist eine Patrizierburg gewesen, deren fünfstöckiger Turm trotz aller Umbauten deutlich auszumachen ist. Ganz anders das Goliathhaus, eingespannt zwischen Goliathstraße und Watmarkt, dessen sechsgeschossiger zinnengeschmückter Turm im Westen und vierstöckiger Wohntrakt im Osten, dessen zweites Obergeschoß Fenstergruppen der Frühgotik besitzt, sich eindrucksvoll als Geschlechterburg ausweist. Zunächst in der Hand der Thundorfer, deren einer, Bischof Leo, beim Dombau 1275 eine Rolle spielte, gefolgt von den Dollinger und Maller. Martin Tucher, der seiner Frau ein Bronzeepitaph seines Landsmannes Peter Vischer gießen ließ, besaß 1521–46 das Haus, das nach weiterem Wechsel im 19. Jh. aufgeteilt wurde. An der Nordfront, die auf Fundamenten der Römermauer ruht, prangt das Fresko mit David und Goliath, das kurz vor 1573 Melchior Bocksberger, damals der führende Fassadenmaler Süddeutschlands, auf die Wand trug. Dabei war der Hausname ursprünglich ›Golias‹ gewesen, wie die fahrenden Theologiestudenten des 12. Jh. ihren angeblichen Schutzpatron nannten, der beim Umbau 1260 dann wohl dem besser bekannten Philisterhünen aus Gath weichen mußte.

An der Südfront des Goliathhauses liegt der WATMARKT (von wat = Kleidung, Gewand, Zeug), dessen Nr. 6 ein frühgotisches Turmhaus aus der Mitte des 13. Jh. ist. Der Bräunelturm ist zwar erniedrigt worden, ragt aber immer noch mit 20 m Höhe über die Dächer der Umgebung. Der Wohnbau barg, von der Tradition abweichend, die Hauskapelle, in der jetzt die Weinstube ›Zur Stritzelbäckerin‹ untergebracht ist. Der Brauch,

Stritzel (Hefegebäck, häufig mit Quark gemischt, in Schmalz herausgebacken) zu backen, ist mit diesem Haus seit 1809 verbunden. Daneben erhebt sich trutzig über sieben Geschosse fast 28 m hoch der Turm des BAUMBURGERHAUSES (Watmarkt 4), der höchste Regensburger Hausturm nächst dem Goldenen Turm in der nahen Wahlenstr. 16 (Wahlen sind die Walchen oder Welschen, die nicht vor dem Germanenansturm geflüchteten Romanen.). Der um 1260 vollendete Bau gehörte zunächst der reichen Familie Ingolstetter, seit dem 14. Jh. den Baumburgern, deren Name haften blieb. Eine Überraschung in den engen, dunklen Gassen sind die originellen Fensterarchitekturen der einzelnen Stockwerke.

Die stille Blaue-Lilien-Gasse (vormals Hafnergasse), mit schönen schmiedeeisernen Auslegern bestückt, führt uns hinab zum Fischmarkt und dessen westliche Forsetzung, die KEPLERSTRASSE. Die an stattlichen Geschlechterburgen reiche Donaustraße wurde umbenannt nach dem großen Astronomen Johannes Kepler (1571–1630), der zweimal in dieser Straße ansässig war. 1620 brachte Kepler seine Familie im Haus des Metsieders Christoph Räntz unter, während er zum zweiten Mal nach Leonberg ritt, um seine 75jährige Mutter erneut vom Vorwurf der Hexerei zu schützen; 1622 kehrte er mit den Seinen, vermehrt um die Tochter Kordula, nach Linz zurück, wo er Mathematiker der oberösterreichischen Landschaft war. Im Sommer 1626 brachte Kepler seine Familie im Haus Keplerstr. 2 unter und blieb ein Jahr in Ulm, um den Druck seines Hauptwerkes, der sog. Rudolphinischen Tafeln, zu betreiben. Als er mit Familie im Sommer 1628 nach Sagan aufbrach, um in die Dienste Wallensteins zu treten, hinterließ er Möbel und Hausrat in Regensburg, die zum geringen Teil erhalten geblieben sind. Als Albrecht von Wallenstein auf dem Kurfürstentag zu Regensburg 1630 abgesetzt worden war, versuchte Kepler seine Forderungen an die kaiserliche Kasse in Regensburg einzuklagen, bezog das Haus Keplerstr. 5, das 1959–61 saniert und als Gedächtnishaus ausgestattet wurde (Abb. 26). Einst war es mit Nr. 1 und Nr. 3 die Hausburg der Runtinger, deren Turm noch steht (Abb. 25). Am 15. 11. 1630 starb Kepler und wurde zwei Tage später auf dem evangelischen Petersfriedhof begraben, der schon drei Jahre später eingeebnet wurde, als die Schweden sich der Stadt näherten, um ihnen keinen Schutz vor der Stadtmauer zu gewähren. Festgehalten wurde der von Kepler selbst entworfene Grabspruch, der in deutscher Übersetzung lautete:
»Himmel durchmaß mein Geist, nun meß ich die Tiefen der Erde.
Ward mir vom Himmel der Geist, ruht hier der irdische Leib.«
Mit gesundem Selbstbewußtsein verweist hier der Vollender des kopernikanischen Systems auf seine Gesetze der Planetenbewegungen, die er errechnet (›gemessen‹) hatte.

In den alten Handelshäusern der Keplerstraße wurde vor allem das Eisen der Oberpfalz umgeschlagen, das auf Vils und Naab verschifft worden war; das Uferstück beim Haus Nr. 18 heißt heute noch ›Eisengrät‹. Am westlichen Ausgang der Straße steht noch der WEINSTADEL, wahrscheinlich 1527 von Altdorfer entworfen, in dem Weine aus dem Main-, Tauber- und Neckargebiet, aus der Wachau, Tirol und Italien verzollt und zum Kauf angeboten wurden. Zwei wappenhaltende Figuren, ein Engel und ein Steinwerfer, vom überbauten Weintor zur Donau bewachen nun die Eingänge zum Museum am Dachauplatz. Durch die Keplerstraße, deren Häuser Nr. 1–16, 18 und 20 in die Denkmalliste aufgenommen wurden, geht es zurück zum Fischmarkt und rechter Hand durch das Gäßchen Schmerbühl (von Schmer = Fett), wo einst die Metzger Talg für Kerzen schmolzen, zum kleinen ZIEROLDSPLATZ an der Südseite des Rathauses.

Dort steht seit einigen Jahren ein moderner Abguß des Bronzestandbildes des Don Juan d'Austria, das Andrea Calamech nach 1571 für die Stadt Messina geschaffen hat. Der Sieger der Seeschlacht von Lepanto (Naupaktos), der am 7. 10. 1571 als Oberbefehlshaber der vom Papst finanziell unterstützten Flotten Spaniens, Venedigs und Genuas die türkische Flotte entscheidend besiegte, wurde als Sohn Kaiser Karls V. und der schönen Gürtlermeisterstochter Barbara Blomberg (Blumberger) am 24. 2. 1547, dem Geburtstag seines Vaters (*1500), in Regensburg geboren. Der verwitwete Kaiser, der 1546 sein Hoflager im ›Goldenen Kreuz‹ aufgeschlagen hatte, ließ sich durch die damals 18jährige Schönheit aufheitern, verheiratete dann seine Gespielin mit einem kaiserlichen Werbeoffizier Hieronymus Kegel, der nach Brüssel versetzt wurde. Der Knabe Hans wurde bereits 1550 nach Spanien gebracht, dort unter dem Decknamen Hieronymus erzogen und zunächst für den geistlichen Beruf bestimmt. Sein Halbbruder König Philipp II. anerkannte ihn als Kaisersproß und gestattete ihm unter dem Namen Don Juan d'Austria (Herr Hans von Österreich) eine Karriere in der Flotte. Erst als er nach seinem großen Seesieg zum Statthalter der Spanischen Niederlande ernannt wurde, gelang es dem Hof, die verwitwete Mutter zur Übersiedlung nach Colindes am Golf von Biskaya zu bewegen, wo sie 1597 starb, während ihr berühmter Sohn bereits 1578 im Feldlager von Namur der Pest zum Opfer gefallen war. Zur Feier des Sieges ordnete Papst Pius V. das ›Rosenkranzfest‹ am Jahrtag der Schlacht von Lepanto an, das später auf den ersten Sonntag im Oktober verlegt wurde, denn man schrieb den Sieg dem Eingreifen Mariens zu.

Wie die Rathäuser anderer alter Städte ist auch das zu Regensburg im Laufe der Zeit aus mehreren Baukörpern zusammengewachsen. Zum Zieroldsplatz, wo wir stehen, zeigt der barocke Trakt des NEUEN RATHAUSES seine Schmalseite. Durchs barocke Portal gelangen wir zum Dollingersaal, der beim Abbruch des Dollingerhauses ausgebaut und nach einem Zwischenquartier 1963 hier am Schmerbühl wieder aufgebaut wurde. Der gedrungene Mittelpfeiler und die vier Kreuzrippengewölbe zeugen von der Repräsentationslust eines reichen Handelsgeschlechtes. Bedeutend sind jedoch die frühen Zeugnisse frühgotischer Profanplastik, deren Originale im Museum bewahrt werden. Die knapp vor 1300 vermutlich von einem oberrheinischen Meister geschaffenen Stuckarbeiten haben den legendären Zweikampf zwischen dem Ritter Hans Dollinger und dem Ungarn Krako zum Thema, dem 930 König Heinrich I. (der Finkler) auf dem Haidplatz zugesehen haben soll. Dargestellt ist der Augenblick, da Dollinger seinen Gegner mit der Lanze am Kopf trifft, ist der reitende König Heinrich und der hl. Oswald, ein schottischer König, der als Patron der Kreuzfahrer auch in Regensburg verehrt wurde. Man hat diese rare Darstellung auch als Zeichen des selbstbewußten Stadtpatriziates gewertet, das sich gleichberechtigt neben den Adel als Beschützer des Kaisertums stellte.

Biegt man zum Kohlenmarkt ein, so blickt man am Rathauskomplex entlang, hat vor sich das barocke Neue Rathaus, belebt durch die Architekturmalerei des aus Salzburg stammenden Melchior Bocksberger von 1573 und ein Figurenportal, das zum kleinen Neptunhof mit einem Wandbrunnen von 1662 führt, den der Wassergott krönt. Westlich springt das alte, frühgotische Rathaus mit dem dominierenden Rathausturm ein. Durch ein Tor aus dem 13. Jh. betritt man den Rathaushof, den der Regensburger Bildhauer Leoprand Hilmer 1661 mit dem Venusbrunnen geschmückt hat. Der Reichssaalbau mit seiner prächtigen Wand schließt den Rathausplatz nach Westen ab. Ein Erker der Hochgotik sitzt inmitten der Fensterfront des Saales, während der Treppenhausanbau mit dem Spitzbogenportal erst in der Spätgotik angefügt wurde. Darüber sieht man das Stadtwappen und die Büsten ›Schutz‹ und ›Trutz‹, Hinweise auf die städtische Verteidigung, die als Arbeiten der am Dom tätigen Werkstatt der Parler angesehen werden. An der linken Ecke des Portals sind die Maße der Stadt aus dem 15. Jh. (Schuch, Elle, Klafter) in Eisen eingelegt. Durch das Portal gelangt man ins REICHSTAGSMUSEUM, das seit 1963 sowohl den Reichssaalbau als auch historisch wertvolle Räume des Alten Rathauses umfaßt.

Über die Treppe kommen wir zunächst in eine 1564 gewölbte Vorhalle im Renaissancestil, dann in das ›Kurfürstenkollegium‹, der vormaligen Sitzungsstube des Inneren Rates, wie sie uns die Miniatur aus dem Freiheitenbuch (Abb. S. 69) zeigt. Aus dieser Ratsstube wurden zwei Gemälde übernommen: von Isaac Schwendtner das 1592 gemalte ›Gute Regiment‹, das vor der Stadtansicht die Frauenfiguren des Friedens und der Ceres (Ernährung) zeigt, die mit einer goldenen Kette an die Tugenden Liebe, Gerechtigkeit und Klugheit geknüpft sind. Die 16 Ratsmitglieder, die das Bild stifteten, sind mit Wappen und Namen auf dem Rahmen vertreten. Von seinem Sohn Paul stammt sehr wahrscheinlich das Zifferblatt der gemalten Uhr von 1624, die neben den Reichsinsignien auch die Allegorien (Sinnbilder) der Astronomie, Geometrie, Mathematik und Philosophie zeigt. Die Gemälde ›Kaiser Rudolph I. von Habsburg auf dem Reichstag von 1282‹ und ›Karl der Große‹, eine zeitgenössische Kopie nach Albrecht Dürer, erinnerten die Kurfürsten an zwei bedeutende Herrscher. Das ›Kurfürstliche Nebenzimmer‹, 1551 von Wolf Wasserkreutter mit ungarischer Esche und Eiche kostbar getäfelt, war einst das geheime Beratungszimmer. Die Portale und die über Eck gestellte Kassettendecke schwelgen in den Formen der deutschen Renaissance.

Hier tagten also die Kurfürsten (oder ihre Vertreter), die sich aus einem zunächst unbeschränkten Wählerkreis zu den einzig berechtigten Wählern des deutschen Königs im 13. Jh. herausgehoben hatten. Im Thronstreit der Staufer und Welfen nach 1197 bezeichnete Papst Innozenz III. die Erzbischöfe von Köln, Trier und Mainz und den Pfalzgrafen bei Rhein als unentbehrlich zur Königswahl, der Sachsenspiegel von 1230 fügte ihnen den Herzog von Sachsen und den Markgrafen von Brandenburg bei, wozu noch der König von Böhmen kam, der sein Kurrecht erst 1237 durchzusetzen vermochte. Da der Kurfürst von Mainz als letzter abstimmte, konnte er bei Stimmengleichheit den Ausschlag geben, was seine Position stärkte und ihm manche Handsalbe eintrug. Der Pfalzgraf verlor zwar 1623

Hans Mielich, Sitzung des Inneren Rates. Miniatur im Freiheitenbuch der Stadt. Der vierte Ratsherr ist ▷
Albrecht Altdorfer. 1536. Stadtmuseum Regensburg

H·VIBAN·TRVNCKL· H·FRIDRICH·STVCHS· H·HANNS·HECZER· H·WILHELM·WIELANDT· H·WOLFGANG·STEIRER· H·HANNS·WEINZIRL·

H·GEORG·SALLER·

H·ALBRECHT·ALTDORFFER·

H·GEORG·WALTMAN·

H·GEORG·PAVMGARTNE·

H·MATHEVS·AICHINGER·

H·AMBROSI·AMMAN·

H·KARL·GARTNER·

H·CRISTOF·GLOCKENGIESER·

H·MICHAEL·FVRSICH·

H·THOMAN·KVRCZ·

H·IOHANN·HELTNER· DOCTOR·DER·RECHTEN·   H·HANS·REISOLT· STAT·SCHREIBER·

seine Kurstimme an Bayern, erhielt 1654 sie aber als achte zurück, während 1692 auch der Herzog von Braunschweig-Lüneburg (Hannover) das Kurrecht erhielt. Durch den 1803 in Regensburg vollzogenen Reichsdeputationshauptschluß wurde die Kurwürde von Mainz auf Regensburg übertragen, das Kurrecht für Köln und Trier gestrichen, neue Kurtitel für Baden, Württemberg, Hessen-Kassel und Salzburg geschaffen; mit dem Großherzog Ferdinand von Toskana ging Salzburgs Kur 1805 an Würzburg über. Durch den Rheinbund von 1806 wurde das Kurkollegium aufgelöst; nur Hessen-Kassel behielt den Titel bis zur Niederlage 1866 und seiner Einverleibung in Preußen.

Dahinter liegt der ›Blaue Saal‹, der Vorraum des Fürstenkollegiums, dessen Decke von 1527 mit goldenen Sternen geschmückt ist. An die kurze Regierungszeit des Kaisers Karl VII. (1742–45) aus dem Hause Wittelsbach erinnert eine Standuhr mit einem mächtigen Reichsadler als Rahmen des Zifferblattes. Nun betreten wir den REICHSTAGSSAAL (Abb. 20), ein in seinen Abmessungen wie seinem Alter einzigartiger Repräsentationsraum, dessen weite Holzdecke von einem einzigen Balken unterfangen wird, an dessen Unterseite im Relief der Stadtpatron St. Petrus erscheint. Von den Figuren der Deckenkonsolen haben sich einige noch aus der Bauzeit um 1360 hinüberretten können; die großen Engelsfiguren wurden erst beim Umbau um 1408 eingefügt. Die Dekorationsmalerei stammt aus dem 16. und 17. Jh., die Rahmung des Hauptportals ist mit 1564 datiert. Die Wappenscheiben der Butzenfenster sind Geschenke der Kaiser Karl V. und Mathias II. Nach Kupferstichen des 17. und 18. Jh. wurde die Ausstattung des Reichstagssaals ergänzt; anstelle des kaiserlichen Throns wurde 1830 ein Lehnsessel von 1664 aufgestellt, der Baldachin 1976 durch eine Kopie ersetzt. Statt der alle Wände bei den Sitzungen bedeckenden Gobelins sind heute nur noch vier, um 1550 mit Darstellungen Abrahams und Salomes gewirkte, zu sehen, die man der Regensburger Werkstatt eines wandernden Tapetenmachers zuschreibt. In diesem Festsaal traten im 17. und 18. Jh. die Reichsstände zusammen, die Abgesandten der selbständigen, unmittelbar dem Reich angehörigen Staats- und Stadtgebilde. Die peinlich genau befolgte Sitzordnung spiegelte die Machtverhältnisse der einzelnen 'Reichsglieder' wieder. Der Kaiser oder sein Vertreter, der Prinzipalkommissar, hatte seinen Platz auf einem vierstufigen rotbespannten Podest an der Stirnwand. Zu beiden Seiten, aber zwei Stufen niedriger, saßen die sieben, später neun Kurfürsten. Auf den grünbespannten Bänken an den Längsseiten hatten die Reichsfürsten oder deren Gesandte ihren Sitz, rechts die 63 weltlichen, links die 37 geistlichen, alle auf einer grünen Stufe, während auf den beiden grünbezogenen Bankreihen inmitten des Saales ohne Stufe die Prälaten und Grafen, dahinter die Reichsstädte als dritter Reichsstand plaziert waren. Hinter der Schranke hatten sich die Sekretäre und anderes Personal aufzuhalten, ausgenommen der Sekretär des Reichsdirektoriums, das stets bei Kur-Mainz verblieb, der an einem Tisch im Saal das Protokoll zu führen hatte. Da die Kaiser seit 1594 stets alle Reichstage nach Regensburg ausgeschrieben hatten und sich der Reichstag 1663 nicht mehr auflösen konnte, blieb der ›Immerwährende Reichstag‹ bis zum Ende des Alten Reiches (1806) in Regensburg beisammen, zog an die 70 Gesandtschaften auswärtiger Staaten in die Stadt. Diesen Reichstag als Vorläufer späterer Reichstage (1870–1918 bzw. 1919–33) zu zitieren, ist völlig verfehlt, denn er ging nicht aus allgemeinen, gleichen und geheimen Wahlen von Staatsbürgern hervor, sondern war die Vertretung nahezu oder völlig unabhängiger Territorien, die zudem ihre Entscheidungen in zwei konfessionell getrennten Körperschaften (Corpus Catholicorum und Corpus Evangelicorum) zu treffen hatten, sofern das Thema auch nur entfernt mit Religion zu tun hatte.

Westlich des Reichssaals liegt der FÜRSTENKOLLEGIUM genannte Saal mit einer Kassettendecke aus geometrischen Motiven des Hans Stellenberger von 1661. Der Kachelofen mit den Figuren des Apoll und der neun Musen wurde später aus Schloß Alteglofsheim hierher transferiert. Zwei Gobelinserien bedecken die Wände: links drei Brüsseler Teppiche aus der Werkstatt des Cornelis Mattens (um 1620) mit Szenen aus dem Leben Scipios, rechts vier Brüsseler Gobelins (um 1600) mit Episoden aus der Sage von Aeneas und Dido. Wie im Reichssaal saßen sich weltliche und geistliche Fürsten gegenüber, in der Mitte die Kollegien der Prälaten und Grafen, am langen Tisch hinten die Sekretäre, am Tisch vorn das Direktorium, in das sich Österreich und Salzburg teilten; etwas zurück hatte der Reichserbmarschall seinen Platz, stets ein Graf von Pappenheim. – Im Fürstlichen Nebenzimmer neben dem Reichssaal steht das Original des kaiserlichen Traghimmels, der beim Einzug Kaiser Rudolph II. 1594 benutzt wurde. Hier und im Nebenraum sind Bilder und Urkunden zur Geschichte des Reichstages ausgestellt.

Über die Empore des Reichssaales gelangt man zum ›Reichsstädtischen Kollegium‹, einem rundum vertäfelten Raum mit spätgotischen Wandschränken und Butzenscheibenfenstern.

REGENSBURG   Rathaus und Marktturm. 1657. Kupferstich von Matthaeus Merian

Das Rahthauß sampt dem Marckt thürn zu Regenspurg.

Titelseite der ›Constitutio Criminalis Carolina‹ (Peinliche Halsgerichtsordnung), erlassen von Kaiser Karl V. auf dem Reichstag zu Regensburg 1532

Die eingebauten Bänke waren in die ›Rheinische Bank‹ für 15 Reichsstädte, deren Vorsitz Köln innehatte, und die ›Schwäbische Bank‹ für 36 Reichsstädte geschieden, der Regensburg präsidierte.

Die 1652–55 in barocken Formen eingebaute Fürstentreppe führt ins Erdgeschoß zu den unterm Reichssaal liegenden Räumen, die einst dem städtischen Rechts- und Strafwesen dienten. In der WACHTKAMMER sind Richtschwerter, Strafgeigen und Schandmasken zu besehen, auch der Stab, der 1625 bei einer Verurteilung zum Tode gebrochen wurde, als deutliches Zeichen, daß der Delinquent nicht mehr zur Gemeinschaft gehörte. An einem Holzpranger von 1727 und der Prügelbank für kleinere Diebstähle vorbei geht es in die fensterlose ›Fragstatt‹, den Ort des peinlichen Verhörs, volkstümlich Folterkammer genannt. Neben dem Eingang saßen auf einer Bank der Wundarzt wie der Scharfrichter, während die verhörenden und protokollierenden ›Fragherrn‹, die dem Rat angehören mußten, hinter einem Holzgitter verborgen amtierten. Vier Stufen tiefer folterten dann der Scharfrichter und zwei seiner Knechte das Opfer. Seit der ›Peinlichen Halsgerichtsordnung‹ (Constitutio Criminalis Carolina) Karls V. von 1532 war die Tortur zur Wahrheitsfindung nicht nur zwingend für bestimmte Anklagen geboten, sondern auch ihre Anwendung in Grade eingeteilt. Von den Geräten zur Tortur im dritten Grad haben sich z. B. erhalten die ›Schlimme Liesel‹, ein Aufzug, bei dem die Füße des Beschuldigten mit Steinen beschwert wurden usw. Es wäre ein böser Irrtum zu glauben, nur in Regensburg, Nürnberg und Rothenburg o. d. T., wo sich die meisten der grausigen Werkzeuge erhalten haben, sei gefoltert worden. Das war allgemeiner Brauch nach geltendem Recht. Erst in der 2. Hälfte des 18. Jh. wurde die Tortur in den einzelnen Staaten und Städten des Alten Reiches abgeschafft, zuerst in Preußen (1740), dann in Österreich (1776), schließlich auch in Bayern (1806). Gegenüber der Fragstatt liegen die zwei Lochgefängnisse mit 3 m Tiefe und die zwei Blockgefängnisse, die dem Häftling das Stehen unmöglich machten. Die ebenfalls 1533 eingerichtete Armesünderstube bot dem zum Tode Verurteilten wenigstens Lager und Sitzbank.

Wem nicht das Glück widerfährt, vom frühgotischen Rathausturm über Stadt und Umland blicken zu dürfen, der sollte sich wenigstens durchs ALTE RATHAUS MIT REICHS-TAGSMUSEUM führen lassen (Werktags: 9.30, 10.30, 11.30, 14.00, 15.00, 16.00 Uhr; sonntags: 10.00, 11.00, 12.00 Uhr.).

Durch die schmale Waaggasse gelangen wir zum dreieckigen HAIDPLATZ, auf dem im Mittelalter Turniere stattfanden, der dann Viktualienmarkt wurde und schließlich bis ins 20. Jh. Schranne (Getreidemarkt) war (Abb. 27). Inmitten des Platzes steht der Justitiabrunnen, dessen kunstvolles Rautengitter 1592 geschmiedet wurde. Leoprand Hilmer schuf 1656 die lebensgroße Figur der Gerechtigkeit. – Das berühmteste Gebäude am Platze ist das GOLDENE KREUZ (Haidplatz 7), eine frühgotische Patrizierburg mit Turm im Osten, die allerdings erst 1862 nahtlos mit einem Renaissancebau im Westen verbunden wurde. Unter den früheren Besitzern waren die reichen Weltenburger die bekanntesten, ehe im frühen 16. Jh. der Gasthof ›Zum Goldenen Kreuz‹ eingerichtet wurde, der bald Fürstenherberge wurde. Kaiser Karl V. schlug hier während der Reichstage 1532, 1541 und 1546 sein

REGENSBURG   Inschrift mit Porträtmedaillon des Juan d'Austria von einem Patrizierhaus am Haidplatz

Hoflager auf. Hier soll er die so wohllautend singende Barbara Blomberg kennengelernt haben, die ihr Elternhaus in der nahen Tändlerstr. 1 hatte. Ein geschätzter Gast war auch Kaiser Franz Joseph, dem zuliebe die Hotelbesitzer 1865 ein Relief des Habsburgers Juan d'Austria anbringen ließen, das der westfälische Bildhauer Friedrich Preckel aus Warendorf modelliert hatte. Unter den Regensburgern war beliebter als Kaiser und Könige die tüchtige Köchin Maria Schandri, deren ›Regensburger Kochbuch‹ von 1870 weiterhin in Mode ist. – Erinnert ein Café noch an die Fürstenherberge, so im Nachbarhaus Haidplatz 8 die Bank an den Hofbankier, Kauf- und Handelsherrn Georg Friedrich Edler von Dittmer, der nach 1781 die mittelalterliche Anlage klassizistisch umbauen ließ. Unter Einbeziehung eines Nachbarhauses errichtete dann Emanuel d'Herigoyen, Baumeister des Fürstprimas Carl von Dalberg, das repräsentative Palais Thon-Dittmer mit der Empirefassade zu 15 Fenster-achsen. – Eine wahre Stadtburg, die NEUE WAAG, die spätere Herrentrinkstube, schließt im Osten den Haidplatz als Nr. 1 ab. Die Namen verraten die Nutzungen. Unter Vorsitz Kaiser Karls V. fand 1541 ein bedeutendes, aber ergebnisloses Religionsgespräch zwischen den vom Kaiser bestimmten katholischen Vertretern Dr. Johann Eck, Julius von Pflug und Johann Gropper und den ebenfalls von ihm zitierten Verteidigern der evangelischen Seite Philipp Melanchthon, dem hessischen Pfarrer Pistorius und dem Straßburger Reformator Butzer statt. So trutzig sich der Hausturm gibt, so zartgliedrig zeigen sich die 1575 erbauten dreigeschossigen Arkaden des Innenhofes, deren Fronten im Erdgeschoß jeweils auf einer einzigen toskanischen Säule ruhen. Im großen, durch zwei Geschosse des Nordflügels reichenden Saal haben sich klassizistische Holzgalerien erhalten, auf denen genau wie im Saal von 1783–1875 die stattliche reichsstädtische Bibliothek aufgestellt war. – Die mächtige Mauerfront des Patrizierhauses ›Die Arch‹ (Haidplatz 4) durchbrechen gotische Rechteck-fenster, zur Roten-Hahnen-Gasse hin frühgotische, darunter zwei venezianische. Die Laubengänge der Renaissance im Innenhof sind leider zugemauert worden.

Wer etwas Zeit hat, möge von diesem historischen Platz nach Westen über die Ludwigstra-ße–Wollwirkergasse–Weitoldstraße zum Herzogpark mit Prebrunntor vordringen. Dort ließ 1804 Hofrat Georg Friedrich von Müller, Begründer der Regensburger Mädchenober-schule, durch Emanuel d'Herigoyen ein Palais erbauen, eine Dreiflügelanlage, deren Fassaden bei sparsamster Gliederung vornehmen Klassizismus zeigen. Die Stadt, seit 1931 Eigentümerin, ließ den Park neu gestalten und brachte 1961 das NATURKUNDEMUSEUM im Palais unter. Eine Kuriosität ist die dort ausgestellte, 200 Jahre alte Holzbibliothek. (Geöffnet Mai–Oktober samstags 16.00–18.00, sonntags 10.00–12.00 Uhr.) – Nach Süden gehend, gelangen wir zum Stadtpark mit der OSTDEUTSCHEN GALERIE, 1951 von Regens-burg als einem Hauptzufluchtsort der aus Böhmen und Mähren vertriebenen Deutschen in Patenschaft genommen. Nach der Satzung hat die Stiftung die Aufgabe, »Gemälde, Graphiken und Plastiken ostdeutscher Herkunft zu sammeln und den Beitrag des Ost-deutschtums zur modernen Kunstentwicklung in repräsentativer Schau der Öffentlichkeit zugänglich zu machen. Bis zur Wiedervereinigung Deutschlands nimmt die Stiftung diese Aufgabe auch für Mitteldeutschland wahr.«

Über den Platz der Einheit und die Jakobsstraße erreichen wir die St.-Jakobs-Kirche, deren Portalwand für manchen Kunstfreund der Höhepunkt seines Regensburgbesuches ist. Die Gründung des Benediktinerklosters St. Jakob geht auf den Iren Mecherdach zurück, der, wie viele irische Mönche, im 11. Jh. als Wanderprediger den Kontinent durchzog, sich in Regensburg niederließ und einige Landsleute nachzog, die man fälschlich 'Schotten' nannte. Schon 1075 ist von einem Kloster der Schotten die Rede, das außerhalb der Mauern lag. Schon 1120 wird eine Kirche St. Jakob geweiht, die 1150–1200 dem jetzigen Bau weichen muß, der 1278 bis auf die Mauern niederbrannte. Anfangs des 16. Jh. ziehen schottische Benediktiner hier ein; erst 1862 wird St. Jakob aus dem Verband der schottischen Benediktiner gelöst; heute dient die Kirche dem Priesterseminar. Das um 1190 vollendete *Portal* ist weit über lokale Bewunderung hinaus ein bedeutendes Werk abendländischer Plastik (Abb. 17). Unter den zahlreichen Deutungsversuchen ist die fundierteste wohl die von Franz Dietheuer, der ich folge. Sockel, Wandpfeiler und Dach umschließen die Portalwand wie einen rechteckigen Rahmen, ein kräftiges Quergesims bildet die Gerichtsschranke. Darüber liegt die zweigeschossige Arkadenreihe des 'Himmels', darunter wird Gericht gehalten über Satan, den Antichrist, den Lügenpropheten, über Tod und Totenreich, über die schlechten Christen, die ungläubigen Juden und verstockten Heiden. Das Gericht selbst tagt direkt unter dem Ansatz des Daches: Christus in der Mitte ist die Zunge der Waage des Weltgerichts, während je sechs Apostel als Schöffen die Waagbalken bilden. Zwei Heilige flankieren das Forum: östlich Kaiser Karl der Große (1165 durch Gegenpapst Paschalis III. heiliggesprochen), westlich Erzbischof Patrick, der Apostel Irlands. Die zehn Arkadenbogen des himmlischen Oberstockes stehen für die Zehn Gebote oder die zehn klugen Jungfrauen, die acht des unteren Stockwerks für die acht Seligkeiten. Die vier westlichen Tragfiguren versinnbildlichen die vier Elemente (von links: Luft, Erde, Wasser und Feuer). Hier darf man bedauern, daß die farbige Fassung völlig abgewaschen ist, sonst würde man am siebenfachen Portalbogen (den sieben Planetenbahnen entsprechend) die Farben der Elemente wiederfinden, so Rot fürs Feuer, Blau das Wasser, Gelb die Luft und Grün die Erde. Inmitten der Portalbogen thront Christus in Halbfigur mit dem Buch des Lebens als Lehrer, dazu östlich der Kirchenpatron Jakobus, westlich dessen Bruder Johannes, der das Büchlein seiner Geheimen Offenbarung hochhält, aus dem die Hauptfiguren für die untere Zone entnommen wurden. Der Türsturz zeigt eine große Wasserpflanze, da Christus sowohl der Lebensquell wie der Lebensbaum des Paradieses ist. Am Ansatz der äußersten Kehle wurde westlich die Büste Kaiser Friedrichs I. Barbarossa eingelassen, der den Mönchen zu St. Jakob einen Schutzbrief ausgestellt hatte, östlich die Büste seiner Gemahlin Beatrix von Burgund. Im Kapitell der östlichen Mittelsäule schaut nach Norden das Porträt des Abtes Christian († 1150), der den Neubau begann, daneben mit Blick nach Westen das Porträt des Abtes Gregor I., der das Portal aufrichten ließ. Die diffizile Deutung der Gewändefiguren gab Dietheuer in wünschenswerter Ausführlichkeit. Herausgegriffen sei nur die häufig abgebildete Relieffigur des Mönches Rydan (im Innern, links des Portals), der eine historische Persönlichkeit, kein Symbol gewesen ist; der überdimensionierte Schlüssel kann real Zeichen des Klosterpförtners oder übertragen »Schlüssel der Erkenntnis« (Lukas 11,52) gewesen sein. Da Rydan mit den Händen ein Richtscheit (Meßlatte) hält, ist er als Architekt angesprochen worden, der den Kirchenbau vollendete und den Schlüssel an den Bauherrn übergab.

St. Jakob ist eine dreischiffige Basilika mit einem Turmpaar im Osten und einem Querhaus im Westen, wie es in Regensburg Tradition war. Außer den Türmen und Westapsiden sind die Mauern aus sorgfältig behauenen Quadern gefügt. Im INNERN tragen die Kapitelle der Säulen im Langhaus vorzüglichen Schmuck, wobei figürliche und pflanzliche Motive wechseln. Die Flachdecke wurde erst 1647 erneuert, die Seitenschiffwölbungen sind nur wenig jünger. Neu hingegen sind die Chorschranken, zu denen Säulchen aus dem barock überformten Kreuzgang genommen wurden. Aus der Frühzeit – um 1180 – ist die *Kreuzigungsgruppe* am Triumphbogen herübergerettet worden, wobei der Gekreuzigte noch als triumphierender König, nicht als Schmerzensmann gesehen wurde. Ähnlich sieht ihm der etwa gleichaltrige Kruzifixus im südlichen Schiff. Die Steinfiguren Maria und Jakobus vom Pfeilerpaar des Chores wurden um 1370, der Christophorus im Nordschiff um 1390 geschaffen. (Im Westquerhaus findet man den Grabstein des Ninian Winzer, Beichtvater der Königin Maria Stuart, der im 16. Jh. Abt von St. Jakob war.)

Nach so viel Romanik verweilt der Blick vorübergehend auf zwei nahen Bauwerken des Empire. An der Nordwand des Bismarckplatzes erbaute Emanuel d'Herigoyen 1804 im Auftrag des Fürstprimas Carl von Dalberg ein THEATER, wie er es ähnlich bereits für Aschaffenburg, der Sommerresidenz Dalbergs, begonnen hatte. Leider brannte das Theater mit Gesellschaftshaus 1849 nieder, wurde aber nahezu unverändert wieder aufgebaut und 1859 von der Stadt Regensburg angekauft. Traditionsgemäß war das Haus Thurn & Taxis auf die Fürstenloge abonniert; bis zum Tode des Fürsten 1952 erhoben sich alle Theaterbesucher unaufgefordert, wenn er seine Loge betrat. – Gegenüber an der Südwand des Platzes steht d'Herigoyens zweites Werk in Regensburg, das 1805 für den französischen Gesandten Baron J. J. de Bacher erbaute Palais, das PRÄSIDIAL-PALAIS, weil zunächst der Regierungspräsident, dann das Präsidium der Landespolizei darin untergebracht wurde. Auch hier wandelte der Architekt seine beliebte Tempelform ab, stellte einen Säulenportikus mit Dreiecksgiebel vor die Schaufront. Im Giebel erinnert das Wappen Carls von Dalberg an dessen sechsjährige Regierungszeit (1804–10) – zu kurz, um Regensburg klassizistisch zu machen.

Nun sind wir aufnahmebereit für eine der frühesten Schöpfungen deutscher Gotik, für die DOMINIKANERKIRCHE ST. BLASIUS am Albertus-Magnus-Platz. Als sich der Orden 1229/30 in Regensburg niedergelassen hatte, bekam er sofort einen Bauplatz geschenkt, so daß die Mönche Kloster und Kirche beginnen, aber erst nach 1300 vollenden konnten. In dieser Zeit (1236–40) lebte der Universalgelehrte Albertus Magnus in diesem Kloster, so daß sein Einfluß auf den Kirchenbau vermutet wird. Im Gegensatz zum gotischen Dom, mußte nach den Ordensregeln die Kirche, die immerhin 70 m lang und 30 m hoch ist, betont schlicht gehalten werden. Daher fehlt auch ein markanter Turm, nur ein schlankes Türmchen an der Südwestecke des Hauptchores war erlaubt. Auch der plastische Außenschmuck ist stark

An sämmtliche biedere Einwohner des Fürstenthums Regensburg.

Fürstprimas Carl von Dalberg und die Abschiedsproklamation anläßlich des Übergangs des Fürstentums Regensburg an Bayern 1810. Stadtmuseum Regensburg

reduziert auf die Figur des Ordensgründers Dominikus, die um 1430 ins Bogenfeld des Westportals unter das mächtige sechsteilige Maßwerkfenster gesetzt wurde und auf einen Schmucksockel am östlichen Strebepfeiler des Nordchores. Die Symbolfiguren haben unterschiedliche Deutung erfahren, so sah man im Löwen mit den Sägezähnen ein Sinnbild des Totenreiches, im Widder, den er in seinen Pranken hält, den geistlichen, im Schaf daneben den weltlichen Stand in der jenseitigen Läuterung. Höllenhund und Teufel in Affengestalt warnen vor der ewigen Verdammnis. – Das dreischiffige Langhaus ruht auf Achteckpfeilern, wird von Kreuzgewölben überspannt. Fesselnd sind die Dienste der nördlichen Chorkapelle, etwa die Figur eines Mannes, den die Last der Wölbung zu erdrücken droht, oder die östlichste Figur, ein Mönch in der weißen Dominikanerkutte, der in der Rechten einen Zirkel hält, das Abzeichen des Bauleiters. Bedeutend ist die *Schutzmantelmadonna,* eine Salzburger Arbeit um 1500, deren bergender Mantel die Stände des Mittelalters – Adel, Geistlichkeit, Bürger und Bauern – umfängt. Das Chorgestühl aus dem späten 15. Jh. bringt auch den vielbeachteten Kopf eines Unholds, der wegen seiner Eselsohren als Teufel ausgewiesen ist. Man will darin den ›turbator chori‹ (Störer des Chors) erblicken, einen Mönch, der mit widerlichem Gelächter den Chorgesang zu stören hatte, um daran zu erinnern, daß der Teufel selbst die frömmste Andacht stören könne. Unter den Grabdenkmälern beeindrucken das Marmorrelief für L. Lamprechtshauser im nördlichen Schiff und die vom Passauer Bildhauer Jörg Gartner signierte Relieffigur des Ritters Jörg

Schenk von Neideck († 1504) am zweiten Nordpfeiler. – Der Kreuzgang aus der Erbauungs-zeit der Kirche besitzt Wölbungen des frühen 15. Jh. – In der Albertuskapelle, die vom Kreuzgang Am Ölberg zugänglich ist, steht eine aus Eichenholz gezimmerte Doppelkanzel, die Disputationen und Vorlesungen gedient hat. Magister auf der höheren, Bakkalaureus auf der niederen Kanzel wandten sich an die Hörer auf den umlaufenden Bänken, die sich an zwei Dominikanern ein Beispiel nehmen sollten, deren Bildnisse in die Seitenteile beim Eingang eingeschnitzt wurden: Albertus Magnus mit Bischofsstab und Buch samt dem Spruchband: »Zu wunderbar ist dein Wissen für mich« und Thomas von Aquin mit dem Kelch und der Taube des Hl. Geistes.

Wenige Schritte entfernt, an der Ecke Gesandtenstraße/Am Ölberg, steht die ev. Dreieinigkeitskirche, die 1627–31 vom Nürnberger Ingenieur Hans Carl erbaut wurde, weil Kaiser Ferdinand II. die Rückgabe der seit 1589 von der protestantischen Gemeinde benutzten Dominikanerkirche forderte und die seit 1625 aus Oberösterreich hierher geflohenen Evangelischen, Exulanten gen., dringend ein eigenes Gotteshaus benötigten. Der tonnengewölbte Saalbau mit flach geschlossenem Chor und einem Turmpaar im Osten greift in manchen Formen – so dem Steilgiebeldach und den Bogenfenstern – in die Gotik zurück, mit der Ausstattung in den Barock voraus. Dieses einmalige Amalgam zeigt sich deutlich in der Decke, die Rippensterngewölbe mit Kassettengliederung vereint. Auflok-kernd wirken die im protestantischen Kirchenbau beliebten Emporen, die übrigens nicht jedermann benutzen konnte, denn bei der feierlichen Eröffnung wurde eine Platzordnung eingeführt, die dem Magistrat, den Theologen und den vornehmen Familien bestimmte Sitze zuwies. Letztere hatten erkleckliche Summen für die Einrichtung und den reichen Schatz an Abendmahlgefäßen gespendet. Auf dem engen Friedhof fanden allerdings nur adelige Emigranten und evangelische Gesandte am ›Immerwährenden Reichstag‹ einen Platz, deren stattliche, teils pompöse Barockepitaphien zum Teil aus auswärtigen Werkstätten stammen. Sehenswert ist die nach der Hofkapelle in Neuburg früheste protestantische Kirche Süddeutschlands allemal.

Geht man die Gasse Am Ölberg nach Süden und biegt links durch die Marstallstraße ab, so gelangt man auf den Emmeramsplatz, dessen Westseite die repräsentative Front des Regierungsgebäudes einnimmt, einer Vierflügelanlage, die 1792 im klassizistischen Geschmack überformt wurde. Die Inschrift ›Apollini et vonviviis‹ (Apoll und der Gesellligkeit) steht auf dem Architrav der Südseite des damals eingebauten Fest- und Tanzsaales, der heute der Regierung der Oberpfalz für Empfänge dient, einst mit weißer Vertäfelung, vergoldeten Pfeilerspiegeln und spiegelndem Parkett die Gäste der Familie Thurn und Taxis erfreute, bis diese ins Fürstliche Schloß umzog. – Ein weiterer Teil der Regierung der Oberpfalz ist im Gebäude an der Nordseite des Emmeramsplatzes (Nr. 9) untergebracht, das Carl von Dalberg auf dem Gelände des heruntergebrannten (neuen) Freisinger Hofes durch Emanuel d'Herigoyen 1806 hatte errichten lassen. An seine 'Handschrift' erinnert noch das Korbbogenportal und der Balkon mit dem zierlichen Eisengitter, nicht jedoch die barbarische Aufstockung, die kurz vor der Jahrhundertwende vorgenommen wurde.

Im Süden tritt an den Platz das SCHLOß DER FÜRSTEN THURN UND TAXIS heran, im Grunde die Gebäude des ehem. Reichsstiftes St. Emmeram, die 1812 vom Königreich Bayern, bei der Ablösung der Post an das fürstliche Haus abgetreten wurden. Die Familie stammt aus Cornello bei Bergamo und organisierte schon unter Franz von Taxis (†1517) das Postwesen West- und Mitteleuropas mit der Strecke Brüssel – Wien als Rückgrat. Bereits 1615 erhielt Lamoral von Taxis das Generalpostmeisteramt im Reich und den Niederlanden als erbliches Lehen und wurde 1624 in den Grafenstand erhoben, die Erhebung in den Reichsfürstenstand erfolgte 1695. Um mehr im Zentrum der Postverbindungen zu sein, verlegte die Familie 1731 ihren Sitz von Brüssel nach Frankfurt am Main und zog 1748 schließlich nach Regensburg, weil Fürst Alexander Ferdinand zum Prinzipalkommissar, zum ständigen Vertreter des Kaisers am Immerwährenden Reichstag, ernannt worden war, ein kostspieliges Amt, das bis zur Auflösung des Alten Reiches 1806 in der reichen Familie blieb. Mit der Ablösung der Post auf bayerischem Gebiet 1812, auf württembergischem 1851, schließlich der restlichen Abgabe an Preußen 1867 war das Fürstenhaus aus dem einträglichen Dienstleistungsbetrieb verdrängt worden.

Die vom Reichsstift übernommenen Gebäude blieben erhalten, wurden lediglich um eine Grabkapelle im Kreuzgang, um den Marstall im Abteigarten, den Neubau eines Südflügels vermehrt (1888) und einen Neubau im Westen des alten Bauhofes (1908). Drei Teile des Schlosses sind bei Besichtigungen zugänglich. Dem Alter nach kommt zuerst der Kreuzgang der ehedem so berühmten BENEDIKTINERABTEI ST. EMMERAM, deren Anfänge im 8. Jh. liegen. Anlaß zur Klostergründung war die Überführung der Leiche des ermordeten fränkischen Wanderbischofs Emmeram durch Herzog Theodo nach Regensburg. Von 739 bis zur Trennung 975 unter Bischof Wolfgang war der Abt von St. Emmeram gleichzeitig Bischof von Regensburg. Nach 750 begann die berühmte Schreibschule des Klosters mit der Herstellung prächtiger Codices, die nahezu alle, auch der von Arnulf von Kärnten geschenkte ›Codex Aureus‹, 1810 nach München kamen. Die königlichen und herzoglichen Stiftungen und Lehen brachten St. Emmeram nicht nur um Regensburg, sondern in der ganzen Oberpfalz reichen Grundbesitz ein, was zur Christianisierung der abhängigen Bauern, später zur Rodung zwang, um die wachsende Bevölkerung unterzubringen. Der große Güterbesitz erklärt auch die stattlichen Verwaltungsbauten der Abtei, die 1295 reichsunmittelbar wurde, deren Abt 1731 von Kaiser Karl VI., dem Vater Maria Theresias, in den Reichsfürstenstand erhoben wurde. – Der Kreuzgang, an die Südwand der Kirche angelehnt, enttäuscht zunächst im Ostflügel mit barocken Kreuzgewölben, erfreut jedoch im Nordostjoch mit den vier Säulen der ehem. Benediktuskapelle, die 1064 geweiht wurde. In die östlichen kapellenartigen Joche verbrachte man zwei bedeutende Plastiken: die *Madonna aus Rain* b. Regensburg und einen *hl. Paulus* aus dem ehem. Mittelmünster, beides Arbeiten aus dem Anfang des 14. Jh. Über Stufen steigen wir zu weiteren sieben Jochen hinab zum schönsten Teil des KREUZGANGES mit spitzbogigem Rippenkreuzgewölbe und Kapitellen mit reichem plastischen Schmuck; die originelle Fenstergruppe und ein Rundfenster mit achtteiligem Rad umfingen hier den Lesegang der Mönche. Bei diesem Flügel, der 1220–40 angesetzt wird, hat man an einen Baumeister der Zisterzienser gedacht. Das Joch an

REGENSBURG   Das Reichsstift St. Emmeram aus der Vogelschau. Um 1750. Kupferstich

der Nordwestecke aus gleicher Zeit ist besonders reich gestaltet. An seiner Nordwand führt das prächtige siebenstufige Benediktusportal in die Kirche. Um 1240 wurde der Westflügel begonnen, aber erst zur Wende des 13. Jh. fertiggestellt, der Südflügel erst im Laufe des 14. Jh. eingewölbt. Beim Rückweg zum Kirchenportal zeigt man die romanische Klosterküche, einen zweischiffigen Raum mit raren Geräten, aber auch Stücken der fürstlichen Sammlungen, so einem romanischen Kruzifixus aus Scheer, von einem oberschwäbischen Meister des 12. Jh. geschaffen.

Da wir gerade im fürstlichen Bereich sind (Ft. 7), sollten wir den Besuch der Kirche verschieben und zunächst die PRUNKRÄUME DES SCHLOSSES besuchen, die mit ihrem Interieur an die drei Wohnsitze des Hauses Thurn und Taxis erinnern. Aus Brüsseler Werkstätten stammen die Familienteppiche aus dem 17. Jh., die gewirkt wurden, als Genealogen die Abstammung der Taxis von den Mailänder Torriani ermittelt hatten. Am Anfang steht der 1646 datierte Hochzeitsteppich, der Graf Leonhard II. und seine Braut Alexandrine de Rye beim Ausritt zur Falkenjagd zeigt, dann folgen zwei Wappenteppiche, acht Schlachtenteppiche, zwei Fest- und sechs Allegorienteppiche, die sämtlich das Brüsseler Palais geschmückt haben. Aus dem Frankfurter Palais, 1731 nach Entwürfen Robert de Cottes begonnen, wurden 1873 zahlreiche Wandbespannungen, Sopraporten, Türen, Spiegel und Möbel übernommen, um die Regensburger Prunkräume im ersten Obergeschoß des äußeren Südflügels auszustatten. Zugänglich ist die gesamte Flucht im Ostflügel, deren Thronzimmer und Vorsaal in Weiß und Gold Frankfurter Ausstattung besitzt wie auch weitgehend der prächtige, durch zwei Stockwerke reichende Festsaal. Der anschließende Silbersalon wurde erst 1873 nach dem Vorbild aus der Amalienburg im Nymphenburger Schloßpark geschaffen, wobei alle Ausstattung in Silber gefaßt ist bei blauer Bespannung der Wände. Der Gelbe Salon präsentiert sich in Frankfurter Rokoko, der verzaubernde Spiegelsalon, 1792 für das Äußere Palais am Emmeramsplatz geschaffen, bekam 1803 Sitzmöbel aus Straßburg. Im Empirestil stattete Leo von Klenze 1817 den Grünen Salon aus, während der Rote Salon reiches Mobiliar aus dem 18. Jh. des Frankfurter Domizils zeigt. In Weiß und Gold strahlt der Große Salon, der als Rarität zwei Ledertapeten besitzt, die blau in blau gemalte Chinoiserien zeigen. Zwei Pariser Prunkkommoden, um 1740/50 gearbeitet, krönen die Ausstattung einer Fürstenresidenz.

Fürst Maximilian Karl ließ 1829 nach Plänen des in München bauenden Jean Baptiste Metiviér einen Marstall als Dreiflügelanlage bauen, deren Mitteltrakt die Reitschule mit Reliefs von Ludwig von Schwanthaler, deren Seitenflügel Stallungen enthielt. Seit 1964 ist in den wertvollen Bau das MARSTALLMUSEUM eingezogen, das von Galawagen des 18. Jh. über Wagen, Schlitten und Geschirre des 19. Jh. bis zu Gebrauchswagen der jüngsten Zeit Fahrzeuge in einmaliger Geschlossenheit vorführt.

Die ehem. Benediktinerkloster- und heutige PFARRKIRCHE ST. EMMERAM besitzt einen markanten, separat stehenden Glockenturm, der trotz seiner romanischen Formen erst in der Renaissance (1575–79) errichtet wurde. Das Uhrgeschoß und die Kuppellaterne sind gar erst im Barock (1777) aufgesetzt worden. Als einziger figürlicher Schmuck blieb an zwei Konsolen des Obergeschosses das Stifterpaar Heinrich II. und Kunigunde erhalten. – Im

Norden betritt man vom Emmeramsplatz her einen 'heiligen Bezirk' mit einem sichtverstellenden Pfarrhaus von 1890 statt der abgerissenen Friedhofskapelle St. Michael. Rechts steht eine zweigeschossige Torwand aus der Frühgotik um 1250 mit einer Spitzbogengalerie im Ober- und zwei Toren im Untergeschoß, durch die wir zum Rest der zweischiffigen Vorhalle gelangen: zwei Joche über den Zugängen und eine Rückwand mit Bogenblenden. Die Vorhalle, nach einem Brand von 1166 gebaut, besitzt Kapitellformen, die an die Kirche St. Jakob (s. S. 75f.) erinnern, und reichlich Bildwerke, wovon an der Ostwand ein Christophorus von ca. 1320 und ein Ölbergrelief um 1430 hervortreten. Am Mittelpfeiler des doppelten Nischenportals der Südwand, aus dem 11. Jh. stammend, überrascht ein *Thronender Christus* mit dem Medaillon des Stifters, Abt Reginward, zu Füßen, der um 1050 den Auftrag gab (Abb. 23). An den Seitenpfeilern stehen die Kirchenpatrone Emmeram und Dionysius, die wie die Christusgestalt zu den ältesten Großplastiken des Mittelalters auf deutschem Boden gehören. Zur gleichen Zeit war die Emmeramer Schreibschule unter dem Mönch Otloh auf ihrer Höhe angelangt, der bereits die Legende anbahnte, der Leib des Märtyrers Dionysius sei aus St. Denis nach St. Emmeram überführt worden, was dazu dienen sollte, das Kloster aus der bischöflichen in die königliche Herrschaft zu überführen. Durch den rechten Eingang betritt man das westliche Querschiff mit dem Dionysiuschor, unter Abt Reginward gebaut und 1052 geweiht. Unter den *Grabmälern* ist das Bedeutendste das an der Westwand für den Humanisten und bayerischen Historiker Johannes Thurmair aus Abensberg, gen. Aventinus, der 1534 hier bestattet wurde.

Das KIRCHENINNERE betritt man durch den linken Eingang, wenn man ins Langhaus will, durch den rechten aber gelangt man in das westliche Querhaus mit dem Dionysiuschor. Hinter einem hohen Triumphbogen liegt der rechteckige Chor auf einem hohen Unterbau, der die Decke der Wolfgangskrypta ist. Romanische Wandmalereien erzählen aus dem Leben der Hll. Petrus und Dionysius, während im Bogenscheitel die Bundeslade samt Brustbildern von Heiligen und Engeln am besten erhalten blieben. Die Altäre wurden erst 1665 und 1710 gefertigt, das prunkvolle barocke Grabmal für Fürst Alexander Ferdinand von Thurn und Taxis erst 1774 von Simon Sorg geschaffen. – Zu beiden Seiten führen Treppenläufe hinab in die WOLFGANGSKRYPTA (Abb. 21), einen fünfschiffigen, fünfjochigen Raum mit einem Hauptaltar von 1613 vor drei übereinander gesetzten Grabkammern. Aus der Bauzeit um 1050 stammen zwei Kammern, die dritte, 1211 errichtet, trägt die Mensa des darüber ruhenden Kreuzaltars des Dionysiuschores. In die Mittelnische der Westwand wurde ein steinerner Stuhl gerückt, volkstümlich ›Heinrichsstuhl‹ geheißen, weil der Überlieferung nach der Bayernherzog Heinrich der Zänker († 995) auf diesem Dolomitblock ausgeruht habe, wenn er zu bald zur Frühmesse gekommen sei; bis 1894 stand dieser steinerne Stuhl tatsächlich in der Vorhalle vor dem Mittelpfeiler, wird bald als Thron Kaiser Arnulfs, bald als Bischofskathedra bezeichnet. Im Norden steht in einer Nische des anstoßenden Raumes der Steinsarg des hl. Dionysius Areopagita, dem nach Apostelgeschichte 17,34 von Paulus bekehrten Mitglied des Areopags, der zum ersten Bischof von Athen geweiht wurde. Über diesem Steinsarg liegt die Magdalenenkirche mit schlanken Wandsäulchen. Beide Räume sind der Unterbau eines Turmes, der nur noch als Rest

REGENSBURG, Pfarrkirche St. Emmeram   Grabmal des Humanisten und bayer. Historikers Aventinus (†1534)

überdauert hat. – Aus dem Westquerhaus führen fünf Tore ins LANGHAUS, das im Kern auf die karolingische Basilika zurückgeht, die unter Bischof Sindpert um 780/90 vollendet wurde, von der ein verheerender Brand 1166 nur die Krypta und die Außenmauern stehenließ. Nach dem Brand wurden die Hochschiffwände erneuert, die Seitenschiffe gewölbt. Als 1642 ein weiteres Feuer die romanische Holzdecke wie die hölzerne Ausstattung verzehrt hatte, konnte erst 1731–33, nachdem die Abtei sich vom Dreißigjährigen Krieg erholt hatte, diese neu gewölbt und ausgestattet werden. Abt Anselmus Godin hatte 1731 die Brüder Asam aus München verpflichten können (Abb. 24). Während Egid Quirin den Entwurf und die Plastiken lieferte, übernahm Cosmas Damian die Malerarbeit. An den Hochschiffwänden wechseln Heilige und Selige aus dem Benediktinerorden ab mit Episoden aus dem Leben des hl. Emmeram. Während gewagte Stuckvasen das Gebälk zieren, schieben sich Bänder und Ranken in die Fenstergewände. Zwei große Darstellungen, von Cosmas Damian in leuchtenden Farben angelegt, beherrschen das Gewölbe: die Herausnahme (Exemtion) des Klosters aus der bischöflichen Gewalt durch Papst Leo IX. und die Marter der Christen. Im Chor erstrahlt die Glorie St. Benedikts. – Der Hochaltar trägt das Bild ›Tod des hl. Emmeram‹, das Joachim Sandrart 1679 gemalt hat. Egid Quirin Asam überformte den Altar barock und fügte die Stuckfiguren der Himmelskönigin und der Heiligen Petrus und Paulus hinzu. Aus der gleichen Zeit stammen auch die Nebenaltäre, die Kanzel, das Eisengitter und der Orgelprospekt, doch sind die Brüder Asam daran nicht beteiligt gewesen.

Auch in den *Grabmälern* zeigt sich der Anspruch des Klosters, einen besonderen, wenn möglich königlichen Rang zu besitzen. Im südlichen Nebenchor, also über der ersten Grabstelle des hl. Emmeram nach der Umbettung aus der Kirche St. Georg vor der Römermauer, wurde 1350 ein Denkmal errichtet, das in kantiger Form den Titelheiligen darstellt. Sehr schlicht fiel das 1166 errichtete Hochgrab für den seligen Tuto aus. Daneben lastet auf Stützen die Deckplatte vom einstigen Hochgrab des hl. Wolfgang, dessen Gebeine seit 1613 in der Wolfgangskrypta ruhen. Ein berühmtes Denkmal staufischer Plastik ist hingegen im Nordschiff das Grabmal für Königin Hemma († 876), der Gemahlin Ludwigs des Deutschen, das um 1280 gemeißelt wurde, eine vornehme, schöne Gestalt (Abb. 22). Neuerdings wird wieder bezweifelt, daß Hemma hier begraben liegt. Die zur gleichen Zeit geschaffenen Grabmäler für Kaiser Arnulf († 899) und Ludwig das Kind († 911) sind 1642 zerstört worden. Schon um 1180 wurde das Hochgrab für Herzog Arnulf von Bayern († 937) in ähnlicher Form wie das Grabmal des seligen Tuto zugerichtet, besitzt allerdings reicheren Schmuck. – Um 1330 erst erhielt Herzog Heinrich der Zänker († 995) ein Kenotaph, das ihn – der in Gandersheim begraben liegt – in jugendlicher Gestalt zeigt. – Im 'Weichen Stil' um 1400 angelegt ist das Abbild des Grafen Warmund von Wasserburg († 1010) auf einem Unterbau des 17. Jh. – Der Meister des Herzog-Heinrich-Grabes wurde auch mit der Gestaltung des Hochgrabes der seligen Aurelia um 1330 beauftragt. Zart und edel schuf er die Figur der 1027 gestorbenen Klausnerin zu St. Emmeram, die der Legende nach eine Tochter des Grafen Hugo von Paris gewesen sei, die ihrem Vater entfloh, als sie verheiratet werden sollte; lieber wollte sie ihr Leben ganz dem Gebet widmen. – Vom Meister des

Domportals stammt ein Relief des Marientodes und ein Ölbergrelief von 1429, beide als Epitaphien verwendet. – Weitere Grabdenkmäler aus dem 14. bis zum 18. Jh. reihen sich an, deren Fixierung einem Kirchenführer vorbehalten bleibt.

Die Hauptapsis, die noch auf Fundamenten des karolingischen Baues aufsitzt, ist als (beheizbarer) Winterchor vom Langhaus abgetrennt. Aus jener Zeit um 740 ist auch die EMMERAMSKRYPTA überkommen, ein gewölbter Gang, der sich um die Außenwand der Apsis legt. Bischof Gaubald (739–61) hatte die Gebeine des Heiligen hier würdig bestatten lassen. Einst erhob sich der Hauptaltar über dieser Grabkammer. Nach Osten führt ein Gang mit romanischen Fresken in der Wölbung in die Ramwoldkrypta, eine unter Abt Ramwold 977–80 gebaute kleine dreischiffige Halle, in deren südlicher Nische der Steinsarg des seligen Ramwold († 1001) steht; die Halle wurde im Spätbarock 1773–75 umgestaltet.

Ans Nordschiff stößt die alte PFARRKIRCHE ST. RUPERT, bereits im 12. Jh. genannt, im 15. Jh. erneuert, um 1750 barockisiert, wobei der Prüfeninger Freskomaler Otto Gebhard tätig wurde. Eine gute Halbfigur der Muttergottes aus Sandstein stammt von 1330, das Sakramentstürmchen ist hundert Jahre jünger, der Hochaltar gar erst von 1690, die Seitenaltäre frühes 18. Jh. Die Sakristei von 1615 bewahrt einige mittelalterliche Kleinodien an Kelchen und Monstranzen.

Wer nach soviel Kunst etwas entspannen will, dem sei die Fürst-Anselm-Allee empfohlen. Fürstprimas Carl von Dalberg ließ dem Mäzen durch Emanuel d'Herigoyen einen Obelisken setzen. Dalberg ließ auch weiter östlich durch denselben Künstler zu Ehren Keplers einen offenen säulengetragenen TEMPEL errichten, der Keplers Entwurf zum Titelblatt der ›Rudolphinischen Tafeln‹ nachempfunden ist. Die darin aufgestellte Porträtbüste schuf Friedrich Döll 1808. Über die Obere Bachgasse dringen wir zum Neupfarrplatz vor, der von der NEUPFARRKIRCHE beherrscht wird (Abb. 3). Den im Häusergewirr relativ großen freien Platz nahm bis 1519 das Getto der Juden ein, die 981 erstmals urkundlich erwähnt werden, doch dürften sie bereits in römischer Zeit ansässig gewesen sein. Das Getto war zu den sechs einmündenden Straßen hin nachts mit Toren verschlossen. Der wirtschaftliche Niedergang der Stadt, die hohe Verschuldung der Handwerker bei den Juden, schließlich der Tod ihres Schutzherrn, Kaiser Maximilians I. 1519, führte zur Austreibung der Juden binnen vier Tagen, während die Synagoge nach zwei Stunden Wartefrist zur Räumung abgebrochen wurde. Tausende, voran der bischöfliche Administrator Johann (Reg. 1505–38), beteiligten sich am »gottgefälligen Werk« des Niederreißens des Gettos. Anstelle der Synagoge wurde eilends eine Holzkapelle errichtet, darin für die zuströmenden Wallfahrer eine *Schöne Maria* als Gnadenbild aufgestellt, die Albrecht Altdorfer in Anlehnung an das byzantinische Gnadenbild der alten Kapelle schon 1518 gemalt hatte (Abb. S. 87). Tausende verließen Hof und Arbeit und lagerten singend und betend um die Kapelle und die lebensgroße Steinplastik einer Madonna, die der Dombaumeister Erhard Heydenreich geschenkt hatte. Michael Ostendorfer hat in einem Holzschnitt 1520 die Manie festgehalten. Der Erlös der Opfergaben diente für eine gewaltige Wallfahrtskirche, deren unvollendeter Bau 1540 geweiht wurde, deren Besuch mit dem Übertritt Regensburgs zur Reformation schlagartig endete.

(Das lange versteckte Gnadenbild im Besitz des Kollegiatstiftes St. Johann ist im Diözesanmuseum zu sehen.)

Als der Rat am 15. 10. 1542 zum ersten Mal in der ehem. Wallfahrtskirche einen evangelischen Gottesdienst halten ließ, war von dem Plan des Augsburgers Hans Hieber erst der auf einem Sockel stehende Chor und der Unterbau der Türme vereinfacht ausgeführt worden. Die neue Gemeinde konnte 1560 das Turmpaar vollenden lassen und 1586 die Einwölbung. Erst 1860 konnte die Notmauer im Westen abgerissen und durch einen Chor nach den Plänen von Ludwig Foltz ersetzt werden. Das Innere ist einschiffig und verbindet Elemente der Spätgotik mit denen der Renaissance, sehr gut abzulesen an den Wölbungsrippen, die auf antikisierenden Kapitellen sitzen, oder an den Rundbogenfenstern, die Maßwerkreste besitzen. Die von der neuen Lehre geforderte Schlichtheit zeigt sich im Vergleich mit dem im Museum verwahrten Modell und an der Einrichtung, die zum größten Teil aus dem 17. Jh. stammt. Nur kurz (1548–52) war der evangelische Gottesdienst durch das 'Interim' untersagt. Seit dem Augsburger Religionsfrieden von 1555 war Regensburg eine 'paritätische Stadt' mit freier Gewissensentscheidung des einzelnen Bürgers. Die vom Rat eingezogenen Bettelklöster und St. Jakob mußten den Orden zurückgegeben werden.

Westlich der Neupfarrkirche steht ein barocker Brunnen mit dem in Regensburg üblichen Achteckbecken und Ziergitter. Den Mittelpfeiler krönt der doppelköpfige Adler mit den Insignien des Reiches und dem Wappen der Stadt (Originale neben dem Reichssaal.). Am Neupfarrplatz hat sich ein Barockbau von großem Zuschnitt erhalten, das heute von der Dresdner Bank genutzte PALAIS des Regensburger Bankiers und Handelsmannes HIERONYMUS LÖSCHENKOHL. Seine Vorfahren waren als Exulanten um 1600 aus Steyr zugewandert, waren in drei Generationen von Handwerkern zu Großkaufleuten und Ratsherren aufgestiegen, deren Sproß Hieronymus fähig war, dem bayerischen Kurfürsten Anleihen zu gewähren. 1733 konnte er das von Johann Michael Prunner aus Linz, einem Schüler des Wiener Hofbaumeisters Lukas von Hildebrandt, geplante Palais mit seiner durch kraftvollen Stuck gegliederten Schaufassade beziehen, mußte es aber zehn Jahre später schon räumen, weil er Konkurs hatte anmelden müssen.

Was der Barock in Regensburg an Kirchenausstattung zu leisten vermochte, sieht man etwa in der nahen Kirche ST. KASSIAN, der Pfarrkirche zum Stift der Alten Kapelle am nahen Kassiansplatz. Der dreischiffige Bau mit drei Chören aus dem Jahre 1477 verwendete den Grundbestand aus der karolingischen Zeit, erstmals 885 genannt, der den Stadtbrand von 891 unversehrt überdauert hatte. Von 1749–60 schickte man immer wieder Künstler, die bei der Barockisierung der Alten Kapelle eingesetzt waren, zu St. Kassian, wie den Stukkateur Anton Lades und den Freskomaler Gottfried Bernhard Göz. Das Prachtstück des Hochaltares, im 19. Jh. zerlegt, konnte mit vielen originalen Teilen nach dem Modell rekonstruiert werden. Ein bedeutendes Werk des Hans Leinberger aus Landshut, die um 1520 geschnitzte Figur der *Schönen Maria,* steht im südlichen Seitenaltar. Der nördliche Seitenaltar hingegen, einst im Hauptchor aufgestellt, ist eine Regensburger Arbeit, ein Schreinaltar von 1498. Dort thront, vorzüglich geschnitzt, die *Figur des hl. Kassian,* eines legendären Bischofs und Märtyrers, abgebildet mit Griffel oder Schulgeräten.

Albrecht Altdorfer ›Schöne Madonna‹. 1518. Diözesanmuseum, Regensburg

Wem der Sinn nach der gotischen Stadt steht, der streife durch die umliegenden Gassen, etwa hinauf zum 1945 leider zerstörten Obermünster, oder hinab zum Krauterer- oder Kohlenmarkt. Wer die im Museum versammelten Originale wiedersehen möchte, gelangt über die Schwarze-Bären-Straße und Dreikronengasse dorthin. Von dort erreicht man über den Minoritenweg und die Straße Am Stärzenbach das OSTENTOR, eine gotische Toranlage der Stadterweiterung um 1300, zum Schutz der Ausfallstraße nach Wien angelegt. Der fünfgeschossige Turm mit der spitzbogigen Durchfahrt wird seitlich durch vorgesetzte Wehrtürme verstärkt. Noch sieht man die Mauerschlitze, in denen das Fallgatter herabgelassen wurde, und die Gußerker, aus denen siedendes Öl, Wasser oder Pech auf die Angreifer gegossen wurde, dazu die Schießscharten für Bogenschützen. – Nebenan, im ›Villapark‹, steht das einzige bedeutende Bauwerk Regensburgs aus der Neugotik, das – lange verachtet – doch Aufmerksamkeit verdient. Als König Maximilian II. 1852 für längere Zeit in der Stadt weilte, um seine Gesundheit mit Donaubädern zu kräftigen, genoß er den Blick von der ehem. Ostbastei auf die türmereiche Stadt und die von seinem Vater erbaute Walhalla, ließ von Ludwig Foltz 1854/56 dort ein kastellähnliches Schloß mit den zinnengeschmückten Türmen, Galerien und Terrassen der englischen Gotik erbauen. Diese romantische Villa wirkt am besten, wenn man sie mit dem Park und den Festungsresten zusammen sieht.

Ein Abstecher führt uns nach Süden über die Kumpfmühler- und Karthäuserstraße nach KARTHAUS-PRÜLL, einem 997 gegründeten BENEDIKTINERKLOSTER, das 1484 den Karthäusern überlassen wurde; die Klosterbauten dienen heute der Heil- und Pflegeanstalt. Die Kirche zeigt eine bemerkenswerte Westfassade mit zwei hohen, schmalen Türmen, deren Obergeschosse dem 17. Jh., deren Spitzhelme dem 19. Jh. angehören. Sie flankieren eine breitbogige Vorhalle, wie sie in Niedersachsen häufiger zu finden ist. Die dreischiffige Halle, eine der frühen in Deutschland, besitzt einen spätgotischen, 1498–1513 gebauten Chor. Der um 1605 angetragene Stuck verwendet Formen der Renaissance mit Engelsköpfchen, Eierstäben und Rundfeldern, bewahrte aber die gotischen Netzrippen vor Überkrustung. Unter der Westempore erhielt sich ein romanisches Wandbild von besonderer Güte, dessentwillen sich ein Besuch lohnt. *Maria Verkündigung* mit der Stifterfigur wurde um 1200 gemalt. Der Garten rechts wird als 'hortus conclusus' (geschlossener Garten), als Symbol der Reinheit Mariens gedeutet. Der Hochaltar, um 1605 aufgestellt, wiederhergestellt 1640, gehört der deutschen Spätrenaissance an und zeigt den typischen Übergang vom gotischen Schrein zur barocken Prunkarchitektur.

(St. Georg in Prüfening wird auf der Route nach Kelheim behandelt, s. S. 203, die Vorstadt Stadtamhof mit St. Mang auf dem Weg nach Neumarkt, s. S. 89)

II Von Regensburg durch die westliche Oberpfalz nach Waldsassen

Unsere Reise beginnen wir in STADTAMHOF, das jenseits der Steinernen Brücke liegt und als Vorort erst 1924 nach Regenburg eingemeindet wurde. Urkundlich genannt wird 981 ein Landgut Scierstat, das der Jude Samuel an das Kloster St. Emmeram verkaufte. In der Nähe dieses Gutes – im Zwickel zwischen Donau und Regen – siedelten sich Fischer und Schiffer an. Den Ort, dessen Hauptstraße die Verlängerung der Brückenauffahrt war, erhob Kaiser Konrad III. 1151 zur Marktgemeinde. 1322 erließ Ludwig der Bayer den Einwohnern auf ein Jahr die Steuern, damit sie den Ort mit einem Mauerrechteck umziehen konnten, das im Westen das Katharinenspital und im Osten das Kloster St. Mang umfing. Im Städtekrieg von 1388 rissen die Regensburger alle Häuser nieder, damit der Gegner sich nicht in Stadtamhof festsetzen konnte. Nach dem Wiederaufbau wurden 1430 erneut Häuser und die romanische Katharinenkirche niedergerissen, um den Brückenkopf gegen die Hussiten zu befestigen und einen Wassergraben vor den Brückentürmen anzulegen. 1496 durch Herzog Albrecht den Weisen zur Stadt erhoben, erlebte der befestigte Platz 1704 und 1809 durch die Eroberung der Österreicher bzw. Franzosen schwere Verwüstungen. Als eine Abordnung der Bürgerschaft am 24. 4. 1809 Napoleon kniefällig um Hilfe bat, antwortete er: »Das bringt der Krieg mit sich; beruhigt euch, ich werde euch entschädigen.« Er kam nicht in die Verlegenheit, sein Wort halten zu müssen.

Die Zerstörung von 1809 überlebte am Donauufer der große SALZSTADEL (Salzlager), der seit dem 16. Jh. mit seinem riesigen Dach das Stadtbild prägt. Die von ihm zum Regen führende Gasse ›Am Gries‹, ebenfalls unzerstört geblieben, gehört mit den schmalen Häusern der Fischer und Schiffer zu den Kostbarkeiten, die man in letzter Minute vor moderner Verbauung geschützt hat. In Haus Nr. 7 zeigt ein Tonrelief von 1780 wie Christus das Hafner(Töpfer-)gewerbe schützt, an Nr. 19 eine Gedenktafel, daß hier Karolina Gerhardinger, die Gründerin des Ordens der Armen Schulschwestern, geboren wurde.

Die nahegelegene PFARRKIRCHE ST. MANG (Magnus) war bis zur Säkularisation die Kirche des Augustinerchorherrenstiftes St. Magnus, das der Regensburger Domherr Gebhard 1138 begründet hatte. Nachdem die Schweden im November 1633 Stadtamhof erobert hatten, brachen sie Kloster und Kirche ab, um die Stadt, von der sie nur fünf Häuser, zwei Mühlen und das Katharinenspital stehenließen, besser verteidigen zu können. Auf Betreiben der Jesuiten wurde auf dem Trümmerplatz von St. Magnus eine Kapelle gebaut, eine Kopie des

›hl. Hauses von Loreto‹. 1731 wurde sie abgebrochen. Die neue Kirche von 1697–1717 erhielt ihren Turm, das Wahrzeichen des Stadtteils, erst 1875. Die Klostergebäude, 1730–38 gebaut, beherbergten später das Landratsamt und eine Brauerei, heute die Kirchenmusik-hochschule.

Die Ausstattung der Kirche ist in gediegenem Barock gehalten. Vorzüglich sind die *Deckengemälde,* die dem Matthias Schiffer zugerechnet werden. Sie zeigen, von zartem Rocaillestuck von 1740–50 umgeben, im Chor die Berufung der Apostel Petrus und Matthäus, im Langhaus die Hll. Andreas (Hauptpatron der 1139 begonnenen Kirche) und Magnus vor Maria und der Dreieinigkeit. Die Wände des Chors tragen Szenen aus dem Leben des hl. Magnus, des Mönches von St. Gallen († Füssen 772), und berichten von der Klostergründung. Der Hochaltar, eine vornehme Schöpfung von 1720, trägt als Altarblatt ›Die Marter des hl. Andreas‹ eines ungenannten Malers aus Kallmünz. Prächtig ist das Eichenholzgestühl der zwölf Chorherrensitze, um 1740–50 geschnitzt, mit feinen Rokoko-reliefs, die 24 Episoden aus dem Leben des hl. Augustinus tragen.

Nach Westen und durch den Stadtteil Winzer, der an alte Weinberge erinnert, gelangen wir zur Mündung der Naab und flußaufwärts nach PIELENHOFEN. Bereits 1240 übergab der Regensburger Bischof Siegfried die Kirche U. L. Frau den Zisterzienserinnen, die mit Hilfe der Edlen von Hohenfels und von Ehrenfels ein Kloster erbauten. 1655 wurde es dem Kloster Kaisheim unterstellt, dessen Abt Rogerius I. Rösch die Gebäude 1702 f. von Grund auf neu errichten ließ (Abb. 30). Als krönender Abschluß wurde 1719–39 durch den Vorarlberger Franz Beer und seine Landsleute eine großzügige Barockkirche errichtet. Zwischen den weit auseinanderstehenden Türmen mit ihren hohen laternenbestückten Doppelkuppeln liegt die Westfassade mit dem hohen Giebel. Durch eine Vorhalle mit der Orgelempore gelangt man in einen drei Joche tiefen Wandpfeilersaal, wie er typisch für die Barockbauten der Vorarlberger ist. Die mittleren Außenjoche, von Emporen überspannt, sind als Querhaus markiert. Die reiche, doch elegante Stuckierung um 1720 zeigt auf wenig getöntem Untergrund die Ornamentik der Zeit – zartes Laubwerk, Bandwerk und Gitter. Zur gleichen Zeit malte Karl Stauder die drei flachen Kuppeln aus: Himmlisches Gloria; Ausgießung des Hl. Geistes; Christi Auferstehung, dazu Vierergruppen von Propheten, Kirchenvätern und Evangelisten. Gleichaltrig sind auch die Altäre, von denen der Hochaltar mit seinen acht Säulen und dem Engelreigen besonders eindrucksvoll ist. Das einheitliche Bild wird durch das Chorgestühl mit Intarsien unterstützt. Aus dem mittelalterlichen Kirchlein ist nur eine Madonnenfigur des frühen 15. Jh. überkommen, heute auf dem Altar des südlichen Querhauses aufgestellt. Nach der Säkularisation wurde die Kloster- zur Pfarrkirche, während das Kloster seit 1836 den Salesianerinnen gehört, die darin ein Mädcheninternat mit Lyzeum unterhalten.

Zwischen Duggendorf und Heitzenhofen überqueren Burgenfreunde die Naab und erreichen WOLFSEGG, wo der Burghügel malerisch die dichtgedrängten kleinen Häuser überragt (Abb. 31). Die 1358 erstmals erwähnte, nach 1932 durch Georg Rauchenberger erneuerte kleine, kompakte Anlage aus dem 14. Jh. war eine Zeitlang Eigentum des Markgrafen Ludwig von Brandenburg, dann der Herren von Laaber, schließlich 1508 als kurpfälzisches Lehen Wohnsitz des Leonhard von Eck (1480–1550), der seit 1519 als Kanzler Bayern geschickt zwischen den Machtblöcken Habsburg und Protestanten hindurchsteuerte. Der fast ovale Bering – weitgehend erhalten und ausgebessert – umfängt die innere Burg mit ihren blockhaften Bauten, so den dreigeschossigen Wohnbau mit Treppenturm. Führer erläutern die Burg und die abseits stehende Kapelle und erzählen von einer umgehenden 'Weißen Frau', die sich in den Tropfsteinhöhlen unter den Gebäuden aufhalte.

Ins Naabtal zurückgekehrt, erreichen wir nach 5 km KALLMÜNZ, die ›Perle des Naabtales‹, an der Mündung der Vils in die Naab. Der Fluß, die an den Berg herangedrängten Häuser, die Burg und die Wälder ergeben hier ein romantisches Bild, das zahlreiche Maler angelockt hat (Ft. 16).

Die Kallmünzer hingen so an ihrer Burgruine, daß sie Ende des 18. Jh. die Anlage für 8000 Gulden ankauften, die seitdem von der Gemeinde und einem eigenen Verein vor weiterem Verfall bewahrt wird. Schon in der Latènezeit flüchtete man auf diesen steilen Bergsporn zwischen Vils und Naab, doch wird eine Burg erst 983 urkundlich genannt. Von Regensburg über die Lengenfelder kommt sie im 12. Jh. an die Wittelsbacher, die darin eine Vogtei einrichteten. Im Landshuter Erbfolgekrieg niedergebrannt, hielt die verstärkt aufgebaute Burg 1633 einer ersten schwedischen Belagerung stand, erlag aber 1641 einer zweiten. Seitdem blieb sie zerstört, doch ist die spätgotische Zwingermauer und der innere, turmbewehrte Ring aus dem 13. Jh. gut zu besichtigen. Der in jüngster Zeit gesicherte Bergfried kann bestiegen werden. Die Mauern des Palas im südlichen Winkel besitzen u. a. dreiteilige Spitzbogenfenster, z. T. mit eingestellten Säulchen, mit Blattfries und Vogelrelief.

Da sich früher von der Burg herab eine Mauer zur Naab und eine zweite zur Vils zog, war der Marktflecken zwar gut geschützt, aber auch bis ins 19. Jh. auf engem Raum eingezwängt. Daher die engen Gassen und hohen Häuser, deren Proportionen durch Aufstokkungen gelitten haben. Der Markt, bis 1230 eine Zollstätte des Reiches, lebte lange vom Verkehr über die beiden einst turmbewehrten Brücken. Die kriegszerstörte alte Naabbrücke ist inzwischen wiederhergestellt; drei Joche sind immerhin schon über 500 Jahre alt. – In der 1758 gebauten Pfarrkirche ST. MICHAEL überraschen die feine Stukkatur und die Deckengemälde des einheimischen Malers Mathäus Zintl aus der Bauzeit. Wesentlich derber sind Stuck und Malereien des 18. Jh. an einigen Häusern. Das 1603 vollendete Rathaus, in dem ein HEIMATMUSEUM untergebracht ist, besitzt eine schöne Balkendecke samt Pfeilern, dazu als Kostbarkeit hervorragend gearbeitete Zunftstangen. – Eine Sehenswürdigkeit zu Kallmünz, das ›Haus ohne Dach‹, die Behausung des Nachtwächters unter 50 m hoher überhängender Felswand, ist durch Auflage eines Blechdaches gemindert worden.

Eilige fahren von hier aus über Burglengenfeld und Weiden nach Waldsassen oder auf der ›Straße der Residenzen‹ nach Amberg. Wer Zeit hat, der wende sich nach Südwesten, um über Dallackenried nach BERATZHAUSEN an der Schwarzen Laber zu gelangen. Eine Wanderung von hier bis Deuerling oder gar bis zur Mündung bei Sinzing oberhalb

Regensburg ist ein Erlebnis, denn das Tal ist zum größten Teil Naturschutzgebiet und zeigt die sanften Wiesen, grauen bizarren Kalkfelsen und kämmebedeckenden Wälder einer idyllischen Landschaft. Daß das harmlose Flüßchen auch anders sein kann, beweisen die Hochwassermarken und das nordöstlich Beratzhausen auf steiler Felskuppe gelegene Kirchlein Maria Hilf, das 1734 zur Abwehr von Hochwassern gestiftet wurde.

Westlich des Ortes liegt als zweites Kirchlein die Gottesackerkapelle ST. SEBASTIAN aus der Mitte des 15. Jh., die 1713 barockisiert wurde. Der Hochaltar mit der Figur des hl. Sebastian, eines Pestheiligen, aus der Mitte des 17. Jh., wird von zwei Altären flankiert, denen zwei wertvolle Epitaphien der ausgehenden Renaissance zugrunde liegen. Der linke Seitenaltar erinnert an die vorverstorbenen Kinder des Freiherrn von Herztenczky mit einem Auferstehungsrelief mit Putten, Kartuschen, löwenköpfigen Pilastern und dem Allianzwappen der Eltern. Etwas zurückhaltender ist das Epitaph für Tobias von H. auf dem rechten Seitenaltar ausgefallen, das ohne Inschrift blieb; dafür hat sich dort der Künstler Konrad Jos aus Stuttgart genannt. Die zwei großen Kerzenhalter davor sind 1801 und 1802 für die Pfarrei Nitendorf gearbeitet worden. – Die Parrkirche ST. PETER UND PAUL hatte einen romanisch-gotischen Vorläufer, der 1762–64 durch die Hemauer Baumeister Anton Ettl und Peter Eisbeuscher großzügig umgebaut und in festlichem Rokoko ausgestaltet wurde. Die drei Altäre schuf Georg Leonhard Däntl aus Velburg, die Kirchenstühle mit dem Muschelwerk Joh. Gebhard Gschwender aus Burglengenfeld und M. J. Hueger aus Kallmünz. Die sehenswerten Epitaphien der Stauffer von Ehrenfels wurden in die Michaelskapelle, eine zweigeschossige gotische Friedhofskapelle mit schönen Maßwerkfenstern, gegeben. Eine prachtvolle Hochreliefplatte rühmt Johannes von Stauff († 1478). Die Stauffer hatten Anfang des 15. Jh. die nahe BURG EHRENFELS erworben und 1430 von König Sigismund den Blutbann erhalten. Doch 1516 mußte Hieronymus von Stauff selbst das Schafott in Ingolstadt besteigen, weil er mit dem adeligen Löwen(Löwler-)bund gar zu heftig gegen Herzog Albrecht und die 'Pfeffersäcke' zu Cham vorgegangen war. Sein Enkel Hans Bernhard von Stauff verkaufte 1567 Burg Ehrenfels samt Beratzhausen an die pfalzneuburgische Linie der Wittelsbacher. 1635 wurde die Burg von den Schweden ruiniert. – Sehenswert ist das 1786 erbaute RATHAUS. Im dortigen Sitzungssaal erinnert eine Wandzeichnung an den Arzt Theophrastus Paracelsus von Hohenheim, der 1534 mehrere Monate in Beratzhausen gelebt hat.

Die Tallandschaft um PARSBERG wird beherrscht vom NEUEN SCHLOß, einem dreigeschossigen langgestreckten Bau mit zwei malerischen Kuppeltürmchen, unter Haug von Parsberg und Lupburg († 1553) erbaut (Abb. 29). Der südliche Flügel, das Untere Schloß, mit einem Eingangstor von 1600, diente später als Amtsgericht. Die Parterreräume besitzen Kreuzgewölbe, die geschnitzten Treppengeländer gedrehte Pfosten. Nebenan liegt die Ruine der Burg, die erstmals 1205 im Besitz der Herren von Parsberg gen. wird, eines Geschlechts, das 1730 ausstarb; die Herrschaft fiel an den Würzburger Fürstbischof Friedrich Carl von Schönborn, durch Kauf 1792 an das Kurfürstentum Bayern. – Die 1444 begonnene Pfarrkirche ST. ANDREAS, im 18. und 20. Jh. umgebaut, birgt wertvolle Grabplatten, so für den Stifter Hans von Parsberg († 1469) und ein Familienepitaph des

Haug von Parsberg. (In St. Barbara im nahen Lupburg ist die stilistisch eng verwandte Platte für Christoph von Parsberg, †1462, zu sehen.) Um 1500 wurde das edle gotische Taufbecken mit Weinlaub und Fischblasenmaßwerk geschaffen.

In Daßwang angekommen, lohnt ein Abstecher in das südwestliche Eck der Oberpfalz, ein Wechsel vom Laber- ins Altmühltal. Auf einer landschaftlich reizvollen Strecke durch den Fränkischen Jura, zuletzt begleitet von der Wissinger Laber, geht es nach Dietfurt. In dem von Felsen und Wäldern umstandenen Markt BREITENBRUNN fällt der stattliche, behäbige Gasthof ›Post‹ aus der ersten Hälfte des 16. Jh. auf, dazu die schlichten Schlößchen, im 18. Jh. erbaut, das Pflegamt der Grafen Tilly und der Sitz der Freiherren von Gumppenberg, heute Forstamt und Schule. Gleich drei Kirchen besitzt der kleine Ort: die 1716/17 erbaute Pfarrkirche Maria Himmelfahrt, die den frühgotischen Ostturm einer Vorgängerin einverleibt hat; die 1500 geweihte Friedhofskapelle St. Michael und die Gottesackerkirche Mater Dolorosa von 1737–38. Kunstgeschichtlich bedeutsam sind die wohlerhaltenen Grabmäler der Ritter von Wildenstein in der Pfarrkirche, die zumeist dem 16. Jh. angehören und z. T. aus der Eichstätter Werkstatt des Loy Hering stammen. Im Chor ist das Epitaph des Freiherrn Ignaz von Gumppenberg (†1750) zu besehen, der die Tilly'sche Herrschaft Breitenbrunn-Breitenegg geerbt hatte. Gut verwahrt ist die kostbare gotische Monstranz von 1507, eine Nürnberger Arbeit, gestiftet von drei Brüdern von Wildenstein. Als Graf Tzerklaes von Tilly, der berühmte Feldherr der Liga, mit der Herrschaft Breitenbrunn beschenkt worden war, erbat er sich die Rückführung der Monstranz, die man in München 'sichergestellt' hatte. – Vor dem Markt steht auf einem Felsen die 1386 von den Wildensteinern erbaute, 1702–08 von Graf Ferdinand von Tilly erweiterte WALLFAHRTSKAPELLE ST.

BREITENBRUNN   Wallfahrtskirchlein
St. Sebastian

BEILNGRIES
Befestigungsturm

SEBASTIAN (Ft. 15), in der wertvolle, rund 300 Jahre alte bemalte Votivkerzen verwahrt werden, da der Heilige bei Pest und Viehseuchen angerufen wurde. Die zahlreichen Hufeisen an der spätgotischen Türe im Westen sind ebenfalls Votivgaben, da sie erst nach der Heilung kranker Pferde angenagelt wurden. – Dem Wallfahrtskirchlein gegenüber liegt die ruinierte BURG BREITENEGG, eine Anlage des 13. Jh., die 1624–1724 im Besitz des Grafen Tilly war, ein Geschenk Maximilians I. von Bayern, der dank Tillys Feldherrengeschick 1623 Kurfürst wurde und 1628 die Oberpfalz erhielt. Die Burgreste sind in ein landwirtschaftliches Anwesen verbaut; die Schloßkapelle wurde 1844 zu Pflaster- und Bausteinen demoliert.

In DIETFURT erreichen wir das Altmühltal, das im DuMont Kunst-Reiseführer ›Zwischen Neckar und Donau‹ auf 33 Seiten ausführlich beschrieben wird. Das Städtchen, von dessen sechs gotischen Stadttürmen noch fünf erhalten sind, wird vom 65 m hohen spitzen Turm der Stadtpfarrkirche St. Ägidius überragt, der in seinem Unterbau markante Kreuzgewölbe besitzt. Das Kircheninnere ist barock ausgestattet und 1734–36 von Meistern aus Dietfurt und Eichstätt stuckiert. Aus der älteren Kirche blieben erhalten: ein Taufstein, eine Pietà und eine Maria auf der Mondsichel, alle aus der Mitte des 15. Jh. An der Außenmauer ist ein Relief mit dem Schmerzensmann und einem davor knienden Mönch eingelassen, das von Loy Hering stammt, der zunächst in Augsburg, ab 1513–54 in Eichstätt Denkmäler im Stil der Renaissance schuf. – In der Franziskanerklosterkirche hat sich seit 1680 der Brauch der 'Pfinstapredigt' erhalten. An den Donnerstagnachmittagen der Fastenzeit wird auf einer Bühne am Hochaltar das Geschehen am Ölberg dramatisch-musikalisch dargestellt. Ein ähnliches Ölbergspiel hat sich in Berching erhalten. – Dietfurt, die Siebentälerstadt, ist Ausgangspunkt zahlreicher Wanderungen.

BEILNGRIES, an der Mündung der Sulz in die Altmühl gelegen, bekam als Knotenpunkt von fünf wichtigen Straßen schon 1053 das Marktrecht. Dieser breite Straßenmarkt mit gotischen und barocken Häusern trifft im Süden auf den ehem. Getreidekasten, der zum Rathaus umgebaut wurde. Die doppeltürmige kath. Stadtpfarrkirche St. Walburga ist ein Neubau von 1911–13, der von der romanischen Kirche nur den Nordturm, von der barocken Einrichtung jedoch den größten Teil übernommen hat. Die Frauenkirche ist eine bedeutende Schöpfung des Italieners Maurizio Pedetti aus der Mitte des 18. Jh.; die 1683 erbaute, 1753 erweiterte Marienkapelle birgt wertvolle Votivtafeln aus dem 16. Jh., die zeigen, was Menschen vor 300 Jahren bedrängt und bedrückt hat. – Im nahen Kirchdorf Kevenhull stand anstelle der Pfarrkirche St. Ulrich im frühen Mittelalter die Stammburg der Edlen von Kevenhüller. Um 1148 soll ein Richard von Kevenhüller als bambergischer Dienstmann nach Kärnten gekommen sein und dort die österreichische Linie begründet haben.

Auf dem Bergsporn zwischen Altmühl und Sulz liegt SCHLOSS HIRSCHBERG, dessen Vorgängerin, die Burg der Grafen von Grögling-Dollnstein z. T. erhalten blieb. Zwei Bergfriede aus dem 12. Jh. flankieren den Zugang zum Innenhof des Schlosses, das erst Ende des 17. Jh. begonnen wurde, nachdem die alte Burg 1636 durch Blitzschlag (also ausnahmsweise nicht durch die Schweden) zerstört worden war. Nachdem Jakob Engel und Gabriel de Gabrieli einige Trakte errichtet hatten, beauftragte der Eichstätter Fürstbischof Raymund Anton von Strassoldo seinen Hofbaumeister Maurizio Pedetti, ein Sommerschloß im Geschmack des Barock zu erbauen. Der setzte 1760–64 auf die Bergzunge zwei langgestreckte Flügel, die perspektivisch auf einen kurzen Mittelbau zulaufen, der mit Portal, Balkon und gebrochenem Dach herausgehoben wird. Die Achse des 150 m langen Ehrenhofes setzt sich jenseits der Türme in der ›Fürstenstraße‹, der Auffahrtsstraße, fort. Sehenswert sind der gleichzeitig dekorierte Kaiser- und der Rittersaal sowie die Schloßkapelle, deren Figuren alle J. J. Berg geschaffen hat. Die Besichtigungszeiten sind eingeschränkt, da im Schloß das Exerzitienhaus der Diözese Eichstätt untergebracht ist.

Wenige Kilometer sulzaufwärts steht zu Füßen eines Waldhanges das BENEDIKTINERKLOSTER PLANKSTETTEN, das 1129 ein Graf von Grögling-Dollnstein-Hirschberg gestiftet hat. Er brachte Mönche aus Kastl hierher, die 1138 die Weihe der Kirche begehen konnten. Nach den Verwüstungen des Dreißigjährigen Krieges wurden Kirche und Kloster 1696–1727 umgebaut und neugestaltet. Nach der Säkularisation 1806 stand das Kloster leer, 1903 übernahmen es die Benediktiner. – Zwei mächtige Westtürme aus dem 12. Jh., die ihre glockenförmigen Hauben erst im 18. Jh. erhielten, überragen das Kloster. Zwischen ihnen steht eine merkwürdige Vorhalle, in die Stufen hinabführen. Turmkapellen begrenzen sie seitwärts, nach Westen folgt eine zweite Vorhalle mit Kreuzrippengewölbe, deren Zweck unbekannt ist. Nach dem Portal führen Stufen in die flachgedeckte Pfeilerbasilika des 13. Jh., deren neun Joche zum spätgotischen Chor von 1493–95 ziehen. Während die großen Wandflächen 1728 mit ruhigen Band- und Laubwerkranken stuckiert sind, tragen die beiden Oratorien der Südseite Benediktinerheilige und Päpste, von Michael Zink gemalt, der auch die Decke mit Fresken schmückte: Kreuzauffindung, Glorie St. Benedikts, Mariä Himmelfahrt, Johannes auf Patmos, Engelskonzert. Die Kanzel von 1651, aber auch der zierliche Hochaltar und die Orgel aus dem frühen 18. Jh. sind Geschenke der Benediktinerabtei Lambach in Oberösterreich. Ein Kleinod des Rokoko ist die 1760 ausgestattete Hl.-Kreuzkapelle mit Stuckmarmorwänden und einer von Heiligen flankierten stuckierten Vespergruppe, Arbeiten des phantasievollen Eichstätter Hofstukkateurs J. J. Berg. Reste des Kreuzganges von 1472–85 mit Sterngewölben haben sich nur südlich der Kirche erhalten. Die Klostergebäude im Anschluß an den Kreuzgarten wurden im 17. Jh. nach Osten, 1767 mit einem Saalbau nach Westen erweitert. Zahlreiche Räume besitzen gute Stukkaturen des 18. Jh., die von Berg beeinflußt sind.

Nahe der Straße nach Berching steht zwischen Sulz und der Rhein-Main-Donau-Großschiffahrtsstraße die Wallfahrtskirche Mariahilf, die eine eindrucksvolle Schmerzensmann-Gruppe aus dem späten 15. Jh. birgt. –BERCHING, bereits 883 genannt, kam 1007 an das eben begründete Hochstift Bamberg, aber schon acht Jahre später an das Bistum Eichstätt, dem es bis zur Säkularisation, zuletzt Sitz eines Propst-, Maut- und Kastenamtes, angehört hat. Da der größte Teil des Mauergürtels aus dem 13. Jh. und des erweiterten Beringes aus dem 15. Jh. erhalten blieb, macht das Städtchen mit seinen sechs Meter hohen Mauern, den gedeckten Wehrgängen und den neun Wehrtürmen auch heute einen mittelalterlichen Eindruck. Von den beiden Stadttoren besitzt das östliche eine Kreuztragung

Christi (um 1450), während von den beiden Vorstadttoren das Beilngrieser noch das schwere eisenbeschlagene Holztor erhalten hat, das Neumarkter- oder Krapfentor wieder (wie 1926) als ›Heimatdankturm‹ in ein Künstlerheim umgewandelt werden soll. Die Bauweise der Häuser zeigt ein Grenzgebiet an: die hohen Giebelfronten gehören zum oberpfälzer Haustyp, die flachen Giebel zur Bauweise des Altmühltals. Hier ist die Hausfront flach, sitzt der Eingang in der Mitte und führt in einen Flur mit Stichbogengewölbe, das Dach kragt nicht über. Wer etwas vermögender war, setzte einen rechteckigen Erker nach Eichstätter Vorbild ans Hauseck. – An die frühgotischen Ostpartien und den kräftigen Turm der PFARRKIRCHE MARIAE HIMMELFAHRT fügte der Eichstätter Hofbildhauer Matthias Seybold 1756 ein Langhaus mit zwei Seitenkapellen. Rocaillestuck umfangen die Deckengemälde seines Landsmannes J. M. Baader, der vor 1760 im Chor den psalmensingenden König David, im Langhaus die Marienkrönung zum Thema genommen hat. Die Ausstattung ist gleichzeitig, nur das Hochaltarblatt wurde erst im 19. Jh. eingefügt. In der Nordkapelle steht ein Doppelepitaph für Georg Keller (✝ 1542) und seine Frau aus der Werkstatt des Loy Hering. – Die Kirche ST. LORENZ in der Vorstadt besitzt noch Langhausmauern aus dem 11. Jh., einen Turm aus dem 13. Jh. mit Haube und Obergeschoß aus dem 16. Jh. und einen 1680 umgestalteten Innenraum. In den neugotischen Hochaltar wurden Holzfiguren von ca. 1500 (Laurentius, Stephanus, Nikolaus, Wolfgang) eingepaßt sowie eine Marienlegende mit der Laurentiuslegende und Hl. Sippe als Reliefs auf den Flügeln, um 1520 geschnitzt. Die Laurentiuslegende wird auch auf guten Tafelgemälden an den Seitenwänden dargestellt, die man der um 1515 blühenden Regensburger Schule oder dem Umkreis von Albrecht Altdorfer zugeschrieben hat.

Zwei Orte abseits der Straße nach Neumarkt sind geschichtlich interessant. Ostwärts liegt das Dorf HOLNSTEIN mit der Ruine der Burg der Grafen von Hirschberg aus dem 12. Jh., die 1631–1728 den Grafen von Tilly gehörte und 1769 durch einen Schloßneubau ersetzt wurde. Bauherr war Franz Ludwig Graf von Holnstein, illegitimer Sohn des bayerischen Kurfürsten Karl Albrecht (von 1742–45 als Karl VII. Albrecht römisch-deutscher Kaiser). Ein Nachfahre, Graf Maximilian, war Oberstallmeister bei König Ludwig II. und jener Kurier, der im Herbst 1870 mit Depeschen und Verträgen zwischen München und Versailles hin- und herritt, um Bismarcks Wunsch durchzusetzen, daß der Bayernkönig den Preußenkönig mit Zustimmung der deutschen Fürsten zum Kaiser proklamiere. Für seine Ausdauer bekam Graf Maximilian bis zu seines Königs Tod eine lebenslängliche Rente aus Bismarcks Reptilienfond. – Westlich Pollanten liegt ERASBACH, wo am 2. 7. 1714 der berühmte Komponist und Reformator der Oper Christoph Willibald Ritter von Gluck geboren wurde. Sein Denkmal steht im benachbarten Weidenwang, wo er getauft wurde.

Daß NEUMARKT nur noch wenige Zeugen seiner Vergangenheit aufzuweisen hat, verdanken wir den Zerstörungen am Ende des Zweiten Weltkriegs. Eine ortsfremde SS-Einheit verteidigte sich eine volle Woche (16.–23. 4. 1945) in der Stadt, die in Flammen aufging; von den 573 Häusern der Altstadt wurden 521 völlig vernichtet, auch das historische Rathaus inmitten des Straßenmarktes. Verschont blieben die drei Pfarrkirchen. –

NEUMARKT, Opf.   1657. Kupferstich von Matthaeus Merian

Seit 1149 war Neumarkt im Besitz der Staufer und konnte sich kurze Zeit als Reichsstadt
fühlen, ehe es 1269 an die Wittelsbacher fiel. Im Hausvertrag von Pavia kam das Städtchen an
die pfälzische Linie des Hauses. Pfalzgraf Johann, zweiter Sohn des Kaisers Ruprecht von
der Pfalz, hatte 1410 Teile der Oberen Pfalz geerbt und anstelle einer abgebrannten Residenz
einen Neubau aufgeführt, in dem 1426 sein Sohn Christoph geboren wurde, der 1440 König
von Dänemark, 1442 auch König von Schweden und Norwegen wurde. Als Pfalzgraf Friedrich II. gen. der Weise, der in Neumarkt 1513–43 residierte, von einer Reise nach Worms
zurückkam und sein SCHLOSS abgebrannt vorfand, ließ er von Erhard Reich aus Eichstätt
1520–39 einen vierflügeligen Renaissanceneubau errichten, den Zeitgenossen als einen der
schönsten Schloßbauten Deutschlands ansahen. Daß wir das nicht mehr so empfinden, liegt
daran, daß im 19. Jh. zwei Flügel abgerissen wurden und heute nur noch die restlichen –
benutzt vom Landratsamt und Amtsgericht – an die einstige Pracht erinnern. Der Bauherr
hatte einst zwei reizende Chörlein aus dem Schloß zu Weiden brechen lassen, um seinen Bau
zu schmücken, seine Nachfolger rissen nun ihrerseits Kostbarkeiten aus seiner Ausstattung,
um München zu bereichern. So wurde 1753 das Glockenspiel entführt, ein kunstvoll
intarsierter Tisch mit Bildnissen der Kurfürsten, der Planeten und einem immerwährenden
Kalender, ebenso prachtvolle Renaissancekamine des Nürnberger Bildhauers Peter Flötner
(heute im Bayer. Nationalmuseum). Im Schloß verblieben zwei der drei mit Marmor
intarsierten Kamine aus der Werkstatt des Loy Hering, dessen eigener Hand der große
Wappenstein über dem Eingang zum Südostflügel zugeschrieben wird. Wegen bürgerlicher

Unruhen verlegte Friedrich II. seine Hofhaltung 1543 nach Amberg; sein Neumarkter Schloß wurde fortan nur als Witwensitz genutzt.

Neben dem Schloß ließ bereits Pfalzgraf Johann nach 1410 eine Hofkapelle errichten, von der bei der Erweiterung zur HOFKIRCHE der 1535 angebaute Turm, der Chor und Teile der Westseite übernommen wurden. Nach Plänen des Eichstätters Jakob Engel wurde das Langhaus 1701/02 in eine flachgedeckte Basilika mit niedrigen, aber gewölbten Seitenschiffen umgebaut. Vor dem Chor steht die spätgotische Tumba des Pfalzgrafen Otto II. († 1499) der Linie Mosbach aus rotem Marmor, deren Platte den Geharnischten mit dem pfalzbayerischen Banner zeigt. Engel halten auf den Seitenwänden die Wappen seiner Vorfahren. Ein gemaltes Epitaph erhielt Jacob de Febuer († 1649) mit einem Gnadenstuhl zwischen Maria und Elisabeth. – Die Pfarrkirche ST. JOHANN BAPTIST besitzt einen auf 1404 datierten Chor, während am Langhaus noch 1442 gearbeitet wurde (Abb. 32). Drei reich profilierte Portale führen in die dreischiffige Halle, die ohne Zäsur in den Chor übergeht, der sich nur durch kräftiger ausgebildete Wanddienste mit Figurenschmuck unterscheidet. Sehenswert ist der einzige Zeuge der vorgotischen Zeit, das flach ornamentierte Becken eines Taufsteins um 1200. – Die 1708 erbaute, 1746–48 erweiterte Kirche ST. ANNA nördlich der Altstadt besitzt eine Stuckierung, die Mitte des 18. Jh. auf ältere Motive zurückgriff wie üppigen Laub- und Bandwerkstuck, der u. a. auch ein Deckengemälde von Joh. Andres umgibt. – Auf dem nahen Kalvarienberg steht die 1718 erbaute schlichte WALLFAHRTSKAPELLE MARIA-HILF, deren kräftigen Band- und Laubwerkstuck Joh. Bajerna angetragen hat. Vier Tafelbilder mit Szenen aus dem Marienleben, 1478 in Franken entstanden, kamen erst im 19. Jh. an die Langhauswände. Unterhalb dieser nach Westen gerichteten Kirche steht die 1684 errichtete Hl.-Grab-Kapelle, eine der beliebten Kopien der Grabeskirche zu Jerusalem.

Auf vielfach gewundener, aber landschaftlich schöner Strecke gelangen wir über Lippertshofen und Wiesenacker nach Nordosten ins Lauterachtal und nach KASTL, dessen ehem. BENEDIKTINERABTEI wie eine Burg über Tal und Ort liegt. Dieses älteste Kloster des Nordgaues soll 1098 gegründet worden sein, doch erfolgte die Bestätigung des Papstes Paschalis II. erst 1102. Er nennt als Gründer die Grafen Berengar I. von Sulzbach, Friedrich von Kastl-Habsberg und dessen Sohn Otto, die ein Kloster zu Ehren des hl. Petrus errichtet hätten. Dabei verschweigt er die wahren Initiatoren der Stiftung: Luitgard, Witwe des Markgrafen Diepold I., und ihren Bruder, Bischof Gebhard III. von Konstanz, da sie der antikaiserlichen Partei angehörten. Die großzügige Erstdotierung Kastls erlaubte einen raschen Ausbau, so daß 1118 bereits 20 Mönche nach Reichenbach am Regen entsandt werden konnten, um die jüngste Stiftung der Luitgard von Zähringen und ihres Sohnes Markgraf Diepold II. zu übernehmen. Seit seiner Gründung war das Benediktinerkloster als Hirsauer Reformkloster mit freier Abt- und Vogtwahl ausgestattet, aber auch römischbefreit, also nur der päpstlichen, nicht einer bischöflichen Gewalt untertan. Gegen die Vögte, zuerst die Sulzbacher, dann die Hirschberger und nach deren Bankrott die Wittelsbacher, kämpften die Äbte vergeblich um die Anerkennung als Reichskloster. Ein besonderer Wohltäter der Abtei war Ludwig der Bayer, der u. a. einen Wochenmarkt am Ort Kastl genehmigte. Nach einer Blütezeit zu Anfang des 15. Jh., als 30 Klöster sich der Kastler Reform angeschlossen hatten, brachten Verschuldung und Übertritte zu Luthers Lehre das Klosterleben 1546 zum Erliegen. Nach der Rekatholisierung überließ Kurfürst Max I. Kloster und Landbesitz dem Amberger Jesuitenkollegium. Nach der Auflösung des Jesuitenordens 1777 erhielt der Malteserorden die Nutznießung; 1808 übernahm der bayerische Staat Gebäude und Gründe.

Die ehem. Kloster-, jetzige Pfarrkirche ST. PETER, bezeichnenderweise wie das Kloster auf einem Felsen stehend, wurde 1129 geweiht (Abb. 33). Die langgestreckte, querschifflose Basilika besitzt ein hohes Mittelschiff, flankiert von zwei niedrigen Seitenschiffen, die in den drei Westachsen durch gotische Kapellchen erweitert wurden. Drei romanische Apsiden schließen gegen Osten, doch ist die mittlere im Oberbau gotisch. Von den beiden sechsgeschossigen Osttürmen stürzte der im Norden 1264 ein. Während man früher die Kirche durch eine westliche Vorhalle, das 'Paradies' betrat, führt heute das romanische Südportal in das fünfjochige Langhaus, in dem Licht und Dämmer einander ablösen. Von den Fenstern der Hochschiffwand hell durchflutet, stößt das Langhaus auf den niedrigen Mönchschor ohne Fenster; lichterfüllt ist auch die gotische Apsis, während die romanischen Nebenapsiden im Dämmer liegen. Das Hochschiff des Chores trägt eines der ältesten, um 1400 gespannten Tonnengewölbe Süddeutschlands, wohl das Werk eines burgundischen Meisters, denn er gliederte seine Tonne durch Gurte, während die einheimischen Meister ein Kreuzkappensystem bevorzugten. Die Gurte im Chor und die Rippen des Langhauses sind durch farbige gotische Ornamente verziert. – Über den Arkadenbögen im Mittelschiff läuft ein 1906 wiederhergestellter Fries mit 69 Wappen von Stiftern und Wohltätern des Klosters. Der Johanniterkomtur Max Graf von Toerring-Seefeld ließ 1782 für den berühmten Seyfried (Siegfried) Schweppermann (1260–1337) am nördlichen Chorpfeiler eine klassizistische Prunktumba errichten. Obwohl der Haudegen die Schlacht von Gammelsdorf (1313) für Ludwig den Bayer entschied, hat ihn die Legende zum Retter in der Schlacht bei Mühldorf (1322), der letzten Ritterschlacht auf deutschem Boden, erhoben, in der Ludwig der Bayer seinen Gegenkönig Friedrich den Schönen von Österreich entscheidend schlug. Als die Vorräte am Abend der Schlacht nur noch aus Eiern bestanden, soll der König den Ritter ausgezeichnet haben, wie es der Grabstein zu Kastl meldet:

»Hie leit begraben Seyfried Schweppermann,
Alles Thuns und Wandels ahn,
Ein Ritter keck und vest,
Der zu Gunderstorff im Streit that das best,
Der ist nun todt, Dem Gott genodt. Obijt. Anno 1337.
Jedem ein Ey
Dem frommen Schweppermann zwey.«

An den beiden Ostpfeilern des Chors sind gleich zwei Denkmäler für Abt Joh. Menger († 1327) zu finden, ausgezeichnete Arbeiten des Loy Hering aus Eichstätt, der den Abt einmal vor dem Kruzifix, ein andermal vor der Muttergottes knien läßt; die Grabplatte aus Rotmarmor für Menger schuf Hering, der auch das Denkmal für Abt Ulrich Lang († 1524) gearbeitet hat. Sehenswert ist die schlichte kleine Tumba für Prinzessin Anna († 1319), die Tochter Ludwigs des Bayern, mit gotischem Gewände. – Während die Kanzel von 1679 stammt, wurden die barocken Seitenaltäre und die Orgelempore erst 1715, der Hochaltar 1782 aufgestellt. Rar sind die Reste des Chorgestühls in den Seitenschiffen (Ende des 13. Jh.), geschnitzte Wangen mit Maßwerkblenden und Giebeln mit Krabben, wie sie in unserem Raum nur noch in Seligenporten zwischen Neumarkt und Allersberg anzutreffen sind.

Die Klostergebäude östlich der Kirche gruppieren sich um den Kreuzgang, der wegen der Enge des Bergrückens nicht die gewohnte Südlage besitzt. Erhalten blieb nur der Nordflügel, ein flachgedeckter Gang, der durch eine kleine Kapelle aus dem frühen 15. Jh. mit der Kirche verbunden ist. Darin hat sich als Fresko ein ›Erbärmdechristus‹ aus der Erbauungszeit erhalten. Der Nordflügel, dessen Unterbau noch der Zeit um 1400 angehört, wie auch die südlichen Trakte aus der Zeit nach 1552 wurden gründlich renoviert und dienen seit 1957 als Landschulheim des Ungarischen Schulvereins, der darin das einzige ungarische Gymnasium in der Bundesrepublik betreibt.

Zwar wird AMBERG erst 1034 als ›Ammenberg‹ (Berg des Ammo) in einer Urkunde Konrads II. genannt, als er auf Bitten seiner Gemahlin Gisela dem Bischof von Bamberg für diesen Ort Bann, Handel, Zoll, Schiffahrt, Mühlen, Gewässer, Jagd und Fischerei schenkte, doch hat man aus Schlackenhalden ermittelt, daß bereits im 10. Jh. am dortigen Erzberg geschürft und geschmolzen wurde. Demnach war Amberg schon früher an Bamberg gekommen, zumal dessen Stifter Heinrich II. 1003 die Burg der Grafen von Schweinfurt im benachbarten Ammerthal zerstört und deren Güter eingezogen hatte. Den Kaufleuten der aufstrebenden 'Eisenstadt' verlieh Kaiser Friedrich I. Barbarossa 1163 die Freiheiten der Nürnberger Kaufleute, schon drei Jahre später der Bischof von Passau die Privilegien der Regensburger. In dieser Zeit dürfte Amberg Stadtrecht erhalten haben. Nach dem Tod des letzten Staufers Konradin (enthauptet 1268) erbten die Wittelsbacher die Stadt und errichteten eine Münzstätte, deren Pfennige (ursprünglich eine dünne Münze mit 1,7 g Silbergehalt) im 13. und 14. Jh. sehr geschätzt waren. Besonders förderte Ludwig der Bayer die Stadt, deren Bergbau und Eisenhütten er 1324 bevorrechtete, die er erweiterte und 1317 mit einem Bürgerspital beschenkte, in dessen St. Johanniskirchlein ein Jahrtag für seinen Vater Ludwig den Strengen zu begehen war. Jahrhundertelang feierte die Stadt diesen Tag an Lichtmeß (2. 2.), wobei jedem Spitalinsassen ein Fischgericht und ein Seidl Bier (ca. 0,5 l), jedem Kind der Stadt aber zwei Eier zu reichen waren. Damals endete auch der Konkurrenzkampf der Hammerherren, die 1341 eine Einung (Kartell) für Amberg und Sulzbach schlossen. Damit war die Stadt Mittelpunkt der Erzverhüttung und des Eisenhandels in Oberdeutschland geworden. Die günstige Lage an der Straße Nürnberg–Pilsen und der billige Transport auf der Vils bis zum Stapelplatz Regensburg trugen zum Reichtum der Stadt wie der Hammerherren bei. Geschützt waren die Bauten seit 1324 hinter einer mächtigen Mauer mit 97 Türmen und Türmchen, die in den letzten 20 Jahren – soweit sie in unser Jahrhundert gelangt waren – mit großer Sorgfalt renoviert und ergänzt wurden (Abb. 36).

Bei der Erbteilung Bayerns 1329 fiel Amberg an die pfälzische Linie der Wittelsbacher, die in Heidelberg residierte und in Amberg einen Statthalter für die Obere Pfalz einsetzten, in der Regel den Kurprinzen, der hier Residenz nahm. Als der Hof Eichenforst (s. S. 103) nicht mehr sicher als repräsentativ war, ließ Friedrich I. von der Pfalz ab 1447 zwischen Vils und altem Wingershofertor eine KURFÜRSTLICHE RESIDENZ erbauen, die mit hohen Volutengiebel alle Häuser der Stadt überragte, nach dem abgewehrten Amberger Aufstand 1453 durch Friedrich I. stark befestigt wurde und eine eigene Toranlage erhielt. Durchgreifend erneuert wurde die von Wall und Graben eingefaßte Vierflügelanlage von dem Heidelberger Joh. Schoch, von dessen Werk sich nur der Südflügel erhalten hat, ein dreigeschossiger Bau, dazu im Süden ein kleiner Torbau von 1605 mit einer Balustrade des 18. Jh., die sich an beiden Seiten erkerartig einrollt. Hier wurde Friedrich V. geboren, der sich zum König von Böhmen wählen ließ, als 'Winterkönig' die Schlacht am Weißen Berg bei Prag (1620) und damit den Kurhut und beide Pfalzen verlor, aber auch die Mutter des Schwedenkönigs Gustav Adolf und die Mutter des großen Kurfürsten. Als die Regierung der Oberpfalz 1810 nach Regensburg verlegt wurde, schaffte man das restliche Inventar weg; heute ist das Landratsamt darin untergebracht. – Die Amberger erlebten mit ihren Statthaltern und Kurfürsten manches verschwenderische Fest, wie 1374 die Hochzeit Ruprechts III. mit der

AMBERG   Kupferstich von Matthaeus Merian mit der Situation vor 1631

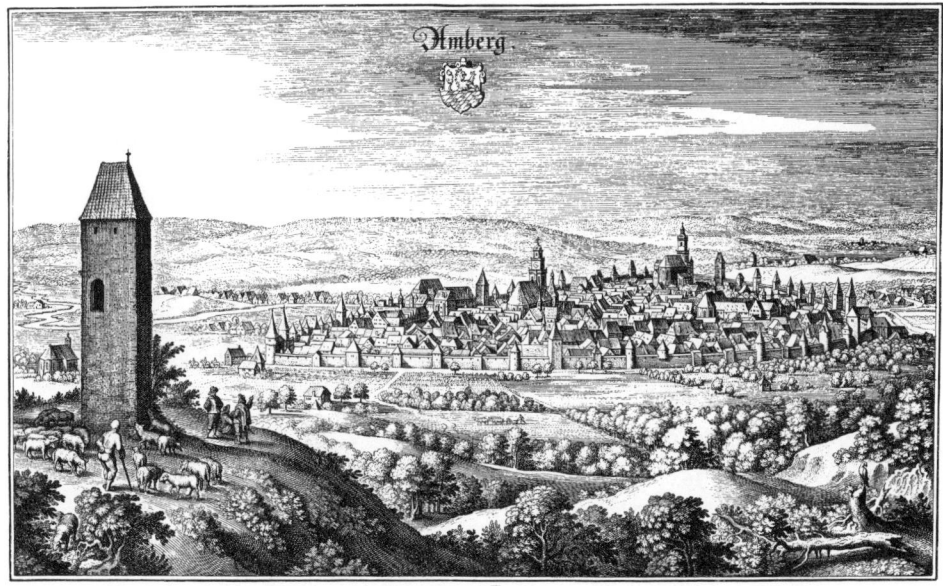

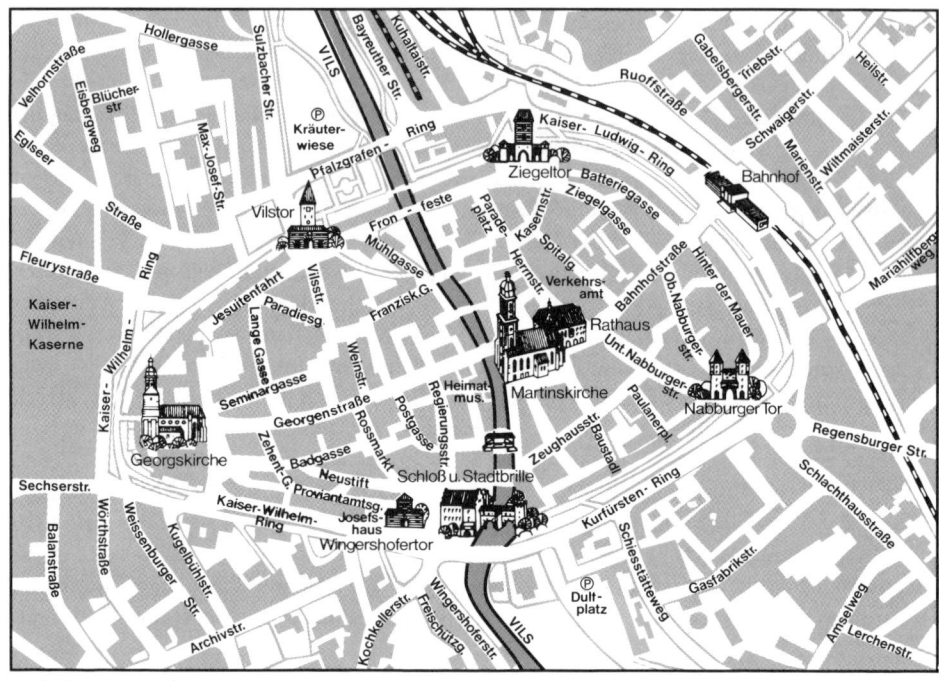

Stadtplan von Amberg

Burggräfin Elisabeth oder 1474 die Vermählung des Kurprinzen Philipp mit Margaretha, der Tochter Ludwigs von Bayern-Landshut. Sie erlebten aber auch scharfe Unterdrückung, als der Religionsfriede von 1555 dem Landesherrn das Recht verbürgte, die Konfession seiner Untertanen zu bestimmen. Die Stadt, die bereits 1538 Martin Luther um einen Prediger gebeten hatte, ging zur Reformation über und zwang 1553/54 die letzten katholischen Geistlichen zum Abzug. Katholische Bürger durften zwar bleiben, wurden aber schikaniert und erhielten kein Amt mehr. Kurfürst Friedrich III. war Calvinist und zwang die führenden Lutheraner außer Landes, während sein lutherisch erzogener Sohn sie zurückholte und dafür die Calvinisten vertrieb. Als 1592 erneut der Calvinismus eingeführt wurde, verweigerte die Stadt die Huldigung und verjagte die Regierung nach Neumarkt. Erst als religiöse Toleranz versprochen wird, huldigen die Bürger, doch werden fortan alle Lutheraner schikaniert und von allen Ämtern ferngehalten. Nach der Flucht des Winterkönigs nach Holland verteidigte niemand die »festeste aller Fürstenstädte« gegen Herzog Max von Bayern, der sie 1621 kampflos erhält. 1628 ist Amberg endgültig bayerisch und katholisch, jetzt verlassen viele (meist wohlhabende) evangelische Bürger die Stadt. Einquartierungen, Plünderungen, schließlich die Pest 1633/34 lähmen Handel und Bergbau, die erst wieder im 19. Jh. reüssieren.

Zur Residenz zählte neben dem Schloß das Rentmeisterhaus und die kurfürstliche Kanzlei, 1544 auf Geheiß des Kurfürsten Friedrich II. von einem unbekannten Meister als Renaissancebau mit hohem Giebel aufgeführt, 1601 mit einem polygonalen Treppenturm bereichert. Ein Erker über dem Säulenportal trägt die Wappen Friedrichs II. und seiner Gemahlin Dorothea von Dänemark, darüber Medaillons mit ihren und ihrer Väter Bildnissen. Der Erker der Hofseite zeigt Allegorien der vier Laster, auf 1546 datiert.

Eine doppelbogige Brücke führt vom Schloß über die Vils zum Zeughaus. Dieses, 1476 gebaut, wurde 1604 von Joh. Schoch kräftig überarbeitet und ist heute Finanzamt, was vom Besuch des malerischen Hofes nicht abschrecken sollte. Der gedrungene Eckturm hat über seiner gotischen Treppe ein Gewölbe der Renaissance. Die reichen Waffenbestände kamen bereits 1778 in die Festung Ingolstadt. Vilsaufwärts erreichen wir die alte, gedeckte Vilsbrücke (Ft. 10), bei der die Schiffe anlegten, um Eisenwaren ein- und Salz auszuladen. Gehen wir hinüber aufs rechte Ufer, so treffen wir auf ein Gebäude mit hohem Treppengiebel und schlankem Kapellenerker, auf das pfalzgräfliche Schlößchen EICHENFORST (heute Heimatmuseum), bei den Ambergern das »Klösterl« genannt.

Wieder auf dem linken Vilsufer, stehen wir vor der Westfassade und dem Turm von ST. MARTIN, seit 1629 Pfarrkirche. Der Patron läßt auf einen frühen Kirchenbau schließen, doch wird das »Münster zu Amberg« erst zu Zeiten des Herzogs Otto I. (1180–83) erwähnt. Drei Glocken der alten Martinskirche hat man in die neue übernommen. Der Bau begann 1421 und war nach gut 100 Jahren mit dem Abriß der Bauhütte vollendet. Das war für Bürgerkirchen, die ohne die Hilfe eines Bischofs oder Klosters gebaut werden mußten, keine ungewöhnlich lange Zeit. Alle Baumeister, von denen Hans Zunter (vor 1461), Marsilius Poltz (1460–74) und Hans Flurschütz (1476–1500) gut bezeugt sind, hielten sich an den Plan eines Unbekannten, der eine Hallenkirche besonderer Konstruktion entworfen hatte. Gegenüber anderen gotischen Kirchen ist St. Martins Außenfront schmucklos, weil die sonst außen aufragenden Strebepfeiler nach innen gezogen sind und mit den schlanken Rundsäulen die sterngewölbten Seitenschiffe tragen. Zwischen den Strebepfeilern wurde ein Kranz von Kapellen angelegt, deren Decken von einer den ganzen Bau umziehenden und gliedernden Empore gebildet wird. Damit ist St. Martin zum prägenden Beispiel für manche Hallenkirche Süddeutschlands geworden. Die 19 Kapellen waren nötig, weil die vornehmen Bürgerfamilien ihre eigenen Altäre und Grablegen besitzen wollten, ohne daß der Kirchenraum selbst beengt werden durfte. Zeitweilig waren 25 Benefiziaten beim täglichen Chorgebet versammelt, wozu sie durch ihre Meßpfründen, Stiftungen Amberger Bürger, verpflichtet waren. Schon 1544 wurden alle Benefizien aufgehoben, 1557 verfügte Kurfürst Ottheinrich die Beseitigung aller Nebenaltäre, 1568/69 ließ Friedrich III. die Kirche vollends ausräumen und die Wandgemälde abschaben. Erst 1658 wurde der Rubensschüler Caspar de Crayer beauftragt, ein Bild für den neuen Hochaltar zu schaffen, der 1670 vollendet war. Um 1700 waren alle Kapellen mit Altären neu bestückt; Ende des 18. Jh. waren es mit dem Hochaltar 24 Altäre. Der heutige Hochaltar in neugotischer Manier ist eine Stiftung aus dem Jahre 1871, dessen Tabernakel die Kirchenpatrone Martin und Crescentian flankieren; letzterer ruht in einem

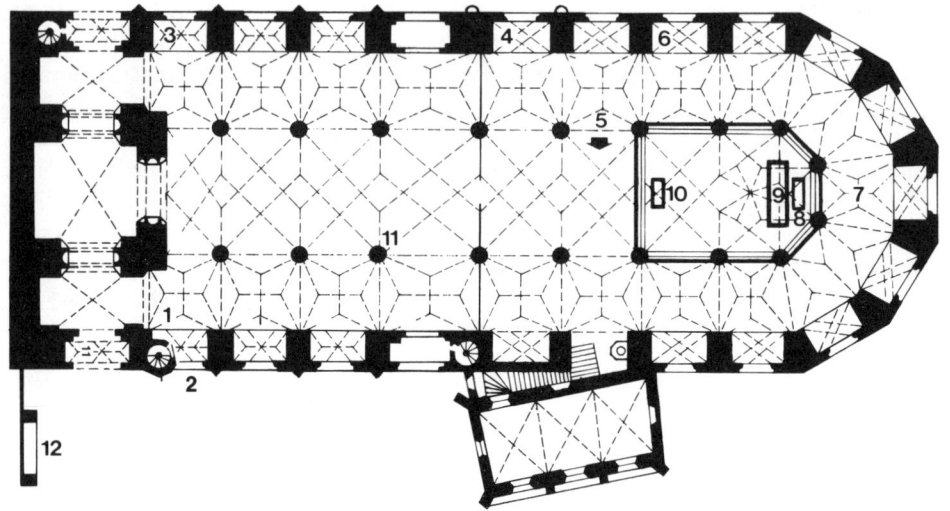

Amberg, St. Martin
1 Eingangshalle 2 Grabmal des Martin Merz 3 Elisabethenfenster von 1896 4 Grabtafel für den Prinzen Philipp († 1575) 5 Beste Aussicht auf das 30 qm große Bild C. de Crayers ›Krönung Mariens‹ 6 Steinhauser-Kapelle mit der Kreuzauffindung durch die Hl. Helena 7 Im Gewölbe der Sakramentskapelle die alte Darstellung des ›Schweißtuchs der Veronika‹ 8 Steintumba des Pfalzgrafen Rupert Pipan († 1392) 9 Hochaltar von 1871 10 Volksaltar 11 Kanzel 12 Ölberg

Glassarg im Altartisch der jetzigen Marienkapelle. Die um 1680 beliebten Heiligen Ambergs hat de Crayer auf seinem 30 qm großen Bild der ›Krönung Mariens‹ untergebracht, das nach dem Bau des neugotischen Altars an die rechte Seitenschiffwand gehängt wurde. Im Chorumgang, den zahlreiche Prozessionsstangen der Amberger Zünfte und Bruderschaften schmücken, besitzt die Kapelle mit dem Wappen der Steinhauser (steinernes Haus) das wertvollste Tafelgemälde, dem Jan Pollak (um 1500) zugeschrieben, das die ›Hl. Helena bei der Auffindung des Kreuzes Christi‹ zeigt (Abb. 34). Vor der Rückwand des Hochaltars steht die Steintumba des Pfalzgrafen Rupert Pipan († 1392) aus der Vorgängerkirche. Als Vollplastik liegt der gewappnete Fürst auf der Deckplatte, mit der Linken den Wappenschild, mit der Rechten das Rautenbanner haltend, während die Grabschrift als Spruchband die Umrahmungsstangen umschlingt. Bedeutend sind die Reliefs Kreuzabnahme, Grablegung, Auferstehung Christi und Marientod an den Seiten der Tumba als figurenreiche Gruppen. Geht man von hier aus durchs nördliche oder südliche Seitenschiff, um die einzelnen Kapellen und ihre Kunstschätze zu betrachten, so bediene man sich des Kirchenführers von Otto Schmidt für die Details. Zwei *Grabdenkmäler* sollten vor allem beachtet werden. In der jetzigen Marienkapelle die Tafel für Prinz Philipp († 1575) mit dem kreuztragenden Herrn, der seiner Mutter begegnet und zu dessen Füßen das tote Kind von

Putten mit gesenkten Fackeln betrauert wird. An der südlichen Außenwand ist das Grabmal des kurpfälzischen Geschützmeisters Martin Merz († 1501) eingelassen, der, ein »bürgerlicher Aufsteiger«, in vornehmer Tracht, den Rosenkranz betend, auf einem Geschützrohr steht, das rechte Auge nach einem Unfall als Feuerwerker verklebt (Abb. 37).

Der Chor von St. Martin wirft seinen Schatten auf den östlich angrenzenden MARKT-PLATZ, der zu einem Teil Friedhof dieser Kirche gewesen ist, jetzt dem Wochenmarkt und dem Altstadtfest dient. Seine Westfassade mit dem hohen Giebel und den starken Verblendungen stammt aus dieser Zeit. Erst 1552 wurde die Halle mit der Balustrade davorgebaut, die über einen vorgeschobenen Treppenturm erreicht wird. Der Ostflügel jenseits des schönen Erkers und der ganze Nordflügel wurden 1572–73 als ›Neues Rathaus‹ angebaut. Dort liegt auch der kleine Ratssaal mit säulenflankierten Türen, Wandvertäfelungen und einer Kassettendecke, an den Wänden die Porträts kurpfälzischer Fürsten, die ja von Amberg aus regierten. Der große, alte Ratssaal dagegen befindet sich im Obergeschoß des Altbaues und besitzt eine rautenförmige Kassettendecke des ausgehenden 16. Jh., er wird jetzt für Empfänge genutzt. Daneben hat sich das Zeugenzimmer erhalten, ein zweijochiger Raum unter Kreuzrippengewölbe.

Gegenüber dem Rathaus wurde 1728 die Ratstrinkstube mit prächtiger Sandsteinfassade gebaut und 1756–64 erweitert (jetzt Kreissparkasse). In Muschelnischen stehen Plastiken mit Allegorien der vier Elemente. – Gehen wir nach Westen über die Vils, so gelangen wir in die Georgenstraße, die zum Malteserplatz führt. In dieser und den Nachbarstraßen haben sich eine Reihe alter Wohnbauten erhalten, wobei die steilen Giebelfronten dem 15. und 16. Jh., die breiten Fronten dem 17. und 18. Jh. angehören. Sehenswert ist das Haus B 123 an der Georgenstraße mit einem spätgotischen Erker. Das Haus daneben (B 65) besitzt einen Erker mit Renaissanceschmuck aus dem 16. Jh., das Haus A 163 an der Ecke zum Roßmarkt zeigt einen hübschen Rokokoerker aus der Mitte des 18. Jh., während das Palais des Grafen Morawitzky (jetzt Forstamt) in der Herrengasse ein Barockbau mit intimem Innenhof ist. Das bezauberndste Rokokoportal finden wir am ›Mayr-Haus‹ in der Weinstraße.

Nahebei (in der Deutsche Schulgasse) steht die DEUTSCHE SCHULKIRCHE, 1693–99 unter Leitung von Joh. Wolfgang Dientzenhofer als ovaler Zentralraum für die Salesianerinnen errichtet. Ein 1738 geschaffenes festliches Portal mit den Giebelfiguren der Hll. Augustinus und Franz von Sales führt zur eingezogenen Vorhalle, von der aus der Blick in den lichten Raum mit dem ins Rund hereingezogenen Chor samt den gerundeten Eckkapellchen fällt. Ein herrliches eisernes Ziergitter des Joh. Franz Eberhard von 1699 (1738 verfeinert) trennt die Vorhalle mit der Orgelempore vom Kirchenraum. Dessen Stuck mit kostbarem Rocaille- und Rankenwerk schufen um 1700 Giovanni Battista Carlone und Paul d'Aglio. Gottfried Bernhard Göz, dem die Kirche auch die Altarblätter und Heiligenbilder verdankt, bemalte die Decke mit Episoden aus der Gründungsgeschichte des Ordens, die Seitenwände mit Heiligen und Allegorien. Während Hochaltar und Kanzel von Franz Joachim Schlott allein geschaffen wurden, wirkte beim Chorgestühl und Orgelprospekt Stephan Bacher mit, kamen die Seitenaltäre aus den Werkstätten von Peter Hirsch und Wolfgang Eder, allesamt in Amberg ansässig. In den Klosterbauten blieben zahlreiche Stuckdekorationen des G. B.

Carlone erhalten. – Die ehem. Franziskanerkirche (heute Stadttheater) am nahen Schrannenplatz zeigt die für Bettelorden typische dreischiffige Anlage mit tiefem schmalen Chor, der 1464 gebaut wurde. Zwar vertrieb Pfalzgraf Friedrich die Bettelmönche, doch brachte sie Max I. von Bayern 1624 wieder zurück, ließ nach 1628 Kirche und Kloster instand setzen, bis beide 1802 säkularisiert wurden. Noch heute umschließen die profanierten Klostergebäude einen Kreuzgang.

Auf dem Malteserplatz erhebt sich der hohe Komplex des EHEM. JESUITENKOLLEGS, das 1665–87 errichtet wurde. Von den Baumeistern ist Wolfgang Hirschstetter mehrfach bezeugt, Georg Dientzenhofer wahrscheinlich. Sie setzten eine betont schlichte Fassade vor die quadratische Binnenhofanlage, die mit einem langen Trakt nach Süden vorstößt. Darin liegen übereinander Aula und Räume des Gymnasiums und der Kongregationssaal mit schwerer Kassettendecke, den Frater Hörmann 1678 entworfen hat. Sechs große Bilder mit Szenen aus dem Marienleben lieferte Joh. Kaspar Sing um 1700, denen – wesentlich schwächere – sechs Lebensstationen des hl. Aloysius antworten. Gut gelungen hingegen ist das Bild ›Mariae Verkündigung‹ eines Unbekannten, das in die Mitte der Decke eingelassen wurde. Ein echter Kontrast zur schweren Decke ist die Altarwand mit dem bewegten Hochaltar und den eleganten Oratorien, die der Amberger Schreiner Leonhard Pacher 1765 eingebaut hat, ein wirkungsvoller Rahmen für das Blatt ›Himmelfahrt Mariens‹ des Caspar de Crayer, das der Orden bereits früher erworben hatte. In diesem Saal versammelte sich an die 150 Jahre die von den Jesuiten gegründete Kongregation ›Mariä Verkündigung‹, die nicht nur Messen und Predigten anhörte, sondern den Saal auch den Gymnasiasten für Singspiele, Theateraufführungen und Konzerte überließ, da der Orden der Auffassung war, auch dies könne den Glauben festigen und Gottes Lob verkünden. – Ein großer Bibliothekssaal besitzt zwar nicht den Glanz der Klosterbibliothek von Waldsassen, doch ergeben geschnitzte Schränke von 1680 und Stuck von 1730 das Bild einer typischen Barockbibliothek. Durch Zukäufe wird sie auf dem neuesten Stand gehalten. Wozu die Lektüre dienen sollte, hat ein unbekannter Maler in drei Deckenbildern emailleartiger Tönung festgehalten: Streben nach Wissen und Erkenntnis (Adam und Eva), Belehrung durch den Sohn Gottes (Jesus lehrt im Tempel), Erleuchtung durch den Hl. Geist (Pfingsten). Nach der Aufhebung des Jesuitenordens (1773) übernahmen die Malteser den Komplex bis zur Säkularisierung 1802.

Dahinter steht Ambergs älteste Pfarrkirche ST. GEORG, 1094 von den Bischöfen von Prag und Olmütz erwähnt, die auf ihrer Rückreise von Mainz dort zelebrieren wollten, der Pest wegen aber schleunigst weiterzogen. St. Georg ist eine Bamberger Gründung, denn der Heilige ist auch Patron dieses Bistums und des dortigen Doms. Die auf einer Anhöhe gelegene Kirche mit ihrer einst starken Friedhofsmauer war Zuflucht der Bevölkerung, erst 1326 wurde sie in die erweiterte Stadtbefestigung aufgenommen. Erst 1543 bekam St. Georg ein Ziegeldach, da bis dahin die Holzschindeln alle zehn Jahre erneuert werden mußten, und 1544 der Turm anstelle seines Bleidaches die Kupferkuppel des Ambergers Fröhlich. Schlimm für den Kunstbestand waren die Säuberungsaktionen der Calvinisten 1557, 1569 und 1604–05, wobei selbst die Orgel abgebrochen und deren 200

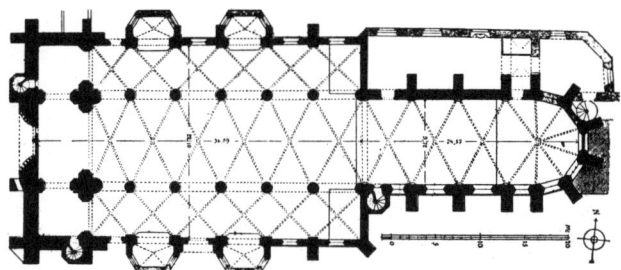

AMBERG, St. Georg
Grundriß

Pfund schweres Pfeifenzinn veräußert wurde. Der Jesuitenorden übernahm St. Georg 1621, der Malteserorden 1782–1808. – Die gotische Basilika hat einen eingezogenen, aber langgestreckten Chor mit einem kräftigen, hohen Turm im Westen. Im Unterschied zu St. Martin sitzen die kräftigen Strebepfeiler außen und gliedern tief das Mauerwerk. Aus dem späten 14. Jh. stammt das große Westportal, dessen Figuren abgeschlagen wurden; nur die Laubwerkkonsolen erinnern an ihre Standorte. Im Innern kann man die gotische Struktur noch ahnen, doch wurden die Arkadenpfeiler in jonische Säulen gewandelt, Wände und Gewölbe nach 1718 mit hervorragendem Stuck unbekannter Stukkateure aus Wessobrunn überzogen. Die Deckengemälde, die noch auf die gotischen Gewölbestrukturen Rücksicht nehmen müssen, schuf der Asamschüler Joseph Adam Müller 1723. Im Mittelschiff werden Taten und das Martyrium des hl. Georg gezeigt, wobei die Fresken im Chor (St. Georg am Rad; Enthauptung) herausragen. Die Szenen zwischen den zwölf Aposteln über den Arkaden zeigen die Hilfe des Kirchenpatrons, so links bei Feuer, Krankheit und Schiffbruch, rechts im Reiterkampf, bei Belagerung und im Seekrieg. Dieses farbige 'Lesebuch' ließen Jesuiten auf die kahlen Wände auftragen, damit jeder Kirchenbesucher sich vom Schutz des Heiligen überzeugen konnte. Abschluß der Heiligengeschichte ist das Altarblatt mit der ›Glorifikation des hl. Georg‹ des Hofmalers Joh. N. Schöpf von 1767 im prächtigen Aufbau des Hochaltars nach einem Entwurf des Fraters Joh. Hörmann von 1694. – Das rechte Seitenschiff wurde Fanz Xaver gewidmet, dessen Wirken die Deckengemälde erzählen, während der 1668 errichtete Altar das Bild ›Franz Xaver tauft Inder‹ (nicht Indianer) aus der Werkstatt des Caspar de Crayer stammt. Das kleine Bild darunter stellt den hl. Mauritius dar, den Schutzpatron des Malteserordens, einzige Erinnerung an dessen Tätigkeit in St. Georg. Ans Seitenschiff wurde 1695 die Marienkapelle angebaut. Das Altarblatt ›Maria Immaculata‹ schuf 1696 der Münchner Andreas Wolf, das allerdings durch den tabernakelartigen Aufbau aus vergoldetem Kupferblech mit silbernem Laubwerk und blauen Glassäulchen übertönt wird, das eine niederländische Tafel um 1450 ›Maria mit dem Kind‹ umfängt, das einzige aus den Händen der Bilderstürmer gerettete Bild. Eine weitere Kapelle wurde 1754 dem hl. Aloysius, dem Patron der studierenden Jugend, gewidmet, dessen Rokokoaltar das Bild des Heiligen von Joh. Georg Wolker aus Augsburg schmückt. – Vorbei an kunstvoll geschnitzten Beichtstühlen Hörmanns im Turmjoch gelangen wir ins linke Seitenschiff, das dem hl. Ignatius zugedacht ist. Während die Deckenfresken mit Szenen aus dem Leben des Ordensgründers von einem Unbekannten stammen, ist das Altarblatt eine Arbeit Caspar de Crayers. Das Altarbild der Schutzengelkapelle schuf Joh. G. Wolker, das des Kreuzaltares wieder de Crayer, der in der ausgezeichneten Kreuzabnahme zeigt, was er bei seinem Lehrer P. P. Rubens gelernt hat. – Die Kanzel (1702) tritt nicht so hervor wie in anderen Jesuitenkirchen, besitzt jedoch den typischen hl. Michael, der auf einer Weltkugel mit Afrika und Indien im Blickpunkt steht, war dem Orden doch aufgetragen, in allen Erdteilen zu missionieren. – Trotz der Bauteile aus manchen Jahrhunderten wirkt die Kirche geschlossen und harmonisch, zeigt, daß mit wenigen Mitteln wie Holzwerk, Stuck und Farbe eine festliche Kollegkirche zu errichten war.

Wer Ambergs festlichste Barockkirche im jüngst erneuerten Glanz sehen will, wird die östlich der Stadt auf einem Berg gelegene WALLFAHRTSKIRCHE MARIA HILF aufsuchen. Wer gut zu Fuß ist, soll den Stationsweg benutzen, doch finden Autofahrer auch einen großen Parkplatz vor. Hier, 152 m über der Vils, stand im hohen Mittelalter eine Burg der Ammerberger, später der Raigeringer, die 1500 von der Stadt Amberg erworben wurde. Der Bergfried, zur Kapelle umgestaltet, nahm 1634 ein Marienbild auf, das die Jesuiten geschenkt hatten. Um ein Gelübde während der Pest 1634 zu erfüllen, schickte man den Baumeister S. Winckhler studienhalber zu Kirchen des Elias Holl und Hans Krumper, ehe er 1642 die neue Kapelle vollenden durfte. Da während des Dreißigjährigen Krieges viele Gelübde gegeben und viele Erhörungen erfolgt waren, war der Andrang groß und ein Neubau notwendig geworden. Zunächst wurde 1696–98 das Kloster der betreuenden Franziskaner gebaut, dann 1697–1703 die neue Kirche errichtet, wobei der Hochaltar auf die Stelle gesetzt wurde, wo das Gnadenbild im ehem. Turm gestanden hatte. Die Ausstattung zog sich bis 1717 hin, erst 1720–23 wurde einer der zwei geplanten Türme hochgemauert, schließlich 1859 die breite Treppe mit 23 Granitstufen davorgelegt. Sie führt zur Hauptfassade, deren doppelte Fensterordnung durch Pilaster gegliedert ist. In den Nischen stehen die von Kamm aus Bamberg 1859 gehauenen Evangelistenfiguren. – Betreten wir den nach Nordwest gerichteten einschiffigen Rechteckraum, so fallen uns die massigen Wandpfeiler auf, zwischen denen die Seitenkapellen mit hohen Quertonnen liegen, aus denen das Licht jochweise in den Raum fällt. Die Empore, in Höhe der Kapitelle als Umgang angelegt, schafft Lichteinfall in zwei Geschossen. Der Stuck des Giovanni Battista Carlone und des Paul d'Aglio, unterstreicht Höhe und Weite der Kirche, die von Wolfgang Dientzenhofer entworfen, von dem Amberger Georg Peimbl mit Hilfe des Franziskanerbaumeisters Frater Philipp Planck ausgeführt wurde. In die Gewölbe malte 1717 Cosmas Damian Asam *Fresken* aus der Wallfahrtsgeschichte (Abb. 35): Die Pestzeit 1634; Maria wehrt den Todesengel ab. Die sieben Fresken in den Medaillons zeigen die Arche Noah (rückwärts), die Arznei des Lebens (links), den Morgenstern (rechts), in den Fensterbögen den Baum des Lebens (links vorne), die aufsteigende Morgenröte und den Schwemmteich Siloe. Asams Freskenzyklus in den Kapellen begann 1718 mit Szenen aus dem Leben Mariens: Geburt, Darstellung im Tempel, Vermählung (links); Verkündigung, Beschneidung Christi, Mariens Aufnahme in den Himmel (rechts). Seitlich des Chorbogens sitzen hervorragend komponierte Propheten: Isaias (links) und Ezechiel, deren Inschriften allerdings zu den königlichen Ahnen Mariens, David und Salomon, vor der Chorwand unten gehören, deren Schrifttafeln Vorhersagen der Propheten enthalten. Seitlich stehen die großen Figuren der hl. Mutter Anna und der Maria Magdalena mit dem Salbgefäß, die samt den anderen Figuren zum größten Teil von dem Amberger Andrä Pösl († 1777) gearbeitet wurden. – Den Chor beherrscht der mächtige, 1703 von Carlone und d'Aglio für 1324 Gulden errichtete Hochaltar aus Stuckmarmor (Ft. 12). In einem effektvollen Silberrahmen strahlt das Gnadenbild, eine freie Kopie des Maria-Hilf-Bildes des Lucas Cranach in der Innsbrucker Kirche St. Jakob, datiert 1624. Im Auszug des Altares wird der segnende Gottvater von zwei anmutigen Sybillen flankiert, die auf das Alte Testament verweisen. An Festtagen, besonders an Mariä Heimsuchung (2. 7.), wenn die Wallfahrt sich zum Heimatfest erweitert, werden auf dem Altar die silbernen Brustbilder der Heiligen Aloysius, Johannes Berchmann, Katharina, Barbara, Martin und Benno aufgestellt. Sie sind ebenso Stiftungen wie der Kirchturm, den 1720–22 der Würzburger Joh. Kaspar Schubert als Geschenk des Amberger Spenglermeisters Claus aufgerichtet hat. – Genannt sei für Besucher um die Weihnachtszeit die große Bergkrippe, für die Frater Vinzenz Hafner ab 1850 die ca. 300 Figuren geschaffen und gekleidet hat.

Beim Rückweg hat man von der nahen Bergwirtschaft, dem 1710 von Peimbl gebauten MESNERHAUS, einen herrlichen Fernblick bis zu den 25 km entfernten Höhen der Fränkischen Alb und einen Nahblick auf die Stadt, die von ihrer Eisen-, Elektro- und Porzellanindustrien mitgeprägt ist.

Nur wenige Kilometer vilsabwärts von Amberg liegt THEUERN, in dessen vorzüglich wiederhergestelltem Hammerherrenschloß der Freiherren von Lochner, einem spätbarocken Bau von 1781, nun das BERGBAU- UND INDUSTRIEMUSEUM Ostbayern seinen Sitz hat. In einer Landschaft, in der seit dem 13. Jh. Eisenerz geschürft und verhüttet wurde, zeigt man im Schloß eine geologische und mineralogische Sammlung neben wertvollen Werkzeugen. Als Freilichtmuseum konzipiert, wurde an der Vils ein Hammerwerk, ein Glasschleif- und Polierwerk samt einer Bronzemühle aufgestellt, ein Förderturm der Schwefelkiesgrube ›Bayerland‹ zu Waldsassen auf einer Anhöhe nahebei installiert, werden in einem stillgelegten Steinbruch Gewinnung und Verarbeitung von Steinen und Erden gezeigt, in einem Seitental frühe Methoden der Eisenverhüttung demonstriert, schließlich in Erzschürffeldern der Tagebaubetrieb vorgeführt. (Montags geschlossen.) – Theuern ist sicher das repräsentativste der HAMMERHERRENHÄUSER und -schlösser in der nördlichen Oberpfalz, doch sind auch die einstigen Hammerschlösser Neumühle, Wolfsbach, Eichhofen u. a. gute Beispiele für Herrenhäuser, deren Besitzer ihren Ertrag nicht in der Landwirtschaft, sondern in der Eisenbearbeitung erzielten (vgl. S. 325).

Nordwestlich von Amberg liegt auf dem gleichen erzführenden Juraausläufer die Residenz- und Eisenstadt Sulzbach, zur besseren Unterscheidung von 26 weiteren Orten dieses Namens seit 1934 SULZBACH-ROSENBERG genannt. Die Grafen von Sulzbach, Markgrafen auf dem Nordgau, erbauten zwischen 1045 und 1050 die Burg Sulzbach, an deren

Zufahrtsstraße nach Rosenberg sich die Stadt entwickelte. Als Vögte des Bistums Bamberg verwalteten die Grafen von hier aus dessen Besitz zwischen Regnitz, Pegnitz und Vils. Als mit Gebhard II., dem Schwager König Konrads III., das Geschlecht der Sulzbacher ausstarb, erbten die Grafen von Hirschberg die Grafschaft, nach deren Erlöschen die bayerischen Herzöge, die 1329 Sulzbach an die wittelsbachischen Pfalzgrafen zuteilten. Als Anna, Tochter des Pfalzgrafen Rudolf, 1349 Kaiser Karl IV., den König von Böhmen, heiratete, wurde Sulzbach an ihn verpfändet. Er bildete 1355 aus den Erwerbungen in der Oberpfalz das Land 'Neuböhmen' mit Sulzbach als Hauptstadt, da ihm an der Eisenverhüttung viel gelegen war. Als Wohltäter der Stadtpfarrkirche wurde seine fast lebensgroße Steinfigur nach der Mitte des 14. Jh. auf eine Blattwerkkonsole am südöstlichen Chorpfeiler gestellt, eine porträtähnliche Darstellung aus einer Nürnberger Werkstatt (Abb. 38). Während seiner Aufenthalte in Sulzbach logierte er nie im Schloß, sondern stets im Gasthaus ›Krone‹ schräg gegenüber dem Rathaus, woran drei Platten an der Ostwand erinnern, die den weißen Löwen Böhmens und zwei schwarze Adler zeigen. Nachdem die Stadt wieder pfälzisch geworden war, wurde 1615 mit August von Pfalz-Neuburg als Herzog von Sulzbach eine eigene Linie begründet, deren Besitz dann unter Herzog Karl Theodor mit dem der Rheinpfalz und Bayerns vereinigt wurde.

Das SCHLOSS birgt keinen Stein mehr vom Gründungsbau Gebhards I., sondern ist ein Neubau, den Herzog Ottheinrich II. ab 1589 aufführen ließ, der aber 1768–94 verändert wurde, als die Pfalzgräfin Franziska Dorothea von Zweibrücken-Birkenfeld dort ihren Witwensitz nahm. Das etwas verwahrloste Schloß kaufte 1807 der Herausgeber des einflußreichen ›Sulzbacher Kalernders für katholische Christen‹, Joh. Esaias von Seidl, für seine Druckerei, er ließ auch die gerühmten Terrassengärten anlegen. Vom Staat 1861 zurückgekauft, beherbergte das Schloß nacheinander Strafgefangene, Soldaten, Salesianerinnen und Waisenkinder. Seit 1976 sollen einige Räume für das ›Archiv der modernen Literatur‹, das Walter Höllerer aufgebaut hat, freigemacht werden. – Die Auffahrt vom Marktplatz wird durch einen Querbau mit gotischem Tor abgeriegelt, dem nach den Wirtschaftsgebäuden ein zweites, 1618–20 gebautes, folgt. Nach einer Biegung betreten wir den Schloßhof mit der verbauten Schloßkapelle des 15. Jh. rechter Hand, mit dem Saalgebäude von 1582 im Südosten, das ein Renaissanceportal und einen polygonalen Treppenturm besitzt, und dem im 19. Jh. veränderten Fürstentrakt von 1618 im Norden, schließlich der ehem. Kanzlei von 1582 mit dem reizenden Treppentürmchen. Den Schloßbrunnen mit dem pfälzischen Löwen ließ 1701 Herzog Christian August setzen, der 1656 zum katholischen Glauben übergetreten war und erreichte, daß in seinem Land die Kirchen beiden Konfessionen zugänglich waren (Simultaneum).

Vom Marktplatz aus führen Stufen hinauf zur Pfarrkirche MARIÄ HIMMELFAHRT, deren älterer Bau durch Karl IV. nach 1355 durch einen langgestreckten Chor mit kräftigen Strebepfeilern erweitert, während das Langhaus 1412–31 neugebaut, 1488 durch Kapellenanbauten geschmückt, 1526 schließlich durch eine Westempore gegliedert wurde, während der Turm seine jetzige Haube erst 1800 erhielt. Die Kirche zeigt ein in der Oberpfalz beliebtes Schema: Die niedrigen Seitenschiffe und das ragende Mittelschiff werden unter einem Dach zusammengefaßt, obwohl sie nicht höhengleich sind. Erst 1691 wurden Hochschiff und Chor mit Kappengewölbe erhöht, doch die gotischen Fenster mit den Maßwerkfiguren des 14. und 15. Jh. unverändert belassen. Aus dem 15. Jh. verblieb auch der mit Spitzbogenfries und Laubwerkband geschmückte Taufstein. Das Bild ›Mariä Himmelfahrt‹ im Hochaltar aus dem Beginn des 18. Jh. malte Hans Georg Asam, der Vater der berühmten Künstlerfamilie, der 1711 in Sulzbach begraben wurde.

Das stattliche RATHAUS erhebt sich mit seiner Schaufront im Osten des Marktplatzes, mit einem Chörlein in der Mittelachse über dem erneuerten Barockportal, darüber ein profiliertes Rundfenster und das pfalz-bayerische Wappen. Dahinter liegt der Saalbau mit dem rechtwinklig anstoßenden Ratsstubenbau, in dem sich gotische Balkendecken erhalten haben. Der große Festsaal ist modern umgestaltet worden, nur der Erker ist in seiner alten Form erhalten geblieben. – Aus dem frühen 18. Jh. stammt der sehenswerte Brunnen auf dem Luitpoldplatz, an dem die vier Temperamente als Fratzen abgebildet sind. – Auf dem Annaberg wurde 1676 die WALLFAHRTSKIRCHE ST. ANNA neu gebaut, 1827 ein Turm dazu gesellt und 1904 die Kirche nach Westen verlängert. Die Altäre – eine Anna-Selbdritt-Gruppe – gehören dem Ende des 18. Jh. an, das Wallfahrtsbild im Hochaltar jedoch dem frühen 16. Jh. Die hl. Anna (Tag: 26. 7.) war nicht nur Patronin der Mütter und Kaufleute, sondern vor allem der Bergleute, die im Mittelalter und später in den Eisenerzgruben besonderen Gefahren ausgesetzt waren.

Auf einem Abstecher berühren wir VILSECK, 905 als königliches Kammergut genannt, 1202 von Kaiser Heinrich II. dem von ihm begründeten Bistum Bamberg geschenkt, in dessen Besitz es trotz mancher Verpfändung bis zur Säkularisation 1802 verblieb. Der nach 1332 erstellte Bering ist zum Teil erhalten, zu ihm gehören auch das Obertor aus dem 14. Jh. – ein hoher Turm mit spitzbogiger Durchfahrt – und das Vorstadttor aus dem 16. Jh. nahe der Vils. Die Spitze der fünfeckigen Befestigung zeigte auf das Schloß, den Sitz der bischöflichen Pfleger, einen Gebäudering aus dem 17. und 18. Jh., der sich um einen Bergfried legt, dessen beide Untergeschosse um 1200 aufgemauert wurden, während der Oberbau aus dem 14. Jh. stammt. Außerhalb des Südwestecks der abgebrochenen Mauer steht die Pfarrkirche ST. ÄGIDIUS, deren Flankenturm im Unterbau noch dem frühen 13. Jh. angehört, deren Chor 1407 begonnen wurde. Daran hängte Wenzel Schwesinger 1751–53 einen großen Wandpfeilersaal, der nach Norden, zur Stadt hin, eine Fassade vorwölbt. Während die Seitenaltäre und die Kanzel dem Rokoko nach 1753 verpflichtet sind, stellte man in den gotischen Chor einen um 1720 gearbeiteten Barockaltar. Eine Kostbarkeit sind sechs um 1510–20 geschnitzte *Reliefs* mit Darstellungen aus dem Marienleben, die der bekannten Holzschnittfolge des Albrecht Dürer von einem unbekannten Zeitgenossen nachgebildet wurden (Abb. 40). Die spätestgotische, nach 1550 gebaute ST. LEONHARDS-KAPELLE außerhalb der Vorstadt birgt eine Anna Selbdritt und Nothelferfigürchen aus dem frühen 16. Jh. in feiner Ausführung.

Wir fahren hinüber nach AUERBACH, einer schon 1008 beurkundeten Stadt, deren Geschichte der Auerbacher Seminarlehrer Jos. Köstler in 28 (!) Bänden niedergelegt hat.

Wohlhabend wurde der idyllisch zwischen dunklen Wäldern und spiegelnden Karpfenteichen gelegene Ort durch seine Erzgruben an der Handelsstraße Nürnberg – Prag, der im späten Mittelalter wichtigsten der Oberpfalz. Die regelmäßig angelegte Stadt besitzt eine breite Markstraße, die senkrecht einmündende Gassen aufnimmt. In der Mitte steht das 1418 erbaute RATHAUS, das 1928–29 stilvoll umgebaut wurde. Noch schmückt es das 1552 in Stein gehauene alte Stadtwappen mit dem schwarzen Auerochsen auf silbernem Grund, das nach 1819 auf Wunsch des Bürgermeisters geändert wurde, weil die Bürgermeister-Medaille, die auf der Vorderseite das Bild Max I. Joseph von Bayern zeigte, nicht auf der Kehrseite einen Ochsen tragen sollte. In der Gabel der Marktstraße steht die PFARRKIRCHE ST. JOH. BAPTIST, deren gotischer Bau von 1447 weitgehend beim Neubau von 1686–87 beibehalten wurde; der gotische Chor wurde gar erst 1779 durch einen Neubau ersetzt. In der schlichten Wandpfeileranlage mit Emporen fällt der 1785 aufgestellte Hochaltar mit seiner vorgeschobenen Säulenkulisse auf. Zwei Seitenaltäre von 1690 und zwei von 1710 zeigen die damals so beliebten geschnitzten Akanthusrahmen (Blätter des Bärenklau). – Die Gotik war schon lange abgelöst, da baute man 1595–99 die kleine Friedhofskapelle St. Helena in jenem Stil und gab ihr 1611 eine bemalte Balkendecke, die sehenswert ist. – Auerbachs berühmtester Sohn war Heinrich Stromer, Sproß einer aus Nürnberg zugewanderten Familie, der 1508 mit 26 Jahren Rektor der Universität Leipzig wurde und eine eigene Anatomie gründete. Seine Ehe mit Anna Himmelshain brachte ihm vier Häuser ein, von denen er eines zu einem Messehaus mit großen Kellern umbaute, in denen er eine Weinhandlung mit Weinausschank eröffnete, aus Reverenz gegenüber seiner Heimatstadt ›Auerbachskeller‹ geheißen. Goethe, der ihn wie Luther, Melanchthon, Mozart u. a. aufgesucht hatte, setzte ihm mit einer Szene im ›Faust‹ ein Denkmal.

Auf der B 470 geht es im sanften Bogen um das Sperrgebiet Grafenwöhr 'hinüber' nach ESCHENBACH I. D. OPF., das 1283 Markt- und 1330 Stadtrechte bekam. Die Hauptstraße, die von Ost nach West steil ansteigt, wird am Fuß von der Stadtpfarrkirche St. Laurentius begrenzt, deren markanter Turm mit einem Spitzhelm von 1541 gekrönt ist, nachdem den Renaissanceoberbau Meister Hans aus Auerbach 1492 aufgesetzt hatte. Im Innern überrascht das geschnitzte barocke Chorgestühl und ein prächtiges Epitaph in Altarform für Caspar Köferl, Hofkontrolleur, Kuchenmeisteramtsverwalter, Rat und Landschreiber zu Eschenbach. – Die am anderen Ende der Stadt ruhende Kirche Mariahilf wurde 1771–74 vom Amberger Hofmaurermeister Wolfgang Diller erbaut und im Geschmack des Rokoko ausgestattet. – Im Nordwesten der Stadt liegt der Rußweiher, durch einen Damm in einen Ober- und Untersee getrennt, der größte Moorweiher der Oberpfalz, in dessen weichem Moorwasser sommers viele Erholung suchen. Seit 1954 begeht man Rußweiherfeste mit Schwimmwettkämpfen, Festhallenbetrieb u. a.

Nur wenige Kilometer nördlich liegt auf freier, gerodeter Fläche das ehem. PRÄMONSTRATENSERKLOSTER SPEINSHART, das 1145 der fränkische Edle Adelvolk von Reifenberg

29 PARSBERG, Opf. Das Neue Schloß. Um 1550 ▷

30 PIELENHOFEN, Opf. Ehem. Zisterzienserinnenkloster Unsere Liebe Frau. Baubeginn 1702

31 BURG WOLFSEGG, Opf.

33 KASTL, Opf. Ehem. Benediktinerklosterkirche
St. Peter. 1129 geweiht

32 NEUMARKT, Opf. St. Johann Baptist

34
AMBERG, Opf.
Suche nach dem
Kreuz Christi auf
Befehl der hl. He-
lena. Altartafel in
St. Martin

35   AMBERG, Opf.   Wallfahrtskirche Maria Hilf. Deckenfresko von Cosmas D. Asam. 1717

36 Amberg, Opf. Stadtbefestigung

37

38

39

40

41   Kirche und Klostergebäude, um 1700 durch Wolfgang Dientzenhofer erbaut

42   Ausschnitt aus dem Deckenfresko
      der Bibliothek. 1773 von Johann Wild   43   Kirchenstuhlwange. Anfang 17. Jh.

44 Zisterzienserabtei WALDSASSEN Stiftskirche.
1681–1704

45 PERSCHEN, Opf. St. Peter und Paul
mit Friedhofskapelle

48 PERSCHEN, Opf. Christus in der Mandorla (Ende 12. Jh.). Fresko in der Friedhofskapelle ▷

46 WEIDEN, Opf. Rathaus. 1539–45

47 NEUSTADT a. d. Waldnaab
Lobkowitz'sches Schloß. 1698–1720

49   Ruine Leuchtenberg, Opf.

50   Vohenstrauss   Schloß Friedrichsburg. 1586–93

51   Cham, Bayer. Wald   Marktplatz mit Rathaus

52   Burglengenfeld   Sogen. ›Alemannsches Schlößchen‹

53 PFREIMD, Opf.   Grabplatte für Leopold v. Leuchtenberg (†1463)

54 CHAMMÜNSTER, Bayer. Wald   Pfarrkirche Mariä Himmelfahrt ▷

55–57 Kloster WALDERBACH mit herrlichem Rippengewölbe

59 Die für den Bayerischen Wald einst so typischen Totenbretter bei Viechtach ▷

58 Klosterkirche REICHENBACH   Innenraum

60 Burgruine FLOSSENBÜRG, Opf.

61 Der Dreisessel im Bayerischen Wald

gegründet hat. Zwar wurde in der Reformation 1556 das Kloster aufgehoben, aber 104 Jahre später mit Mönchen aus Steingaden wieder besetzt, 1691 zur Abtei erhoben. Damals hat man auch den Neubau einer Klosterkirche zur Unbefleckten Empfängnis beschlossen und Wolfgang Dientzenhofer aus Amberg übertragen. Der Rohbau ist 1696 so weit gediehen, daß die Brüder Luchese aus Mellide am Luganer See ihre Gerüste aufschlagen können, wobei Carlo Domenico stuckierte und Bartholomeo die Fresken malte (Abb. 41). 1700 ist die Kirche vollendet, 1706 wird sie geweiht. Wolfgang Dientzenhofer, von dem schon angenommen wurde, er habe Pläne seiner Bruders Georg benutzt, hatte seine Kirche in den Nordtrakt der vierflügeligen Anlage einzustellen, verlieh der Fassade einen schlichten Charakter, weshalb das Prunkportal und das zurückgestellte Turmpaar einziger Schmuck blieben. Die gangartige Vorhalle trägt im Gewölbe ein Fresko mit der Schilderung der Klostergründung durch Adelvolk, der kinderlos war und den Orden zum Erben einsetzte. Zwei rechteckige Kapellen flankieren die Vorhalle, die in zwei Obergeschossen Abts- und Gästezimmer trägt. Betreten wir das rechteckige Langhaus (Ft. 17) mit dem hohen Tonnengewölbe und breiten Stichkappen, so überwältigt zunächst der reiche *Stuck* der Gewölbe-, Sims- und Kapitellzonen, die Fülle der lebensgroßen Figuren, vor allem der Engel aus Stuck, die dem italienischen Spätbarock angehören und nicht aus Gips bestehen, sondern aus Sand und Kalk geformt und leicht mit Kalk überzogen sind. Kalkweiß stehen sie daher vor zartgelb getöntem Grund. Die Figuren gehören einem Programm an, das in vier Gruppen das Zusammenwirken des Hl. Geistes mit der Menschheit veranschaulichen will. Rechts und links am Chorbogen ist die Verkündigung und die Zustimmung Mariens dargestellt, dann die vom Hl. Geist geweckten, von den Menschen zu übenden Tugenden wie die drei göttlichen (Glaube; Hoffnung; Liebe) oder die sieben sittlichen (z. B. Demut; Keuschheit; Askese ect.), schließlich über der Orgel die vier Kardinaltugenden wie Klugheit (Frau mit Buch), Gerechtigkeit (Liktorenbündel), Starkmut (Mann mit Löwe) und Mäßigkeit (eine Frau zieht einem Kind die Eßschale weg). Zwischen den Pfeilern stehen Ordensheilige, an den Pfeilern Allegorien. Überhöht ist der bleiche Stuck durch lichte Deckengemälde, die im Chor die Kirchenpatronin darstellen, dann die vier Kardinaltugenden und die vier marianischen Propheten; an den Gewölben der Seitenräume sind Sinnbilder der Lauretanischen Litanei aufgemalt. Den *Langhausfresken* liegt ein niederländisches Stichwerk des frühen 17. Jh. zugrunde, das das Leben des Ordensstifters Norbert schildert, während sich die Wand- und Deckenbilder der Seitenkapellen auf den Titel des jeweiligen Altares beziehen (links Rosenkranz; hl. Katharina; Maria Magdalena; rechts hl. Andreas; hl. Michael; Allerheiligen). Der Hochaltar, ein mächtiger Stucksäulenaufbau, trägt ein gutes Altarblatt der Immaculata, das sehr wahrscheinlich von Antonio Triva gemalt wurde. Die Ordensheiligen Augustin und Norbert flankieren den 1700 aufgestellten Hauptaltar. Am rechten Chorpfeiler steht der für Prämonstratenser so wichtige Kreuzaltar, da ein Kreuz den Platz des Mutterklosters Prémontré bei Laon bezeichnet hat, links ist ein Altar dem hl. Norbert – dem Ordensgründer – gewidmet. Der Chor, in dem die überlebensgroßen Figuren der vier abendländischen Kirchenlehrer (Ambrosius, Augustinus, Papst Gregor I. und Hieronymus) aufgestellt sind, war ursprünglich durch ein schmiedeeisernes Gitter des

17. Jh. abgeschlossen, das heute unter der Orgelempore steht. Die 1714 gleichzeitig mit den Stuckaltären aufgerichtete Kanzel ist gleichaltrig mit den vorzüglich geschnitzten Wangen der Beichtstühle und dem Chorgestühl, das eine eingehende Betrachtung lohnt (Abb. 43).

Die Klosterkirche und Abtei wurden 1803 säkularisiert, wobei die Aufhebungskommission rigoros die Einrichtung verschleuderte. Erst 1921 verkaufte der bayerische Staat das Kloster wieder an den Prämonstratenserorden, der den Abt von Tepl als Administrator einsetzte; seit 1945 leitet der Prior die Abtei selbständig.

Auf dem Wege nach Kemnath passieren wir den RAUHEN KULM (683 m) im Westen, einen mächtigen dunklen Basaltkegel, der die Keuperdecke durchbrochen hat und eine eigene Waldflora auf seinen übereinander getürmten, nur schwer zerfallenden Basaltblöcken besitzt. Während den Gipfel ein Mischwald von Rotbuche und Hainbuche umgibt, in den wenige Birken, Tannen, Fichten und Haseln eingestreut sind, hat sich im Ring des Basaltgerölls nur ein lichter Wald an Buchen, Tannen und Fichten entwickeln können, der Sandsteinsockel hingegen trägt nur Kiefern und Erica. Vom Fuß bis zum Gipfel des Rauhen Kulm sind 140 Pflanzenarten nachgewiesen worden. Den Ausflügler erfreut die Fernsicht vom Rauhen Kulm, den Historiker die umfangreiche Ringwallanlage aus Basaltblöcken, die in der frühen Latènezeit angelegt wurde, oder die Burg, die 1281 in den Besitz der Nürnberger Burggrafen kam, die sie zum Sitz eines Amtes erhoben; im Markgräflerkrieg wurde sie 1552 wie ihre Schwester auf dem Kleinen Kulm (566 m) zerstört.

Das nördlich davon gelegene KEMNATH, 1008 als Keminata auf dem Nordgau bezeugt, 1250 zur Stadt erhoben, ist der rechte Standort für Ausflüge zu den kleineren Basaltkegeln, etwa zum Waldecker Schloßberg, auf dem eine der ältesten Burgen der Oberpfalz stand, die 1124 in der Hand der Leuchtenberger war, 1283 an Herzog Ludwig von Bayern kam, nach mancherlei Besitzwechsel noch im 16. und 18. Jh. erweitert, aber 1794 durch Brand völlig zerstört wurde. Brände haben auch Kemnath selbst heimgesucht, eine regelmäßig angelegte Stadt mit halbierender Marktstraße, in deren Mitte heute die 1714 errichtete Sebastianssäule mit zwei Röhrenbrunnen steht, da das historische Rathaus 1848 herunterbrannte. Die Brände haben nur wenige gotische Häuser am Straßenmarkt überlebt, so das 1573–85 erbaute ehem. kurfürstliche Kastenamt (Finanzamt), das mit Löwenköpfen und dem Wappen von Kurpfalz geschmückt ist. – Die Pfarrkirche MARIÄ HIMMELFAHRT, eine dreischiffige Hallenkirche von schönen Proportionen, war laut Portalinschrift 1488 im Bau und erhielt 1506 ihre gemauerte Westempore, die alle drei Schiffe durchzieht. Gelitten hat durch Umbauten der Turm, der gleichzeitig als östliches Stadttor diente und 1854 neugebaut werden mußte. Die Altäre gehören alle dem Barock an. – Sieht man bei gutem Wetter nach Nordosten, so schließen die Berge des Fichtelgebirges, der Ochsenkopf und die Kösseine, den Horizont ab. Sie gehören bereits zu Oberfranken.

An Waldeck vorbei gelangen wir nach Erbendorf am Südfuß des STEINWALDES, der, mit einigen Rodungen durchsetzt, das Geviert Erbendorf-Lochau-Waldershof-Mitterteich fast völlig füllt. Durch wenige Straßen, aber durch viele Wanderwege ist er gut erschlossen und besitzt im modernen STEINWALDHAUS (740 m) bei Pfaben nördlich Wetzldorf einen idealen

Ausgangspunkt, der zudem eine Fernsicht bis zur Silberhütte, zum Fahrenberg und den Höhen bei Nabburg hat. Mehrere markierte Wege führen zum Mittelpunkt der einsamen Waldlandschaft, zur RUINE WEISSENSTEIN, zwischen der Platte (946 m) und dem Plößberg (820 m) gelegen. Diesmal reicht die Fernsicht noch weiter bis ins Egerland und tief ins Fichtelgebirge. Die Burg auf dem steilen Granitkamm war eine kleine, durch Halsgraben und Zwingermauer geschützte Anlage, die einen Bergfried aus dem 14. Jh. besaß und schon 1300, endgültig 1365 Eigentum der Freiherren von Nothafft wurde, die 1559 die weltabgeschiedene Burg dem Verfall überließen. Am Muttergotteshügel außerhalb des Ortes liegt der idyllische Waldfriedhof der Freiherren von Nothafft mit einer ›Schwarzen Madonna‹ in der Nische eines Granitblockes, den der Legende nach ein Ritter Nothafft von einem Kreuzzug aus dem Heiligen Land mitgebracht haben soll.

Kehren wir nach ERBENDORF zurück, einer in jedem Jahrhundert durch Brände verheerten Kleinstadt, so fällt uns im Vorort Altenstadt eine eigens für Bergleute 1839–40 erbaute Filialkirche St. Vitus auf, deren Altar eine Holzfigur des Patrons aus dem frühen 16. Jh. bewahrt. Erbendorf war einst harter Arbeitsplatz, denn am Silberrangen wurden in derselben Grube Silber, Blei, Kupfer, Zink und Steinkohle abgebaut. König Wenzel von Böhmen hat ausgangs des 14. Jh. böhmische Bergleute angesetzt, um eine fachmännische Ausbeute der seit dem 12. Jh. bestehenden Silber- und Bleistollen zu erzielen. Nach 1400 ging der Ertrag zurück, mancher Bergmann verdiente sich ein Zubrot beim Goldwaschen im Galgen-, Stein- und Silberbach. Zwischen 1919 und 1929 wurden zwei Kohlenflöze des Unteren Rotliegenden wieder abgebaut, dabei auch Blei, Silber, Kupfer und Zink gewonnen, doch mußte der Betrieb wegen großer Wassereinbrüche eingestellt werden. Heute ist der Boden eine Fundgrube für Geologen und Steinsammler. – Jahrhundertelang waren in Erbendorf die mütterlichen Vorfahren Friedrich Schillers ansässig. Eine Tafel am kath. Schulhaus erinnert daran, daß der aus Brand stammende Max Reger hier bei seinem Onkel, dem Oberlehrer Roll, seine Choralphantasie ›Ein' feste Burg‹ komponierte, die ihn als Orgelkomponist erst bekannt machte.

Die B 299 führt nach FALKENBERG mit der gleichnamigen Burg auf steilem Granitfelsen, der eine Mauer überflüssig machte, die nur im Osten einen tiefen Halsgraben benötigt. Bereits 1154 wird ein Pilegrin von Valkenberch als Eigner genannt. Später gelangte die Burg in den Besitz der Leuchtenberger, dann ans Kloster Waldsassen, das im 14. und 15. Jh. umfangreiche Neubauten aufmauern ließ. Die Burg mit ihrem kleinen Innenhof und dem freistehenden Bergfried kam 1571 an Kurpfalz und verfiel langsam nach dem Dreißigjährigen Krieg. Sorgfältig wiederaufgebaut wurde sie ab 1937 unter Graf Friedrich von der Schulenburg, dem langjährigen Botschafter in Moskau, der 1944 nach dem mißglückten Attentat auf Adolf Hitler hingerichtet wurde. Durch die Burg gibt es regelmäßige Führungen, zudem ist die Burgweinschänke zugänglich.

Die Waldnaab, die bei Altglashütten entspringt, begrenzt mit ihrem Lauf von Tirschenreuth nach Falkenberg das Stiftsland nach Süden. So nannte man das Eigentum des Zisterzienserstiftes Waldsassen, das bis ins Schönbacher Ländchen nach Böhmen hineinreichte, auch ins Haslautal, wo die Abtei Osseg gegründet wurde. Das war kein zusammenhängendes Staatsgebiet modernen Zuschnitts, sondern ein Bündel von Rechten, Zuständig-keiten, abhängigen Orten und Märkten, vor allem ein riesiger Waldbesitz, in dem als Forstverwalter auch Vorfahren des 'altbayerischen' Dichters Ludwig Thoma tätig waren. Die bräunlichen, da moorhaltigen Wasser der Waldnaab begrenzen aber auch den südlichen Rand der 'Teichpfanne', einer mit zahlreichen Fischteichen übersäten Mulde zwischen Tirschenreuth und Wiesau, aus denen die so kapitalen wie wohlschmeckenden Karpfen stammen, die ebenso wie die Schinken zum kulinarischen Ruhm Tirschenreuths beigetragen haben.

Der größte Ort des Stiftslandes ist nicht der ehem. 'Regierungssitz' Waldsassen, sondern das 1364 zur Stadt erhobene TIRSCHENREUTH. Die Stadt mit ihrem rechtwinkligen Straßenplan und dem langgezogenen Marktplatz war nicht nur durch Graben und Mauer, sondern auch durch zahlreiche Weiher und Wassergräben ausreichend geschützt. Den größten Schaden richteten daher nicht Kriege an, sondern 1814 eine verheerende Feuers-brunst. Leidlich überstanden haben diese Zerstörung das RATHAUS, ein wappengezierter Renaissancebau von 1582–83 an der Kastanienallee des Marktplatzes, und die Ende des 13. Jh. gebaute, 1669 durchgreifend erneuerte Pfarrkirche MARIÄ HIMMELFAHRT, die ein Holzrelief ›Heimsuchung Mariens‹ aus dem frühen 16. Jh. besitzt, das wir vor allem deshalb erwähnen, weil sich von einheimischer Schnitzkunst der Spätgotik in der nördlichen Oberpfalz nur wenig erhalten hat. Vor dieser Kirche steht die barocke Dreifaltigkeitsgruppe mit der 1744 beigefügten Luitgardgruppe. – Die WALLFAHRTSKIRCHE ZUR SCHMERZHAFTEN MUTTERGOTTES wurde erst 1722–23 erbaut. Sie bewahrt einen spätgotischen Flügelaltar mit der seltenen Darstellung des Kalvarienberges (Abb. 39), wie er in geistlichen Schauspielen um 1510 dargestellt wurde, ebenfalls ein rares Schnitzwerk jener Zeit im Stiftsland. – Aus Tirschenreuth stammt der Sprachforscher Joh. Andreas Schmeller, dessen Hauptwerk, das ›Bayerische Wörterbuch‹, viel beachtet wurde.

Fahren wir über Rosall nach Waldsassen, so berühren wir zuerst das Pfarrdorf WONDREB am gleichnamigen Flüßchen, das der Eger zufließt. Sehenswert ist die 1669 erbaute Friedhofska-pelle, auf deren getäfelter Holzdecke in 28 Feldern in Grisaille ein Totentanz dargestellt ist. Jeder Szene ist ein Bibeltext über- und ein deutscher Reim unterschrieben. So steht etwa über dem auf einem Hirsch sitzenden und einen Pfeil schleudernden Totengerippe das Zitat aus Thessal. 5,3: »Repentinus eis veniet interitus«, darunter: »Der Tod ist blind / und doch geschwind.«

Auf einsamer Straße gelangen wir zu einer Weitung des Wondrebtales, in der WALDSASSEN liegt, das lange nur ein Kloster war und an das sich erst eine Siedlung anlehnte, als 1614 die Brüder Geisl sich mit einer Schar von Tuchmachern niederließen. Diese Siedlung wurde 1693 Markt, 1896 Stadt, deren Gebiet seit 1972 immerhin 41 qkm umfaßt. DIE ZISTERZIEN-SERABTEI wurde 1133 von Markgraf Diepold III. gegründet und mit Mönchen aus dem thüringischen Kloster Volkenrode besetzt, die König Konrad III. 1147 unter seinen besonderen Schutz nahm. Beauftragt, das riesige Waldgebiet mit Rodungen zu durchsetzen (die meisten Ortsnamen des Stiftslandes enden auf -reuth) und die Siedler im Christentum zu festigen, erhielt das Kloster zahlreiche Landschenkungen. So konnte denn die kleine Gründerkirche von 1133 durch eine Basilika ersetzt werden, an deren Weihe auch Friedrich I. Barbarossa teilnahm, der kurz zuvor in Eger die Erbtochter Adela der Diepoldinger geheiratet und damit Eger und Reichsgut auf dem Nordgau erworben hatte, sich später aber von ihr trennte, um Beatrix von Burgund zu ehelichen. Zweimal (1430; 1433) brandschatzten die Hussiten das Stift, einmal die Markgräflichen im Landshuter Erbfolgekrieg 1504, ehe die Reformation – von Kurpfalz vorangetrieben – 1560 das Kloster aufhob. Zwar wurde die Oberpfalz 1628 rekatholisiert, doch dauerte es bis 1669, ehe die Zisterzienser wieder nach Waldsassen zurückkehren durften, um eine zweite Blüte beim Ausbau ihres Ländchens zu bewirken. Bei der Säkularisation 1803 fiel der ganze Klosterbesitz an Bayern, das erst 1864 einen Teil zur Einrichtung eines Zisterzienserinnenkonvents verkaufte, der seit 1925 unter der Leitung einer Äbtissin steht und die überlieferten Kunstschätze bewahrt.

Die barocke Basilika wie das Kloster wurden nach dem Wiedereinzug der aus Fürstenfeld-(bruck) geholten Mönche 1681–1704 gebaut (Abb. 44). Baumeister war Abraham Leuthner aus Prag, dessen Mitarbeiter (Palier) Georg Dientzenhofer immer wichtiger wurde, geht auf ihn doch der Aufbau der Fenster im Mittelschiff als drittes Stockwerk zurück – in Erinnerung an die Fürstenfelder Kirche. Im übrigen nahm man die Jesuitenkirche in Prag zum Vorbild, doch sind die Vierung und die Emporendurchbrüche wohl Dientzenhofers Idee, der nach Leuthners Tod (1690) mit den Brüdern Jakob und Bernhard Schießer zusammenarbeitete, denen die schlichte Fassade zugeschrieben wird. Maurermeister war von Anfang an der aus Wessobrunn stammende Kaspar Feichtmayr. Man errichtete eine 82 m lange einschiffige Kirche mit tiefen Kapellen und Emporen und einem kaum ausladenden Querschiff vor dem langen Chor. Um das nicht einmal 14 m breite Schiff geräumiger erscheinen zu lassen, wurden die elliptischen Flachkuppeln quergestellt.

Das Programm der AUSSTATTUNG hat das Erlösungswerk Christi und die Stellung Mariens darin zum Inhalt. Schon der reiche *Stuck*, den Giovanni Battista Carlone 1695–98 antrug (Ft. 14), diente diesem Ziel mit rund 200 Engeln und Engelsköpfchen, den 12 Propheten auf dem Hauptgesims – deren Inschrifttafeln auf die Fresken verweisen –, den Reliefs der Kardinaltugenden in den Quergurten des Langhauses, den christlichen Tugenden und ihren Auswirkungen über den Zugängen der Seitenkapellen, den vier abendländischen Kirchenlehrern in der Vierung. Aller Stuck ist sorgfältig und nie wuchernd eingesetzt worden. Nur das Oratorium unter dem westlichen Musikchor wurde erst 1735 von Paul Marazzi im frühen Rokoko stuckiert. – Die *Fresken* des Pragers Jakob Steinfels erreichen nicht ganz Carlones gleichzeitigen Stuck, schildern jedoch bewegt im Chor die Gründungslegenden, die Diepolds Stiftung überwuchert hatten. Danach glaubt der Edle Gerwig seinen Freund Diepold im Turnier getötet zu haben, flieht ins Kloster Siegburg bei Köln, rodet dann zur Buße mit Gefährten im 'Köllergrün', wird dort vom Markgrafen zur Rede gestellt, erkennt den Totgeglaubten an einer Narbe und erhält den Bezirk an der fischreichen Wondreb als Klostergrund geschenkt. Hinzugefügt ist noch die himmlische Einweihung Waldsassens durch den Apostel Johannes an der Stirnwand. Im Langhaus wurde, beginnend bei der

Orgel, der Rosenkranzzyklus ausgebreitet, der je vier Geheimnisse in Medaillons vorstellt, im Kuppelfresko den Blick in die Glorie der Gottesmutter hinaufzieht. (Die Fülle von Figuren in den Kartuschen und auf dem Hauptsims werden im Kirchenführer erschöpfend erläutert.) Die Ölgemälde in den Seitenkapellen mit Szenen aus dem Leben des hl. Bernhard malte alle Th. Freund.

Eine Rarität in Bayern ist der von Karl Stilp gearbeitete *Kugeltabernakel,* dem er eine strenge Verkündigungsgruppe aus Salzburger Marmor eingefügt hat, die in barocker Schauweise Christus stets als Teil der Dreifaltigkeit sieht. Hinter dem freistehenden Altartisch der Aufbau mit Carlones Figuren, so Gottvater mit Adam und Eva, dem erlösenden Christus mit den Kirchenpatronen in der Mitte, den Heiligen Benedikt und Bernhard unten, alle 1696 geschaffen. – Martin Hirsch schnitzte 1701 das reiche Chorgestühl. – Das wertvollste Altarblatt malte 1708 der Münchner Andreas Wolf für den Marienaltar (links) in frischen, leuchtenden Farben. Die Bilder für den Michaels-, Magdalenen-, Katharinen- und Johannesaltar schuf Giuseppe Appiani um 1725. – Einen zunächst makabren Eindruck machen die ›Heiligen Leiber‹, die aus den Katakomben Roms hierher verbrachten Reliquien, die in reichbestickten Gewändern und mit halbedelsteinbesetzten Kopftüchern in Glassärgen ausgestellt sind, einst in einem eigenen ›Leiberfest‹ gefeiert wurden, als die großen Kirchen sich bemühten, möglichst viele Reliquien von Fürsprechern zu sammeln. Mehr verehrt wird heute eine verstümmelte Christusfigur, die 1951 am Schlagbaum zur Tschechoslowakei aufgehängt gefunden wurde.

Im Süden der Kirche wird der quadratische Kreuzgang von drei Flügeln des Klosters umfangen, die 1681–1704 mit der Kirche gebaut wurden. Domenico Quadro aus Bayreuth stuckierte 1688 den Kreuzgang. Der wertvollste Raum ist der in zwei Geschosse des Westflügels eingebaute BIBLIOTHEKSSAAL (Ft. 13), der sich mit sechs Fensterjochen nach Westen öffnet. Die drei fensterlosen Seiten tragen in zwei Geschossen Bücherregale, deren zahlreiche wertvolle Bände bei der Säkularisation 1803 als Staatsbesitz entfernt, inzwischen durch Kauf und staatliche Leihgaben ersetzt wurden. Der anheimelnde Raum wurde unter die Idee des Buches gestellt. Karl Stilp, der alle Schnitzereien ausgeführt hat, wählte als leichtgebeugte Träger der Galerie (Atlanten) Vertreter jener Berufe, die bei der Herstellung eines Buches mitwirken, verlieh ihnen obendrein die Züge bestimmter Menschentypen, die, je nach Standort der Betrachtung, zwei Seelen in ihrer Brust zu tragen scheinen. Beim Lumpensammler, der für gutes Papier den Rohstoff sammelt, beginnt die Reihe, den Kleister liefert der Getreidemeister, gefolgt vom stöhnenden Papiermüller, dann der Metzger, der fürs Schweinsleder des Einbandes zu sorgen hat, der gelassene Schweinehirte , schließlich der geschäftstüchtige Verleger und der stoische Schriftsteller – Materialist und Idealist – gefolgt vom Buchhändler in orientalischer Tracht, dem Kritiker mit gefesselten Händen (Unproduktivität) und Wolfsbeinen unterm Talar, die Nase in einen Vogelschnabel gezwickt. Im pockennarbigen Leser, der gelassen das Buch nutzt, hat sich Karl Stilp selbst dargestellt. Neben diesen zehn Trägern hat er noch 14 kleine Gestalten geschaffen, Putten mit gekreuzten Maulwurfspfoten und daneben sorgenschwere Köpfe. Die Galeriebrüstungen auf der westlichen Fensterseite bringen Szenen aus Georg Rollenhagens vielgelesenem

Epos ›Froschmeuseler‹ (1595), die Galeriebrüstungen über den drehbaren Schranktüren solche aus Sebastian Brants ›Narrenschiff‹ (1494). – Überhöht wird die Schnitzarbeit durch die Deckenbilder des Bayreuthers Karl Hofreiter, die nach einem Programm des Abtes Eugen Schmid 1726 vollendet wurden, umrahmt vom Stuck des Jacopo Appiani. Die Bilder der lateinischen und griechischen Kirchenväter in den Flächen zwischen den Stichkappen werden von den Figuren des Thomas von Aquin und Bernhard von Clairvaux getrennt. Das erste Fresko zeigt Bernhards mystische Begegnung mit Christus, das zweite seine Vision, das dritte Bernhards Anklage gegen einen Irrlehrer auf dem Konzil von Reims (1148) und das letzte Bernhards Vordringen zur Gottesweisheit über das im Buch niedergelegte Wort. – Es gibt größere und reicher ausgestattete Klosterbibliotheken, aber keine veranschaulicht so wie die in Waldsassen die Macht und den Werdegang des Buches.

Wallfahrtskirche KAPPEL   Gnadenbild. 17. Jh.

III   Von der Kappel durch die Oberpfalz nach Regensburg

Zur KAPPEL, der WALLFAHRTSKIRCHE HL. DREIFALTIGKEIT, gelangt man von Waldsassen aus über Münchenreuth auf der Straße oder auf einem Wanderweg in ca. 3 ½ Stunden, vorbei an 15 Rosenkranzstationen. Auf dem kahlen Glasberg (628 m) soll schon Ende des 12. Jh. ein Kapellchen gestanden haben, das in den Hussitenkriegen 1419 und 1430 niedergebrannt wurde; der Neubau ging dann im Landshuter Erbfolgekrieg 1504 zugrunde, die dritte Kapelle, auf dem Hochaltarbild zu sehen, wurde erst 1645 erbaut. Als die Wallfahrten während des Türkenkrieges (1683 Schlacht am Kahlenberg) zunahmen, dachten die Zisterzienser in Waldsassen an eine große Kapelle, die Georg Dientzenhofer zur Verherrlichung des Mysteriums der Dreifaltigkeit 1685 begann. Was aus der Ferne wie 'slawisch-byzantinisch' aussieht (s. Einband), ist ganz des in Prag geschulten Baumeisters Erfindung, der um ein gleichseitiges Dreieck einen Dreipaß legte, also drei herausschwellende Rundungen, in deren Zwickel drei schlanke Türme eingepaßt wurden, die mit ihren eleganten Zwiebeln weit über das steile Zeltdach mit den drei Dachreitern hinausragen. Zwar sind 1881 die Türme etwas aufgestockt worden, doch ist Dientzenhofers geniale Lösung noch immer die symbolstärkste Kirche Süddeutschlands, deren Idee von J. M. Prunner 1713 beim Bau der Dreifaltigkeitskirche in Stadl-Paura bei Lambach in Oberösterreich variiert wurde. Um die drei Halbkreise legte man später einen gedeckten Umgang (Kreuzgang gen.) für Prozessionen, der zahlreiche Votivbilder birgt. Den Zentralraum betritt man durch einen der drei Eingänge, erkennt die Grundlage, das (gedachte) 12,3 m lange gleichseitige Dreieck, dem die drei Konchen (Halbrundmuscheln) anliegen, deren Kuppelschalen sich dem 'Triangel' (Dreieck) zuneigen, das auf starken Rundsäulen in den Ecken des Dreipasses lastet. Jede der drei Konchen besitzt drei rechteckige Nischen, die bis zum Hauptgesims emporziehen. Während jede mittlere Nische einen Altar aufnimmt, tragen die seitlichen unten eine Kapelle, oben die Empore.

Einen Akzent setzen die von Georg Göringer aus Eger mit Silberblech beschlagene Kanzel, die herrliche Orgel und der Hochaltar, dessen Figuren wohl von G. B. Carlone sind, der den Stuck angetragen hat. Lebhaft die Engel und die Figuren des hl. Augustinus (rechts) und des Papstes Leo d. Gr., die den prunkvollen Tabernakel des Karl Stilp flankieren. Die linke Nische umfängt ein Bild der Heimsuchung, die rechte ein Gnadenbild des 17. Jh. samt einer Kopie des Passauer Maria-Hilf-Bildes. Der zweite Altar präsentiert

Wallfahrtskirche KAPPEL   Längsschnitt und Grundriß

zum ›Wandel Jesu‹ (Hl. Familie) die Figuren Joachim und Anna, der Eltern der Gottesmutter, wohl von Carlones Hand. Auf der Mensa steht ein gutes Gemälde mit dem ›Schweißtuch der Veronika‹, auf dem Altar rechts eine ›Verkündigung‹, links ›Mariä Tempelgang‹. Der dritte Altar zeigt ›Mariä Himmelfahrt‹ des Münchner Hofmalers Andreas Wolf, flankiert von Bernhard von Clairvaux und einem hl. Zisterzienser, dazu eine ikonenhafte Pietà auf der Mensa, bewacht von den Hll. Wendelin und Leonhard, beide Patrone des Viehs, das einst auf dem Glasberg reichlich weidete. Das rechte Altarbild zeigt die Geburt Mariens, 1850 von J. B. Ernstberger gemalt, das linke Maria in der Glorie. – Nachdem die Deckengemälde des Pragers Anton Smichäus untergegangen waren, freskierte zwischen 1930–40 Oskar Martin aus Amorbach, über dem Hochaltar beginnend, die Verehrung Gottvaters durch die geistlichen und weltlichen Stände, dann die Auferstehung Christi und schließlich das Pfingstfest mit Maria.

Die Kappel, jüngst mit der kostbaren Orgel hervorragend restauriert, sieht heute mehr Touristen als Wallfahrer, so daß nur an einem Sonntag im Monat Messe gelesen wird. Auf jeden Fall aber am Sonntag nach dem Dreifaltigkeitsfest (3.6.).

Über Groppenheim und vorbei an Konnersreuth, vor einigen Jahrzehnten durch die stigmatisierte Therese Neumann († 1962) bekannt geworden, fahren wir nach MITTERTEICH in der Teichmulde, aber immer noch 518 m hoch gelegen. Während die zahlreichen kleinen Basaltkegel für Schottersteinbereitung genutzt werden, wird Kaolin – eine aus verwittertem Feldspat entstandene fettige kieselsaure Tonerde – in einigen Porzellanfabriken verarbeitet. Der 1932 zur Stadt erhobene Ort war eine Gründung der nordgauischen Markgrafen von

Cham-Vohburg, die 1138 von den Grafen Gottfried und Siegfried von Leiningen, letzterer Bischof von Speyer, dem Zisterzienserkloster Waldsassen geschenkt wurde, das den Ort mit Mauern und Türmen sicherte. Verheerende Brände haben Mitterteichs alte Bauten immer wieder zerstört, so daß neben Kirchturm und Rathaus vor allem drei Säulen sehenswert blieben: Nepomuk und Maria auf dem Kirchplatz und die Hungersäule nahe der Färberbrücke, die an die Hungersnöte von 1720 und 1921 gemahnt. Drei Steinplatten am Geländer der Schreiberbrücke erinnern an die Dezimierung der Ernten durch Ratten und Mäuse.

Nur 2 km seitwärts des Bahnhofes Wiesau liegt das KÖNIG-OTTO-BAD mit vier radioaktiven Eisensäuerlingen mit hohem Lithiongehalt, die zwar schon 400 Jahre bekannt sind, doch nie gegen die böhmischen Quellen in Karls-, Franzens- und Marienbad ankamen, die gleichen Ursprungs sind. Nach kriegsbedingtem Niedergang wird seit 1955 in bescheidenem Rahmen der Eisensäuerling wie der Schwefelsprudel genutzt. – Über Falkenberg und Bernstein (der Name kommt von Bären) führt unsere Straße nach Windischeschenbach am Zusammenfluß von Fichtel- und Waldnaab, überragt von der Burg Neuhaus auf schroffem Fels. Während ›Eschenbach Slavorum‹ sehr wahrscheinlich vom Kloster St. Emmeram in Regensburg gegründet wurde, errichteten die Landgrafen von Leuchtenberg ORT und BURG NEUHAUS, die 1515 endgültig an Waldsassen kamen. Ein viergeschossiger Wohnbau mit Wehrgang und Seitenflügeln besitzt einen 23 m hohen runden Bergfried, der wegen seiner Form 'Butterfaß' genannt wird.

Über Altenstadt erreichen wir NEUSTADT A. D. WALDNAAB, heute durch Bleikristallerzeugung bekannt, einst Residenzstadt der Fürsten Lobkowitz, die von 1558–1806 Besitzer des Städtchens und der Herrschaft Störnstein waren, deren Hauptsitz allerdings im böhmischen Raudnitz lag. Am langgestreckten Marktplatz mit den einheitlichen Giebelreihen alter Bürgerhäuser steht ihr ALTES SCHLOSS mit einer Freitreppe und drei Pfeilerarkaden, mit übereckgestellten Erkern und hohem spitzen Giebel, heute im Besitz der Stadt. Von 1698–1720 erbaute Antonio Porta im Stil des italienischen Barock am Ostende des Platzes das NEUE SCHLOSS, das allerdings nur zu einem Drittel errichtet wurde, denn nach dem Tode des Fürsten Ferdinand († 1715) verzog die Familie nach Böhmen und ließ zwei Flügel ungebaut. Das dreigeschossige Schloß (Abb. 47), heute von staatlichen Behörden genutzt, ist von vornehmer Zurückhaltung, durch Balustersockel und Pilaster gegliedert. Einige Repräsentationsräume im dritten Stock besitzen Stuck und Deckengemälde der Jahre 1710–20. – Außerhalb der Stadt liegt auf halber Anhöhe jenseits der Waldnaab die von der fürstlichen Familie Lobkowitz gestiftete, 1735 erbaute WALLFAHRTSKIRCHE ST. FELIX, die 1763–65 erweitert und dabei völlig neu ausgestattet wurde. Die Raumanlage ist originell, verbindet sie doch einen quadratischen Raum mit abgerundeten Ecken für die Laien mit einem kleeblattförmigen Chor für die Mönche; seit 1925 betreuen Minoriten Kirche und Wallfahrt. Die Decke ist mit zahlreichen Szenen aus dem Leben des hl. Felix ausgemalt. – Auf einer ca. einstündigen Wanderung erreicht man über Rastenhof die nordöstlich der Stadt gelegene barocke Wallfahrtskirche St. Quirin, die Fürst Ferdinand Lobkowitz 1680 auf dem Botzerberg errichten und mit Altaren in schweren Akanthusrahmen schmücken ließ.

WEIDEN, Opf.   1657. Kupferstich von Matthaeus Merian

Umrahmt vom bewaldeten Fischerberg und den Neunkirchner Höhen liegt WEIDEN im breiten Waldnaabtal als Mittelpunkt der nordöstlichen Oberpfalz. Die 1241 erstmals genannte Stadt war von den Sulzbachern und Hohenstaufen besonders geschützt worden, kam 1251 mit der Reichsveste Parkstein an Bayern, doch unter König Rudolf von Habsburg wieder zum Reichsgut, das mehrfach bei Geldverlegenheiten des Reichsoberhauptes an Bayern, Böhmen, Leuchtenberg, Sachsen und Nürnberg verpfändet wurde. Einen wirtschaftlichen Aufschwung erlebte Weiden unter Karl IV., der die ›Goldene Straße‹ von Prag nach Nürnberg durch die Stadt legte, wo sie mit der Handelsstraße Regensburg-Leipzig-Magdeburg kreuzte. Von 1421–1714 war Weiden Sitz eines Pflegamts der Pfalzgrafschaft Neumarkt, der Kurpfalz und des Fürstentums Sulzbach, wurde durch vielfache Brände, den Dreißigjährigen Krieg und fünfmaligen Konfessionswechsel ruiniert, ehe es als Landstadt 1777 endgültig zu Bayern kam. Erst der Eisenbahnanschluß an die Strecke Berlin–München und die nach 1881 einsetzende Industrialisierung (Porzellan, Glas, Textilversand) ließen die Stadt wieder aufblühen.

Was von der Altstadtbefestigung die Modernisierungswelle überstanden hat, so das Obere und Untere Tor, wird heute pietätvoll gepflegt, genau wie die zahlreichen malerischen Giebelhäuser aus dem 16. bis 18. Jh., die in zwei Zeilen den breiten Straßenmarkt säumen, der die annähernd rechteckige Altstadt durchschneidet. Mit viel Aufwand und Hilfe der Denkmalpflege ist diese eindrucksvolle Geschäftsstraße erneuert worden. In der Mitte steht frei das RATHAUS, das 1539–45 im Renaissancestil auf den abgebrannten Resten eines Vorgängerbaus errichtet wurde (Abb. 46), aus dem ein Maskenstein des 13. Jh. über der Treppe und Reste des Prangers an der Nordecke stammen. (An solch öffentlicher Schandsäule wurde einen Tag zur Schau gestellt, wer der Beleidigung oder Verleumdung überführt worden war.) Der achteckige Turm stammt noch aus dem 16. Jh., hingegen wurden Freitreppe wie Giebel erst 1915 vorgeblendet.

Etwas vom Markt abgerückt steht die ev. Pfarrkirche ST. MICHAEL, eine 1448 vollendete gotische Hallenkirche, deren Gewölbe und Fenster nach Brand und Einsturz des Turmes im

140

Barockstil 1759–62 neugefaßt wurden. Damals hat man auch den südlichen Chorturm in den schmucken Formen des Spätbarock wiederaufgebaut. 1787 wurde die Kanzel, erst 1791 der stattliche Hochaltar im reifen Spätbarock errichtet, als anderwärts bereits der kühle Klassizismus eingezogen war. Am Pfarrplatz steht das ALTE SCHULHAUS VON 1566, seit 1979 ›Kulturzentrum Haus Bauer‹ mit Stadtbücherei, Stadtarchiv und Stadtmuseum samt Tachauer Heimatstube. – Schon außerhalb der Altstadt liegt beim Ämtergebäude die 1486 gestiftete Kirche ST. SEBASTIAN, die einem Pestheiligen gewidmet war. Ende des 17. Jh. wurde die Kirche durchgehend erneuert. Auffallend ist das Epitaph, das Pfalzgraf Friedrich von Vohenstrauß 1590 seinen beiden Kindern setzen ließ, die barfuß, aber in höfischer Tracht dort abgebildet sind. – Beherrscht wird die Silhouette der Stadt von den zwei Türmen der kath. ST.-JOSEFS-KIRCHE in der Bürgermeister-Prechtl-Straße, die, 1899–1900 gebaut, zu den wenigen gelungenen neuromanischen Kirchen zählt und eine harmonische wie rare Innenausstattung im Jugendstil besitzt.

Nicht nur die zwei Max-Reger-Zimmer im Stadtmuseum und das 1957 von Josef Gollwitzer geschaffene Reger-Denkmal, eine stilisierte Orgel, erinnern an den großen Komponisten, sondern vor allem die ›Weidener Musiktage‹ im März oder Mai der Schaltjahre, was vom Stadtrat jeweils festgelegt wird. Max Reger wurde zwar 1873 in Brand bei Ebnath geboren, kam jedoch ein Jahr später nach Weiden und erhielt hier seine musikalische Ausbildung durch den Organisten Adalbert Lindner, der die Orgel von St. Michael nutzte, die in ihrem Kern auf ein Werk von 1565 zurückgeht. An die Familie erinnert noch das Reger-Haus (Bürgermeister-Prechtl-Straße).

Auf dem Wege nach Pfreimd entdecken wir nach dem Passieren Wernbergs die 1700–02 auf dem Eixelberg auf Geheiß des Landgrafen Maximilian von Leuchtenberg anstelle einer

WEIDEN, Opf.   Rathaus

Burg TRAUSNITZ im Tal

älteren Kapelle erbaute WALLFAHRTSKIRCHE ST. BARBARA mit einer Loretokapelle. Alljährlich begeht man am 4. 12. dort das Barbarafest. – Noch vor dem Ortseingang Pfreimd lohnt
sich ein Abstecher ins gleichnamige Tal mit der Ruine Stein und der BURG TRAUSNITZ I. T.
(im Tal, zum Unterschied zur Trausnitz ob Landshut), heute Jugendherberge, in der einst
Herzog Friedrich der Schöne von Österreich nach seiner Niederlage bei Mühldorf 1322
gefangen saß. In der Kirche aus dem 13. Jh., angebaut an den Sachsenturm, wird auf einem
Wandbild die Versöhnung Ludwig des Bayern mit seinem besiegten Gefangenen gezeigt.

PFREIMD war ab 1332 die Residenz der Landgrafen von Leuchtenberg, deren Schloß in
Resten als Rathaus noch steht. Sie förderten auch das Kloster der Franziskaner an der
Hauptstraße, ja der letzte Sproß des einst so mächtigen Geschlechts, Maximilian Adam, trat
dem Minoritenorden bei; mit ihm erlosch 1646 diese Familie. – Was man nicht vermutet, die
Pfarrkirche MARIÄ HIMMELFAHRT ist eine für den Barock in Bayern bezeichnende
Schöpfung, die im Zuge der Gegenreformation so weit im Norden erbaut wurde, um dort,
an der »Front zu Luthertum und Calvinismus« einen herrlichen, jubelnden Kirchenraum für
die armen und verzagten Katholiken zu schaffen. Schon 1681–88 wurde anstelle einer
Filialkirche die geräumige, mit Emporen besetzte Wandpfeilerkirche durch Joh. Schmuzer
gebaut, der aus der bedeutenden Schule der Wessobrunner Baumeister und Stukkateure
hervorgegangen war. Der in strengem Weiß gehaltene Stuck läßt mit seinen Rahmen,
Akanthusranken und Fruchtgirlanden kaum Platz für die kleinen Deckenfresken. Neu für
das Land ist der Aufbau des Hochaltars, der einen tiefen Raum vortäuscht und vier gedrehte
Säulen besitzt wie der Tabernakel Berninis im Petersdom. Dabei hat der Meister geschickt
den Rahmen des Altarbildes (Mariä Himmelfahrt) mit einem Baldachin verknüpft. (Erst 50
Jahre später wird E. Q. Asam solche Altäre 'erfinden'.) Die gleichfalls um 1680 geschaffenen
Seitenaltäre und die Kanzel haben in der Theatinerkirche zu München das große Vorbild.
Erst 1730 konnte die Orgel eingerichtet werden. – Ein Meisterwerk spätgotischer Bildhaue-
rei ist die Grabplatte aus rotem Marmor für den Landgrafen Leopold von Leuchtenberg
(† 1463), die ihn porträtähnlich im kostbaren Turnierharnisch zeigt (Abb. 53).

Im nahen PERSCHEN war die alte Kirche ST. PETER UND PAUL einst Pfarrkirche von
Pfreimd und dem 929 erstmals genannten Nabburg; sie wurde 1160 dem Regensburger
Domkapitel übergeben. Baufällig geworden, wurde sie 1752/53 erneuert, das Langhaus
eingewölbt. Seitdem steht die doppeltürmige Basilika mit der Rundkapelle des Karners
(Beinhaus) als eindrucksvoller Komplex auf dem Hochufer der Naab (Abb. 45). Die
Arkaden im Innern der sechsjochigen, querschifflosen Kirche sind schon gotisch gebrochen,
Chorgewölbe und Sakristei gehören noch ganz der Gotik um 1410 an. Aus dieser Zeit
stammen auch die Wandmalereien in den Kappen der Chorgewölbe mit den Evangelistensymbolen und den Klugen und Törichten Jungfrauen in den Laibungen des Triumphbogens.
Berühmt wurde der bei ihnen stehende Verführer mit dem Schweinskopf. Die Fresken der
Langhausgewände und Wölbungen allerdings wurden erst 1753 in barocker Manier
aufgetragen. – Älter als dieser Kirchenbau ist nicht nur der romanische Taufstein aus dem
13. Jh., sondern auch die zweigeschossige runde FRIEDHOFSKAPELLE mit halbrunder Apsis,
bedeutendes Beispiel für die in Süddeutschland und Österreich verbreiteten Karner, wobei

das untere Geschoß Beinhaus, das obere eine dem hl. Michael, dem Seelenwäger, gewidmete Kapelle war. Aus der Bauzeit im ausgehenden 12. Jh. stammen die bedeutenden Fresken, die parallel zur damaligen Buchmalerei in Regensburg stehen. Die Mitte der Kuppel trägt ein Brustbild Mariens im Medaillon, dann folgt zur Apsis hin Christus in der Mandorla (Abb. 48), dazu Brustbilder von Engeln und Heiligen, die auf ein Weltgericht hindeuten, wie es häufig in Totenkapellen angezeigt wird. Damit erhoffte man sich Hilfe und Fürsprache bei den himmlischen Heerscharen. Trotz ihres Alters und mancher Restaurierung sind die Malereien relativ gut erhalten. – Neben der Kirche wurde in einem Adelshof des 15. Jh. und späterem Pfarrhof ein Bauernmuseum mit Spezialbibliothek eingerichtet, das vor allem alte Fahrzeuge bewahrt und auf einem Freigelände Kornhaus, Backofen und Ölquetsche zeigt. Eine zünftige Brotzeit gibt's in der mit bäuerlichen Antiquitäten eingerichteten Gaststube.

Nabburg, das auf dem rechten Steilufer über der Naab thront wie – glaubt man Einheimischen – das in die Oberpfalz verpflanzte Jerusalem, empfängt uns mit der Vorstadt Venedig links der Naab, einer einstigen, durch Hochwasser bedrohten Fischersiedlung. Die profanierte Kirche St. Nikolaus ist eine der seltenen romanischen Hallenkirchen gewesen, die um 1150 gebaut wurden. Von der dreischiffigen, kreuzgewölbten Kirche blieb die Umfassungsmauer samt einigen Wandpfeilern erhalten, dazu die gewölbte Westempore, deren Stützen gedrungene Kapitelle aufweisen wie sie auch die Klosterkirche Karthaus-Prüll bei Regensburg besitzt.

Die Altstadt liegt auf einer steilen Bergzunge an zwei von Nord nach Süd ansteigenden Straßen, war durch einen Halsgraben vom übrigen Bergrücken getrennt und schon im 10. Jh. stark befestigt. Von der späteren Befestigung von 1420, die im 16. Jh. weiter verstärkt wurde, blieben zwei Wehrtürme erhalten, der Dechanthofturm im Südosten und der Pulverturm im Norden des Befestigungstrapezes, dazu das Obertor im Nordwesten und das Mähntor von 1532. Trotz dieser Wehr wurde Nabburg 1420 von den Hussiten niedergebrannt und im Dreißigjährigen Krieg dreimal blutig erobert. – Die Pfarrkirche St. Johann Baptist ist eine hohe, dreischiffige Basilika aus der ersten Hälfte des 14. Jh., die sich trotz mannigfacher Reparaturen die schöne Geschlossenheit bewahren konnte. Auffallend ist die Dachlandschaft, wird doch das Polygon des Ostchores vom hohen Langschiffgiebel überragt, in den das gleichhohe Querschiffdach eindringt. Tief sitzen die Pultdächer der Seitenschiffe, die vom Südturm und dem fragmentarischen Nordturm aufgefangen werden. Daß diese Kirche zwei Chöre besitzt, was in der Gotik sehr ungewöhnlich war, hat man einmal mit der Verwendung alter Fundamente, ein andermal als Anlehnung an St. Emmeram in Regensburg erklärt. Am stark durch Strebepfeiler, Treppentürmchen und Ornamentbändern geformten Außenbau finden wir drei gute plastische Arbeiten, so ein Ölbergrelief und die Plastik eines Schmerzensmannes an der Nordwand und eine zwar etwas verwitterte, aber doch eindrucksvolle Grablegung des 'Weichen Stils' um 1400 an der Südwand, deren altes Hauptportal z. T. verbaut wurde. Vom reichen Figurenschmuck blieben die um 1350 geschaffenen Reliefs Geburt Christi und Darstellung im Tempel in den Zwickeln übrig. Die kreuzförmige Basilika ist innen hoch und hell, besitzt reichprofilierte Arkadenstützen zum Seitenschiff. Die Kreuzrippen der Gewölbe und viele Details erinnern an die Regensburger Dombauhütte. Erst im 15. Jh. wurde eine tiefe Arkade in den Westchor eingezogen und damit als Altarraum entwertet. Die vielen Verwüstungen ließen der Kirche nur den Kanzelkorpus von 1526 und drei sorgfältig restaurierte Glasgemälde aus dem späten 14. Jh. mit den Motiven Kreuztragung, Christus erscheint Maria Magdalena und Christi Himmelfahrt in Medaillons im nördlichen Seitenschiff.

Das RATHAUS, nach einem Brand um 1550 als schlichter Renaissancebau aufgerichtet, wirkt durch die Lauben im Obergeschoß malerisch, so wie viele Wohnhäuser, die mit ihren hohen, steilen Giebeln die Altstadt prägen, zumeist mit dem Nabburger Kennzeichen versehen, der unterm Dach zurückspringenden Hausecke. Dazu paßt, daß noch ein Zinngießer tätig ist, der allerdings einen keramischen Betrieb angegliedert hat.

An der dunklen Naab entlang gelangen wir durch eine anspruchslose Graslandschaft mit einzelnen Kiefern- und Föhrenwäldchen zum Industrieort SCHWARZENFELD an der Einmündung der Schwarzach. Wie Vilseck gehörte der Ort seit 1015 als Schenkung Heinrichs II. dem Bistum Bamberg und wurde später von den Landgrafen von Leuchtenberg und deren Dienstmannen als Lehen verwaltet, bis die Wittelsbacher 1646 das Amt Schwarzenfeld erbten. Nach dem Verfall des Alten Schlosses baute Graf Max von Holnstein (s. Holnstein nahe Neumarkt) am Naabufer das Neue Schloß, dessen Türme zum Wahrzeichen der Stadt geworden sind; heute dient es als Reiterhof im Eigentum der Marktgemeinde. Die im Kern gotische Pfarrkirche ST. DIONYSIUS UND ST. ÄGIDIUS, nach einem Brand 1707 wiederaufgebaut, besitzt mit einer 1470 geschnitzten spätgotischen Madonna mit Kind auf dem linken Seitenaltar eine einzige Erinnerung an die Vorläuferin. Beide Seitenaltäre wie der Hochaltar mit den lebensgroßen Statuen von Florian und Sebastian stammen von 1725, Kanzel, Orgel, Stuhlwangen und vor allem der feine Rokokostuck erst aus dem Jahre 1760, in dem auch die Deckenfresken angetragen wurden. Im Chor zeigen sie die Verherrlichung des Altarsakramentes, im Langhaus die 14 Nothelfer und Szenen aus dem Leben der Kirchenpatrone. – Auf dem Miesberg nördlich des Marktes finden wir die Dreifaltigkeitskirche und das Kloster der amerikanischen Passionisten (Söhne des hl. Paul), die 1934 hier ihre einzige deutsche Niederlassung einrichteten.

Die nächste Wallfahrtskirche steht als doppeltürmiges Marienmünster auf dem 408 m hohen Kreuzberg über SCHWANDORF, der Industriestadt im weiten Naabbecken. Bei der Bombardierung am 17. April 1945, als 70% der Stadt zerstört wurden, ging auch die Rokoko-Wallfahrtskirche in Trümmer, wurde aber schon 1950–52 wiederaufgebaut und im Innern von Blasius Streng teils modern, teils barock gestaltet. – Unversehrt zeigt sich heute der historische MARKTPLATZ, umbaut von stattlichen Bürgerhäusern mit Schwung- oder Treppengiebeln und an der Nordseite der Stadtpfarrkirche St. Jakob. Diese gotische Hallenkirche, um 1400 gebaut, besitzt einen kräftigen Turm von 1483, der im 17. Jh. seine barocke Haube erhielt. Leider wurde bereits 1808 das gotische Rathaus abgerissen, doch ist die Stadtverwaltung in den 1584 erbauten Pfleghof, den Sitz des fürstlichen Pflegers bis 1799, umgezogen, der anstelle der einstigen Burg errichtet wurde. Die Bombardierung des

BURGLENGENFELD in der Oberpfalz

Bahnknotens ließ an Kirchen nur noch die 1443 erbaute Spitalkapelle zum Hl. Geist stehen, die im 18. Jh. barock umgestaltet wurde. Von der alten Befestigung zeugt noch der Blasturm, den Carl Spitzweg bei seinem Besuch in Schwandorf 1860 gemalt hat.

Auf dem Weg nach Burglengenfeld berühren wir TEUBLITZ mit seinem Schloß, das Karl Wilhelm Teufel von Pirkensee († 1780) in zurückhaltenden Barockformen erbauen ließ. Steinerne Löwen auf den Pfeilern der Hofeinfahrt mit dem Wappen der Teufel in den Pranken bewachen den zweigeschossigen Bau, der für ein Behindertenheim renoviert wurde. – Nördlich Teublitz liegt im Dorf MÜNCHSHOFEN ein um 1600 erbautes ländliches Schloß als doppelte Hufeisenanlage. Im Stil der Renaissance zeigen sich der östliche Hof mit Uhrturm und einer doppelläufigen Freitreppe, der westliche mit Laubengängen. – Das südlich der Industriestadt Maxhütte-Haidhof gelegene viertürmige BAROCKSCHLOß PIR-KENSEE ließ 1734 H. C. B. von Francken auf Erbkens erbauen. Die dreigeschossige Anlage mit den überkuppelten Türmen besitzt noch heute einen Teil des Schloßparks und die ausgedehnte Hofanlage. Die reizvoll in Rokoko stuckierte Schloßkapelle trägt ein Decken-gemälde von Cosmas Damian Asam, das stark restaurationsbedürftig ist.

Schon von weitem kündigt sich BURGLENGENFELD mit dem 28 m hohen Bergfried an, der schon in der Burganlage des 11. Jh. stand, die von den Lengenfeldern und ihren Wittelsba-cher Nachfolgern mit Türmen und Mauern stark bewehrt wurde (Abb. 52). Die Böhmen steckten sie 1504 während des Landshuter Erbfolgekrieges in Brand, doch wurde sie auch nach den Schäden des Dreißigjährigen Krieges immer wieder hergestellt. Ab 1806 nutzte man sie als staatlichen Steinbruch, bis Kronprinz Ludwig einschritt. Die Reste gingen 1958 in Privathand, bergen heute ein Pflegeheim. – Aus Burglengenfeld stammt der Architekt Joh. Michael Fischer (1692–1766), ein Maurersohn, der während der Konjunktur des

145

Barock immerhin 32 Kirchen und 23 Klöster in Altbayern und Schwaben gebaut hat, darunter die Klosterkirchen Zwiefalten, Ottobeuren und Rott am Inn.

Statt über Kallmünz (s. S. 91) zurück nach Regensburg zu eilen, wechseln wir ins Tal des Regen hinüber und erreichen REGENSTAUF, das 1788 einen so verheerenden Brand erlebte, daß die meisten Häuser ihn nicht überdauerten. Das 1785 im klassizistischen Stil erbaute dreigeschossige Untere Schloß mit seinen steilen Giebeln dient seit 1803 als Amtsgericht. Vom Brand verschont blieb die St.-Sebastians-Kapelle auf dem Friedhof, 1714 aus Dankbarkeit erbaut, weil der Ort von der Pest befreit wurde. – Rechts des Regen liegt der Edelsitz SPINDLHOF mit vier Türmen und hohen Treppengiebeln, aus einem bäuerlichen Anwesen hervorgegangen, heute Priestererholungsheim. Die Schloßkapelle ließ 1792 Weihbischof V. A. Freiherr von Schneid erbauen, als seine Familie den Spindlhof besaß. – Um die herrliche Aussicht zu genießen, besteige man den 436 m hohen Schloßberg, der außer Burgresten wie einem 80 m tiefen Brunnen in der Kuppel des Aussichtsturmes einen Museumsschrank birgt, in dem alle Fundstücke aus der 1205 genannten Burg verwahrt werden.

Für 'Schlössersammler' bieten sich Ausflüge nach RAMSPAU an, einer von Joh. Sigismund von Reisach (1692–1743) errichteten barocken Schloßanlage mit vier Zwiebeltürmen, oder nach SCHLOSS KARLSTEIN, einem weitläufigen Edelsitz, den seit 1808 die aus Dinkelsbühl stammenden Grafen von Drechsel-Deufstetten bewohnen. In der Schloßkapelle ist die Grablege der Teufel von Pirkensee und der von Hornbeck zu sehen. – In REGENDORF schließlich steht das 1515 erbaute, um 1840 weitgehend veränderte Schloß, eine doppelte Hufeisenanlage, 1699–1884 Sitz der Freiherren von Oberndorff, heute ein Altersheim der Stadt Regensburg.

IV Drei Vorstöße in den Oberpfälzer- und den Bayerischen Wald

Ausgangslinie der drei Exkursionen kann die Ostmarkstraße sein, die als B 22 von Weiden bis Cham und von dort als B 85 über Regen nach Passau führt.

a) Ein Besuch im Oberpfälzer Wald

In der lobkowitzschen Residenzstadt Neustadt a. d. W. starten wir nach FLOSS, 948 bereits durch eine erfolgreiche Schlacht gegen die Ungarn genannt. Nach dem Untergang der Hohenstaufen kam Floß an Niederbayern, wurde mehrfach verpfändet, so von Kaiser Karl IV. um die ungeheure Summe von 100 000 Gulden an den Markgrafen Otto für die Mark Brandenburg, bis es schließlich bei Bayern-Landshut, Pfalz-Neuburg und Pfalz-Sulzbach blieb. Nach mehrfachem Konfessionswechsel führte man 1632 gewaltsam das Simultaneum in der Kirche ein, das bis 1912 bestand; dann erst zog die katholische Gemeinde in eine neubarocke Kirche um. Die evangelische Pfarrkirche hat zu Chor und Turm von 1500 ein neues Langhaus von 1783 erhalten, das üppige Stukkaturen und einen herrlichen Rokokoaltar aus dieser Zeit besitzt. Der Marktbrunnen des 17. Jh. trägt auf steinerner Säule einen Adler, der als brandenburgischer Aar bezeichnet wird. – *Drei Wanderungen* sind zu empfehlen: Über Ritzlersreuth nach St. Ulrich in Wilchenreuth, um die romanischen Fresken (um 1200) zu besehen; ins Felsenlabyrinth Dost nordwestlich Ritzlersreuth mit seinen gewaltigen Granitblöcken; über Plankenhammer durch stille Wälder zur Silberhütte.

Über dem Pfarrdorf FLOSSENBÜRG erhebt sich die gleichnamige einzigartige BURGRUINE auf dem Scheitel eines mächtigen Granitblockes (Abb. 60). Die zerstörten Mauern und der nur noch 11 m hohe Turmstumpf wachsen unmittelbar aus den zyklopenhaften Granitblökken heraus, die sich zu 718 m Höhe auftürmen. Noch imposanter wäre die Ruine heute, hätte man Berg und Burg trotz Natur- und Denkmalschutz nicht seit 1868 als Steinbruch genutzt. Die erste Burg baute um 1105 Graf Berengar I. von Sulzbach, unter den Hohenstaufen bis 1200 mit einem Palas und einem Wohnturm bereichert. Auch diese Burg wurde mehrfach verpfändet, bis sie schließlich die Dragoner des Bernhard von Weimar 1634 niederbrannten. – Zur Erinnerung an das KZ-Lager hier, in dessen Steinbrüchen und Baracken Tausende von Häftlingen zu Tode gequält wurden, hat man ein Denkmal mit der schlichten Inschrift: »In memoriam consortes« (Den Leidensgefährten zum Gedenken) er-

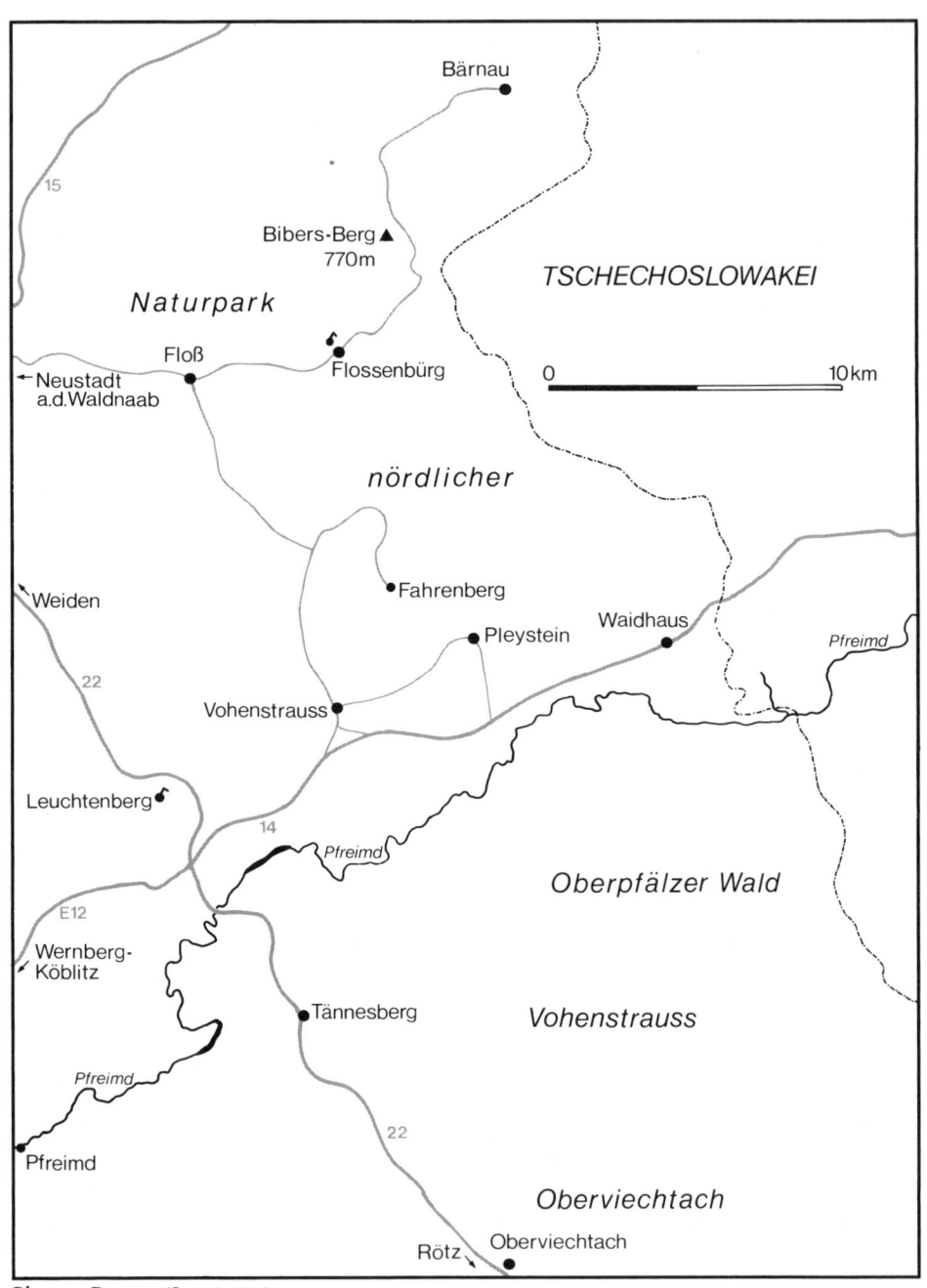

Plan zur Route a (S. 147–151)

richtet, auf den Ehrenfriedhöfen deutsche KZ-Opfer der beiden Regierungsbezirke bestattet. – Auf der Höhe der SILBERHÜTTE steht mit dem Forstamtsgebäude das höchste Haus der Oberpfalz. Einst war es Herrenhaus der Glashütte, die Georg Schmaus 1723 auf Wunsch des Herzogs von Pfalz-Sulzbach angelegt hatte, nachdem ihm 130 Tagwerk Wald für seine Öfen abgetreten worden waren. Da diese 'neue Hütte' im Unterschied zur Altglashütte bis 1893 Gewinn abwarf, wurde sie Silberhütte genannt.

Von hier lohnt sich ein Abstecher nach BÄRNAU an der Oberen Waldnaab, 1296 als Gründung des Stiftes Waldsassen genannt, 1343 zur Stadt erhoben, dem Zentrum der Knopfindustrie mit der einzigen Perlmutt-Knopffachschule der Welt. Da die umliegenden Bäche kein Perlmutt mehr führen, müssen seit langem Muschel- und Schneckengehäuse aus Übersee eingeführt werden. Immerhin leben über 40 Betriebe von einer Industrie, die erst 1894 durch die Brüder Joh. und Karl Müller aus Mähren eingeführt wurde. Nach Osten führt eine 1800 gepflanzte prächtige Allee zum STEINBERG (802 m) mit einer Wallfahrtskirche von 1778 und dem Grenzlandturm mit dem Blick tief ins Tachauer Land. Wer drei Altäre aus dem alten Bamberger Dom vor der Purifizierung sehen will, kann sie in der kath. Pfarrkirche St. Nikolaus finden.

Westlich Flossenbürg nach Südosten abbiegend, erreichen wir den Pleysteiner Sulzberg (755 m) und in seinem Schatten den Grenzort WAIDHAUS an der wichtigen Straße von Nürnberg über Pilsen nach Prag, jetzt etwas spöttisch die Diplomatenstraße genannt, weil Wagenfahrten der Diplomaten aus Bonn und Prag nur über diesen Übergang möglich sind. Der Ort, der sich auf Heinrich I. den Finkler als Gründer beruft, wird in den Hussitenstürmen und im Dreißigjährigen Krieg mehrfach zerstört, das Bild des Marktes durch Brände verheert, nur einige Grabsteine des 16.–18. Jh. an der Außenmauer von St. Emmeram zeugen von früherer Zeit. Auf dem Marktplatz steht lebensgroß die 1754 aus Granit gehauene barocke Figur des hl. Nepomuk. – *Wanderungen* führen nach Frankenreuth mit einem Schloß aus dem 17. Jh.; nach Hagendorf mit dem größten deutschen Feldspatwerk; zum Ulrichsberg mit einer Wallfahrtskapelle von 1689.

Ein tonnenschwerer Solitär aus reinem Quarzkristall aus diesem Hagendorfer Werk wurde in PLEYSTEIN in der Parkanlage am Fuße des Kreuzberges abgelegt, der selbst ein Unikum, ein 38 m hoher, steil abfallender, unter Naturschutz stehender Rosenquarzfelsen ist. Einst stand auf dieser geologischen Attraktion eine Burg der Landgrafen von Leuchtenberg, die später an die Burggrafen von Nürnberg und die Wittelsbacher Pfalzgrafen kam. Seit 1902 steht darauf die neubarocke Kreuzbergkirche und ein Salesianerkloster. Das Rathaus mit der Jahreszahl 1366 birgt eine regionale Mineraliensammlung, die neugotische Kirche St. Sigismund eine spätgotische Marienfigur, die 1750 errichtete Friedhofskapelle sehenswerte Zunftstangen aus dem Rokoko. Den Marktplatz beherrscht auch hier eine Nepomukfigur von 1731 auf einer Säule.

Nordwestlich davon ragt der FAHRENBERG (801 m) auf, an dessen Hängen neun Quellen entspringen. Der Fernblick reicht bis zum Arber, bis zum Amberger Jura und bis zum Kaiserwald bei Marienbad. Die Burg der Herren von Waldau kam später an Waldsassen, die den Berg Klosterfrauen überließen, die erst von den Hussiten und dann im Dreißigjährigen

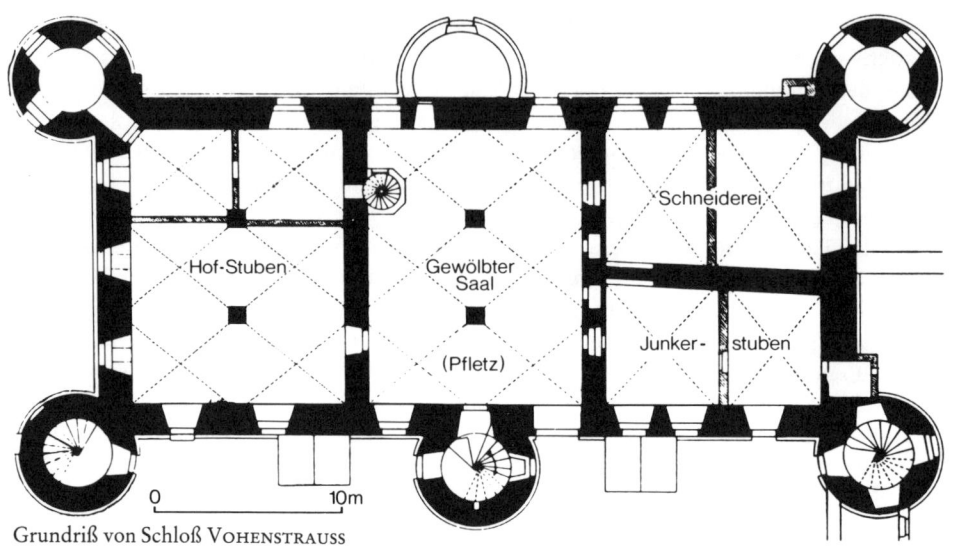

Hof-Stuben

Schneiderei

Gewölbter
Saal

Junker-stuben

(Pfletz)

0   10m

Grundriß von Schloß VOHENSTRAUSS

Krieg vertrieben wurden. Die jetzige WALLFAHRTSKIRCHE baute Martin Beer aus Pleystein 1778 recht geräumig dank der Spenden des Hauses Lobkowitz, deren Wappen den Chorbogen schmückt. Hierher wurde das Gnadenbild, eine spätgotische Madonna, überführt, zu der an Mariä Himmelfahrt (15. 8.) zahlreiche Wallfahrer kommen. Die am Hals sichtbare Einschußstelle einer Kugel wird einem schwedischen Soldaten zugerechnet. Auf den Dachfirst hievte man 1956 eine 3,5 m hohe vergoldete Marienstatue, die Friedensmutter am Eisernen Vorhang, aus Spenden von Deutschen, Portugiesen, Belgiern, Ukrainern und Amerikanern finanziert. Die daneben stehende kleine Dreifaltigkeitskapelle von 1706 besitzt ein Altärchen mit guten Holzfiguren des 17. Jh.

In VOHENSTRAUSS, dessen mittelalterlicher Kern im Brand von 1839 stark dezimiert wurde, imponieren nicht die spitztürmige ev. Pfarrkirche von 1840 und die katholische im Neubarock von 1928, sondern das FRIEDRICHSBURG gen. Renaissanceschloß, das Leonhard Grieneisen aus Burglengenfeld entworfen und Hans Reicholt aus Weiden 1586–93 gebaut hat (Abb. 50). Der mit sechs Rundtürmen bestückte dreigeschossige Bau mit Staffelgiebeln an den Schmalseiten umzieht als Rechteck einen ummauerten Schloßhof. Bauherr war Pfalzgraf Friedrich III. von Zweibrücken-Veldenz, der keine große Freude an seinem Schloß hatte, starben doch dort 1590 die beiden Zwillingskinder (s. Sebastianskirche zu Weiden), er selbst 1597; zu Lauingen in der Fürstengruft ist er beigesetzt. Nach dem Tod seiner Gemahlin Katharina-Sophia von Liegnitz-Brieg-Goldberg (†1608), deren Wappen neben dem seinen überm Mittelportal zu sehen ist, wurde das Schloß Sitz des Landpflegers und blieb bis heute Amtsgebäude. – Eine *Wanderung* führt über den Kalvarienberg mit seiner Kapelle von 1755 und das Dorf Oberlind zum ›Kalten Baum‹, einer 600jährigen Linde auf freiem Feld.

In Unternankau treffen wir auf die Ostmarkstraße. Nur zwei Kilometer auf Weiden zu steht weithin sichtbar die RUINE LEUCHTENBERG (Abb. 49), Stammsitz der schon im frühen 12. Jh. genannten Herren, seit 1158 Grafen, seit 1196 Landgrafen, seit dem 15. Jh. Fürsten von Leuchtenberg, die bis zu ihrem Erlöschen 1646 einen bedeutenden Territorialbesitz zusammenbrachten. Aus dem 14. Jh. stammen Bergfried, Palas, Dürnitz und innerer Mauerring, aus dem 15. Jh. zwei der vier Torbauten, die Kapelle und die innere Zwinger-mauer. Die mehrfach geplünderte und beschädigte Burg brannte 1842 endgültig zur Ruine herunter. Führungen erschließen den inzwischen geschützten Bestand und informieren über die Leuchtenberger.

b) Auf der Ostmarkstraße von Weiden über Cham und Regen nach Passau

Von Weiden aus benutzen wir die B 22, fahren an der Ruine Leuchtenberg vorbei nach Tännesberg. Auch hier findet sich die Ruine einer Burg, deren Aussehen vor den Zerstörun-gen des Dreißigjährigen Krieges auf dem Bild des linken Seitenaltares des nahen Wallfahrts-kirchleins St. Jodok festgehalten ist. Alljährlich findet am 2. Sonntag im Juli der St.-Jodok-Ritt statt, bei dem die Bauern der Umgebung in alter Tracht mit der Geistlichkeit zum Kirchlein reiten, als Dank für die Befreiung von einer Viehseuche 1796. Vom nahen Schloßberg (683 m), auch Kalvarienberg genannt, hat man einen guten Rundblick.

OBERVIECHTACH, erst 1952 zur Stadt erhoben und von einer großen Garnison belebt, soll aus sieben Bauernhöfen entstanden sein. Von den Grafen von Sulzbach kam 1188 der Ort an die Grafen von Ortenburg, schließlich mit der Grafschaft Murach an Kurpfalz. Verheerende Brände haben den mittelalterlichen Bestand stark dezimiert. Die nach solchem Brand unter Verwendung des gotischen Chores und Turmes wiederaufgebaute kath. Pfarrkirche ST. JOH. BAPTISTA hat eine ausgezeichnete Einrichtung im Rokoko der Jahre 1775–76, vor allem prächtige Chorstühle und einen sehenswerten Weihwasserkessel. Aus dem 18. Jh. stammt das späte Kümmernisbild, das eine bärtige, gekrönte Jungfrau zeigt, die nur einen goldenen Schuh besitzt, weil sie den anderen der Legende nach dem armen Spielmann geschenkt hatte. Die mit einem Spruchband als »Die Göttliche Hilf« genannte Darstellung geht auf mißverstandene Kruzifixdarstellungen von der Art des Volto Santo in Lucca zurück. Früher hing das Bildnis in der Bleichangerkapelle U. L. Frau, die zahlreiche Votivbilder in Hinterglasmalerei besitzt. – Die WALLFAHRTSKIRCHE ST. JOHANN UND NEPOMUK auf dem nahen Johannisberg besitzt zwei gute Figuren – St. Barbara und St. Katharina – aus dem frühen 16. Jh. aus untergegangenen Altarflügeln. – Zweier Söhne gedenkt die junge Stadt. Einmal des kath. Pfarrers Maximilian von Müller (Miller), der 1705/06 den leidenschaftli-chen Widerstand der oberpfälzischen Bauern gegen die österreichische Besatzung organi-sierte, Cham befreite, aber schon 1706 in der Gefangenschaft zu Straubing starb. Zum anderen des 1663 hier geborenen späteren Kgl. Großbritannischen und Churf. Braunschweig-Lüneburgischen privilegierten Landarztes wie auch Kgl. Preußischen Rates und Hofoculisten Joh. Andreas Eisenbarth, dem ein Gedenkbrunnen gewidmet ist.

In der nach einem Brand 1826 neugebauten Pfarrkirche St. Andreas stehen zwei nach 1750 geschaffene Rokokoaltäre aus St. Martin zu Amberg als 'Aufbauhilfe'. In der Friedhofskapelle mit ihrem barocken Zwiebelturm verbirgt sich ein Renaissancealtar aus der ersten Hälfte des 17. Jh. mit einem Schutzengelrelief, das deutlich italienische Einflüsse zeigt. – Das Schloß in Winklarn (spätes 16. Jh.), ein klotziger Bau mit diagonal den Ecken vorgesetzten Erkertürmen, wird seit 1828 von den Grafen DuMoulin-Eckart bewohnt, deren Hauptlinie in Schloß Leonberg bei Ponholz sitzt. – Die besten Speisekartoffeln der Oberpfalz (mit 22 % Stärkemehl) kommen aus Winklarn, was zu Kraut und Schweinernem in der Schloßbrauerei-Wirtschaft erprobt werden kann.

In Rötz, das Kaiser Heinrich II. 1017 dem Hochstift Bamberg schenkte, hatten auf dem Schwarzwihrberg (710 m) mit seiner großen Rundsicht bereits im 11. Jh. die Edlen von Schwarzenburg ihre gleichnamige Burg. Ein Friedrich der Schwarzenburger brachte es im frühen Mittelalter zum Erzbischof von Köln. Zu Beginn des 16. Jh. hauste hier der berüchtigte Raubritter Heinrich von Guttenstein, der Kaufleute aus Nürnberg und Regensburg einfing und nur gegen hohes Lösegeld freiließ; erst ein Aufstand der Rötzer und eine Exekution des Schwäbischen Bundes legten ihm das Handwerk. An ihn, aber auch an die Hussitenschlacht bei Hiltersried und andere historische Ereignisse erinnern die Stücke, die seit 1893 auf der Freilichtbühne von der eifrigen Rötzer Laienspielgruppe aufgeführt werden. – Nur 4 km westlich liegt das im Ausbau begriffene Oberpfälzer Handwerksmuseum in Hillstett mit einer ausrangierten Dampflok als Wahrzeichen. – Von dort gelangt man nach Seebarn, in dessen befestigtem Friedhof die Pfarrkirche mit gotischen Wandmalereien steht.

Cham liegt in einer Weitung des Regentales knapp vor dem Anstieg ins dichte Waldgebiet und an der Straße, die durch die Further Senke nach Böhmen hinüberführt. Dieser Platz war wegen der Handelswege ideal für eine Siedlung, aber auch wegen der Grenznähe durch die Jahrhunderte heftig umkämpft. Bereits 819 wird die Zelle Cham erwähnt; vom 10. bis 12. Jh. wurde auf dem Galgenberg östlich des Ortes eine starke Reichsburg ausgebaut, deren Wall- und Grabenring noch zu ermitteln sind. Diese Burg war Zentrum des 'Chambriches', des Königslandes an der Cham-Further-Senke, Sitz der bedeutenden Markgrafen von Cham-Vohburg, der Diepoldinger und nach deren Erlöschen 1204 der Wittelsbacher. Herzog Ludwig der Kelheimer gründete um 1220 nördlich des 'Alten Marktes' (Altenmarkt) das heutige Cham am Fuß des Burgberges, das 1293 Stadtrechte erhielt. 1356 kam die Stadt an Kurpfalz und 1625 nach der Niederlage des Winterkönigs an Bayern. Bis ins 19. Jh. hinein war Cham als Ausgang der Holzflößerei der größte bayerische Holzstapelplatz, dessen Wohlstand durch den Flachs- und Leinenhandel gesichert wurde.

Der rechteckige Mauerbering, mit dem sich Cham von Norden in ein Knie des Regen schiebt, ließ 1266 noch König Ottokar II. von Böhmen scheitern, konnte aber 1428 weder die Hussiten, noch 1634 die Schweden abhalten, Cham einzunehmen und niederzubrennen.

Wirtshausschild am ›Gasthof zur Schwane‹, dem Ge-
burtshaus der Grafen von Luckner in Regen, Bayer. Wald

Noch verheerender waren Brände 1873 und 1877, die viele historische Bauten vernichteten.
Von der alten Befestigung blieben die Mauer am Fluß zurück, dazu der viereckige
Straubinger Turm. Gleichfalls aus dem 14. Jh. stammt das Burgtor mit zwei kräftigen
Rundtürmen zur Seite, das 'Biertor' genannt, weil das anschließende Amtsschloß aus dem
13. Jh. zur Brauerei geworden war. 'Hohe Herrschaften', wie der unglückliche Winterkönig
(Kurfürst Friedrich V. von der Pfalz), stiegen jedoch nicht im Amtshaus ab, sondern in der
bequemen Fürstenherberge ›Haus zur Krone‹ (heute Café) aus der ersten Hälfte des 15. Jh.
mit späterer Zinnenkrone. Aus dem gleichen Jahrhundert stammt das 1937 umgestaltete
Rathaus am Marktplatz (Abb. 51) mit Stufengiebel und einer Uhr mit Tierkreiszeichen, das
u. a. das HEIMATMUSEUM mit zahlreichen vor- und frühgeschichtlichen Funden birgt. –
Daneben steht die Stadtpfarrkirche ST. JAKOB mit der schöngeschweiften Zwiebel auf dem
Turm. Das Langhaus stammt aus dem 13. Jh., der Chor wurde 1394–1411 angefügt. Um
1750 trug Joh. Otto Gebhard aus Prüfening Stuck in Bandel- und Gitterwerk an und malte
gleichzeitig die Deckenfresken mit Begebenheiten aus der Legende des hl. Jakob, des
Schutzpatrons der Pilger. Ein Fresko aus der Hand des Georg Achtelstetter (um 1920)
schmückt die Turmwand mit der Zuschrift: »Wir alle müssen wandern / Von dieser Welt zur
andern / Durch Erdenleid zur Himmelsfreud / Sankt Jakob gib uns dein Geleit.«
   Ein anderer Sohn der Stadt machte sich nicht mit dem Pinsel, sondern mit dem Degen
bekannt, der 1722 hier geborene Bierbrauers- und Gasthofsbesitzersohn (Zur Schwane)
Nikolaus Luckner, 1784 in den dänischen Grafenstand erhoben, 1791 Marschall von

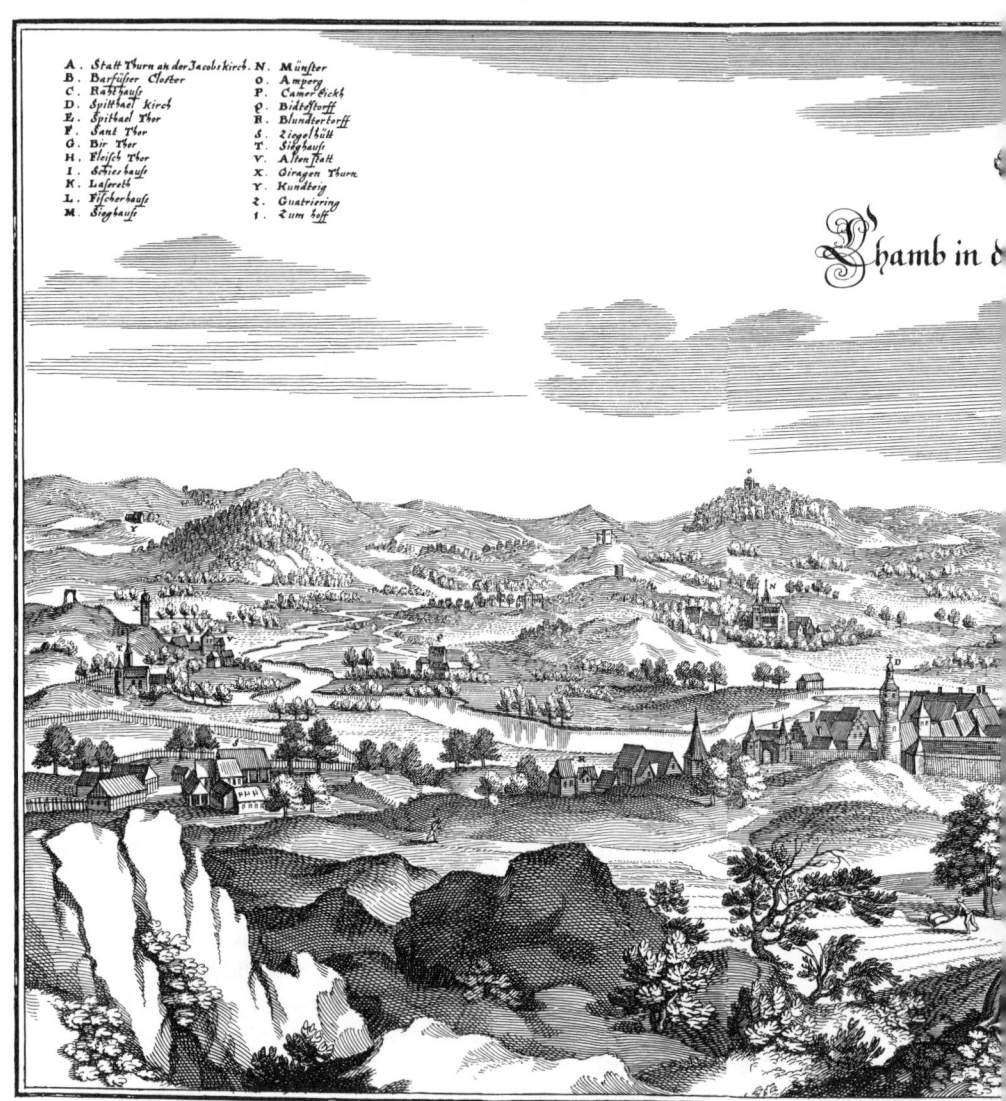

A. Statt Thurn an der Jacobskirch. N. Münster
B. Barfüsser Closter   O. Amperg
C. Rathhauß   P. Camer Eckh
D. Spithaal Kirch   Q. Bidestorff
E. Spithaal Thor   R. Blundtortorff
F. Sant Thor   S. Ziegelhütt
G. Bir Thor   T. Sißhauß
H. Fleisch Thor   V. Alten Statt
I. Schieshauß   X. Giragen Thurn
K. Lafereth   Y. Kundteig
L. Fischerhauß   Z. Guatriering
M. Sißhauß   1. Zum hoff

Chamb in d[...]

CHAM im Bayerischen Wald 1657. Kupferstich von Matthaeus Merian

ern Chur Pfaltz

Frankreich, 1794 guillotiniert, obwohl ihm Rouget de Lisle kurz davor die Marseillaise gewidmet hatte.

Chams Mutterkirche steht im nahen CHAMMÜNSTER als Gründung von Mönchen aus St. Emmeram zu Regensburg im 8. Jh., die auch den Ort ins Leben riefen. Die jetzige Kirche MARIÄ HIMMELFAHRT besitzt Chorteile aus der 2. Hälfte des 13. Jh. und ein dreischiffiges Langhaus aus dem 15. Jh. (Abb. 54), während der südliche Chorturm erst 1877 vollendet wurde. Wie sehr der Bau Vorbildern in Regensburg verpflichtet ist, zeigt das östliche Turmpaar und auch der Chor, der dem der Dominikanerkirche nachempfunden ist. Das Langhaus ist eine Zwischenstufe von der Basilika zur Halle, die keine Fenster im Hochschiff besitzt, dafür (später zugemauerte) Fensteröffnungen zu den Dachstühlen der Seitenschiffe. Weder die Arkadenpfeiler, noch die Rippen des Sterngewölbes tragen irgendeinen künstlerischen Schmuck. Statt dessen prunkt die Ausstattung, die 1760–70 in den schlichten Raum gefügt wurde, wie der reiche Hochaltar, ein Baldachin auf Pfeilern. Noch aus der romanischen Zeit stammen zwei Taufbecken, wobei das unter der Westempore (um 1200) Reliefs der um Christus gescharten zwölf Apostel trägt, das im südlichen Seitenschiff auf Eckknollenfüßen stehende (13. Jh.) in seltener Eiform gestaltet wurde. Aus dem 15. Jh. stammt der Kanzelkörper mit spätgotischem Blendbogen. Von der begehrten Grablege des Landadels zeugen noch 90 Grabsteine, vor allem der Familie v. Poißl. – Die Friedhofskapelle St. Anna, um 1400 gebaut, hat als Untergeschoß einen romanischen Karner (Beinhaus) aus dem 12. Jh., der mit seinen rund 5000 Totenköpfen erst 1820 wieder entdeckt wurde. Im Chor steht ein ehem. Seitenaltar des Münsters aus den Jahren 1760–70.

VIECHTACH, dessen Umland am Schwarzen Regen (Abb. 63) seit etwa 800 von den Benediktinern aus Metten kultiviert wurde, gehörte zunächst den Grafen von Bogen, dann den Ortenburgern, schließlich 1272 Herzog Ludwig dem Strengen von Bayern, wurde aber erst 1953 unter der Patenschaft Deggendorfs zur Stadt erhoben. Ein schönes Rathaus hatten die Viechtacher, die nach Bränden ihre Häuser recht schlicht wiederaufbauten, schon immer: Rundbogenportal mit kleinem Balkon darüber, ein Türmchen mit offner Laterne unter der Kuppel. Das Kastenamtsgebäude, seit 1777 ein stattlicher Pfarrhof, dient seit 1958 als Jugendheim. Die 1760–66 neugebaute Stadtpfarrkirche ST. AUGUSTINUS besitzt zarten Stuck der Erbauungszeit, von Wessobrunner Wanderstukkateuren angetragen, Rokokoaltäre und vorzügliche Schnitzereien an den Chor- und Beichtstühlen sowie an den Stuhlwangen. Eine Seitenkapelle birgt eine Muttergottes aus der 1. Hälfte des 16. Jh., die als einziges Bildwerk des alten Gotteshauses überkommen ist. – Die am Hang stehende spätgotische, barock überformte ST.-ANNA-KAPELLE besitzt das kunstvolle Epitaph der Magdalena von Schönstein († 1621) mit einem Relief der Auferstehung Christi. – Gotisch ist auch die im 18. Jh. veränderte Spitalkirche zum Hl. Geist mit sehr guten Holzfiguren aus dem 16. und 18. Jh. und einer Orgelempore von 1589. Das ›Seelhaus‹ (Spital) stiftete bereits 1350 der Ritter Konrad der Nußberger mit seiner Ehefrau Osana. – Südwestlich der Stadt steht auf dem ›Kleinen Pfahl‹ (510 m), einem hohen Teilstück des Quarzbandes, das 1626 erbaute Kirchlein St. Antonius, von dem aus man u. a. in den Altenberger Naturpark am Regen mit seiner Felsenkanzel blickt.

REGEN, am Schnittpunkt der Ostmarkstraße mit der alten Handelsstraße von Deggendorf nach Klattau in Böhmen gelegen (Ft. 3), verdankt seine Gründung im frühen 12. Jh. der Propstei Rinchnach. Die heutige Stadtpfarrkirche ST. MICHAEL wurde nach einem Brand im letzten Kriegsjahr 1648 erst 1656/57 wiederaufgebaut, besitzt aber im romanischen Nordturm von ca. 1270 und im großen Westturm mit der Zwiebelhaube als Wehrturm der Friedhofsbefestigung von 1473 Zeugen ihrer Vergangenheit. – Die Frauenkapelle, 1656 für die Bäckerzunft eingerichtet, diente den Schloßherren zu Au als Grablege, worauf die wappenverzierten Grabsteine aus dem 17. Jh. verweisen.

Das 1425 von Hans von Degenberg auf Burg Weißenstein auf dem linken Ufer des Regen gestiftete Spital hat ein Kirchlein ›Zum Hl. Geist‹, das bis 1958 der evangelischen Gemeinde diente. – Die im Dreißigjährigen Krieg zerstörte BURG WEISSENSTEIN war ein Bau, den die Grafen von Bogen im frühen 13. Jh. auf einen Kamm des Pfahl (765 m) gesetzt hatten; der zum Aussichtsturm verwandelte Bergfried führt dem Wanderer die Gipfel des Bayerischen Waldes vor Augen (Ft. 2).

Nur 8 km entfernt liegt das Zentrum der Chritianisierung und Kolonisierung des oberen Regentales, die ehem. BENEDIKTINERPROPSTEI RINCHNACH, hervorgegangen aus einer Einsiedelei des Mönches Gunther, der in Altaich nicht die gewünschte Ruhe finden konnte. Kaiser Heinrich II. beschenkte die Zelle mit dem Reichsforst ringsum, Konrad II. gab große Teile des Nordwaldes zur Kolonisation frei, Heinrich III. schließlich verband 1040 die gewachsene Zelle mit dem Mutterkloster Niederaltaich. Die erste, 1019 geweihte Kirche brannte ebenso herunter wie ihre zwei Nachfolgerinnen, erst der 1438 vollendete Bau hielt durch, wurde aber nur mit den starken Umfassungsmauern für den barocken Bau ab 1727 genutzt. Abt Joscio von Niederalteich hatte den damaligen Münchner Stadtmaurermeister Joh. Michael Fischer, der eben in Niederalteich ein Meisterwerk geliefert hatte, beauftragt, in Rinchnach eine barocke Kirche zu bauen. Fischer blendete der Westwand eine breite, giebelgekrönte Fassade vor, der zwei Kapellen anliegen, überformte den gotischen Chor und barockisierte den Turm aus dem 13. Jh. mit einem Kuppelhelm. Sodann fügte er in die alten rechteckigen Mauerzüge einen ovalen Raum, der durch ein System von Nischen von der Hülle getrennt ist. Ein flaches Spiegelgewölbe mit überhöhter Kuppel überspannt das Oval, das mit Pilastern und umlaufendem Gebälk als innere Schale sich deutlich von der äußeren abhebt. Die Ausstattung ist gleichzeitig und einheitlich gelungen und erhebt Fischers Bau zum Kunstwerk aus einem Guß. Die zarten Stukkaturen im Bandelwerkstil verdankt man dem Niederalteicher Ignaz Holzinger, die Fresken Andreas Haindl aus Wels. In die Rundkuppel malte dieser die Verherrlichung des Kreuzes, ins Langhausgewölbe Szenen aus dem Leben der Kirchenpatrone Johannes d. T. und des seligen Gunther und in den Chor Themen aus dem Marienleben. Das Mobiliar schuf Pirmin Tobiaschu, das Blatt ›Taufe Christi‹ im fülligen Hochaltar Franz Anton Rauscher erst 1770. Vor seinen Säulen stehen Benedikt und Scholastika, Augustinus und Erasmus. Wie in Klosterkirchen früher üblich, trennt ein schmiedeeisernes Gitter den Mönchschor von der Laienkirche. – Die Klostergebäude umlaufen den südlich an die Kirche schließenden spätgotischen Kreuzgang und schicken nach Osten den Propsteitrakt vor, den zwei Türmchen flankieren. Der Propst

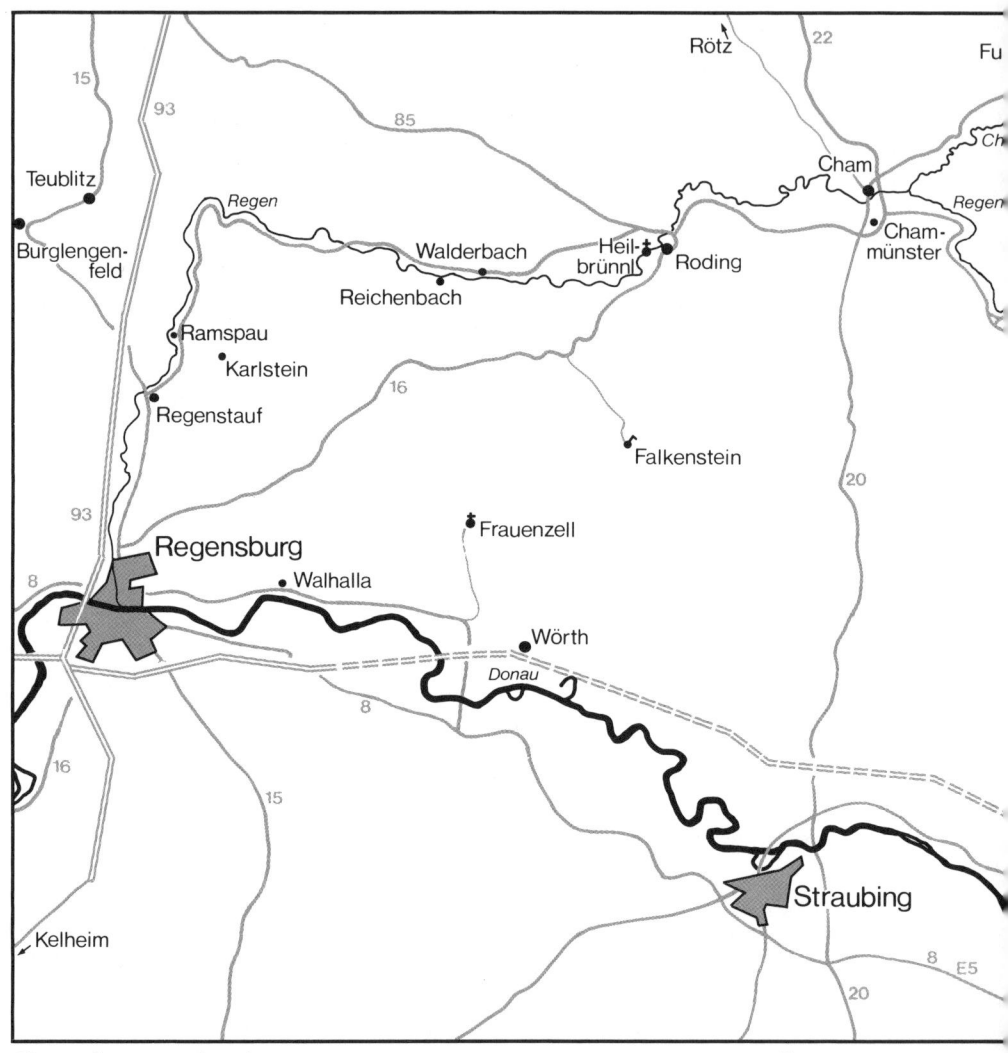

Plan zu den Routen b und c (S. 151-201) Die Ausgangsorte entnehmen Sie bitte den Übersichtskarten in den Einbandklappen

von Rinchnach hatte einst die Ehre, im »schönsten Gotteshaus des Bayerwaldes« zu zelebrieren. – Über Gehmannsberg erreicht man in einer Gehstunde das Kirchlein FRAUEN-BRÜNNL, 1765 an einer Maria gewidmeten Quelle erbaut, mit einem mittelalterlichen Gnadenbild und alten Votivbildern aus dem 18. und 19. Jh.; die Gemälde im Langhaus und der Orgelempore stellen den seligen Gunther dar.

In KIRCHDORF IM WALD, schon jenseits der Wasserscheide zwischen Regen und Ilz gelegen, erhebt sich in der kath. Pfarrkirche ein Barockaltar von 1756 mit einer gotischen Muttergottes von 1480. Nur wenig jüngere Holzfiguren (Beweinung; hl. Sebastian) stehen an der Nordwand des Chores. – Über Eberhardsreuth, wo Adalbert Stifters Freund Franz Xaver Rosenberg das Schlößchen erworben hatte, gelangen wir nach Tittling, einem Markt

159

seit 1322, dem Mittelpunkt des ›Dreiburgenlandes‹. Damit sind die Burgen Fürstenstein, Englburg und Saldenburg gemeint. Zwischen dem Marktort und Thurmansbang hat Georg Höltl im MUSEUMSDORF BAYERISCHER WALD an die 30 alte, vor der Spitzhacke gerettete Bauernhäuser aufrichten lassen, die sich um die schon 1430 gebaute Rothaumühle scharen, die neben einer Säge auch eine Walch (Walkmühle) betrieb, über welche die Chronik berichtet: »In dieser Walch wurde ein Gewebe aus Hanf und Schafwolle gewalcht, das zum Besetzen der Socken diente, damit sie in den Böhm- und Holzschuhen länger hielten.« Eingefügt sind auch Getreidekästen, eine Hammerschmiede und Deutschlands ältestes erhaltenes Schulhaus von 1664 mit Marktschreiberwohnung, Gefängnis und Backofen im Erd-, mit Schulsaal und Austragstüberl im Obergeschoß.

FÜRSTENSTEIN, eine Gehstunde im Westen gelegen, wird von seinem weithin sichtbaren SCHLOSS überragt, einer Gründung der Grafen von Hals aus dem 11. Jh., das nach einem Brand 1860 neuerrichtet wurde und heute ein Internat der Englischen Fräulein zu Passau beherbergt. Den Englischen Fräulein gehört auch die nahe ENGLBURG mit einer kleinen Gästepension. Die Burg wurde im 13. Jh. von den Grafen von Hals erbaut und im 17. und 18. Jh. behutsam zum Schloß erweitert, so daß der alte Palas und die Ringmauer erhalten blieben. Von der SALDENBURG aus dem 14. Jh. blieb nur das quadratische Turmhaus als Herrenhaus erhalten, die »Waldlaterne« wegen des weithin nachts leuchtenden Lichtscheins genannt. Bei der Wiederherstellung 1682 wurden nicht nur gotische Räume geschont, sondern der Rittersaal mit Stuck und einem Deckengemälde von Enrico Zuccalli geschmückt. Die Burg ist seit 1929 Jugendherberge.

Wer nicht auf schnellstem Weg nach Passau will, sollte bei Eberhardsreuth nach GRAFENAU abbiegen. Der im 11. Jh. gegründete Ort, der 1376 Stadtrecht erhielt, verdankte seine Bedeutung dem Salzhandel mit Böhmen. Das Städtchen, das sich mit 40 m Höhenunterschied vom Ufer der Ohe den Schwaimberg hinaufzieht, besitzt einen von Bränden geweiteten Stadtplatz, dessen rahmende Häuser (wie im benachbarten Schönberg) an die Städte am Inn erinnern. Die ›Guldenstraße‹, ein Seitenarm des einträglichen Salzsteiges von Passau nach Böhmen, hatte diesen Wohlstand ermöglicht. Die Pfarrkirche, nach Bränden barock wieder aufgebaut, bewahrt noch Turm und Chor aus der gotischen Zeit, aus den Jahren um 1640 eine Kreuzigungsgruppe an der Nordseite und eine Muttergottes an der Südseite. Aus der Mitte des 18. Jh. stammen gekonnte Figuren des Königs David und des hl. Josef an der Bekrönung des Chorgestühls. Deckengemälde im Chor und Mittelschiff verweisen auf das Patrozinium Mariä Himmelfahrt, während die Zehn Gebote in den Seitenschiffen erst 1911 von Leonhard Thoma dargestellt wurden, der sich und seine Frau am Chorbogen unter den armen Seelen porträtiert hat. Die 1759 erbaute Spitalkirche zur Hl. Dreifaltigkeit bewahrt nicht nur einen sehenswerten Kreuzgang und Rokokoaltar, sondern auch 13 Kreuzwegtafeln auf Zinkblech, farbenfrohe Darstellungen aus der Mitte des 18. Jh., die erst 1951 auf dem Dachboden gefunden wurden. – Die nahe BURG BÄRNSTEIN wurde 1742 genau wie Grafenau von Trencks Panduren geplündert und niedergebrannt. Darunter, in der Bärnsteiner Leite, rauscht die Kleine Ohe durch eine romantische Schlucht. Den

2   Ruine WEISSENSTEIN auf dem Pfahl bei Regen, Bayerischer Wald

◁ 1   Landschaft im Bayerischen Wald

3   REGEN im Bayerischen Wald

4 DINGOLFING

5 WÖRTH mit Blick auf den Bayerischen Wald

6   REGENSBURG   Blick auf die ›Steinerne Brücke‹ und den Dom

8   REGENSBURG   Blick vom Dom über die westliche Altstadt ▷

7   REGENSBURG   Schloß der Fürsten Thurn und Taxis. Innenhof

10 AMBERG, Opf.   Blick zur alten Vilsbrücke. Rechts St. Martin
◁ 9 Donaustauf und WALHALLA mit Blick auf den Bayerischen Wald
11 AMBERG, Opf.   Marktplatz und Rathaus

12 AMBERG, Opf. Wallfahrtskirche Maria Hilf. Hochaltar und Gnadenbild
13 Zisterzienserabtei WALDSASSEN Klosterbibliothek, 1724–25. Schnitzereien von Karl Stilp ▷

14 Zisterzienserabtei WALDSASSEN Blick in das Kirchenschiff mit dem reichen Stuck von G. B. Carlone

16   KALLMÜNZ an der Naab, die ›Perle der Oberpfalz‹ ▷

15 BREITENBRUNN, Opf.   Wallfahrtskapelle St. Sebastian

17 Prämonstratenserabtei SPEINSHART Langhaus der von C. D. Luchese stuckierten Kirche (1706 geweiht)

18   Wallfahrtskirche W<small>EISSENREGEN</small> bei Kötzting   ›Fischerkanzel‹. 1758

19   Kötzting im Tal des Weißen Regen

20   Der Große Arber im Winter. Gipfelplateau mit Wagnerfelsen, 1456 m

21 Wallfahrtskirche St. Hermann bei Bischofsmais

23 Gotteszell im Bayerischen Wald ▷

22 Der Bayerische Wald mit Blick zum Großen Arber

25   Siebenschläferkirche bei Ruhstorf, Niederbayern

◁ 24   Straubing   St. Jakob, Innenraum. Baubeginn 1415

26 Passau   Die Innstadt gegen Mariahilf-Berg

28   Die Zengergasse in Passau ▷

27 Passau   Dreiflüsseeck (Ilz, Donau, Inn) und Festung Niederhaus

29 PASSAU Oberhaus-Museum. Der Österreichische Erbfolgekrieg 1740–1748

30 STRAUBING Gäubodenmuseum. ›Der Straubinger Römerschatz‹. 3. Jh. ▷

31 Benediktinerstift MᴇᴛᴛᴇN, Nby.   Klosterbibliothek, 1706–20

32 STIFT METTEN, Nby. Hochaltar der Klosterkirche
33 STIFT METTEN, Nby. Kaisersaal

35 LANDSHUT   St. Martin. Mitte 15. Jh.
◁ 34   Ehem. Benediktinerkirche FRAUENZELL, Opf.   Gnadenbild mit Votivgaben
36   BURG TRAUSNITZ über Landshut, bis 1579 Wohnsitz der Wittelsbacher

37   Burg Trausnitz über Landshut   Die Narrentreppe. 1578

38–41   Die Landshuter Fürstenhochzeit

besten Blick hat man vom Schloßwirtshaus oder der barocken St.-Katharinen-Kapelle, der einstigen Schloßkapelle. – In einem Sattel zwischen Frauenberg und Hammerhäng steht die WALLFAHRTSKIRCHE BRUDERSBRUNN, ein Neubau von 1841 mit zahlreichen Votivbildern, auch in Hinterglasmanier, darunter einen silbernen Votivkrebs als seltenes Zeichen für eine Heilung.

Durch den Weiler Bierhütte gelangen wir nach FREYUNG, dem höchstgelegenen Städtchen des Bayerwaldes (bis 799 m ansteigend), zugleich die am weitesten im Osten liegende Stadt der Bundesrepublik. Um Siedler in diesen Teil des Fürstbistums Passau zu locken, wurden sie – daher der Name – von den meisten Abgaben und Pflichten befreit. Nachdem lange Zeit nur die Sägemühlen am Sausbach Arbeit verschafften, sind in unserer Zeit weitere Arbeitsstätten dazugekommen, wie z. B. Wiedes Carbidwerke, die synthetische Korunde und Spinelle herstellen, die zumeist in Idar-Oberstein weiterverarbeitet werden. – Die Pfarrkirche MARIÄ HIMMELFAHRT, ein nach dem Stadtbrand 1872 errichteter neugotischer Bau, bewahrt noch einige Stücke aus dem früheren Gotteshaus, so ein Holzkruzifix mit lebensgroßem Korpus (um 1730), eine barocke Vespergruppe und Passionsbilder aus dem späten 17. und frühen 18. Jh., die unter niederländischem Einfluß entstanden. Von den wenigen verschonten Bürgerhäusern ist das ›Wiesbauerhaus‹ mit seinem Torbogen, den klassizistischen Fensterbänken und der krönenden Attika das schönste, während das teils in Holz ausgeführte ›Schramlhaus‹, der Typ des wäldlerischen Hauses verkörpernd, originale Innenräume besitzt. Wie ein Schlößchen prangt der 1732 aufgebaute Pfarrhof, dessen Fürstenzimmer einst Passaus Fürstbischöfe beherbergte, deren Porträts in Auswahl (v. Lamberg, v. Thun, v. Firmian) im Treppenhaus hängen. – Zum Schutz der Handelsstraße hatte der Passauer Bischof Wolfger von Ellenbrechtskirchen, bekannt geworden als Mäzen Walthers von der Vogelweide, 1199–1204 SCHLOSS WOLFSTEIN auf ein Quarzriff des Pfahl setzen lassen. Nachdem es im 14. Jh. Sitz eines bischöflichen Pflegegerichtes geworden war, errichtete Fürstbischof Urban von Trennbach 1590 das heutige Schloß, das immer Amtssitz war, heute noch dem Landsrats- und Vermessungsamt Platz bietet. – Stolz sind die Freyunger auf die BUCHBERGER LEITE, eine von der Wolfsteiner Ohe durchbrauste Felsen- und Waldklamm. Auf der senkrecht aufsteigenden Teufelswand steht die Ruine der Veste Neuenbuchberg.

Wer jetzt nicht die 300 Kurven der 40 km langen Strecke nach Passau nehmen will, kann auf der B 12 ins passauische Neurodungsgebiet fahren. So gründete Fürstbischof Leopold I. 1618 Leopoldsreut und um 1620 Herzogsreut, so Kardinal Joh. Philipp Graf Lamberg 1699 Philippsreut und 1705 Bischofsreut, so Fürstbischof Raymund Ferdinand Graf von Rabatta Raimundsreut und schließlich 1764 Kardinal Leopold Ernst Graf von Firmian die Grenz-dörfer Vorder-, Mitter- und Hinterfirmiansreut. Ungenannt sind die Gründer von Haid-häuser, Zwölfhäuser und Bierhäuser. – Dies ist das Land Adalbert Stifters, der jenseits der

Grenze 1805 in Oberplan geboren wurde, im ROSENBERGER GUT (Abb. 64) am Fuß des Dreisessel (1330 m) sein Hauptwerk, den Roman ›Witiko‹ schrieb. Das Herrenhaus, lange Zeit Zollamt, ist jetzt zu einer Jugendherberge umgebaut worden, doch hält man in einem winzigen Museum Andenken an Stifter bereit. Die Aussicht von Lackenhäuser hat er in einem Brief so beschrieben: »Und an klaren Tagen ragt an einer Stelle des südlichen Randes des Kreises die Prielgruppe der Alpen empor und wenn man eine mäßige Höhe hinter dem Gutshaus hinaufgeht, dann sieht man das ungemein sanfte Band der salzburgischen und steierischen Alpen mit ihren Schneefeldern. Es ist ein wundervoller Anblick, wenn an Sommernachmittagen oder noch mehr in der Abenddämmerung an dem ungeheuren Gesichtskreise Gewitter hingehen und ihre Feuer speien lassen. Man meint, die Welt sei voll Ruhe und Herrlichkeit!«

Am liebsten weilte er am Plöckenstein und am Dreisessel (Abb. 61), die er beide im ›Hochwald‹ verherrlicht hat. Von der Fernsicht am Dreisesselgipfel war er so begeistert, daß er in einen der Felsen einen Sitz hauen lassen wollte, »um die Schau auf die Alpenkette in Ruhe genießen zu können«. Der Überlieferung nach haben einst drei Könige je einen der Felsentürme besetzt und das Land Böhmen von Bayern und Österreich abgegrenzt. Über Jandelsbrunn gelangen wir nach WALDKIRCHEN, einst am einträglichen ›Goldenen Steig‹ gelegen, auf dem das kostbare Salz von Passau über Salzweg und Groß-Thannensteig, über Böhmzwiesel und den Sattel beim Haidel nach Prachatitz in Böhmen geschafft wurde, bis 1692 die Habsburger die Salzeinfuhr verboten.

Unter Bränden hatte der 1300 zum Markt erhobene Ort permanent zu leiden, der Ortskern mit der Pfarrkirche ST. PETER UND PAUL brannte zuletzt 1945, wurde aber unter hohen Opfern wieder hergestellt. Bestückt wurde der »Dom des Bayerischen Waldes« mit einer hörenswerten Chor- und Hauptorgel und sehenswerten Wandteppichen an den Seitenaltären, gefertigt von den Dominikanerinnen zu Wettenhausen bei Augsburg. – Auf dem nahen Schulerberg (657 m), auch Karolibergl gen., ließ 1663–65 der aus Mailand stammende Bürger und Krämer Bernhard Linus eine Kapelle bauen, die seinem Schutzpatron, dem hl. Karl Borromäus, geweiht wurde. Das 1756 umgebaute Kirchlein besitzt gute Deckenfresken mit der Hl. Dreifaltigkeit, Karl Borromäus und einer Ansicht Waldkirchens vor dem Brand von 1782. Jeden Ostersonntag brechen die Männer des Marktes in aller Frühe zum ›Emmausgang‹ zur Karolikapelle auf, die am Leonharditag (6. 11.) Ziel der Reiter ist, die sie dreimal umreiten, dann ihre Rösser von einem Priester segnen lassen.

Der gewerbereiche Markt HAUZENBERG mit zahlreichen Granitbrüchen hat auf dem Marktplatz den Brunnen des Schlosses Neuburg am Inn stehen, den Graf Georg Ludwig von Sinzendorf 1667/68 durch den Salzburger Bildhauer J. F. Pirnegger dort hat fertigen lassen. Als der Schneckenwirt von Dommelstadl 1806 Mitbesitzer des Schlosses geworden war, verkaufte er den Brunnen an die Marktgemeinde Hauzenberg, die jedoch erst 1851 über so viel Geld verfügte, ihn anstelle des Prangers aufstellen zu lassen. In der 1848–51 wiedererrichteten Pfarrkirche ST. VEIT fällt unter der neugotischen Ausstattung ein prächtiger Flügelaltar aus dem Ende des 15. Jh. mit den Figuren der Heiligen Maria, Katharina und Barbara auf, der, von einem unbekannten Passauer geschaffen, aus der Schloßkapelle

Freudensee hierher versetzt wurde. Nach dem Verfall des Jagdschlosses der Passauer Bischöfe am fischreichen Freudensee wurde die Schloßkapelle nämlich zum Wohnhaus umgebaut; die jetzige Kapelle am See birgt eine gute Pietà aus Passau. Hinter der Ruine liegt der große Granitbruch, aus dem König Ludwig I. 18 achtseitige Monolithen von 6,70 m Länge für die Befreiungshalle in Kelheim schlagen ließ, die aber wegen des Gewichtes von 800 Zentnern pro Säule nicht zur Donau transportiert werden konnten. Erst 1908 gelang es, zwei Säulen zum Universitätsbau in der Münchner Amalienstraße zu schaffen.

Auf dem Weg nach Passau liegt THYRNAU mit einem Lustschloß, das Fürstbischof Leopold Graf von Firmian (1763–83) aus einer älteren Anlage umbauen ließ und das nach der Säkularisation von den Freiherren von Schaezler, einer Augsburger Patrizierfamilie, erworben wurde. Seit 1902 ist darin ein Zisterzienserinnenkloster (seit 1925 Abtei) untergebracht.

Wer über Jahrdorf und Untergriesbach fährt, gelangt bei OBERNZELL an die Donau, erblickt auf dem österreichischen Ufer auf steilem Fels sitzend das ›Schneider-Schlößchen‹ (Burg Krempelstein), ein 1337 als Mautstätte errichteter Wohnturm mit Anbauten und Ringmauer, einst Eigentum des Hochstiftes Passau. Bis in den Dreißigjährigen Krieg hinein hieß der Ort Hafnerzell, weil hier die Schmelztiegel, aber auch Essigkrüge und Krautfässer aus einer Mischung von 50% Graphit, 40% Ton und 10% Quarz hergestellt wurden. Das 1426 erbaute ehem. Wasserschloß Obernzell beherbergt jetzt ein Keramikmuseum.

c) Von den Quellen des Regen nach Regensburg

Unsere Fahrt, die ins Herz des Bayerwaldes führt, treten wir in Bärnstein b. Grafenau an und steuern ST. OSWALD an, das zwischen Lusen (1373 m) und Rachel (1453 m) und damit unmittelbar am Nationalpark Bayerischer Wald liegt (s. S. 155 ff.). Als eine Heilquelle zutage trat, stiftete 1396 Landgraf Joh. von Leuchtenberg ein Kloster für Paulaner, die 1431 von Augustiner-Chorherren aus St. Nikola zu Passau abgelöst wurden, die 1563 die Einöde verließen; von 1581 bis zur Säkularisation 1803 besaßen die Benediktiner von Niederalteich hier eine Propstei. Von den barocken Propsteigebäuden steht nur noch der zweigeschossige Ostflügel von 1719, der seit langem als Gast- und Bräuhaus dient. Von der 1723 neugebauten, aber 1876 abgebrannten Klosterkirche gibt es nur Erinnerungen in der Pfarrkirche und in der um 1700 erbauten Bründlkapelle, die einen Barockaltar mit der Figur des hl. Oswald aus der 1. Hälfte des 15. Jh. besitzt. Von hier oder dem Weiler Waldhäuser führen zahlreiche markierte Wege auf den Lusen, dessen Kuppe ein Felsenmeer aus Granittrümmern bedeckt. Die ersten sieben Waldhäuser sollen durch Kurfürst Max I. von Bayern 1609 veranlaßt worden sein, der dort einen Weg anlegen ließ und Rodungsland vergab. Hier haben Alfred Kubin und Reinhold Koeppel gemalt und gezeichnet, wohnt der aus Stolp in Pommern zugezogene Graphiker und Bildhauer H. Theuerjahr.

SPIEGELAU, das Haupttor zum Nationalpark, verdankt seine Existenz Erasmus Moosburger, der um 1530 dort seine ›Spiegelhütte‹ errichtete. Die Glashütte wurde 1724 an die

Glasmacherfamilie Hilz verkauft, 1832 vom bayerischen Staat erworben, dann lange von der Familie Stangl aus Zwiesel betrieben. Die heutige Kristallglasfabrik kann man bei Führungen kennenlernen. Südlich vom Ort liegt die Steinklamm, in der die Große Ohe, aus dem Rachelsee kommend, in Kaskaden über die Felsbrocken hinabstürzt. In Riedlhütte, nach Georg Riedl benannt, dessen Familie die Glashütte bis 1607 betrieb, wurden 1825 Kirche und Wirtshaus von Adam Hilz gestiftet, dessen Familie die Glasfabrik bis 1832 besaß. Heute gehören Fabrik und Herrenhaus der Fa. Nachtmann.

Am Fuß des Doppelgipfels des Rachel (1453 m bzw. 1399 m) liegt FRAUENAU, wieder ein Glasmacherdorf, denn Holz für Kohle und Pottasche gab es reichlich im geschlossenen Waldgebiet. Gegründet wurde der Ort bereits 1342 durch den Laienbruder Hermann aus dem Kloster Niederalteich. Für die Wallfahrer ließ dann Abt Ignaz I. 1759–67 die Kirche ›Zu Unserer Lieben Frauen Au‹ (jetzt Mariä Himmelfahrt) bauen, die 1954 geschickt erweitert wurde. Sie besitzt ein beachtliches Deckengemälde der Himmelfahrt des Asamschülers Franz Rauscher aus Aicha und feinen Rokokostuck des Passauers Melchior Molder von 1767. Den Hochaltar schmückt eine spätgotische Pietà, um 1480 geschnitzt. In Oberfrauenau haben die 1140 urkundlich genannten, seit 1605 hier seßhaften Freiherren von Poschinger ihren Stammsitz. Für diese Glasindustriellen entwarf Albert Schmidt Schloß Frauenau im Prunkstil der Neorenaissance. Von einst 62 Glashütten existieren nur noch acht, von denen zwei (Frauenau und Theresienthal b. Zwiesel) den Linien derer von Poschinger gehören, die zudem über großen Waldbesitz verfügen.

Die Facharbeiter der Glashütten, von denen sieben bleifreies Kristallglas herstellen, besuchen zuerst im nahen ZWIESEL die Staatl. Fachschule für Glasindustrie, die allein in der Bundesrepublik Meisterbriefe für Glasmacher ausstellen darf. Der Ort, am Zusammenfluß (= Zwiesel) des Großen und Kleinen Regen gelegen, wurde sehr wahrscheinlich schon im 10. Jh. gegründet, 1240 urkundlich genannt, 1471 als Mittelpunkt der Glasmacherei zum Markt erhoben, aber erst 1904 mit Stadtrecht ausgestattet. Die neugotische Backsteinkirche von 1896 hat einen für den Bayerwald hohen Turm von 62 m. Das dreigeschossige Rathaus von 1838 zeigt eine klassizistische Fassade, vor der die 1767 aufgerichtete monumentale Nepomukstatue steht, von St. Georg und St. Florian (dem Bewahrer vor Feuersnot) begleitet. Im Rückgebäude des Rathauses ist das MUSEUM ›WALD – HEIMAT – GLAS‹ mit wertvollen Beständen untergebracht, darunter als Kuriosum auch eine reiche Sammlung farbiger Schnupftabakgläser. Das Zwieslerwaldhaus besitzt eine einzigartige Sammlung geschnitzter Wurzeln, das Bauernhausmuseum im nahen Lindberg bringt Zeugnisse bäuerlicher Wohnkultur. Die 1682 gebaute, 1768 erweiterte Bergkapelle, einst Wallfahrtsstätte, erhielt 1760 ein Gemälde von Franz Rauscher (Über die begehrten Zwiesler ›Finken‹ s. S. 300).

In RABENSTEIN stand einst die erste Glashütte des Bayerischen Waldes, die 1421 genannte Paternosterhütte, die Rosenkranzperlen herstellte. Joh. Michael von Kißling, Guts- und Hüttenbesitzer, ließ 1785 das Schloß erbauen, das kürzlich abbrannte; die historische Scheune wurde in eine Kirche umgestaltet. Seine Familie stiftete auch das feine Rokokoaltärchen von 1750, das jetzt in der Kirche St. Georg steht, die Kajetan Wolfgang von Kißling

1815 auf seine Kosten errichten ließ. Auf dem 'Hausberg' Hennenkobel (980 m) haben die katholischen Männer Rabensteins 1957 das größte Bergkreuz des Bayerwaldes aufgerichtet.

Von Ludwigsthal aus führen die Wanderwege auf den Großen und den Kleinen Falkenstein und eine Fahrstraße zum Zwieslerwaldhaus. BAYERISCH EISENSTEIN, an einer nach Böhmen führenden Furche gelegen, hieß ursprünglich Bayerisch Häusl und wurde erst von Freiherr Franz Ignaz von Hafenbrädl nach 1788 zur Siedlung ausgebaut. Ein Nachfahre verkaufte die Herrschaften Eisenstein, Deffernik und Hurkenthal an die Fürsten von Hohenzollern-Sigmaringen, denen nach der Enteignung durch den tschechischen Staat 1919 nur der Besitz um Bayerisch Eisenstein blieb. Die Pfarrkirche St. Joh. v. Nepomuk ist eine Stiftung des Fürsten Leopold von 1908/09. Der barocke Seitenaltar aus dem Ende des 17. Jh. trägt Holzfiguren aus dem frühen 17. Jh., das gleichaltrige Ölgemälde zeigt die 14 Nothelfer. Sehenswert sind die beiden Figuren von 1750: ein Bischof und die hl. Notburga.

Von hier fahren wir am Nordfuß des Arbermassivs (Ft. 19, 20) entlang nach Neukirchen beim Hl. Blut. Nicht nur geologisch ist der ARBER weit älter als die Alpen, er wird auch schon 1027 von Kaiser Heinrich II. an das Kloster Rott am Inn verschenkt als Grenze des Lamer Gebietes. Durch einen Vertrag von 1764 mit Österreich kam er ganz an Bayern zurück. Nahe dem Unterkunftshaus (1375 m) steht eine 1957 erbaute Bergkapelle, von Fürst Friedrich von Hohenzollern-Sigmaringen gestiftet anstelle der dem hl. Bartholomäus geweihten, abgebrannten Arberkapelle. – Größer geraten ist da die Pfarr- und Wallfahrtskirche Mariä Geburt in NEUKIRCHEN, denn der doppelte Hochaltar trennt die nach Osten orientierte Pfarrkirche von der nach Westen gerichteten Klosterkirche, die 1656 durch Ausbrechen der Ostwand gewonnen wurde, während die aus dem 15. Jh. stammende Pfarrkirche in barocker Form 1718–20 neugebaut wurde. Der Hochaltar ist eine Augsburger Goldschmiedearbeit von 1753/54, die originelle Kanzel wurde schon 1718–20 geschaffen. Die Wallfahrt setzte vor über 500 Jahren ein, als der Legende nach ein Hussit »in bilderstürmerischer Tobsucht« die Krone der Muttergottes spaltete und Blut aus der Wunde floß. Heute zeigt eine kleine Gruppe nahe am Altar die Entehrung des Gnadenbildes. Hier, wo die Rosenkranzfertigung noch als Hausgewerbe betrieben wird, gibt es im Dezember Adventssingen und Krippenspiele.

Über Eschlkam mit seinen um die Wehrkirche geduckten Häusern, Geburtsort des Maximilian Schmidt (gen. Waldschmidt), Textdichters des Liedes »Tief drin im Böhmerwald ...«, gelangen wir nach FURTH IM WALD an der nach Böhmen führenden Senke, die den Oberpfälzer vom Bayerischen Wald trennt. Kaiser Heinrich IV. belehnte 1086 mit dem wichtigen Grenzort die Grafen von Bogen, die auf einem Gneiskegel eine Burg gegen böhmische Angriffe erbauten. Nach ihrem Aussterben fiel Furth an die bayerischen Herzöge und erhielt 1332 Stadtrecht. Nun wurde die Burg mit Graben, Mauer und Türmen zur Grenzfestung ausgebaut, die Hussiten und Schweden im Laufe der Jahrhunderte stark beschädigten. Von der im Stadtbrand 1863 zerstörten Burg blieb nur der Lärmenturm erhalten, heute zu Wohnungen ausgebaut. Der stattliche Stadtturm wurde erst 1866 anstelle des Burgtores errichtet; angebaut ist das Heimatmuseum. Die 1727 errichtete, mehrfach umgebaute Stadtpfarrkirche besitzt reichverzierte Grabsteine der fürstlichen Burgpfleger.

An die Nähe zu Böhmen erinnert die Statue des hl. Nepomuk von 1767 auf dem Stadtplatz, überschattet von vier mächtigen, an die 140 Jahre alten Kastanien. Von hier führt eine Straße auf die Kreuzhöhe zum Friedhof und zur Kreuzkirche von 1610, die ein Kreuzungsrelief aus dem späten 14. Jh. besitzt, das in Granit eingetieft ist, ein Material, das dem Bildhauer höchsten Widerstand entgegensetzt. (Über den Drachenstich s. S. 328.)

Wer nicht den Arber von Osten und Norden sehen wollte, zweigte bei Zwiesel nach BODENMAIS ab, dem bedeutenden Fremdenverkehrs- und Wintersportort in einem klimatisch begünstigten Talkessel am Südfuß des Arbermassivs. Der im 12. Jh. gegründete Ort lebte bis in die Neuzeit von der Förderung von Silber, Schwefel und Magnetkies im nahen Silberberg, bis man 1962 die Förderung endgültig einstellte. Im Sommerhalbjahr finden täglich Führungen durch den Barbarastollen statt. Im nahen Böbrach, über dem Tal des Schwarzen Regen auf einem Südhang ausgebreitet, steigt man einen Stationsweg empor zur idyllisch gelegenen St.-Wolfgangs-Kapelle und wegen der Aussicht weiter zum Wolfgangsriegel.

Über Drachselried im Zellertal geht es direkt nach Kötzting. Wer allerdings den Kaitersberg umrunden will, fährt auf gewundener, aber landschaftlich eindrucksvoller Strecke nach Arrach und im Tal des Weißen Regen nach KÖTZTING (Ft. 19). Der Ort, 1073 erstmals genannt, erhielt 1255 Markt- und 1953 Stadtrechte. Sehenswert ist die Baugruppe in der Südostecke der Stadt über dem Regenufer, aus der Pfarrkirche, der Kapelle St. Anna und den Resten des Schlosses bestehend. Im schlichten dreigeschossigen Schloßbau, in dem Pfarr- und Forstamt untergebracht sind, kündet nichts mehr vom Haushalt der adeligen Pfleger, deren lange Reihe wappengezierter Grabsteine die Pfarrkirche aufbewahrt hat. Sie besitzt ein Langhaus von 1737/38, dem erst 1766–69 der Chor und ein feingegliederter Turm angefügt wurden. Während Kanzel, Orgelgehäuse und Beichtstühle noch aus dem Barock (1730) stammen, wurden die Altäre im Rokoko des ausgehenden 18. Jh. gearbeitet. Der Hochaltar z. B. wurde erst 1786 von dem Kötztinger Joseph Hueber farbig gefaßt. Das älteste Stück ist ein wertvoller, aus Granit gemeißelter romanischer Taufstein, um 1200 gearbeitet. Die St. Annakapelle, ausgangs des 17. Jh. anstelle einer älteren Friedhofskapelle errichtet, besitzt einen 1664 geschaffenen Hochaltar mit einer spätgotischen Anna Selbdritt, die auf 1526 datiert wird. Die im Nordwesteck der Stadt stehende St.-Veits-Kirche besitzt Altäre von 1697 und an der äußeren Chorwand einen Altar von 1696, auf dessen Mensa die feierliche Feldmesse zelebriert wird, die zum Pfingstritt gehört (s. S. 326).

Auf einer Anhöhe über dem Zusammenfluß von Weißem und Schwarzem Regen liegt die WALLFAHRTSKIRCHE WEISSENREGEN, 1765 geweiht, mit einer wertvollen Rokokoausstattung und dem geschnitzten Gnadenbild aus dem 14. Jh., das allerdings durch die Kanzel von 1758 übertrumpft wird. Diese *Fischerkanzel* (Ft. 18), auch ›Schifferkanzel‹ genannt, in der Form eines Kahnes zeigt zwei Apostel, die mit Hilfe eines dritten Jüngers am Kanzelaufgang den großen Fischzug bergen wollen, den Christus, an der Kanzelwand lehnend, ihnen beschert hat. Die Apostel werden (wie auch in Traunkirchen und Fischlham, beide Oberösterreich) als Menschenfischer gesehen, die Christus ihre Fracht an Gläubigen darbringen. Die teilvergoldeten, sehr plastischen Schnitzereien samt den Engeln auf dem Schalldeckel und dem Aufbau bis zu Petrus unterm Mastkorb sind ein Werk des Kötztingers Joh. Paulus Wagner, der am Aufgang noch Jonas mit dem Walfisch dargestellt hat. Am Edelsitz Blaibach vorbei, heute Brau- und Gasthaus, und durch Cham (s. S. 152 ff.) eilen wir auf der B 85 nach RODING. Schon 844 in einer Urkunde Ludwigs des Deutschen als Königshof erwähnt, wurde der Ort 1364 Markt und 1952 Stadt. An den 1756–67 errichteten Kirchturm von St. Pankratius hat man einen modernen Saalbau angefügt, der Teile der alten Ausstattung übernahm, so das romanische Taufbecken aus dem 13. Jh., die geschnitzte Muttergottes von ca. 1450, die Rokokokanzel und eine von Andreas Faistenberger aus München geschaffene Maria Immaculata, beide aus der Mitte des 18. Jh. stammend. Die anlehnende St.-Josefs-Kapelle, ein doppelstöckiger Rundbau aus dem 12./13. Jh., war ursprünglich ein Karner (Beinhaus) mit Friedhofskapelle. Unter den behäbigen barocken Bürgerhäusern finden wir das Rathaus, dessen Kern 1755 geigenförmige Fenster und einen geschweiften Giebel erhielt. Neben der Durchfahrt sitzt erhöht die Standplatte des Prangers. – Auf dem Palmberg steht, vom Wald umschlossen, die WALLFAHRTSKIRCHE HEILBRÜNNL, mit ihrem malerischen Zwiebelturm 1730–32 erbaut, nachdem zwei Hirten in der Quelle ein Marienbild gefunden hatten, worauf die Wallfahrt aus dem Regental einsetzte. Der von vier Säulen getragene Hochaltar schützt das Gnadenbild – eine Kopie des 17. Jh. nach dem verschollenen Original. Inmitten des Kirchenschiffes fließt das Quellwasser in ein Marmorbecken, aus dem die Wallfahrer gegen Augenleiden schöpfen.

Wer von hier auf kurzem Weg bei den Weinbergen von Kruckenberg an die Donau kommen will, nimmt die Straße über FALKENSTEIN, das einen prächtigen Naturpark und ein Schloß der Fürsten Thurn und Taxis besitzt. Das »castrum Valkenstain« ist bereits 1074 als Lehen der Regensburger Bischöfe in die Hand der Grafen von Bogen, dann der Hohenfelser gekommen, deren Sproß Heinrich 1322 der Reichsacht verfiel, weil er sich als Raubritter betätigt hatte. Was dann als Lehensnehmer folgt, ist eine Auswahl heimischen Adels, angefangen von den Landgrafen von Leuchtenberg, den bayerischen Herzögen, den oberbayerischen Pienzenauern, den Preysing, Seyboltsdorff, Khuen von Belasy u. a. bis zu den Grafen von Toerring-Jettenbach, die den säkularisierten Besitz 1829 an das Regensburger Fürstenhaus verkauften, das jene Halbruine wieder herrichten ließ, einschließlich der ›Weiberwehr‹ zu Füßen des Turmes. Dort verteidigten die Frauen des Ortes mit den wenigen verbliebenen Männern die Burg im Hussiteneinfall von 1428. Dieser Bergfried, der noch der romanischen Zeit angehörte, hat 2,70 m dicke Mauern. An ihn lehnt sich die wohlerhaltene Burgkapelle, die dem hl. Antonius von Padua gewidmet ist.

Von Roding aus gelangen wir am Regen abwärts nach WALDERBACH, wo der Überlieferung nach Burggraf Otto I. von Regensburg um 1130 ein Augustinerchorherrenstift gründete. Kurz nach dem Tod des Stifters, 1143, übernahmen es Zisterzienser und begannen mit dem Bau einer Kirche, die wie das Kloster im Hussitenturm von 1428 stark beschädigt wurde. Doch setzte erst die Reformation 1556 dem Klosterleben ein Ende. 1669 übernahmen erneut Zisterzienser aus dem benachbarten Aldersbach das Stift und sorgten für barocke

Änderungen an Kirche und Gebäuden. 1803 wird der Konvent aufgelöst, die Kloster- zur Pfarrkirche St. Maria und St. Nikolaus umgewidmet. Aus dem alten Bestand der 2. Hälfte des 12. Jh. stammt vor allem die Turmvorhalle mit dem Rundbogenportal, bei dem je zwei Säulen die Wulste der Bogen tragen. Das Langhaus ist eine romanische Halle mit schmalen Seitenschiffen, deren Scheitel nur wenig unter dem des Mittelschiffes liegen (Abb. 55–57). Die kräftigen Pfeiler auf quadratischer Basis besitzen Rundvorlagen mit attischen Basen und Eckknollen. Ihre Kapitelle zeigen teils schlichte Würfel- oder Kelchform, doch auch Blatt- und Rankenwerk, Masken, Schlangen oder Vögel. Eine seltene, erst 1888 wieder aufgedeckte Architekturmalerei überzieht Rippen und Gurte. Vielfältige Ornamente in Rot gliedern den hellgrauen Grund. Selbst die Empore im Westen trägt in ihrer Unterwölbung diese Dekorationsmalerei. Daß sie dreischiffig ist und zu einer Halle leitet, ist zwar für Zisterzienserkirchen gar selten, jedoch auch in Karthaus-Prüll und St. Nikolaus bei Nabburg zu finden. Im Barock wurde 1748 der Chor angefügt und erst 1779 der Zwiebelturm aufgemauert. Die breiten Fenster hat man erst in neuester Zeit durch die Langhauswand gebrochen. Da im Bildersturm von 1556 die alte Einrichtung zugrunde ging, stammt die jetzige einschließlich Kanzel und Orgelprospekt aus der Mitte des 18. Jh. Im Konventbau blieb der barocke Speisesaal mit einem Deckengemälde und Wappen unverändert erhalten.

Nur 2 km südwestlich steht auf einem Bergsporn mit der KLOSTERKIRCHE REICHENBACH eine weitere romanische Kostbarkeit. Markgraf Diepold II. gründete hier 1118 ein Benediktinerkloster (15 Jahre später stiftete er Waldsassen), das mit Mönchen aus dem Reformkloster Kastl besetzt wurde. Die Kirche wurde zwar schon 1135 geweiht, doch zog sich ihre Vollendung bis 1200 hin. Als Pfalzgraf Ottheinrich 1556 die Reformation einführte, wurde durch einen organisierten Bildersturm die ganze alte Einrichtung vernichtet. Nach einem Zwischenaufenthalt von Jesuiten nach der Rekatholisierung 1629 zogen 1669 die Benediktiner wieder ein, die auch die Barockisierung der Kirche übernahmen, aber 1801 der Säkularisation weichen mußten. Seit 1891 werden die Klostergebäude für eine Heil- und Pflegeanstalt der Barmherzigen Brüder genutzt. – Mit wuchtigem Quaderwerk steigt die querschifflose romanische Basilika auf, deren Türme im Osten gotische Helme des 15. Jh. tragen. Zwischen ihnen tritt ein gotischer Chor heraus, denn die drei romanischen Apsiden hat man im 15. Jh. geopfert. Die Kirche St. Mariä Himmelfahrt betritt man am besten durch das Hauptportal im Westen, das durch eine zweigeschossige Paradiesvorhalle über die Breite der drei Schiffe hinweg geschützt wird. Im 18. Jh. wurde sie mit farbigem Bandwerkstuck überzogen, mit Pilastern und einem Säulenportal verändert. An den Schmalseiten wurde 1733 je ein Altar aufgestellt. Im Innern zeigt die Pfeilerbasilika trotz barocker Überformung 1730–40 ihre romanische Herkunft. Fünf rundbogige Arkadenreihen tragen das Mittelschiff, von dem vier Stufen in den zwei Joche fassenden spätgotischen Chor hinabführen. Die barocken Pilaster sitzen genau auf den Arkadenpfeilern, auf ihren Gebälkteilen ruhen die Stichkappen der Gewölbe. Die Flächen sind mit Laub- und Bandelwerk, mit zarten Netzen und Rocaillen in Stuck überzogen, der zumeist leicht getönt ist, zu voller Farbe in den Kartuschen drängt. Die stärksten Farben zeigen die Fresken des Regensburgers Andreas

Gebhardt, die er um 1745 in die drei Jahre zuvor gewölbte Tonne malte. Das Chorgewölbe trägt Mariä Reinigung und Jesu Darstellung im Tempel, das Langhaus Christi Geburt, Anbetung der Hirten und die Epiphanie (Erscheinung des Herrn; 6.1.), die Wandfresken bringen Ereignisse aus der Geschichte des Klosters, die durch Texte erläutert werden. Gebhardt malte auch das Blatt ›Mariä Himmelfahrt‹ für den um 1745–50 errichteten Hochaltar mit seinen gedrehten Säulen, die wohl Asams Altar in Osterhofen nachempfunden sind (Abb. 58). Die ursprünglich vor dem Hochaltar postierten Chorstühle aus dem frühen 15. Jh. kamen um 1700 in den neugestalteten Mönchschor auf der Empore, wo sie barock bekrönt wurden. Zu dem alten Bestand gehört noch eine um 1420 gemeißelte Figur der Muttergottes in der Art des Weichen Stils und eine als Gnadenbild verehrte Tonfigur Mariens auf dem nördlichen Seitenaltar, um 1460 geformt. Die zur Grablege umgebaute nordöstliche Kapelle birgt das 1304 geschaffene Hochgrab des Stifters Diepold II., eine Rotmarmorplatte für Herzog Otto I. von Mosbach im Prunkmantel und eine Memento-mori-Darstellung (verwesender Leichnam) mit wappenhaltenden Löwen für dessen Sohn Joh. von Mosbach († 1486 im Hl. Land). Bevor Sie sich den einst so wehrhaften Klostergebäuden mit dem ‘mathematischen Turm’ für astronomische Beobachtungen zuwenden, sollten Sie sich noch die aus Bronze gegossenen Löwenköpfe mit Ringklopfern von 1250 an den Türen betrachten.

Von Reichenbach gelangt man über Nittenau entlang den Biegungen des Regen oder auf direktem Wege über Kürn nach Regensburg. Fährt man am Regen entlang, so passiert man die mittelalterlichen Burgen Hof, Stefling und Stockenfels, alle im Besitz der Grafen von der Mühle-Eckart (Du Moulin-Eckart). Stockenfels hat sich einen Namen als »Geisterburg der Bierbrauer« gemacht, weil der Sage nach alle unredlichen Brauer, Wirte und Schenkkellner dorthin verbannt werden, in manchen Nächten umgehen.

PRÜFENING, Pfarrkirche St. Georg   Hochgrab des Abtes Erminold (Detail). 1283

V Donauaufwärts bis Weltenburg

Erlebnisreich ist eine Schiffsfahrt von Regensburg die junge Donau aufwärts bis zu ihrem Durchbruch beim Kloster Weltenburg. Da wir dabei aber einen Höhepunkt romanischer Freskomalerei versäumen würden, nehmen wir lieber den Landweg über Prüfening, das 1938 nach Regensburg eingemeindet wurde. Etwas abseits vom Ortskern steht die 1109 von Bischof Otto I. von Bamberg gegründete BENEDIKTINERABTEI PRÜFENING, die bis zur Säkularisation der kirchlichen Hoheit des Hochstiftes Bamberg unterstand. Ein Märlein will wissen, daß Bischof Otto beim Regensburger Reichstag von 1107 keine Unterkunft mehr erhalten habe, am Fuß des Hügels eingeschlafen sei, im Traum blumenstreuende und liedersingende Engel herniederschweben sah und ein Kloster an der wasserreichen Stelle gegründet habe. Bischof Otto, ein Realist und Staatsmann, gründete seine sechs Klöster in der Oberpfalz sehr bewußt, beschenkte sie reich mit Grundbesitz, vor allem 'im Wald', setzte 1114 in Prüfening Mönche aus dem Reformkloster Hirsau im Schwarzwald ein und berief als Abt den im Ruf der Heiligmäßigkeit stehenden Erminold aus Hirsau. Dessen Klosterdisziplin war allerdings so hart, daß ihn 1121 ein empörter Mönch erschlug. Die Gebeine des seliggesprochenen Abtes wurden 1283 in einem Hochgrab vor dem ehem. Kreuzaltar beigesetzt. Ein bedeutender Bildhauer der Regensburger Dombauhütte schuf die lebensgroße Figur des Abtes mit dem durchgeistigten Gesicht und den zwingenden Augen. Nach diesem Hauptwerk erhielt der unbekannte Künstler, der auch die Verkündigungsfiguren im Dom und den lehrenden Petrus (jetzt Museum) geschaffen hat, den Namen ›Erminoldmeister‹.

Damit wurde bereits ein Anziehungspunkt der ehem. Kloster-, jetzigen Pfarrkirche ST. GEORG genannt. Hinter altem Baumbestand erhebt sich eine dreischiffige Pfeilerbasilika mit östlichem Querschiff, deren schlichte Türme mit fünf Geschossen aus den beiden östlichen Seitenchören aufsteigen. Bis auf die 1718 vorgeblendete barocke Westfassade und der im frühen 17. Jh. nachgebildeten mittleren Chorapside hat die Kirche das Gesicht der Bauzeit (1109–14) bewahrt, ist das erste größere Werk der hirsauischen Bauschule in Bayern geblieben, wo man bis dahin weder Osttürme noch Ostquerschiffe gekannt hatte. Bei den Umbauten im frühen 17. Jh. hat man allerdings die Apsiden der Querschiffarme beseitigt und die sieben kleinen Langhausfenster der Romanik in Rundaugen vergrößert. Durch ein altes Portal mit dreimal gestufter Laibung gelangt man in den hohen Innenraum, den seit dem Barock Kappengewölbe überfangen. Die Gewölbemalerei der Schiffe leistete mit Märtyrerszenen, mit St. Helena und St. Maria um 1709 Otto Gebhard, zur Sechshundertjahrfeier in Auftrag gegeben von dem kunstliebenden Abt Otto Krafft, der wegen Verschwendung abgesetzt, später aber rehabilitiert wurde.

Großartig sind die 1897 aufgedeckten, leider etwas ergänzten *Wandmalereien* aus der Zeit zwischen 1130 und 1160, was nicht nur an Inschriften einer darunter liegenden Malschicht ermittelt, sondern auch an gleichzeitigen Buchminiaturen festgelegt werden kann. Leider fehlt der Bezugspunkt des ganzen Programms, Christus über den Aposteln thronend, denn die mittlere Apsis wurde ja später erneuert. Erhalten blieb jedoch im Hochchorgewölbe eine gekrönte Frauenfigur mit Kreuzfahne und Erdscheibe in Händen (Abb. 68), die Ekklesia (Kirche), die durch die Umschrift »virgo perennis« (ewige Jungfrau) mit Maria verschmolzen wird. Die Evangelistensymbole (Engel; Löwe; Stier; Adler) sitzen in den Gewölbezwikkeln. Die Seitenwände sind mit je vier Streifen bemalt, von denen die auf der Nordwand Prophetenfiguren in herrscherlicher Kleidung (Abb. 69), die auf der Südwand Märtyrer mit der Siegespalme zeigen. Von den Propheten sind nur Zacharias, Daniel und Ezechiel namentlich genannt; beide Gruppen lobpreisen mit Spruchbändern Christus. Im dritten Streifen von oben trägt die Nordwand vier hl. Mönche, die Südwand vier hl. Anachoreten (Einsiedler), der unterste schließlich je eine anbetende Gestalt. Dabei ist die Figur auf der Nordwand durch das kaiserliche Ornat als Heinrich V. (1106–25), die auf der Südwand mit Mitra und Hirtenstab als Bischof Otto I. von Bamberg (1102–39) ausgewiesen. – Der dem hl. Johannes geweihte nördliche Nebenchor trägt das kaum mehr erkennbare Bild seiner Enthauptung mit Grablege und Verklärung (Engel tragen seine Seele zum Gotteslamm im Himmlischen Jerusalem). Der südliche Nebenchor, dem hl. Benedikt geweiht, zeigt u. a. Christus segnend über der Strahlenbahn, auf der Benedikts Seele zum Himmel fährt, dieweil in der Kuppel die zwölf Apostel zur Verehrung des Gotteslammes vereinigt sind. An der Nordwand blieb eine kleine Szene aus dem Leben Benedikts erhalten: ein heimtückischer Mönch will ihm Gift geben. – Auch die Innenseiten der Vierungspfeiler haben Malereien bewahrt, so eine papstfreundliche Szene, wie sie während des Investiturstreites nur selten erhalten blieb. Am nordöstlichen Pfeiler hat man einen weiblichen Kopf als Ekklesia gedeutet, unter der Petrus einem König und einem Bischof das Schwert herrscherlicher Gewalt verleiht. Die beiden Seitenfiguren wurden als Kaiser Konstantin und Papst Silvester gedeutet, die Ahnherrn eines christlichen Imperiums.

Der HOCHALTAR, eine Renaissancearbeit um 1610, soll vom Meister des Hochaltars von Karthaus-Prüll stammen. Im geschnitzten Antependium, das in Gold und Silber gefaßt ist, wurde 1710 der Schrein mit den Reliquien des Erminold hinter Schauglas aufgestellt. – Der Magdalenenaltar im nördlichen Querhaus, ein Prunkstück des Barock, 1710 von Abt Otto Krafft gestiftet, ist eine Arbeit des Prüfeningers Franz Anton Ney. Joh. Gebhards Altarbild der schönen Büßerin wurde seinem Gönner zum Verhängnis, denn der Vorwurf der Verschwendung wurde verschärft durch den einer unsittlichen Abbildung, da die Magdalena ».. . nackt und kaum die Brüste mit den Armen genug bedecke«, – nackt war nur der Hals.

Interessieren kann noch die ehem. Kirche St. Andreas, ein unscheinbarer Bau westlich des Klosters, 1125 von Bischof Otto I. von Bamberg geweiht, der Würfelkapitelle mit Ecknasen enthält, wie sie typisch für die Hirsauer Schule sind. – Im Boden versunken steht nahe den Ökonomiegebäuden, versteckt unter Bäumen, ein Brunnenhäuschen aus der Zeit des Abtes Erbo (1121–63), sorgfältig aus verfugten Quadern gebaut, mit reich profiliertem Sims und Rundbogenfries geschmückt.

Über Bad Abbach, dem idyllischen 'Hausbad' der Regensburger, Herrensaal und Kelheimwinzer erreichen wir eine der Urzellen wittelsbachischen Besitzes: Kelheim.

Kelheim

Die Stadt steht auf altem Siedlungsboden, denn das linke Altmühlufer war bereits in der Altsteinzeit, der Michelsberg (der die Befreiungshalle trägt) in der Jungsteinzeit besiedelt. Urkundlich wird Kelheim allerdings erst 866 erwähnt, wird um 1000 befestigter Markt, im 11. Jh. Residenz der Grafen von Scheyern und ihrer Erben, der Wittelsbacher, die 1181 Kelheim zur Stadt erheben lassen. Herzog Ludwig (II.) der Strenge verlegt dann die Stadt vom linken Altmühlufer (Vorstadt Gmünd) auf die breite Landzunge zwischen Altmühl und Donau. Sie erhielt einen nahezu quadratischen Grundriß, von einer Längs- und einer Querachse durchzogen, über deren Kreuzgang einst das Rathaus stand, das im 19. Jh. abgerissen wurde; das heutige Rathaus ist die ehem. Stadtschreiberei. Von den Mauern stehen nur noch Reste an der Nordseite, von den Türmen noch drei, aber alle drei Tore blieben erhalten, wovon Donau- und Altmühltor aus dem 13. Jh. stammen, das Mittertor dem 14. Jh. angehört. Während das ehem. Herzogsschloß außerhalb der Stadt auf einer Insel lag, die von der ›Kleinen Donau‹, einem Donauarm zum Stadtgraben, gebildet wurde, liegt der mächtige Herzogskasten (Frucht- und Abgabenspeicher) inmitten der Stadt. An die Präsenz der Wittelsbacher erinnert auch die Spitalkirche St. Johannes, von Otto dem Erlauchten an der Stelle errichtet, an der 1231 Herzog Ludwig der Kelheimer ermordet wurde. Das Sühnekreuz wurde später hinter dem Chor aufgestellt, offenbar um die Pfründner nicht zu stören, die im 1500 angegliederten ›Reichen Spital‹ unterkamen. An der Pfarrkirche Mariae Himmelfahrt, die im 15. Jh. abseits des Marktes gebaut wurde, ist eine spätgotische Madonna über dem südlichen Seitenportal bemerkenswert. Beim Schlendern durch Kelheim finden Sie fast ausschließlich schönste Ausprägungen des ›Altmühltalhauses‹ mit der flachen Stirn, dem niederen Giebel, dem Dach, das mit der Flucht der Stirnmauer abbricht. Zuweilen schwingt das Dach etwas barock mit, sind flache oder keilförmige Erker eingelassen worden.

Um und in Kelheim rückt die Befreiungshalle immer wieder ins Blickfeld (Abb. 72), was durchaus in der Absicht ihres Gründers lag, der den 45 Meter hohen Bau auf dem Michelsberg errichten ließ, der sich 100 Meter über die Stadt erhebt. König Ludwig I., der im Gegensatz zu seinem Vater, einem langjährigen und erfolgreichen Parteigänger Napoleons I., in seiner Jugend für die ›teutsche‹ Sache und Einheit schwärmte, wollte ein Denkmal zur Erinnerung an die Befreiungskriege setzen. Der Gedanke kam ihm 1836 auf einer Reise durch Griechenland, das sich 1821–30 von der türkischen Herrschaft befreit und seinen Sohn Otto 1832 als König angenommen hatte. Ludwigs Architekt Friedrich Gärtner (1792–1847), der die Bauten an der Ludwigsstraße in München entworfen hatte, wurde beauftragt, auf diesem das Donautal nach dem Austritt aus der Weltenburger Enge beherrschenden Berg auf achtzehneckigem Grundriß einen ›byzantinischen‹ Rundbau zu errichten. Der Bau ging nur langsam voran, so daß bei Gärtners Tod erst die Grundmauern und zwei der mächtigen Sockelstufen fertig waren. Der zum Nachfolger eingesetzte Leo von Klenze (1784–1864), Erbauer der Glyptothek und Pinakothek in München, hielt zwar am Grundriß fest, entschied sich aber als Klassizist für Formen der römischen Antike. Als Ludwig I. 1848 abdankte, blieb die Baustelle Jahre verwaist, bis sich Ludwig entschloß, aus eigenen Mitteln den Weiterbau zu finanzieren, der rechtzeitig zum 50. Jahrestag der Völkerschlacht bei Leipzig fertiggestellt und am 18. 10. 1863 als persönliches Geschenk Ludwigs allen Deutschen geöffnet wurde.

Der kolossale Rundtempel, der sein Vorbild, das Pantheon in Rom, nur ahnen läßt, birgt einen riesigen Kuppelraum (Abb. 71). Zwei Ränge gliedern ihn: eine achtzehnfache Nischenreihe unten, eine Säulengalerie oben. Vor die Nischenreihe sind Viktorien aus Marmor gestellt, die nach Modellen von Ludwig Schwanthaler gearbeitet wurden und die 34 deutschen Staaten symbolisieren sollten, die 1815 die napoleonische Ära überstanden hatten. Auf ihren Bronzeschildern, die sich im Marmorboden des Mittelrundes spiegeln, stehen die Schlachtenorte der Befreiungskriege 1813–15, auf den Schrifttafeln zu Häupten der Viktorien die Namen der Feldherrn, und goldene Lettern künden im Architrav die Namen der eroberten Festungen. Sechs Kassettenkränze gliedern die Kuppel, deren Laterne der einzige Spender des Tageslichtes ist, das den mit Marmor und Granit ausgekleideten Wänden und Böden Glanz verleiht. Ursprünglich sollte auch die Außenhaut, die jetzt eine gelbe Putzschicht auf Ziegelmauern trägt, ganz in Kelheimer Marmor ausgeführt werden, was dem Innenraum viel von seiner glänzenden Wucht genommen hätte. Die 'schmälere' Schatulle eines abgedankten Königs hat hier eine geschmackvolle Grenze gesetzt.

Kloster Weltenburg

Donauaufwärts gelangen wir nach Weltenburg. Genußreicher ist die Fahrt auf einem Dampfer, der einen Teil des Donaudurchbruches erleben läßt (Abb. 70). An diesem einsamen Ort, hart am Ufer der Donau, hinter sich den Steilhang des Frauenberges, soll bereits 620 durch Abt Eustasius von Luxeuil, einem Schüler des Bayern-Missionars Kolumban, eine Zelle begründet worden sein. Den Platz soll die fromme Langobardenkönigin Theodolinde, die Tochter des Bayernherzogs Garibald I., besorgt haben, die mit Papst Gregor dem Großen im Briefwechsel stand; er widmete ihr vier Bücher seiner ›Dialoge‹. Herzog Tassilo III. (748–88), der letzte der Agilolfinger, den Karl der Große absetzen ließ, erhob die Zelle 760 zur Benediktinerabtei. In den Ungarnzügen des 10. Jh. und in den

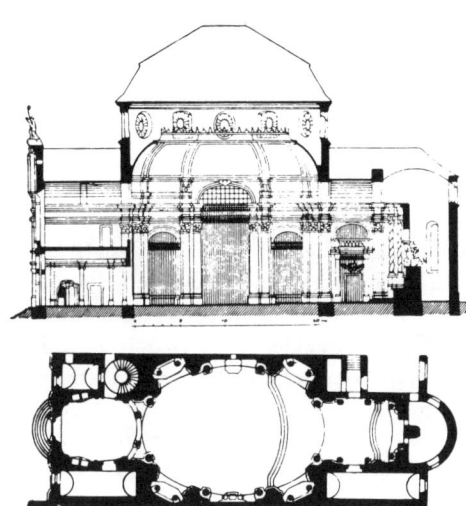

Kloster WELTENBURG an der Donau. Längsschnitt und Grundriß

Glaubenskriegen des 16. und 17. Jh. wurde sie jeweils zerstört. Abt Maurus Bächl (1713–43)
leitete den Wiederaufbau von Kloster und Kirche, wie sie sich heute präsentieren. Zwar
wurde die Abtei 1803 säkularisiert, doch 1842 von den Benediktinern erneut erworben und
ist seit 1913 wieder Abtei.

Cosmas Damian Asam, der Baumeister von St. Georg und St. Martin, brauchte auf
Vorgänger keine Rücksicht nehmen, konnte an die Flucht der Konventsgebäude eine
dreiachsige Fassade mit großem Mittelfenster und Dreieckgiebel stellen, die erst im 19. Jh.
mit einer Benediktfigur bekrönt wurde. Wir treten in eine niedrige ovale Vorhalle ein, die
den Psallierchor der Mönche und die Orgelempore trägt. Ausgestattet wurde sie erst 1751
mit Stuck von Franz Anton Neu nach Vorlagen der Brüder Asam. Das Deckengemälde
Jüngstes Gericht ist eine Arbeit von Franz Asam, Sohn des Cosmas Damian, von 1745.
Bevor der Gläubige den langgestreckten Hauptraum betritt, wird sein Blick im Durchgang auf die stuckierten Symbole der ›Vier letzten Dinge‹ gelenkt: Tod, Gericht, Hölle,
Himmel.

Wer den mit ockergelbem und grauem Stuckmarmor ausgekleideten HAUPTRAUM betritt,
erblickt den Altar weit in der Ferne in einer Abfolge von Hell-Dunkel-Kulissen, bewirkt
durch die hochsitzenden Fenster. Diesen Effekt hatte der Architekt gar nicht erzielen
wollen; erst durch Joh. Konrad Brandensteins Orgel auf der Empore wurde das Licht aus
dem großen Westfenster ausgeschaltet. Über den Säulen und Pilastern aus (echtem) Marmor
der Umgebung wölbt sich die Kuppel, die jedoch auf halber Höhe abgesetzt wird. Eine
gemalte Architektur führt auf der flachen Decke eine Wölbung weiter, beleuchtet aus
unsichtbaren Fenstern des Tambours. Im *Deckenfresko* hat Cosmas Damian das Schema der
Glorienkuppel, die Anordnung der Heiligen in konzentrischen Kreisen, aufgegeben, dafür

eine Hauptgruppe gebildet, die in mächtiger Pyramide bis zu Christus und Gottvater aufsteigt. Von rechts nahen Benedikt und seine Schwester Scholastika samt den Heiligen des Benediktinerordens, dahinter Abt Maurus mit seinem Konvent, dazwischen ein Engel mit den Zügen Egid Quirin Asams, dessen Bruder die Figuren und den Stuck schuf. Auf der anderen Seite kann man unter den Aposteln deutlich Petrus und Johannes ausmachen, die mit einem Netz die Herzen der Gottesfürchtigen fischen. Zur Orgel hin scharen sich Frauen und Jungfrauen um die hl. Cäcilie, Schutzpatronin der Musik. Aus der (gemalten) Laterne senkt sich schließlich die Taube des Hl. Geistes herab. Diese Darstellung der triumphierenden Kirche war keine Schaustellung artistischer Effekte, sondern sollte dem Andächtigen die Verklärung der Himmlischen zeigen, ihn erschüttern und zur Umkehr bewegen.

Als vermittelndes Glied zwischen den Heiligenscharen dient der *Kronreif* zu Füßen der Komposition, der frei zu schweben scheint, ein in Deutschland einmaliges Schmuckstück; nur Borromini hat in S. Carlo alle Quattro Fontane über dem Gesims unmittelbar vor die Mauer einen Reif mit Zacken und Sternen gelegt. Überboten wird dieser Effekt vom theatermäßigen Aufbau des ALTARES. Aus leuchtender Ferne, erzeugt durch drei unsichtbare Fenster, reitet der hl. Georg, der Patron der Kirche, unter einem Triumphbogen in den Chor der Kirche, begleitet von den Zeugen seines Kampfes: der in der Abwehr erstarrten Prinzessin und dem Drachen, der sich vergeblich gegen das Feuerschwert aufbäumt. Das ›himmlische Licht‹ fällt auch auf den hl. Martin, dessen Gans den Drachen anzischt, und den hl. Maurus, der die Züge des Bauherrn Maurus Bächl trägt. Im Bogenscheitel sitzt das kurbayerische Wappen. Dahinter steigt auf Stuckwolken Maria in den Himmel, wo Christus unter einem Baldachin herabsteigt, seine Mutter zu empfangen. (Dabei wird der im Barock beliebte Übergang von Malerei in Plastik vorgeführt: Christus und die Engel sind gemalt, die Wolken dagegen gehen in Stuck über.) Die Seitenwände des Chors hat Egid Quirin für Oratorien reserviert und darüber versilberte Engel gesetzt, die mächtige Draperien aus rotem Stuck raffen. Das *Fresko* an der Apsiswand, das durch den Altarbogen schimmert, verbindet die Darstellung der Immaculata (der Unbefleckten) mit der Verherrlichung des Georgi-Ritterordens, den Kurfüst Karl Albert 1729 zur Verteidigung der Lehre von der Unbefleckten Empfängnis Mariens wieder ins Leben rief. Von Cosmas Damian hingegen stammen die Fresken im Chorbogen, die Herzog Tassilo III. und den hl. Benedikt samt der Allegorie der Religion zeigen, die Wandfresken im Hauptraum (die Ankunft der ersten Benediktiner in Amerika und die Predigt des hl. Benedikt), schließlich die Fresken im Psallierchor, die zu andächtigem Gebet mahnen.

Weltenburgs Kirche, 1716–18 im Rohbau erstellt, bis 1751 fertig ausgestattet, ist zwar die kleinste Abteikirche an der Donau, aber in Architektur, Licht- und Farbwirkung, dank der Genialität der Brüder Asam, die vorzüglichste. Dank des Bauherrn konnten sie hier ihr ganzes Können ausspielen.

Kurze Geschichte Niederbayerns

Der südlich der Donau liegende größere Teil Niederbayerns gehörte zur römischen Provinz Rätien, deren Grenze dank der Eroberungen des Tiberius und Drusus, der Stiefsöhne des Kaisers Augustus, bis an die Donau ausgeweitet wurde. Gesichert war diese Linie durch Kastelle in Eining (bei Neustadt/Donau), Regensburg, Straubing und Passau, die auch Mittelpunkte der kolonialrömischen Bevölkerung wurden, die aus Kelten und Römern zusammengewachsen war. Durchbrochen wurde der rätische Limes, der bei Kelheim ansetzte und bis Miltenberg am Main zog, von den Alemannen im Westen. Überschritten wurde der »nasse Limes« der Donau um 230 von Juthungen und anderen Stämmen der Hermunduren (Thüringer gen.), die eine Massenflucht der Bevölkerung über die Alpen auslöste, zumal die Städte nach der Plünderung durch Brand zerstört worden waren. Erst als die Bajuwaren in dieses 'herrenlose Land' eindrangen und zwischen Lech und Inn ihr Stammesherzogtum unter den Agilolfingern gründeten, war die Zeit der Verwüstungen beendet. Sitz des Herzogs wurde Regensburg und blieb es bis 1255. Schon unter Garibald I. (um 550) geriet das Stammesherzogtum nahezu unter fränkische Oberhoheit, von der sich die Agilolfinger immer wieder befreien wollten, bis Karl der Große 788 Tassilo III., der u. a. Kloster Weltenburg gestiftet hatte, absetzte und ins Kloster verbannte.

Die Christianisierung durch irische und schottische Mönche im 6. und 7. Jh. konnte nur in Regensburg und Passau an römische Überlieferungen anknüpfen. Gefestigt wurde das Missionswerk durch die Bistumsorganisation des Bonifatius mit Hilfe des Herzogs Odilo (737–48), wobei das heutige Niederbayern den Bistümern Regensburg, Passau und Freising angehörte. Nach dem Zerfall des Karolingerreiches übernahm Ludwig der Deutsche, gestützt auf sein Herzogtum Bayern, die Führung der ostfränkischen Stämme. Markgraf Luitpold fiel zwar 907 im Abwehrkampf gegen die Ungarn, doch erneuerte sein Sohn Arnulf (912–37) das Stammesherzogtum und behauptete sich auch gegen König Heinrich I., den er nur formell anerkannte. Otto der Große aber gab 947 das Herzogtum – 952 um Friaul vergrößert – seinem Bruder Heinrich, dem dessen Sohn Heinrich II. der Zänker folgte, der nach seiner Empörung gegen Otto II. ein um den Nordgau, die Ostmarken (Österreich), Kärnten und die italienischen Marken verkleinertes Herzogtum zurückerhielt. Des Zänkers Sohn, Kaiser Heinrich II. der Heilige, vergab viel Königsgut und den Familienbesitz an Klöster und seine Stiftung, das Bistum Bamberg. Die barocken Statuen Heinrichs II. und seiner Gemahlin, der hl. Kunigunde, in zahlreichen Kirchen des Landes zeugen bis heute von der großzügigen Förderung kirchlicher Stützpunkte, den einzigen kulturellen Mittelpunkten jener Zeit.

Kaiser Heinrich IV. setzte 1070 Welf I. zum Herzog ein, in dessen Familie Bayern verblieb bis zu Heinrich X. dem Stolzen, der 1139 Bayern an die Babenberger abgeben mußte. Zwar setzte Friedrich Barbarossa dessen Sohn Heinrich den Löwen wieder in seine Rechte ein, ließ ihn jedoch 1180 wegen verweigerter Heerfolge absetzen und ächten. Das diesmal um die Steiermark verkleinerte Herzogtum übertrug er Otto I. von Wittelsbach. Unter dessen Sohn Ludwig dem Kelheimer, dem Gründer der Städte Cham, Landau, Landshut und Straubing, und seinem Enkel Otto II. (1231–53), der Deggendorf und Dingolfing gründete, wuchs das wittelsbachische Eigengebiet aufs Dreifache. Ludwigs Heirat mit der verwitweten Gräfin von Bogen brachte nicht nur das in den 'Wald' reichende Gebiet der ausgestorbenen Grafen, sondern auch deren Rautenwappen an die Wittelsbacher. Gesichert wurde ihre Herrschaft durch zahlreiche Vogteien über Klöster, die ihre Nachfolger durch weitere Gründungen vermehrten.

Zersplittert wurde das Erbe, als die Söhne Ottos II. 1255 die Lande wie Privatbesitz an die Linien Oberbayern (mit der Rheinpfalz und der Kurwürde) und Niederbayern (Sitz Straubing) vergaben. Ludwig IV. von Oberbayern (1302–47) wurde 1314 König und 1328 Kaiser, erwarb für sein Haus Brandenburg, Tirol, Holland, Seeland und den Hennegau, teilte jedoch im Hausvertrag von Pavia 1329 seinen Neffen den Nordgau und die Rheinpfalz zu, während seine Söhne ihr Erbe in Oberbayern mit Tirol und Brandenburg und in Niederbayern mit den holländischen Provinzen teilten. Die Außenposten gingen verloren, die bayerischen Lande wurden viergeteilt, bis Albrecht IV. das ganze Herzogtum wieder vereinen und das Erstgeburtsrecht durchsetzen konnte.

In dieser turbulenten Zeit hatten die Stände (Prälaten, Ritter und Vertreter der Städte und Märkte) an Einfluß gewonnen, der durch eine straff-zentralistische Regierung zurückgedrängt wurde. Wilhelm der IV. (1508–50) begann an der Seite Habsburgs mit der Gegenreformation, die unter Albrecht V., dem prachtliebenden Ausstatter der Trausnitz, mit Gewalt beendet wurde. Wer nicht katholisch bleiben wollte, mußte das Land verlassen, so etwa Ulrich Schmidl, der Entdeckungsreisende der La-Plata-Länder, der auf seine alten Tage aus Straubing nach Regensburg fliehen mußte, wo er 1581 als Apotheker starb. Die paritätische Reichsstadt Regensburg und die kleine Grafschaft Ortenburg waren schließlich die einzigen Zufluchten der Niederbayern, die evangelisch bleiben wollten. Nach den Verwüstungen des Dreißigjährigen Krieges, die den Wittelsbachern die Kurwürde und die Oberpfalz eingebracht hatten, dauerte es etwa 40 Jahre, bis sich das Land erholt hatte, bis die großartigen barocken Kirchen, vor allem der Klöster am Rande des Gäubodens, errichtet und ausgestattet werden konnten. Während auf wittelsbachischem Territorium meist einheimische Meister zum Zuge kamen, wurden im Hochstift Passau, das erst 1803 zu Bayern kam, meist italienische Baumeister und Künstler herangezogen.

Der Wiener Kongreß (1814/15) bestätigte das Königreich Bayern u. a. in dem Besitz der passauischen Erwerbungen, die vor allem nördlich des Bischofssitzes bis an die Grenze

Böhmens und Oberösterreichs reichten, bescherten also den geschlossenen Bezirk Niederbayern. Bis heute ist er, nur mit der Oberpfalz vergleichbar, ein überwiegend agrarischer Bezirk geblieben, in dem nur wenige Städte Industrie oder nennenswertes Gewerbe besitzen, allerdings die Dienstleistungen, vor allem im Teil des Bayerischen Waldes, zugenommen haben. Was Sie heute vorfinden, wollen Ihnen die nächsten Seiten erzählen.

DONAUSTAUF   Reste der Wandmalereien aus der Mitte des 13. Jh.

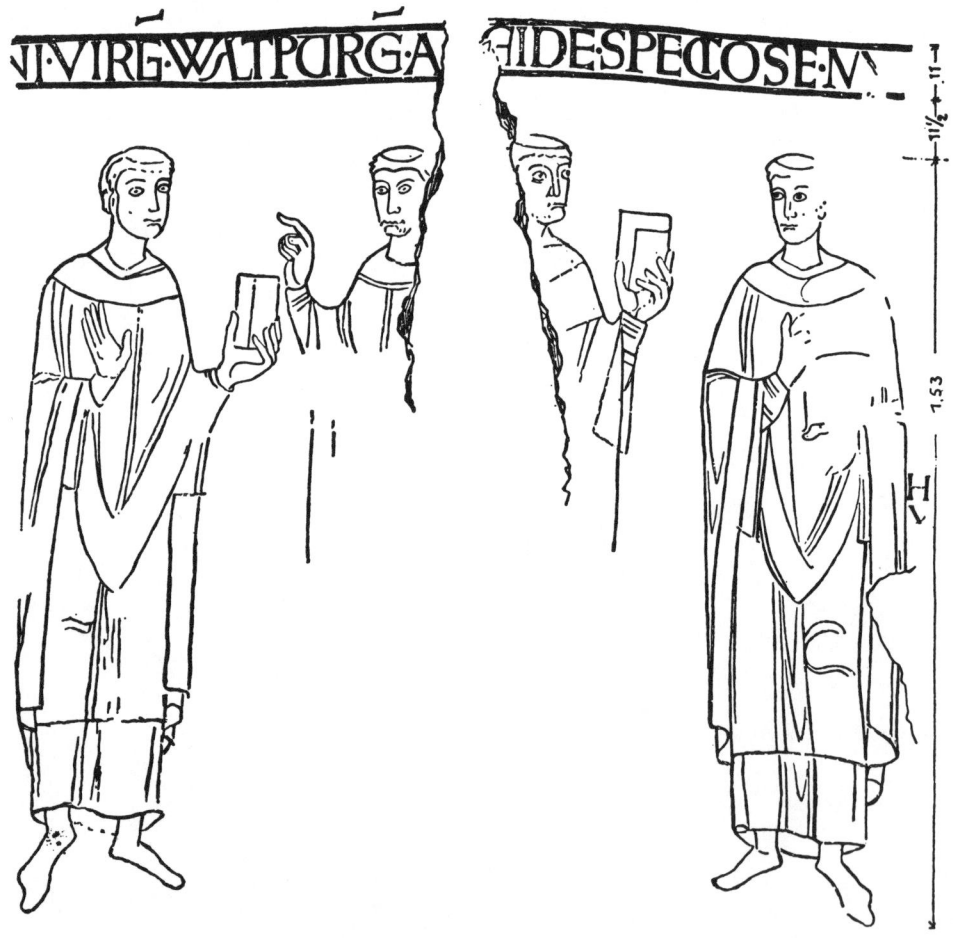

VI Von Regensburg durch den 'Gäuboden' nach Passau

Nachdem Regensburg Reichsstadt geworden und darin nach 1555 nur noch die Stifte katholisch waren, blieb dem Bischof allein ein kleines Territorium auf dem linken Donauufer und den Ausläufern des Vorderwaldes, die Herrschaften Donaustauf (Thumstauf) und Wörth. Die ungewöhnlich große BURG DONAUSTAUF, angeblich schon 925 von Bischof Tuto gegründet, wird 1133 in einer Fehde von Herzog Heinrich X. erobert und durch Brand verheert. Sie fällt an den Regensburger Bischof zurück, wird von Heinrich dem Löwen erneut genommen und wieder zurückerstattet, dann verpfändet, 1355 von Kaiser Karl IV. gekauft, aber 1373 an die Wittelsbacher gegeben, um Karls Sohn Wenzel Brandenburg mit der Kurwürde zu sichern. Nach weiteren Verpfändungen und Belagerungen ruinieren die Schweden 1634 die Burg endgültig. Sie mußten dabei immerhin fünf Torbauten mit fünf Zwingern überwinden, denn an dieser Kontrolle der Reichsstadt und des Verkehrs auf der Donau war die Befestigung stark. Erhalten blieben Reste des Palas (Abb. 73) und die Kapelle im Obergeschoß des Torturms, ein Raum mit neun quadratischen Gewölbefeldern, dessen Mauertechnik und Kapitellformen starke Verwandtschaft mit der Wolfgangskrypta von St. Emmeram aus der Mitte des 11. Jh. zeigen. Reste von Wandmalereien aus der Mitte des 13. Jh. tragen stilisierte Regensburger Bischöfe.

Unterhalb des Marktes Donaustauf schimmert über dem Westhang des waldbedeckten Breuberges, der hier 100 m aus der Donauebene aufsteigt, die Kopie eines griechischen Tempels, die WALHALLA (Ft. 9). Den Plan dazu faßte Kronprinz Ludwig schon im Frühjahr 1807, unmittelbar nach Preußens verheerender Niederlage, Bildnisse »rühmlich ausgezeichneter Teutscher« in einem Ehrentempel aufzustellen. Solange sein Vater, König Maximilian I. Joseph, auf der Seite Napoleons stand, konnte er von seinem Geld nur Büsten anfertigen lassen, wofür er die besten Bildhauer seiner Zeit beauftragte: Joh. Gottfried Schadow (1764–1850), Christian Daniel Rauch (1777–1857), Christian Friedrich Tieck (1776–1851) und Joh. Heinrich von Dannecker (1758–1841). Nach seiner Thronbesteigung 1825 waren bereits 60 Büsten fertiggestellt, darunter die von Goethe und Schiller, Friedrich II. von Preußen und Maria Theresia, Leibniz und Kant, Haydn und Gluck. Dabei war Ludwig I. nicht kleinlicher Vollstrecker seines Leitsatzes, daß nur der Walhallgenosse werden könne, »wer teutscher Zunge sey«. Beraten von Joh. von Müller nahm er auch Niederländer und Angelsachsen auf. Den Namen Walhall, von Müller vorgeschlagen, behielt er auch bei, als er am 18. 10. 1830, dem 17. Jahrestag der Völkerschlacht bei Leipzig, den Grundstein zu einem dorischen Tempel legen ließ, den Leo von Klenze nach dem Vorbild des Parthenon auf der Athener Akropolis als Peripteros mit je acht Säulen an den Schmal- und je 17 an den Längsseiten errichtete; am 18.10. 1842 wurde er geöffnet. – Wer gut zu Fuß ist, sollte sich nicht vom Parkplatz an die Rückseite des Tempels heranpirschen, sondern die 358 Marmorstufen vom Tal heraufsteigen, am zyklopischen Mauerwerk aus Dolomitblöcken entlang, um die herrliche Aussicht von den beiden Plattformen zu genießen (Ft. 9). Oben angekommen, sollte man den 66,7 m langen und 31,6 m breiten Tempel umschreiten, der im südlichen Giebelfeld (zur Donau hin) die Wiedererrichtung des Deutschen Bundes 1814, im nördlichen Giebelfeld eine Darstellung der Schlacht im Teutoburger Wald trägt, beide von Ludwig Schwanthaler (1802–48) geschaffen, der allein für die 21 m lange Nordgruppe über acht Jahre Arbeitszeit benötigte. Betreten wir das Innere durch die außen mit Bronze, innen mit Ahorn verkleideten Torflügel, so sehen wir eine durch Scheiben ausgeleuchtete Halle, in der die Gruppen von Büsten durch sechs Walküren (s. Edda, Völuspa, Str. 31) von Rauch getrennt sind, deren Bedeutung wie die anderer Details dem amtlichen Führer entnommen werden sollten. Die Brüstung des Umganges umzieht ein 85 m langes und 1 m hohes Relief, das der aus Würzburg stammende, in Rom als Antikenaufkäufer für Ludwig I. tätige Martin (von) Wagner (1777–1858) mit Szenen vom Aufbruch der Germanen aus ihren Ursitzen bis zu ihrer Christianisierung anfüllte, wobei er sich und seine Mitarbeiter bei der ›Predigt eines Missionars vor einer Jagdgesellschaft‹ porträtierte. Damit die Götterwelt der Germanen nicht fehle, goß der Münchner Stiglmayer für die Senkgiebel der Dachbinder drei Figurengruppen aus Zink.

Da der Platz für die Büsten seit je knapp war, wurden für weniger wichtige Persönlichkeiten (wie Claudius Civilis, Heerführer der Bataver; Athaulf, König der Westgoten; aber auch Walther von der Vogelweide und Elisabeth von Thüringen) in zwei Reihen Gedenktafeln angebracht. Schon Zeitgenossen mäkelten an der Auswahl, so Heinrich Heine, der Luthers Büste vermißte. Seit Ludwig I. Tod ist der bayerische Staat der Besitzer, bestimmt der bayerische Ministerrat, wer in die Walhalla aufgenommen wird. Als Ziel hatte der Erbauer vorgegeben: »Möchte Walhalla förderlich sein der Erstarkung und Vermehrung deutschen Sinnes! Möchten alle Deutschen, welchen Stammes sie auch seien, immer fühlen, daß sie ein gemeinsames Vaterland haben, ein Vaterland, auf das sie stolz sein können, und jeder trage bei, soviel er vermag, zu dessen Verherrlichung.«

Nach solch 'weltlicher' Prachtentfaltung möchte ich Sie zu einem Abstecher in den stillen Vorderwald verleiten, zum ehem. BENEDIKTINERKLOSTER FRAUENZELL, wobei Sie nach dem Winzerort Kruckenberg nach Norden abbiegen müssen. Aus einer Einsiedelei ging das Kloster hervor, das 1324 bestätigt und von den Herren von Brennberg sehr begünstigt wird, deren einer, Reimar III., Minnesänger war, aber 1276 von Regensburger Bürgern ermordet wurde. Von der Kirche aus dem 14. Jh. steht nur noch der wuchtige Turm im Klosterhof, denn Abt Benedikt Eberschwang (ein Metzgerssohn aus Wörth a. d. D.), der bereits 1722 einen neuen Konventbau hatte aufrichten lassen, bestimmte ihren Untergang, da er »die berühmteste und vortrefflichste Künstler« um Neubaupläne gebeten hatte, darunter auch

Einweihung der WALHALLA durch König Ludwig I. am 18. Oktober 1842. Lithographie von G. W. Kraus

die Brüder Asam, die damals an der Ursulinenkirche in Straubing arbeiteten. Unter seinem Nachfolger Kammermayer wurde 1747 die alte Kirche abgerissen und von 'verständigen Baumeistern' eine dreigeschossige Fassade mit einem Prunkportal errichtet, durch das man eine querovale Vorhalle und die Laienkirche betritt, während der runde Chor mit den Oratorien am Triumphbogenjoch den Mönchen vorbehalten war. Den eleganten Rokokostuck mit zartfarbenen Kartuschen, Vasen und Zweigen trug der Wessobrunner Anton Landes an, während der Prüfeninger Otto Gebhard mit der ›Himmelfahrt Mariens‹ im Langhaus sein bestes Deckenfresko schuf. Das Deckenbild im Chor, das die Engel mit den Leidenswerkzeugen zeigt, ist ebenfalls sein Werk wie weitere Szenen aus dem Marienleben, doch stammt das Fresko ›Maria als Helferin der Kranken‹ unter der Orgelempore von Martin Speer aus Regensburg, der eine seltene Ölharztechnik anwandte. Den Hochaltar bestückte erst um 1780 der Landshuter Christian Jorhan mit Figuren, die seltsam zum *Gnadenbild* im Gehäuse kontrastieren, das um 1650 geschaffen wurde und Ziel einer kurzlebigen Wallfahrt gewesen ist. Maria ist als Patrona Bavariae mit Szepter und Strahlenkranz dargestellt (Ft. 34), ein Mittelpunkt benediktinischer Marienverehrung in einer kostbaren, wenig besuchten Kirche.

Über Wiesent gelangen wir in den 'Gäuboden' zurück, jenes flache, vor allem südlich der Donau in die Breite laufende lößhaltige Gebiet, das seit vier Jahrtausenden unter dem Pflug liegt und immer noch hohe Ernteerträge liefert. Im Unterschied zu den Gaulandschaften der

215

schwäbisch-fränkischen Stufe, die ebenfalls auf Lößinseln liegen, hat man in Niederbayern Boden und Hof nicht in der Realteilung zersplittert, sondern dem ältesten, selten dem jüngsten Sohn ungeschmälert überlassen. Diese großen Betriebe sind heute vollmechanisiert, können also auf die Schwärme von Erntearbeitern aus dem 'Wald' und aus Böhmen verzichten, die nach der Arbeit auf dem Heimweg in Straubing, Plattling, Deggendorf und Vilshofen eingekauft haben, denn ihnen stand ein langer und armer Winter bevor. – Einer der kleinen Marktflecken ist WÖRTH A. D. DONAU, das sich um die Burg der Bischöfe von Regensburg legt (Abb. 74), von der noch das Torhaus von 1525 steht, von zwei dicken Batterietürmen gedeckt, während weitere runde Batterietürme die anderen drei Ecken der Wehranlage sichern. Im Hof steht der Bergfried, ein mittelalterlicher Wohnturm, der ehedem auch Rüstkammer und Gefängnis barg. Gegenüber erhebt sich der dreiflüglige Fürstenbau, den der Administrator Pfalzgraf Johann (1507–38) begann und Bischof Albert Freiherr von Törring im frühen 17. Jh. vollendete. Das mittlere Portal führt zu den Wohngemächern, von denen das Schlafzimmer eine prächtige Holzdecke von 1616 besitzt, das Rondellzimmer Stuck und Deckengemälde (Prokris und Kephalos) von 1676 trägt. Durch den Südflügel läuft der Festsaal, der an die Schloßkapelle St. Martin gefügt ist, ein Bau von 1616 mit Kreuz- und Kappengewölben auf Konsolen der Renaissance, den Scheitel mit dem Törringwappen geziert. Dieses Wappen schmückt auch den auf 1636 datierten Brunnen im Schloßhof, in dem jeden Sommer die ›Schloßfestspiele‹ Wörth als Freilichtspiele abgehalten werden. Die Fürsten Thurn & Taxis, Besitzer seit 1812, haben 1978 das Schloß an einen Ingenieur verkauft. – Die Pfarrkirche ST. PETER, auf älteren Fundamenten im späten 13. Jh. als dreischiffige gotische Basilika errichtet, hat eine gute steinerne Petrusfigur von 1464 über alle schweren Zeiten gerettet.

Vorbei an der Wallfahrtskirche in Niederachdorf, einer 1700 erbauten Rotunde, vorbei auch am romanischen Kirchturm von Oberzeitldorn gelangen wir nach STRAUBING auf dem rechten Donauufer, das bezeichnenderweise einen silbernen Pflug im roten Wappen führt, lebt doch die Stadt (und nicht nur ihre 124 Gaststätten und Hotels) stark vom bäuerlichen Hinterland. Die Zeiten allerdings, wo die reichen Bauern mit der Talerweste an Samstagnachmittagen im Nebenzimmer des Hotels Röhrl zum Kartenspielen Champagner auffahren ließen, sind lange vorbei.

Einst war Straubing das Kastell Sorviodurum, in dem eine Abteilung der in Regensburg stationierten 3. italischen Legion lag, von der u. a. ein dem Jupiter Dolichenus 163 n. Chr. geweihter Altar kündet. Als die römische Bevölkerung vor den einfallenden Alemannen 233 n. Chr. floh, versteckte jemand aus dünnem Goldblech getriebene Helmmasken, Beinschienen und Paradegarnituren in einem Herrenhaus am Alburger Hochweg, kam jedoch nie dazu, den Schatz wieder zu heben. Erst 1950 fand man die Kostbarkeiten bei einem Erdaushub in einem Kupferkessel wieder, verbrachte sie ins Straubinger STADT- UND GÄUBODENMUSEUM, wo die – vor allem die unter syrischem Einfluß entstandenen, bis dahin unbekannten Gesichtsmasken für Roß und Reiter – bei Führungen zu besehen (Ft. 30).

Die zu Ende der Völkerwanderung eingedrungenen Bajuwaren gründeten um 550 ›Strupinga‹ (bei Strupo und seinen Leuten). Das Königsgut, aus dem Kaiser Arnulf 898 einen

STRAUBING 1657. Kupferstich von Matthaeus Merian

Hof an seinen Verwalter Eoprecht schenkte, war einst Besitz Tassilos III. Es fiel an Heinrich, den Bruder Ottos I. des Großen, dessen Nachfahre, Bischof Bruno von Augsburg, das Kammergut an das Augsburger Domkapitel verschenkte, das es erst 1535 an die Wittelsbacher verkaufte. Ludwig der Kelheimer erhob den Ort 1218 zur Stadt, betrieb den Bau der Burg und eines Bürgerspitals, ließ die langgestreckte breite Marktstraße als Achse seiner geplanten Stadt anlegen. 1353–1425 war Straubing Sitz der wittelsbachischen Linie Straubing-Holland, kam 1429 an die Linie Bayern-München, erhielt nach der Wiedervereinigung Ober- und Niederbayerns 1505 eines der vier Rent(Finanz-)ämter des Herzogtums Bayerns, dessen Geschicke sie dann teilte.

Die ALTSTADT ist bürgerlich – da das Schloß an den Rand gedrängt ist – und spätgotisch geprägt, vor allem durch St. Jakob und die Karmelitenkirche, zu deren Türmen als drittes Wahrzeichen der 1316 begonnene STADTTURM zählt (Abb. 75), aus dessen vier Erkern die Wache nach Brand und anrückenden Feinden auszuschauen hatte. Mit der im Osten angebauten Trinkstube trennt er den Straßenmarkt in zwei Teile, in Theresienplatz und Ludwigsplatz, deren Fluchten noch aus spätgotischen Häusern mit den typischen Staffelgiebeln bestehen, die allerdings oft unter späteren, meist barocken Fassaden verborgen wurden. Größere Anlagen wie das Zellerhaus (Ecke Ludwigsplatz/Fraunhoferstr.) oder das Deschauerhaus (Ludwigsplatz 3) oder das Haus Ludwigsplatz 13 besitzen Arkadenhöfe des 16. und 17. Jh. oder Hauskapellen wie das Höllerhaus (Ludwigsplatz 168). Wertvolle Barockfassaden aus dem frühen 18. Jh. trägt das Haus Nr. 12 am Ludwigsplatz und das Gäubodenmuseum in der Fraunhoferstraße 9. Beide Teile des Marktes besitzen einen Zierbrunnen, so der Ludwigsplatz den Jakobsbrunnen von 1644, der Theresienplatz den Tiburtiusbrunnen von 1685. Imposanter jedoch ist die *Dreifaltigkeitssäule*, 1704 von der Bürgerschaft gelobt, als die Belagerung durch die Kaiserlichen im Spanischen Erbfolgekrieg ohne größere Schäden ablief, deren Figuren Michael Bernhard Mandl († 1711 in Prag), der »Böhme in

Salzburg«, bis zur Weihe 1709 lieferte. Hervorragend ist die Gruppe Mariä Verkündigung unter säulengetragenen Baldachinen seitwärts des Sockels gelungen, vor allem die anmutige Haltung der Muttergottes, die später vielfach nachgeahmt worden ist. Durch Mandls Werk unterscheidet sich die Straubinger Votivsäule von der zu Linz, Brünn oder auf dem Graben zu Wien. – Neben so viel Pracht, auch der von Matthias Obermayr im heitern Rokoko stuckierten Fassaden, verblaßt das RATHAUS, ein Doppelhaus von 1382 in der Platzflucht mit schönem Innenhof, dessen Saal durch zwei Stockwerke reicht.

Nun zieht es uns zu Straubings ältester Kirche, zu ST. PETER am Ostrand der Altstadt, für 1029 bezeugt, im späten 12. Jh. von Grund auf als dreischiffige romanische Basilika ohne Querschiff, aber mit drei parallelen halbrunden Chören im Osten und einem kräftigen Turmpaar im Westen erbaut. Da diese Anlage, bis auf geringe Abweichungen bei der Stellung der Türme, auch in Altenstadt-Schongau steht, da das Relief im Tympanon des Westportals nahezu identisch mit dem zu Altenstadt ist, schloß man auf die Tätigkeit einer Augsburger Bauhütte, die vom Bischof oder dem Domkapitel nach Straubing entsandt worden sein könnte. Das rundbogige, zweimal gestufte Westportal zeigt im Tympanonrelief den Kampf eines Gepanzerten gegen einen Drachen, der eben einen Mann verschlingt, worin man (getreu Petr. 3,1) Christus im Kampf gegen das Böse gesehen hat. Im Tympanon

STRAUBING, St. Peter   Tympanon des Südportals. 12. Jh.

des Südportals hingegen kämpfen zwei Tiere, wohl Löwe und Drache, gegeneinander, wobei man Christus als siegreichen Löwen aus dem Stamme Juda auffaßte. Aus dieser Zeit stammen auch die drei unteren Geschosse des Nordturms und alle Geschosse des Südturms, die ihre Dächer erst 1886 in der jetzigen Form erhielten. – Das INNERE ist sehr schlicht gehalten. Sechs Arkadenjoche ziehen nach Osten zur Apsis, die von den Apsiden der Nebenchöre flankiert wird. Die barocken Wölbungen der Schiffe wurden 1977/78 durch eine Flachdecke abgelöst, die der zur Bauzeit entspricht. Da Puristen im 19. Jh. die barocke Ausstattung ausräumten, stechen die wenigen verbliebenen Kunstwerke um so deutlicher hervor. Hervorragend ist der um 1200 entstandene lebensgroße romanische *Kruzifixus*, der noch aus der ersten Peterskirche herübergerettet wurde. Daneben verblaßt etwas das Steinrelief einer Kreuzigung mit Maria und Johannes, das um 1450 in die Tabernakelsteine zwischen Mensa und Wand eingefügt wurde. Die gut geschnitzten und farbig gefaßten Figuren der Heiligen Katharina und Barbara an den Chorwänden gehören dem frühen 15. Jh. an. Eine ergreifende Vespergruppe aus der gleichen Zeit steht in der Apsis des nördlichen Seitenschiffes. Nahebei, in der Taufkapelle des nördlichen Seitenschiffes, ein Kalksteinrelief der ›Beweinung Christi‹ im Epitaph für Veit Kargl († 1511). Der Taufstein im südlichen Seitenschiff mit der Figur des auferstehenden Christus ist wesentlich jünger, erst 1750 von Matthias Obermayr geschaffen.

So sehenswert wie der FRIEDHOF von St. Peter in Salzburg ist auch der um ST. PETER in Straubing, dessen zahlreiche schmiedeeiserne Grabkreuze und gegossene Denkmäler des jüngeren Klassizismus nicht nur von künstlerischen Begabungen zeugen, sondern auch die christlichen Ideen ihrer Zeit demonstrieren. Die zwei (von früher sieben) Kreuzwegstationen tragen Reliefs des Martin Leutner, der 1624 in Deggendorf tätig war. – Die älteste der drei Friedhofskapellen steht als doppelgeschossiger Karner (Beinhaus und Kapelle U. L. Frau) am weitesten im Osten. Der jetzige Altar von 1693 besitzt im Mittelfeld eine ausgezeichnete Maria mit Jesuskind, um 1490 geschnitzt, flankiert von den barocken Figuren St. Klara und Elisabeth von Thüringen. – Die AGNES-BERNAUER-KAPELLE ist von Herzog Ernst zur Sühne gestiftet worden, weil er, um die unebenbürtige Ehe seines Sohnes mit der Augsburger Baderstochter zu lösen, sie am 12. Oktober 1435 in der Donau ertränken ließ. Das Grabdenkmal (mit falscher Jahreszahl) steht an der Südseite, zeigt in rotem Marmor die reichgewandete Tote im Flachrelief, in der Rechten den Rosenkranz, zu Füßen zwei Hündchen, Symbole für die Treue beider Gatten. Das Grabmal, das dem Meister der Albrecht-Tumba in der Karmelitenkirche zugeschrieben wird, deckte die Bernauerin nur kurze Zeit, denn ihrem Wunsche gemäß wurde sie bei den Karmeliten zur letzten Ruhe gebettet. Der Altar war ursprünglich Epitaph der Familie Stadtler, nach 1618 durch Martin Leutner errichtet, der das Hauptrelief mit dem Gnadenstuhl durch zwei männliche Heilige flankierte, über die Säulen des Hauptgeschosses die Heiligen Franz von Assisi und Dominikus, in den Giebelaufsatz die hl. Magdalena zwischen Putten stellte. Die zahlreichen Grabdenkmäler an den Innen- und Außenwänden werden im Kirchenführer erläutert. – Die TOTEN- ODER SEELENHAUSKAPELLE hat 1486 der Stadtbaumeister Konrad am Südrand des Friedhofs über der Ringmauer errichtet. Ihr nördliches Schiff besitzt zwei Eingänge, da die

STRAUBING   Fresko in der Totenkapelle von St. Peter. 1763

Toten wahrscheinlich nach alter Sitte nach dem Gottesdienst durch die Kapelle zum Grabe getragen wurden. 1763 hat man nicht nur an der Nord- und Ostseite der Gruft Mauernischen für Särge eingebaut, Felix Hölzl bemalte außerdem die Wände des Langhauses mit Szenen eines *Totentanzes,* beginnend über dem Osteingang mit Adam und Eva, deren Verfehlung den Tod verursachte. Darüber erscheint die Immaculata als Überwinderin des Todes, während inmitten der Westwand die Auferstehung und das Letzte Gericht dargestellt werden. Rocaillewerk rahmt die Szenen, da der Tod Papst und Mönch, Fürst und Astronom, Geizhals wie Apotheker, den Vater und den Säugling in der Wiege, ja auch den Totengräber holt. Die Verse entstammen der volkstümlichen Dichtung, wie z. B.:

»O Tod, bewegen dich der Waisen Thränen nicht?
Soll denn der liebste Vatter schon ins Grabe gehn?
Ein frommer Vater geht getrost vor das Gericht,
Und wird die frommen Kinder einst im Himmel sehn.«

Ein großer barocker Ölberg mit bemalten Steinfiguren steht in einem Kapellenbau an der Ostseite. Das dort immer wieder gesuchte Kruzifix aus dem 12. Jh. ist als Leihgabe im Stadtmuseum.

Nachdem Herzog Ludwig der Kelheimer 1218 die Neustadt gegründet hatte, wurde eine kleine Kirche zu Ehren des Apostels Jakobus d. Ä. errichtet, die aber nach dem Aufschwung der Stadt zu Beginn des 15. Jh. nicht mehr genügte. Die jetzige Kirche begann man 1415, war drei Jahre später mit dem Chor fast fertig, doch dann schleppten sich die Arbeiten am Langhaus dahin. Erst 1512/13 begann man mit dem Turm, dessen zweites Obergeschoß 1529, dessen oberstes quadratisches Geschoß erst 1579 vollendet wurde. Den birnenförmigen Helm hat man erst nach dem Brand von 1780 aufgesetzt. Die katholische Restauration verlegte 1581, gerade als der Turm seine Höhe erreicht hatte, das Chorherrenstift St. Tiburtius von Pfaffmünster an die Kirche St. Jakob, wo es als Nachfolger des Augsburger Domkapitels die Pfarrei bis zur Säkularisation übernahm. St. Tiburtius (s. den Brunnen auf dem Stadtplatz) wurde zweiter Patron der Kirche und der Stadt.

Baumeister war Hans der Steinmetz (auch Hans von Burghausen und – vermutlich zu Unrecht – Hans Stethaimer gen.), der als Jugendarbeit schon die Straubinger Karmelitenkirche mitgebaut hatte, mit St. Jakob ein reifes Alterswerk schuf, eine dreischiffige spätgotische Hallenkirche mit einem Saum von 21 Kapellen in Chor und Seitenschiffen, deren Details Schnells Kunstführer Nr. 870 entnommen werden wollen. Zehn Säulenpaare tragen das 23 m hohe Gewölbe über die stattliche Länge von 82 m, wobei das östlichste Säulenpaar über dem Hochaltar etwas zusammengerückt wurde, um eine Art Triumphbogen zu bilden. Die Sockel sind, eine Rarität, als Elfeck gebildet, was als Symbol für Festigkeit galt, denn die Primzahl elf war nur durch eins teilbar. Obwohl, gerade in der Ausstattung, über ein halbes Jahrtausend an der Kirche geändert wurde, hat sie ihre Höhe und Weite bewahrt, wirkt licht und harmonisch (Ft. 24). Noch eindrucksvoller ist der Anblick des Ziegelbaues von außen,

STRAUBING, St. Jakob
Grabmal für
Bürgermeister Ulrich
Kastenmayr († 1431)

denn nur das Turmuntergeschoß und die Langhausgliederungen sind aus Kalkstein gearbeitet, alle Schiffe jedoch unter einem gewaltigen Dach geborgen (Abb. 75).

An der Südseite öffnen sich zwei Portale zum rechten Seitenschiff, wovon das westliche unter neugotischen Baldachinen die Heiligen Tiburtius und Georg zeigt, die auch im Tympanon der Gottesmutter huldigen. Das östliche Portal ist (wie alle Kapellen) eine Stiftung; Bürgermeister Hermann Zeller und seine Frau Anna haben sich neben Heiligen samt Wappen abbilden lassen. Vom gleichen unbekannten Künstler stammt das gegenüberliegende Portal der Nordseite mit der Hl. Familie im Tympanon, verehrt von St. Antonius von Padua und Franz Xaver. – Im Innern fällt zunächst ein Zyklus von 23 Darstellungen aus dem Leben Jesu und seiner Mutter auf, der nach Entwürfen des Straubingers Georg Kopp im frühen 17. Jh. über den Kapellenkranz gemalt wurde. Von den wertvollen spätgotischen *Glasmalereien* besitzt St. Jakob in fünf Fenstern stattliche Reste. Ein unbekannter Meister schuf um 1413 die älteste Reihe für die Maria-Hilf-Kapelle. Hervorzuheben ist das Hochfenster der Bartholomäuskapelle an der nördlichen Chorschräge, von der Schusterzunft gestiftet, dessen Afraszene und Anbetungsbild man früher H. Holbein d. Ä. zugeschrieben hat. In dieser Kapelle steht auch das vorzügliche *Grabmal für Bürgermeister Ulrich Kastenmayr* († 1431), wohl von dem Meister der Herzogstumba der Karmelitenkirche. Von großer Leuchtkraft ist das Mosesfenster über der Josefskapelle an der Südwand, um 1490 in einer Nürnberger Werkstatt nach einem Entwurf von Wilhelm Pleydenwurff (1450–94), dem Stiefsohn des Michael Wolgemut, ausgeführt.

Das Stiftskapitel beklagte sich 1590 bei Herzog Wilhelm V. in München, daß kein ansehnlicher HOCHALTAR in St. Jakob sei und bat erfolgreich um Unterstützung beim Erwerb eines solchen aus dem ehem. Augustinerkloster zu Nürnberg, der 800 Gulden kostete. Während das herrliche Bildnis Mariens und die Figur der Magdalena unverändert blieben, wurden Dominik, Johannes d. T. und Katharina in die Heiligen Jakobus, Tiburtius und Leonhard umgearbeitet. Die Tafelbilder auf den Doppelflügeln, dazu die beiden Passionsszenen werden auf Michael Wolgemut, den Lehrer Dürers, zurückgeführt, der sie um 1490 malte, während die Figuren um 1510 hinzugefügt wurden. – Das Sakramentshäuschen, ebenfalls aus dem Ende des 15. Jh. (nur Fuß und Behälter sind neu), reicht schlank bis ins Gewölbe, wo die oberste Kreuzblume sich ehrfürchtig zum hl. Sakrament neigt. Die Figuren sind Nachschöpfungen des 19. Jh. wie manche Glieder des Aufbaues. – An der Sakristeiwand steht das um 1700 geschaffene große barocke Kruzifix, das einst den Kreuzaltar beherrschte; dazu die Figuren von Maria und Johannes d. E., die 1783 bei Keller d. J., einem Straubinger Bildhauer, in Auftrag gegeben wurden.

Eine glanzvolle Schöpfung des bayerischen Rokoko ist die KANZEL (Abb. 76, 78), deren Korb, Rückwand und Schalldeckel der Münchner Hoftischler Myrowsky (Mirowski; Mirofsky), ein Mitarbeiter Cuvilliés d. Ä., fertigte, der allerdings den Preis ein Jahr nach Auftrag (1753) mit 4000 Gulden verdoppelte. Man fand den Ausweg, die unfertigen Teile durch den Straubinger Joh. Klembd fertigstellen und durch den Stukkateur Matthias Obermayr mit Reliefs bereichern zu lassen. Erst 1766 wurde Bernhard Scheck aus Straubing als Vergolder und Marmorierer tätig. Während St. Tiburtius auf einem der Reliefs dargestellt ist, steht der ältere Titularheilige Jakobus auf dem prunkvoll verzierten Schalldeckel. Ein reiches Portal mit der Halbfigur des hl. Joh. Nepomuk öffnet den Aufgang. Während das Relief an der Türe die Beichte der Königin vor Nepomuk darstellt, schildert das an der vorderen Seitenwand den Sturz des verschwiegenen Priesters von der Moldaubrücke zu Prag. Obermayrs Handschrift tritt bei den Ornamentrahmen hervor, in die Landschaftsszenen eingearbeitet sind.

Aus dem *Kapellenkranz,* im amtlichen Kunstführer beschrieben, interessieren einige Kunstwerke, so in der 5., der Schusterkapelle, ein Tafelbild mit der Gottesmutter und dem Jesuskind, das dem H. Holbein d. Ä. zugeschrieben wird, dann, von der Josefskapelle über den Kircheneingang gehängt, der hl. Josef in der Glorie, um 1725 von Cosmas Damian Asam gemalt, der opfernde Straubinger Bürgersfrauen abbildete. In der 14., der Dreikönigskapelle, Renaissancegestühl mit Intarsien aus Eichen-, Zirbel- und Wurzelholz, darüber das Grabmal des Ferdinand von Khuen-Belasy († 1618) mit gutem Relief ›Erweckung des Lazarus‹, dazu das Riesenfelsepitaph von 1707 des Salzburger Hofbildhauers Bernhard Mandl.

Kurz nach dem Umzug der Karmeliten von Regensburg nach Straubing 1367 wurden Kloster und Kirche begonnen, die allerdings erst 1464 ihren Chor gewölbt erhielt. Wolfgang Dientzenhofer barockisierte den Bau 1700–10, wölbte das Langhaus neu und fügte den Turm im Westen an, der 1860–70 seine Barockhaube zugunsten einer Spitze wieder abgeben mußte. Der kräftige Außenbau hat daran denken lassen, daß Hans von Burghausen (vgl. S. 221) in seiner Jugend hier mitbestimmend wirkte. Im Innern ging Dientzenhofer schonend mit dem alten Bestand um, blendete den schlanken Pfeilern der Gotik Halbsäulen und Pilaster vor, deren Kämpfer das barocke Stichkappengewölbe tragen (Ft. 24). Den vornehmen Stuck besorgte die Wandertruppe des G. B. Carlone und Paul d'Aglio 1701/02 gleichzeitig mit den Wandfresken des Melchior Steidl. Am HOCHALTAR mit der ›Ausgießung des Hl. Geistes‹ von Michael Unterberger überraschen die meisterlichen Figuren des Passauers Jos. Matthias Götz, der 1741/42 die Propheten Elias und Elisa sowie die Päpste Telesphorus und Dionysius bildete. Im Halbrund des Altars steht der glänzende Tabernakel, wie die Seitenaltäre von Götz 1740 entworfen, während die Kanzel erst 1756/57 von Anton Keller aufgestellt wurde. – Im östlichen Chorteil, dem Mönchschor, steht, aus Rotmarmor gehauen, die *Tumba für Herzog Albrecht II.* († 1397), ein kapitales Werk des Weichen Stils in Donaubayern. Den Kopf auf dem Polster, in den Händen Banner und Rautenschild, ruht der Tote befreit aus irdischer Bedrängnis. In der Südwand spricht eine Grabplatte von dem Ehepaar Nothafft, um 1470 geschaffen und dem Meister Erhart zugeschrieben, dem auch die Rotmarmorplatte des Ratsherrn Kaspar Zeller († 1464) unter der Westempore zugedacht wird, ebenso die benachbarte Platte für Wilhelm Zeller und seine Frau (um 1478). – Baumeister der Klostergebäude nördlich der Kirche war 1684 Kaspar Zuccalli.

Selbst wenn Sie jetzt kirchenmüde sind, eine, die KLOSTERKIRCHE ST. URSULA, sollten Sie noch betrachten. Als Kurfürst Max II. Emanuel 1690 in Straubing ein Ursulinenkloster gründete, wollte er die Bildung der weiblichen Jugend gefördert sehen, nachdem die

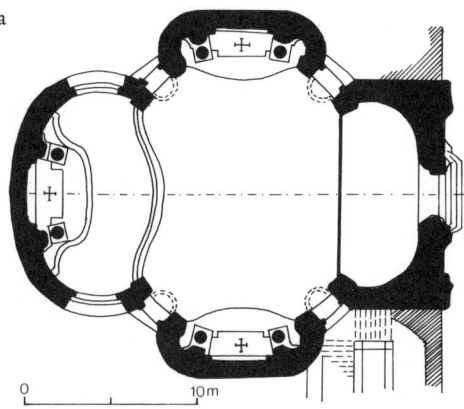

männliche Jugend seit 1631 am Jesuitengymnasium unterrichtet werden konnte. Bald war für den großen Zulauf an Schülerinnen die Kapelle in einem ehem. Pferdestall zu klein, und schließlich übereigneten Kurfürst Karl Albrecht und Kurfürstin Amalia 1731 den Salzstadel zwischen den Klosterkomplexen als Baugrund für eine Kirche Unbefleckte Empfängnis Mariä. Daß die Oberin Magdalena von Empach die in München wirkenden hervorragenden Brüder Asam gewinnen konnte, lag daran, daß sie die Tochter eines Münchner Bürgermeisters war und daß die Brüder bereits mehrfach für Straubing gearbeitet hatten. 1736 schreibt Egid Quirin, daß sie »ein freidt haben eine schoene Kirchen zu bauen und zu ziern«. Unter seiner Oberleitung erstellte Joh. Baptist Gunezrainer den Bau, den die Brüder 1738 mit Stuck (Egid Quirin) und Fresken (Cosmas Damian) ausstatteten. Nachdem C. D. Asam im ›Asamschlößl‹ in Thalkirchen bei München in seinem letzten Winter (1738/39) noch die Tafelbilder der Altäre malen konnte, mußte der vereinsamte Bruder bis in den Mai 1741 weiterarbeiten, bis Herzog Theodor, Fürstbischof von Freising und Regensburg, der Bruder des Kurfürsten, die Kirche weihte. Im Jahr zuvor war eine seiner Nichten bei den Ursulinen eingekleidet worden, die zwei große Ölbilder ihres Vaters fürs Refektorium mitbrachte, von denen eines jetzt den modernen Speisesaal der Internatsschülerinnen schmückt.

Da Egid Quirin nur einen Bauplatz von 20 m Breite und 26 m Tiefe vorfand, legte er um den Zentralraum in Kreuzform Chor, zwei Arme und die Vorhalle, doch nicht als Rechtecke, sondern als sich überschneidende Ellipsen, aus denen die konkav gerundeten Wände aufsteigen. In die diagonal gestellten Vierungspfeiler sind kleine Oratorien gefügt, die unteren mit halbrunden Balkonen, die oberen mit Stuckdraperien an den Fensterbrüstungen. Über die Vierung wurde eine 'böhmische Kappe' gewölbt, während Chor und Arme flache Halbkuppeln besitzen, die Empore von einer Tonne überwölbt wird. Licht sollte aus der engen Gasse durch drei große Fenster in den Raum fluten, doch hat man später durch ein hohes Orgelwerk das Mittelfenster verstellt. Geprägt ist das Innere durch die *Fresken* des Cosmas Damian, der über der Musikempore schon zwei Szenen aus dem Leben der hl. Ursula, einer britischen Königstochter, unterbrachte: Einschiffung zum Kontinent und Martyrium in Köln. Das Hauptfresko entwarf der »bedeutendste Barockfreskant Bayerns« nach einem Programm des P. F. X. Gumpp S. J., der die hl. Ursula mit ihren Gefährtinnen in den Himmel mit der Trinität und Maria führt. Ein Wald von Palmen (Zeichen des Sieges) soll die 11 000 Begleiterinnen andeuten, eine Zahl, die durch einen Abkürzungsfehler aus 11 entstanden ist, aber hartnäckig in der Legende bewahrt wird. Die damals bekannten vier Erdteile werden mit einer Weissagung des Propheten Malachias verknüpft, verkürzt auf den Kartuschen über den Oratorien geboten:

»AB ORTU ENIM SOLIS (Vom Aufgang der Sonne)
USQUE AD OCCASUM (bis zum Niedergang)
MAGNUM NOMEN IN GENTIBUS (Ist dein Name groß unter den Völkern)
ET OFFERTUR OBLATIO MUNDA« (und es wird ein reines Opfer dargebracht)

Asien wird durch die drei Weisen aus dem Morgenland charakterisiert; Europa durch die Mädchenbildung des Ursulinenordens, einschließlich Poesie, Malerei, Gesang und Instrumentalmusik; Amerika zeigt die Ankunft der Ursulinen in Quebec 1639; Afrika, durch eine Pyramide gekennzeichnet, die Abwendung vom Schlachtopfer und die Hinwendung zum Kreuz. Im ausgebesserten Deckenfresko des Chors sind die Herzen von Jesu und Maria von den Symbolen der göttlichen Tugenden und den Evangelisten umgeben. – Die Ausdeutung des Hochaltares, eines später oft kopierten Werkes des Egid Quirin, bringt der Kunstführer Nr. 890 ebenso wie die der Seitenaltäre, wobei das Bild auf dem linken Altar nach Auskunft der Sterbematrikel für M. Joanna Nepomucena Asam das letzte ihres Vaters gewesen ist. Man hat den Jubel der Farben, Formen und Altäre mit dem ›Halleluja‹ aus Händels Oratorium ›Messias‹ verglichen, das im Weihejahr 1742 uraufgeführt wurde. Die für damalige Zeiten hochmoderne Kirche, die Schöpfungen von D. Zimmermann und B. Neumann voraneilt, hat sicher erfüllt, was Egid Quirin schon 1736 dem Konvent versprach, daß sie an »ihriger Kirchen ein sattsames Contento und große freüdt haben werden«. – Zusätzlich zum klösterlichen Gymnasium mit Realschule betreuen die Ursulinen noch Klassen der städt. Agnes-Bernauer-Volksschule.

An die Zeit als Residenzstadt erinnert das SCHLOSS im Nordosteck des alten Straubing, das 1356 unter Herzog Albrecht II. begonnen wurde. Sein Fürstenbau mit den beiden Türmen, der ramponierte Festsaal im Nordflügel, die 1373 geweihte Schloßkapelle wurden bald, da der Hof nach München zog, Amtsgebäude, so für das Rentamt, dessen Neubau 1739 eine barocke Fassade erhielt.

Von St. Jakob wird die nahe WALLFAHRTSKIRCHE MARIÄ HIMMELFAHRT in Sossau betreut, deren Gnadenbild, eine steinerne Madonna mit Kind, aus dem frühesten 14. Jh. stammt. Der Legende nach habe die Figur zunächst in Antenring gestanden, sei jedoch, als die Wallfahrer durch Wegelagerer belästigt worden seien, auf Veranlassung der Muttergottes 1177 mitsamt der Marienkapelle von Engeln an die jetzige Stelle getragen worden, woselbst die Bauern vom 'Frauenglöckl' geweckt wurden, das heute neben dem Hochaltar steht.

Selbst Kurfürst Karl Albrecht ließ 1736, umgeben von seinem Hof und dem Konvent von Windberg, der damals die Wallfahrt betreute, feststellen, daß Turm und Kirche kein Fundament besitzen, also Engel die ›Navigatio Mariae‹ betrieben hatten, wie es das mittlere Deckenbild, die zwei Ölgemälde im Langhaus und zahlreiche Votivtafeln darstellen. (Tatsächlich reicht das Mauerwerk nur 70 cm in den dichten Lehmboden.) Die Langhausmauern und der Westturm stammen aus den Jahren nach 1178, der erhöhte Ostchor entstand um 1350, die Vierzehn-Nothelferkapelle erst 1677; der Barock öffnete nur die Chorfenster und brachte die Ausstattung. Der mächtige HOCHALTAR hatte 1777 den Straubinger Matthias Obermayr (1719–99) zum Schöpfer, der zuvor für die Prämonstratenser in Windberg ähnliche Altäre geschaffen hatte. Die Figuren der Seitenflanken sind der hl. Acilius, der als römischer Offizier die erste Kapelle in Antenring gebaut haben soll, und Bischof Lucius, der sie weihte. Das Gnadenbild, das erst 1900 in die Altarmitte gestellt wurde, ist barock eingekleidet und mit 25 Engeln und Putten umlagert. – Eine Merkwürdigkeit sind die beiden Kanzeln vor den beiden ORATORIEN, wobei – wie in manchen bayerischen Barockkirchen üblich – auf der einen gepredigt wurde, während auf der anderen der Abt lauschte. Gleichaltrig mit den Kanzeln von 1718 sind die Chorstühle und die Seitenaltäre. – Das Chorgewölbe ist dicht mit Brokatmuster bemalt, das Langhaus mit Fresken des Johann Anton März von 1777 bedeckt, eingefaßt von reichen Stuckrahmen. Außer der Übertragungslegende wurde noch die Übergabe des Ordenskleides und des Ringes an den hl. Norbert von Köln (um 1080–1134) geschildert. – Eine Stiftung des Abtes Franz von 1715 ist die Orgel mit ihrem barocken Schnitzwerk, die er gelobte, als sein Kloster Windberg von der Pest und dem österreichischen Erbfolgekrieg verschont blieb. – Beim Hinausgehen fällt uns in der Vorhalle ein Schmerzensmann, ein *Erbärmdechristus* auf, ein Steinrelief um 1480, eine der ältesten Herz-Jesu-Darstellungen in Deutschland.

Wer möchte nicht seine Ahnenreihe noch hinter Karl den Großen zurückführen? Das KLOSTER OBERALTEICH (von Altaha = Altwasser), abwärts Straubing auf dem linken Donauufer gelegen, das lange im Schatten Niederalteichs stand, führt seine Gründung auf das Jahr 731 zurück, als Herzog Odilo und der hl. Pirmin an der Stelle eines gerodeten Eichenwaldes – einst Sitz heidnischer Götter – ein Kloster errichteten. 1109 wurde eine Kirche geweiht, ihr Stifter Graf Friedrich von Bogen, der an der Kirchenweihe teilnahm, dort auch bestattet. Seine Nachfahren verschafften ihrer Abtei Patronatsrechte in vielen Gemeinden und schenkten ihr auch die Burg auf dem Bogenberg, wo ein Priorat sich um die im 13. Jh. entstandene Wallfahrt kümmerte. Von Oberalteich aus wurden 1324 Frauenzell und 1661 Michelfeld/Opf. besiedelt. Nach wechselvollem Schicksal, etwa den Verheerungen durch die Schweden 1634 und 1646, aber auch einem großen Aufschwung der Wissenschaften und der Bibliothek im 18. Jh., wurde das Benediktinerkloster 1803 säkularisiert, der Konvent von 42 Mönchen verjagt, die Bibliothek (im Wert von 1,5 Mio. Gulden) teils nach München geschafft, teils genau wie viele Einrichtungsstücke verschleudert; noch 1847 wurden zahlreiche Grabdenkmäler beim Bau des Donaudammes bei Vilshofen benutzt. – Erhalten blieb als Pfarrkirche ST. PETER, die Klosterkirche, die Abt Vitus Höser (1614–34) durch den Graubündner Ulrich Walchner 1622–29 nach seinen Ideen hatte neu bauen lassen. Er stellte z. B. statt einer Westfassade zwischen die Türme eine Taufkapelle als Westapsis. Während die Apsis inmitten der Südwand 1803 abgebrochen wurde, blieb die im Osten als Sakristei und die im Norden als Vorraum zur kreuzförmigen Seelenkapelle erhalten. Die weithin sichtbare Kirche mit den gedrückten Zwiebeln auf den schlanken Türmen betritt man im Norden neben dem Nordwestturm und gerät in eine kreuzgewölbte Vorhalle mit merkwürdigen Tieren aus Stuck: Vier Vögel, zwei Adler, Storch und Reiher, kleinere Vögel auf den Baldachinen, Reste des Stucks von 1630, den man in den drei Schiffen 1727 »herunterhackte«, als die Wände von Joh. Anton März mit Hilfe seines Bruders Andreas bemalt wurden, wobei Joh. Ev. Holzer 1728–30 ihr Geselle war. Statt des üblichen Stucks bedeckten sie die Flächen mit farbigen Kartuschen, Netzmotiven und Bändern und malten 1727–30 in die Decke Fresken nach einem von Abt Dominikus Perger entworfenen komplizierten Programm. Das östliche Langhaus berichtet von der legendären Klostergründung 731 und zeigt die Kirche auf goldenem Wagen, die sich mit dem Kelch (Sakrament der Eucharistie) über der Gründungseiche niederläßt. In der Mitte wird mit großem Aufwand vom Weltapostolat des Benediktinerordens erzählt, während das westliche Bild von der 'Wiedergründung' des Klosters durch Graf Friedrich von Bogen nach dem angeblichen Hunnensturm kündet. Der Zyklus schließt mit der Rekatholisierung der Oberpfalz 1628 ab, bei der sich das Kloster vor allem in Nabburg engagierte. (Die genaue Ausdeutung bringt der Kunstführer Nr. 619).

Wie eine Bilderwand steigt der HOCHALTAR von 1693 auf (Abb. 79), dessen Blätter ›Kreuzigung des hl. Petrus‹ und ›Enthauptung des hl. Paulus‹ Joh. Georg Knappich aus Augsburg gemalt hat. Die Figuren des hl. Benedikt (links) und des hl. Augustin zwischen den Holzsäulen, vor allem der reiche Tabernakel mit anbetenden Engeln und den Reliefs ›Mannalese‹ und ›Abendmahl‹ von 1758/59 werden Matthias Obermayr zugeschrieben. Von den kleinen Seitenaltären besitzt der rechte ein Blatt mit dem hl. Kaiserpaar Heinrich II. und Kunigunde und dem Bischof Otto von Bamberg, das C. D. Asam 1730 geschaffen hat. – Die Kanzel im Mittelschiff steht ausnahmsweise auf der Epistelseite, damit der Abt von der Evangelienseite im Chor aus den Prediger sehen konnte. Der Aufgang mit dem Gitter wurde 1630, der Holzkörper erst 1693 geschaffen. – Von den Grabmälern sind zwei bemerkenswert. In der nördlichen Seitenkapelle mit dem St.-Josefs-Altar steht das Hochgrab des seligen Albert mit einer Marmorplatte, deren gotisches Relief 1395 herausgearbeitet wurde. In der Südwestecke des rechten Seitenschiffes zeigt eine Rotmarmorplatte, von einem Straubinger um 1418 bearbeitet, im Relief Graf Friedrich mit dem Kirchenmodell Oberalteichs und Graf Aswin von Bogen mit den Kirchenmodellen von Bogen und Aiterhofen. Die Verkleidung der Tumba im Spätrokoko von 1782 wird M. Obermayr zugedacht. Nebenan setzte man dem baueifrigen Abt Höser († 1634) ein Grabmal aus Marmor und Stuck, dessen Figuren St. Vitus und St. Hieronymus (so der Patron seines Nachfolgers) mit dem auferstandenen Christus sehr wahrscheinlich von Martin Leutner sind. An der Westwand fällt noch der überlebensgroße hl. Sebastian auf, ein hervorragendes Werk des Jos. Matthias Götz, das er wie den hl. Rochus 1730 schnitzte. Wer jetzt die Kirche durch die Vorhalle verläßt, bemerkt, daß er den dortigen Stuck in der Kirche nicht vermißt hat, obwohl die bemalten Wände noch nicht die Scheinarchitektur und Himmelsmalerei der freskierenden Zeitgenossen besitzt. Überschäumenden Rocaillestuck bietet dafür das Pavillonzimmer im Ostflügel des ehem. Klosters, den M. Obermayr angetragen hat.

Das Gnadenbild der Pfarr- und WALLFAHRTSKIRCHE Hl. Kreuz und Mariä Himmelfahrt AUF DEM BOGENBERG zeigt – Maria in der Hoffnung – eine seltene Darstellung, in der Zeit der ›Schönen Madonnen‹ um 1400 geschaffen. Erst im 17. Jh. wurde der Mantel mit Ähren, das Kleid mit Rosen bemalt. Das ursprüngliche Gnadenbild dürfte die *Thronende Muttergottes* über der Sakristeinordwand gewesen sein (Abb. 82), die 1240–50, wie die Adlerskulptur an der Nordwestecke des Langhauses aus Stein gehauen wurde. Gleichaltrig mit dem jetzigen Gnadenbild ist die Figur der Muttergottes an der Südwand, ein gutes Beispiel des Weichen Stils um 1400. Der Kirchenbau, 1463 vollendet, wurde stark vom Kloster Oberalteich und zahlreichen Gemeinden gefördert. Die Ausstattung der dreischiffigen Halle gab man 1723 zugunsten einer barocken auf, die ihrerseits 1876 einer neugotischen weichen mußte. Jüngst wurden diese Altäre weggeräumt, so daß in der halbleeren Halle die erhaltenen Stücke um so deutlicher sprechen. Noch trägt der Chor die barocke Marmorverkleidung mit prunkenden Oratorien, gedrehten Säulen und Stuckrahmen. Dort werden die Reste der zentnerschweren Opferkerzen aufbewahrt, die von Männern des Dorfes Holzkirchen bei Ortenburg alljährlich zu Pfingsten auf den Kegel des Berges getragen wurden. Früher kamen Wöchnerinnen und die Donauschiffer hierher, wenn sie in ihrer Not eine Wallfahrt gelobt hatten. – Unterhalb, da wo einst eine Hostie zu Boden fiel, wurde das spätgotische SALVATORKAPELLCHEN errichtet und 1770 im heitersten Rokoko mit Fresken geschmückt, die in der Decke das hl. Opfer, an den Wänden die Geschichte der Kapellengründung behandeln. In den Rokokoaltar wurde eine Vespergruppe von etwa 1460 gefügt. Das Chorfenster von 1468 zeigt unten Abraham, Melchisedech und die Mannalese, oben Mariä Verkündigung und die ›Jungfrau in den Rosen‹.

Das BENEDIKTINERKLOSTER METTEN verehrt in Karl dem Großen seinen Wohltäter, will jedoch nach der Legende vom seligen Gamelbert gegründet worden sein, der sein Werk seinem Patenkind Utto übergeben haben soll. Erhalten blieb dessen Abtsstab: auf altem Schaft eine sizilianische Krümme der Stauferzeit. Das in den Ungarneinfällen 907 zerstörte Kloster nahm vorübergehend Kanoniker auf, seit 1157 sind es wieder Benediktiner, die zwar 1803 mit der Säkularisation ausziehen mußten, aber 1830 auf Wunsch Ludwigs I. zurückkehrten und ein Gymnasium eröffneten, das bis heute einen hervorragenden Ruf genießt.

Der frühe Kirchenbau wurde bereits Mitte des 15. Jh. durch einen spätgotischen Chor verändert und ging schließlich während des Neubaues 1712–20 vollends unter. Geplant wurde die Stiftskirche von Jakob Rusch (Ruesch), dem Straubinger Stadtbaumeister, ausgeführt vom Stiftsmaurermeister Benedikt Schöttl. Die vorgewölbte Fassade glaubt man durch Fischer von Erlachs Salzburger Kollegienkirche angeregt, die beiden Rundkapellen zu Füßen der Türme von Joh. Dientzenhofers Domfassade zu Fulda. Die Türme allerdings mußten in der Gestalt von 1696 übernommen werden. Ein reich geziertes Portal, flankiert von den Nischenfiguren des hl. Josef und des Christophorus, führt in die vierjochige Wandpfeileranlage, die vom Vorraum durch ein feines Blatt- und Bandwerk aus leichtem Schmiedeeisen aus dem frühen Rokoko (Régence) getrennt wird. Der Raum, auch der eingezogene Chor, erhält sein Licht ausschließlich aus den Seitenkapellen. In die Zonen wechselnden Lichtes stuckierte 1722 Franz Ignaz Holzinger Bandwerk, Lambrequins (gelapptes Baldachingehänge) und Fruchtgehänge eines Übergangsstiles, denn mehr und mehr wird mit Putten und Engeln gruppiert, besonders reichlich am Chorbogen, wo man um die Taube des Hl. Geistes eine Wolkengloriole mit fliegenden Engeln und Putten legte. Von Holzinger (1691–1775), der in Linz, Sankt Florian und Wilhering tätig war, stammen auch die Glanzstuckfiguren an den Seitenaltären – überlebensgroß und dramatisch bewegt Kaiser Heraklius und Kaiserin Helena, Joachim und Anna. Den HOCHALTAR, der vor dem Chorhaus mit Sakristei (unten) und Regularchor (oben) steht, schuf mit den Figuren Karl der Große (links) und St. Benedikt Jakob Schöpf (Ft. 32). Für das Altarbild ›St. Michael stürzt Luzifer‹ konnte Abt Roman 1720 C. D. Asam gewinnen, der auch das Deckenfresko im Chor, ›Christus vor seiner Aussendung‹, übernahm, dann aber überstürzt nach Weingarten abreiste, vermutlich weil der Abt das Deckenkonzept ändern wollte. Wolfgang Andreas Haindl aus Wels, der ins Langhaus Christus als ›Inspirator prophetarum‹ und die Begegnung Benedikts mit König Totila malte, hat in die Vorhalle die Klosterneugründung durch Karl d. G. freskiert. Zuletzt kam das reichgeschnitzte Gestühl des Klosterschreiners Wolf Kronwithleutner in den Regularchor.

Die Klostergebäude wurden nicht, wie bei Benediktinern üblich, an die Südseite der Kirche gestellt, sondern in ihrem Norden gruppiert, entweder in Nachahmung des Mutterklosters auf der Reichenau, oder weil einer der alten Donauarme eine Verlegung erzwang. Von älteren Bauten blieb nichts erhalten, nur der Kreuzgang im Zentrum des Komplexes mit dem schlichten Kapitelsaal im Obergeschoß ruht auf alten Fundamenten. Der NEUE KONVENTBAU aus dem frühen 17. Jh. legt sich mit drei Flügeln um die Chorseite der Kirche, im 19. Jh. um ein weiteres Geschoß aufgestockt. Im nördlichen Obergeschoß hat man das *Hochgrab* des seligen *Utto* – im frühen 14. Jh. aus Granit gehauen – aufgestellt, nachdem die Gebeine schon im 17. Jh. an der Evangelienseite des Chores beigesetzt worden waren. – Der Ostflügel birgt den BIBLIOTHEKSSAAL (Ft. 31), ein Kleinod barocker Ausstattungskunst, 1706–20 unter Leitung des Franz Jos. Holzinger gebaut und prächtig ausstaffiert. Der Meister lieferte in den farbenprächtigen Raum feine Alabasterreliefs auf schwarzem Grund. An die dreijochige Mitte legen sich zweijochige Flankenräume, so daß sich malerische Durchblicke ergeben (Abb. 87). Aus den Mittelpfeilern wachsen Atlanten, von Holzinger aus poliertem Stuckmarmor gestaltet, die jene niedrigen Gewölbe zu tragen scheinen, deren Gewölbezwickel mit grünen Rahmen und goldbraunen Barockmustern besonders delikat gehalten wurden. Reicher Stuck umzieht die Deckenfresken, die Innozenz Warathi aus Sterzing mit Allegorien füllte und die sich auf den Bücherbestand darunter beziehen, der keinesfalls nur der Theologie zugehörte. Für die kostbaren Bände hat W. Kronwithleutner eine Serie vorgewölbter Bücherschränke geschreinert und geschnitzt, deren Bekrönungen in den Stuck hinüberführen. Sie umfangen allerdings nicht mehr die

DEGGENDORF   1657. Kupferstich von Matthaeus Merian

alten Handschriften, die nach der Säkularisation 1803 in die Staatsbibliothek nach München kamen. – Im nördlichen Hof steht ein Brunnen des 18. Jh. mit der Figur Karls des Großen. Dahinter steigt der 1734 von B. Schöttl errichtete FESTSAALBAU auf, dessen KAISERSAAL feinen Rocaillestuck trägt, dessen Spiegelgewölbe der Regensburger Martin Speer mit einem Fresko der Tugenden und Laster füllte (Ft. 33).

Nahe der Mündung der Isar in die Donau, beim Übergang der Straße von München–Landshut über die Donau, liegt als Pforte zum Bayerischen Wald die Stadt DEGGENDORF. Die 868 bezeugte Siedlung wird 1038 Städtchen gen., doch gründete erst Herzog Otto II. 1242 in geringer Entfernung davon die Neustadt, eine typisch wittelsbachische Anlage mit ovalem Bering, einer breiten, hier von Nord nach Süd laufenden Marktstraße, in die senkrecht die Nebenstraßen münden, deren wichtigste vor der Front des Rathauses kreuzt. Die Tore hat man im 19. Jh. eingelegt. Erhalten blieb das Rathaus von 1535, mit seinem hohen Stufengiebel. Die oberen Geschosse des kräftig dahinter aufragenden Turmes wurden erst 1790 aufgesetzt. Ähnlich Straubing wird auch hier der Marktplatz durch zwei Brunnen belebt, wovon der nördlich der Grabkirche, 1543 aufgebaut, eine Muttergottesstatue von 1630 trägt, der südliche eine Mater dolorosa um 1730. – Diese HL.-GRAB-KIRCHE, volkstümlich »Gnad« gen., der großen päpstlichen Ablässe halber, die beim Erinnerungsfest Ende September zu erhalten waren und sind, ist 1337 als Sühnekirche begonnen worden. In diesem Jahre nämlich erschlugen und vertrieben die Deggendorfer ihre Juden, denen sie vorwarfen, Hostien geschändet zu haben. Wie in anderen Städten auch, war es eine Möglichkeit für stark verschuldete Bürger, ihre Gläubiger unter dem Vorwand eines Religionsfrevels loszuwerden. Die wie ein Riegel in den Markt eingeschobene schlichte Kirche soll Sühne für den Hostienfrevel leisten, nicht etwa für den Mord und Totschlag an den Juden. Den hohen, schlanken Barockturm entwarf Joh. Baptist Gunezrainer. Ausgeführt hat ihn sein Schwager Joh. Michael Fischer 1722–27, der damals beim Chorbau der Klosterkirche zu Niederalteich beschäftigt war.

Von den Vorgängern der Pfarrkirche MARIA HIMMELFAHRT blieb nur ein Tympanonrelief aus der Mitte des 15. Jh. mit der seltenen Darstellung der ›Flucht nach Ägypten‹ erhalten, das inzwischen in die Wand der Wasserkapelle am Fuß des Geyersberges eingesetzt wurde. In die dreischiffige barocke Basilika, die 1655–57 Konstantin Bader aus München baute, übernahm man nur Teile des Chores und der Sakristei der Spätgotik. Da während des Krieges 1743 ein Brand die Gewölbe zum Einsturz brachte, hat sich vom alten Stuck nur ein kleiner Rest hinter dem Hochaltar erhalten. Nach der erneuten Wölbung 1748 wurde Bandwerkstuck angetragen, ein Dekor, das 30 Jahre zuvor modern gewesen war. Repräsentativ ist der HOCHALTAR, eine Baldachinanlage, die Martin Seybold 1749 für den Dom zu Eichstätt schuf. Als er 1884 bei der dortigen Domumgestaltung im Wege stand, hat Deggendorf die elegante Marmorarchitektur angekauft – ein wahrer Glücksfall. Bei der Umgestaltung der eigenen Kirche 1885–89 hatte man mit einer neuen Fassade und einer pompösen Treppenanlage keine so glückliche Hand. – Vor der Wand zur Friedhofskapelle und der Treppe zum Geyersberg sind barocke Figuren aufgereiht, die einst zu einem Kalvarienberg gehört haben, also den Leidensweg Christi zum Kreuze darstellten. Als Bildhauer wurde bisher vorgeschlagen der Straubinger Franz Mozart (Moßart; Moßhardt), der vielleicht nach Wiener Tonmodellen gearbeitet hat. – Die WALLFAHRTSKIRCHE ›Zur Schmerzhaften Muttergottes‹ AUF DEM GEYERSBERG ist ein schlichter Bau von 1486, dessen neugotischer Altar das alte Gnadenbild, eine Vespergruppe von ca. 1400 trägt.

Flußabwärts und hart am Donauufer liegt die BENEDIKTINERABTEI NIEDERALTEICH, die ohne Legenden ihr Alter auf das 8. Jh. (731/741) zurückführen kann, als Herzog Odilo von Bayern sie gründete und Mönchen der Reichenau anvertraute. Eberswind, der erste Abt, wird als Verfasser der ›Lex Bajuvariorum‹ (741–43), des ersten bayerischen Stammesrechtes, angesehen. Das Kloster wurde durch reichen Bodenbesitz zur Kultivierung und Christianisierung im Bayerischen Wald angespornt, von Karl dem Großen und Ludwig dem Deutschen mit Gütern an der Donau bis in die Wachau hinein beschenkt. Nach dem Ungarnsturm in ein Chorherrenstift gewandelt, kamen die Benediktiner unter Abt Gotthard (996–1022) zurück, der mit Hilfe des späteren Kaiser Heinrich II. die wichtigen Klöster Tegernsee, Hersfeld und Kremsmünster reformierte. Aus Kloster Niederalteich gingen über fünfzig Bischöfe und Äbte bis zum Ende des Alten Reiches hervor, als das Kloster säkularisiert, die Inneneinrichtung vernichtet, die Gebäude z. T. eingerissen wurden. Erst 1918 konnte das Kloster mit Patres aus Metten wieder besetzt werden, deren Hauptaufgaben heute die Verständigung zwischen Christen in Ost und West und der Schuldienst sind. 1965 wurden die alten Gebäude durch Neubauten verbunden, um ein Ökumenisches Institut, ein Gymnasium mit Internat und ein Bildungszentrum der Diözesen Regensburg und Passau unterzubringen.

Von der 1306 neu gebauten Hallenkirche ST. MAURITIUS hat man nur die Umfassungsmauern des Langhauses übernommen, als 1718 der Passauer Jakob Pawagner beauftragt wurde, eine neue Halle mit neun Arkadenjochen zu errichten. Als ihm beim Bau des Chores, der zunächst durch eine Mauer abgegrenzt war, schwere Fehler unterliefen, berief man an seiner Stelle den Gutachter Joh. Michael Fischer, der den Chor 1724–26 aufführte, das Langhaus aber übernehmen mußte. Der beschädigte Nordturm wurde 1730–35 dem Südturm angeglichen; beide verloren 1813 durch Blitzschlag ihre barocken Hauben, erhielten dafür Zeltdächer, die bis 72 m aufsteigen. Im INNERN wurden die Seitenschiffe durch kunstvolle Verbindung der Pfeiler in eine Kapellenreihe verwandelt. Eine von Engeln gehaltene Kartusche mit Inschrift bezeichnet jede Kapelle und ihren Heiligen. Da in die Seitenschiffe eine Decke eingezogen wurde, entstand eine Empore, die sich auch zu beiden Seiten des Chors, wenn auch 17 Stufen tiefer, hinzieht (Abb. 77). Da die Ovalkuppeln der Seitenschiffe durch gitterumrahmte Öffnungen durchbrochen sind, ergeben sich überraschende Blicke in den Kirchenraum. Die einstige gotische Anlage ist völlig verdeckt, wozu die reiche Stuckierung beiträgt. Joh. Baptist und Sebastiano d'Aglio schufen die Feldereinteilung, setzten Büsten- und Puttenreliefs auf die Gurte, sorgten für Akanthusranken und Kartuschen, während Franz Ignaz Holzinger die Flächen mit zartem Bandl- und Rankenwerk überzog. In die lichten Tonnengewölbe malte Andreas Haindl aus Wels 1719–32 mit gehörigen Pausen eine Folge von Fresken, die durch harte Komposition und einen goldgelben Grundton auffallen (Abb. 83). Während im Chor die Verherrlichung des Kirchenpatrons dargestellt wurde, widmen sich die sechs Langhausbilder dem Werden des Klosters, beginnend bei der sagenhaften Göttereiche – leitete man doch im 18. Jh. den Namen Alteich von einer alten Eiche, statt von Altach (Altwasser) her. Im 5. Fresko richten Himmel und Erde ein Ruhmesmal für das »heilige Alteich« auf, womit alle Heiligen und Seligen gemeint sind, die aus dem Kloster hervorgingen, wie z. B. St. Gotthard, Abt und später Bischof von Hildesheim, oder der selige Richerius († 1055), Abt in Monte Cassino.

Beim Eingang angelangt, überrascht das große marmorne Weihwasserbecken, eine Salzburger Arbeit nach 1700. Nur wenig älter ist die prächtig geschnitzte Kanzel, auf deren Schalldeckel St. Mauritius mit dem Feldherrnstab die Scharen der Heiligen anführt. Unter den Kapellen des rechten Seitenschiffes ist die der Muttergottes das Heiligtum der Erzbruderschaft von den sieben Schmerzen, die um 1740 an die 7000 Mitglieder zählte. Die dort aufgestellte Schmerzhafte Mutter ist eine spätgotische Sandsteinfigur von ca. 1480. Genau gegenüber steht im linken Seitenschiff der Altar des hl. Gotthard, des ersten gebürtigen Bayern, der heiliggesprochen wurde, dessen Name auch der Schweizer Paß trägt, weil Erzbischof Galdinus von Mailand dort 1171 dem »Vorbild an Papsttreue und Reformeifer« eine Kapelle bauen ließ. Statt eines Altarbildes werden unter Glas sein Meßgewand, Gürtel, Abtstab und Pontifikalschuh gezeigt. Zwischen Langhaus und Chor stellte 1703 Joh. Schöpf seinen geschnitzten Hochaltar, damals noch unter ein Notdach. Von ihm stammen auch die kräftigen Seitenfiguren St. Gotthard und Thiemo, der aus dem Kloster hervorgegangene Erzbischof von Salzburg († 1101 als Märtyrer). Die Marter des hl. Mauritius malte als Altarblatt Franz Geiger aus Landshut 1675, den Engelsturz im Auszug Joh. Kaspar Sing aus München. (Der Tabernakel ist Ersatz für den 1803 geplünderten.) – Fischers abgetrennter Chorschluß birgt im Untergeschoß die Sakristei, von Holzinger zart stuckiert, von Haindl mit Fresken geschmückt, die sich auf das Meßopfer beziehen (Noah, Melchisedech, Abraham und Isaak). An den Abt Godehard erinnert sein dort aufbewahrter Stab mit einer Elfenbeinkrümme des 13. Jh., an die frühen Gönner Bilder der Herzöge Odilo II. und Tassilo III. über den Eingangsstufen. Der linke Seitengang bewahrt auch die romanische Grabplatte für Herzog Berthold von Bayern († 947) und seinen Sohn Heinrich († 955), markiert durch zwei eingeritzte Schwerter (um 1250). Im darüberliegenden Regularchor stuckierte wieder Holzinger, freskierte Haindl die Trinität, St. Johannes d. T. und den hl. Josef, an den Wänden dann Benedikt und Scholastika, seine Schwester, die als Gründerin des Benediktinerinnenordens gilt. – Geht man nochmals aufmerksam zum Ausgang zurück, bemerkt man so richtig die Ausleuchtung der Kirche, die über 200 Fresken besitzt, den Reichtum an Anspielungen und Symbolen, der sich in rund 1200 Jahren monastischen Lebens angesammelt hat.

Bei schönem Wetter kann man mit der Wagenfähre zum rechten Ufer der Donau übersetzen und über Aicha nach Osterhofen fahren. Bei Eisgang und Hochwasser benutzt man die Brücke bei Deggendorf und erreicht über Plattling und auf der B 8 die DAMEN-STIFTSKIRCHE OSTERHOFEN, die jetzige Pfarrkirche von ALTENMARKT. An ihrer Stelle stand einst eine königliche Pfalz, in der Ludwig der Deutsche 833 und 836 Urkunden für den Bischof von Passau ausgestellt hat. Um 1000 errichtete Bayernherzog Heinrich-Hezilo, ein Schwager Kaiser Heinrichs II., auf Betreiben seiner Gemahlin Luitgard, ein Stift für Chorherren, weil das kinderlose Ehepaar »Jesus zum Erben einsetzen« wollte. Kaiser Heinrich II. unterstellte die Stiftung dem Bistum Bamberg. Bischof Otto der Heilige von Bamberg wandelte 1128 das Stift in ein Prämonstratenserkloster um, das mit Mönchen aus Ursberg besetzt wurde, die später St. Salvator bei Griesbach und Stift Schlägl im Mühlviertel begründeten. Schon 1783, also 20 Jahre vor der allgemeinen Säkularisation, wurde Osterhofen aufgehoben und wäre versteigert worden, hätte nicht die Witwe des Kurfürsten Maximilian III. von Bayern, Anna Maria Sophie, eine Tochter August des Starken von Sachsen und Polen, die Schulden übernommen. Das Stift verleibte sie dem Adeligen Damenstift St. Anna in München ein, daher der Name ›Damenstiftskirche‹. Die neue Eigentümerin konnte den Komplex nicht halten und verkaufte Bücher, Urkunden und Grundstücke. Die verwahrlosten Gebäude erwarben die Englischen Fräulein von Altötting und richteten 1858 darin einen Konvent ein, der heute eine Realschule, eine Berufsfach-schule für Hauswirtschaft, eine Hostienbäckerei und ein Gut betreibt.

Als Abt Josef Mari 1717 daranging, die beschädigte gotische Kirche durch einen Neubau zu ersetzen, da sollte das mit wenig Aufwand Antonio Rizzi aus dem nahen Vilshofen besorgen. Als der aber 1725 starb, wandte sich der Abt an den damals führenden Architekten Joh. Michael Fischer, der eben in Deggendorf den Turm der Gnadenkirche und den Chor zu Niederaltaich vollendet hatte. Für den enormen Betrag von 15 000 Gulden konnte er ihn verpflichten. Bis auf die beiden romanischen Türme auf der Westseite und einen Teil des Chors ließ Fischer alles abreißen und baute bis 1728 seine Kirche nach den Regeln des Goldenen Schnitts (z. B. Gesamtlänge: 49,6 m, davon Chor: 17,3 m, Breite: 11,8 m, Schiffshöhe: 22 m etc.). Seine Absicht, einen Thronsaal zur Ehre Gottes zu schaffen, ist deshalb so vollendet gelungen, weil für die Fresken 1732 Cosmas Damian Asam, für den Stuck und die mittleren Altäre 1731–35 Egid Quirin Asam gewonnen werden konnten. Den besten Blick auf den INNENRAUM (Abb. 84) hat man unter der Empore zwischen den Säulen. Dort erkennt man nicht nur, daß es in diesem Saal keine Kanten gibt, nur Kurven und Ovale, sondern auch, daß der HOCHALTAR alle Augen auf sich zieht. Kern ist ein kelchförmiger romanischer Stein (ehem. Taufstein) aus Granit, ein nach dem heutigen Liturgieverständnis idealer Platz des Meßopfers. Dahinter steigt die prächtige Architektur des Hochaltars auf, die dem Papstaltar Berninis in der Peterskirche zu Rom nachempfundem ist. C. D. Asam hatte das Vorbild bei seinem Romaufenthalt mit eigenen Augen gesehen. Auf vier massigen farbigen Stucksäulen stehen die vier apokalyptischen Wesen (Krieg, Hunger, Pest und Tod), die mit ihren Fittichen einen Baldachin über dem Altar bilden, unter dem, durch ein gelbes Fenster in goldenes Licht getaucht, das Lamm Gottes mit der Siegesfahne schreitet. Zwischen Wand und Altar stehen stark bewegte Figuren, so links und nach dem Vorbild von Il Gesù in Rom der Glaube mit dem siegreichen Kreuz in der Hand, unter dem sich der Unglaube an die Weltkugel klammert, doch die Menschheit mit Pilgerstab wendet sich dem Glauben zu. Rechts blickt die Menschheit, symbolisiert durch einen knienden Mann mit einem Negerjungen, zur Hoffnung auf, ausgewiesen durch den Anker und hier auch mit der Geißel der Selbstüberwindung. Das 1732 von Asam signierte Altarblatt zeigt das Martyrium der Kirchenpatronin, der hl. Margarethe, aus deren Leben der Bruder Egid Quirin Szenen virtuos in Stuckreliefs der Säulenpodeste festgehalten hat. Berühmt wurden seine graziösen, den Tabernakel flankierenden Engel, deren ursprüngliche Fassung in Gold und Silber getreu wiederhergestellt ist. Der *Tabernakel*, dessen Türe Jesus und die beiden Jünger in Emmaus zeigt, ist, von Cosmas Damian geschaffen, nach Adolf Feulner »ein barockes Prunkstück allerersten Ranges, dem sich aus der deutschen Kunst dieser Zeit nichts Gleichwertiges zur Seite stellen läßt«. Darauf blicken von den Fenstern wie aus Logen herab die Gönner Osterhofens, so links Herzog Odilo (✝ 748) mit der Rautenfahne, die es zu seiner Zeit nicht gab, und seine Frau Hiltrud, rechts Herzog Hezilo (✝ 1026) mit dem Plan der alten Kirche und seiner Gemahlin Luitgard, mit buntem Fächer. (Die Zeiten der historisierenden Genauigkeit kamen erst gut 80 Jahre später.) Durch einen perspektivischen Trick erscheint über dem Altar eine hohe Kuppel, in der Maria dem hl. Norbert das Skapulier (zwei lange Tuchbahnen über dem Mönchsgewand) und St. Augustinus die Regel übergibt.

Die 18 *Deckenfresken* des Cosmas Damian gehören zum Besten, was er je in nassen Kalk gemalt hat. Am Ansatz des Langhauses am Chor die Geburt Christi, zu dessen Krippe allerdings weißgewandete Chorherren statt der Hirten eilen. Im großen Mittelstück dominiert der hl. Norbert, dem aus den Wolken die drei göttlichen Tugenden (Glaube, Hoffnung, Liebe) erscheinen, dessen Leben in Einzelszenen aufgeblättert wird, auch seine Beratertätigkeit für Kaiser Lothar II., bis zu seinem Tod über der Orgelempore. Unter dieser Empore stellte Asam die Reinigung des Tempels dar, wobei bis heute das Märlein erzählt wird, der Maler habe den Tempelkrämern und Ratsherrn die Gesichtszüge unliebsamer Zeitgenossen verpaßt. In die Deckengewölbe der Seitenkapellen hat er unten sechs Stationen aus dem Leiden Christi, oben sechs Episoden aus dem Leben Mariens freskiert. Als glänzende Leistungen seines Bruders Egid Quirin gelten die mittleren ALTÄRE AM CHORÜBERGANG. Der rechte zeigt unter mächtigen, von Engeln gehaltenen Kronen einen Sippenaltar, also Mutter Anna mit dem Marienkind, zur Seite Josef und Joachim, zu Füßen Johannes d. T., statt des Tabernakels die Gebeine des hl. Vinzentinus aus den römischen Katakomben. Links überreicht Maria dem hl. Dominikus den Rosenkranz, während ihr

Kind der hl. Katharina von Siena die Siegeskrone verleiht (Abb. 84). Beide Altäre sind von Medaillons gerahmt, die das Marienleben und die 15 Geheimnisse des Rosenkranzes darstellen. Von den beiderseits je drei Seitenkapellen ist rechts die dem hl. Joh. Nepomuk gewidmete bemerkenswert, denn im Glasschrein liegt die Imitation seiner Leiche, darüber kniet der Heilige vor dem Marienbild zu Bunzlau in Böhmen, zu dem er einst in Todesangst gewallfahrtet war. Kleinere Engel mit Stola, Beichttuch und Fackel weisen auf seine Zunge hin, gilt er doch als unbeugsamer Wahrer des Beichtgeheimnisses. Die linke Mittelkapelle, dem hl. Norbert gewidmet, zeigt ihn zunächst auf dem Paradebett aufgebahrt, darüber im Kardinalshabit vor der Monstranz betend, flankiert von St. Laurentius mit dem Rost und St. Nikolaus mit den drei goldenen Broten.

Beim Hinausgehen erblicken wir im hintersten Raum der Kirche einen eindrucksvollen Kruzifixus, eine barocke Stuckarbeit. Rechts und links vom alten Weihwasserkessel führen Zugänge in die romanischen TURMSTÜMPFE, die jetzt als Beichtkammern dienen. An der Decke erkennt man im Gleichnis vom Pharisäer und Zöllner in diesem das beste Selbstporträt des Cosmas Damian, der 1739, ein Jahr vor Konsekration dieser Kirche, starb. Sein Bruder überlebte ihn um elf Jahre.

Nur 15 km südwestlich von Osterhofen steht am rechten Talrand der Vils eine zweite ›Asam‹-Kirche, die der EHEM. ZISTERZIENSERABTEI ALDERSBACH. Schon 735 existierte dort ein dem hl. Petrus gewidmetes Kirchlein, das Herzog Odilo 748 samt dem Ort dem Kloster Mondsee schenkte. Bischof Otto I. (der Heilige) von Bamberg errichtete um 1120 bei St. Peter ein Augustiner-Chorherrenstift, das schon 1146 von 12 Mönchen des fränkischen Zisterzienserklosters Ebrach übernommen wurde. Nachdem das Kloster auf die rechte Seite des Aldersbaches verlegt worden war, hat man dort eine dreischiffige romanische Basilika gebaut, 1207 auf Unsere Liebe Frau und Johannes d. T. geweiht. Von hier aus wurden noch im 13. Jh. die Klöster Fürstenfeld(bruck), Fürstenzell und Gotteszell gegründet. Bezeichnenderweise wurde 1422 Abt Heinrich V. als ›Verschwender‹ abgesetzt, weil er einen hohen Kirchturm erbauen ließ, was nach der strengen Zisterzienserregel nicht gestattet war. Um 1720 war man nicht mehr so penibel, so daß Abt Theobald I. den Stadtbaumeister von Landau, Domenico Magzin, mit dem Neubau des Langhauses beauftragen konnte, das mit Fresken und Stuck der Brüder Asam überreich ausgestattet ist. Die Säkularisation 1803 zwang 46 Mönche und 30 Studenten zum Auszug, die wertvolleren Bücher kamen nach München, Orgel, Glocken, Turmuhr, Leuchter und Meßgewänder wurden nach Vilshofen verkauft, die zum Pferdestall degradierte Kirche 1806 zur Pfarrkirche Maria Himmelfahrt, Joh. d. T. und Ursula umgewidmet. Die Verluste sind 1910 durch den Erwerb eines Kreuzweges aus der Kirche Grongörgen gemildert worden, der, um 1730 geschaffen, zu den ältesten Bayerns zählt.

Der 1410 gebaute, 1755 barock erhöhte Turm umfängt in einer Nische über dem Gesims eine Immaculata von Joseph Deutschmann. Das Erdgeschoß umschließen zwei ungewöhnliche Kulissenmauern, in die zwei *Steinreliefs* eingelassen sind. Links begegnet St. Benedikt dem Schwertträger Riggo, der in der Kleidung des Gotenkönigs Totila naht, um seine

Damenstiftskirche OSTERHOFEN-ALTENMARKT   Selbstbildnis des Cosmas Damian Asam

Einsicht zu prüfen. Rechts begegnet Bernhard von Clairvaux dem Herzog Wilhelm von Aquitanien, der den rechtmäßigen Papst nicht anerkennen wollte. Die Vorhalle überrascht mit dem Rokokostuck, den Joh. Baptist Modler um 1760 in das böhmische Gewölbe modellierte. Wie in Osterhofen sollte man unter der Empore verweilen und den großen, lichten Raum beschauen (Abb. 85), an dem frappiert, daß man zunächst nur die beiden

Fenster beim Hochaltar sieht. Die Wandpfeiler verdecken die Seitenfenster, deren Licht in Bahnen hereinbricht und die fünf Seitenaltäre auf jeder Flanke heraushebt. Hervorzuheben sind die Altäre innerhalb der marmornen Kommunionbank, die Jos. Matthias Götz entworfen und eventuell auch mit Figuren bestückt hat, doch werden die auch der Werkstatt des Wenzel Jorhan in Griesbach zugesprochen. Eindeutige Glanzleistung des Götz ist der mächtige HOCHALTAR, den er 1723 aufrichten konnte. Gewundene Säulen und Pilaster tragen einen Baldachin, auf dessen Gesims die Trinität dargestellt ist, kühn und gedrängt umlagert von 88 Engeln, eine exzellente Leistung des Schnitzers. Das Altarblatt darunter wurde, von Matthias Kager 1619 gemalt, vom alten Hochaltar übernommen, eine Lactatio, d. h. der vor der Gottesmutter kniende hl. Bernhard wird mit der Milch der Weisheit genährt. Flankiert von den großen Figuren der Heiligen Petrus und Paulus von Götz steht auf dem Tabernakel die Statue einer gütigen und weisen Muttergottes, die Hans Degler aus Weilheim schon 1620 für die Vorgängerkirche geschaffen hat. Zu ihren Füßen ruhen die silbergefaßten Büsten der Hll. Ursula und Eugenie. Über den beiden Kredenztischen an den Seiten des Hochaltars, von Modler aus Stuckmarmor geformt, hängen die Bilder ›Letztes Abendmahl‹ und ›Johannes spendet Maria die Kommunion‹, die sehr wahrscheinlich von Bartolomeo Altomonte gemalt wurden. Die Holzfigur des Auferstandenen, des Siegers über den Tod, ist eine wertvolle Schöpfung des J. M. Götz um 1730.

Darüber spannen sich zwei *Deckengemälde,* wobei die ›Himmelfahrt Christi‹ meist einem Schüler des Cosmas Damian, das ›Pfingstwunder‹ wegen der kühnen Malerei der Peterskirche dem Meister zugemessen wird. Sein Bruder Egid Quirin stuckierte dazu die vier lateinischen Kirchenlehrer Ambrosius mit dem Bienenstock, Hieronymus mit dem Löwen, Augustinus mit dem flammenden Herzen seiner Gottesliebe, Gregor mit der Taube des Hl. Geistes. Beim Deckenstuck von 1720 konnten die Brüder zum ersten Mal ihren Stil in Bayern zeigen, flüssiges Bandwerk mit Akanthusranken und Gitterwerk, nach französischer Mode flach gehalten und mit Pariser Rot vom weißen Grund abgesetzt. Das Programm der *Fresken* beginnt über der geschwungenen Orgelempore mit Mariä Verkündigung, dann über drei Joche hinwegziehend die Geburt Christi, in drei Zonen aufgebaut. In der ersten hat Bernhard die Vision der Menschwerdung Christi, in der zweiten liegt Jesus im Stall zu Bethlehem, der als Säulenruine vorgestellt wird, in der dritten ziehen vier Engel einen Vorhang so weit weg, daß ein Blick in den Himmel und auf Gottvater und Allegorien frei wird. Ein Band mit Joh. 3,16 (So sehr hat Gott die Welt geliebt, daß er seinen eingeborenen Sohn hingab) umzieht das riesige Fresko. Das letzte Deckenbild vor dem Chor zeigt den aus Vorhölle und Grab aufsteigenden Christus, begleitet links von Adam, Noah, David und anderen Gerechten des Alten Bundes, rechts von Maria und Maria Magdalena. – Hervorragend ist auch die KANZEL von 1748, deren Holzkorpus Joseph Deutschmann reich marmoriert und vergoldet hat. Neben den Evangelisten mit ihren Symbolen schnitzte er auch die Reliefs, die sich auf das Predigen beziehen: Paulus predigt in Korinth; Jonas predigt in Ninive; der unfruchtbare Feigenbaum; der reiche Fischfang; Jesus im Tempel; das Gleichnis vom Sämann. Das Relief an der Rückwand erinnert daran, daß der hl. Bernard im Kloster Noris von Christus am Kreuze umarmt worden sein soll. Den Schalldeckel krönt der

Kloster FÜRSTENZELL   Tabernakelengel von J. B. Straub. 1741

predigende Johannes, der Kirchenpatron. – Die in Nußbaum furnierten und intarsierten Beichtstühle stammen aus der Klosterschreinerei, doch besitzen die beiden vordersten Puttenpaare von J. Deutschmann Sinnbilder der vier letzten Dinge des Menschen: Tod, Gericht, Hölle, Himmel. Das in gleicher Manier gearbeitete Chorgestühl zeigt Reliefs und Engel von J. Deutschmann, aber auch zwei Bilder, so auf der rechten Seite König David mit der Harfe, links die hl. Cäcilie an der Orgel; dort findet sich die Signierung: »B. Altomonte f. 1761«.

An entlegener Stelle hat sich ein weiterer Barockmaler, Matthäus Günther, 1767 verewigt. In der PORTENKAPELLE, die den aus dem Klosterbezirk ausgesperrten Frauen vorbehalten war, freskierte er in die Spiegeldecke, die J. B. Modler aus Kößlarn mit elegantem Stuck umgeben hatte, die ›Schmerzen Mariens‹, um den einstigen Altar den hl. Dionysius Areopagita, wie er beim Tode Christi die Sonnenfinsternis erlebte. Die Familie von Aretin in Haidenburg, die 1811 das Kloster aus der Säkularisationsmasse erwarb, stellte die Portenkapelle 1935 als Pfarrkirche zur Verfügung. Gelegentlich kann man den 1803 gänzlich ausgeräumten Bibliothekssaal sehen, dessen Decke M. Günther mit einem merkwürdigen Fresko überzogen hat. Von der Trinität geht ein Lichtstrahl aus, der vom Spiegel in der Hand der Ekklesia zum hl. Bernhard hin gebrochen wird, der die Irrlehrer bekämpft. Im Osten führt Apoll die Musen zum Parnaß, im Süden diskutiert Albertus Magnus mit Naturwissenschaftlern, im Westen stehen Thomas von Aquin und Bonaventura für die Theologie, deren Werke einst in dreigeschossigen Schränken untergebracht waren.

Wer entschieden für die Rückführung entfremdeter Kunstwerke eintritt, sollte einmal die Pfarrkirche ST. JOH. BAPTIST im nahen VILSHOFEN betrachten. Die gotische Kirche, deren Turm 1672 von Christoph Zuccalli erhöht wurde, brannte 1794 bei einer die Stadt verheerenden Feuersbrunst aus. Nach ihrem Wiederaufbau konnte aus dem Versteigerungsgut von 1803 die Einrichtung mit Altären aus St. Nikola in Passau gesichert werden. So stammt der Hochaltar mit dem Bild von J. Kaspar Sing von Jos. Hartmann (1715), die gleichzeitigen Seitenaltäre und die Kanzel schuf Matthias Götz. Am Chorbogen hängt eine Replik oder Kopie der St.-Nepomuk-Figur des Egid Quirin Asam zu Neustadt an der Donau. – Bedeutender ist die WALLFAHRTSKIRCHE MARIAHILF an der Straße von Osterhofen, 1692 auf dem Grundriß eines griechischen Kreuzes errichtet, sehr wahrscheinlich unter Leitung des Antonio Riva aus Graubünden. Den Stuck lieferte der in Passau wirkende Joh. Peter Camuzi, die Kuppelfresken übernahmen Joh. Carlone und Jakob Anton Mazza, die vom Dom zu Passau 'ausgeliehen' wurden, wie auch Andreas Solari aus Como, der den Hochaltar aufbaute, in den eine Kopie des Passauer Mariahilfbildes gefügt wurde.

Eine ganz andere Welt als die des jubelnden und auch theatralischen Barock betreten wir im 10 km entfernten ORTENBURG im Wolfachtal. Das SCHLOSS erinnert daran, daß hier eines der mächtigsten bayerischen Adelsgeschlechter, die Grafen von Kraiburg-Ortenburg ihren Sitz hatten. Obwohl die Grafschaft eingezwängt war zwischen das Hochstift Passau und den Besitz der Wittelsbacher, führte Graf Joachim 1563 die Reformation ein, was zum steten

63   Der Bayerische Wald bei Viechtach
◁ 62   Der Bayerische Wald
64   Das ROSENBERGER GUT am Dreisessel. Hier schrieb A. Stifter seinen ›Wittiko‹

65   In einer Glasbläserei im Bayer. Wald

66   Alte Schmiede im Bayer. Wald

68   Ehem. Benediktinerabtei PRÜFENING   Wandmalerei im Hochchorgewölbe der Kirche. 1130–60

◁ 67   Rachelsee im Bayer. Wald

70　In der BEFREIUNGSHALLE. 1863 vollendet

◁ 69　Ehem. Benediktinerabtei PRÜFENING　Wandmalereien (Propheten) an der nördlichen Seitenwand der Kirche. 1130–60

71　Die BEFREIUNGSHALLE bei Kelheim auf dem Michelberg über dem Altmühltal

73 Burgruine DONAUSTAUF, Opf.
◁ 72 Kloster WELTENBURG am Donau-Durchbruch
74 Schloß WÖRTH a. d. Donau

76 STRAUBING, St. Jakob Barocke Kanzel. 1753

◁ 75 STRAUBING Altstadt mit St. Jakob und Stadtturm

78 STRAUBING, St. Jakob Relief am Kanzelaufgang

77 Benediktinerabtei NIEDERALTEICH Stukkaturen und Fresken im nördl. Seitenschiff

79 Kloster OBERALTEICH Innenraum d. Kirche St. Peter

◁ 80
Schloß ORTENBURG
Mittelteil
(Ortenburger Wappen)
der Kassettendecke.
Frühes 17. Jh.

81/82
Wallfahrtskirche
HL. KREUZ
auf dem Bogenberg
Roman. Kruzifixus
am Nordportal
und Thronende
Madonna über der
Sakristeinordwand.
1240–50

81   82

83   Benediktinerabtei NIEDERALTEICH   Fresken von Andreas Haindl. 1719–32

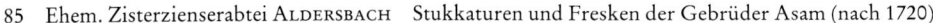

84 Damenstiftskirche OSTERHOFEN-ALTENMARKT, erbaut v. J. M. Fischer (um 1728), Fresken v. C. D. Asam (1732), Altäre v. E. Q. Asam (1731–35)

85 Ehem. Zisterzienserabtei ALDERSBACH   Stukkaturen und Fresken der Gebrüder Asam (nach 1720)

86 Kloster Fürstenzell bei Passau   Rokokobibliothek

87 Benediktinerstift Metten, Nby.   Klosterbibliothek. 1706–20

89   DOM   Die Westfassade

90   Jesuitenkirche ST. MICHAEL am Innufer

◁   88   Blick auf Passau mit dem Dom

92   DOM   Doppelgrab von Wolfseck u. von Rohrbach in der Herrenkapelle. Um 1610 ▷

93   DOM   Hauptschiff mit Hochaltar ▷▷

91   FESTE OBERHAUS   Blick in den Burghof

D . O . M .
ANNO DNI M D C V: DIE 17 MENS AVGVS. REVERENDVS AC NOBILIS DOMINVS IOANNES

94 PASSAU, Dom Evangelist von der Kanzel.
1722–26

95 PASSAU, St. Severin Madonna.
Um 1450

97 JENKOFEN, Pfarrkirche Beschneidung. Tafel des ehem. Hochaltars. Um 1480 ▷

96 PASSAU Blick vom Mariahilf-Berg auf die Stadt

98 Abtei SELIGENTHAL Stifterfiguren (Ludwig I.
der Kelheimer und Herzogin Ludmilla).
1330–40

99 LANDSHUT, St. Martin Madonna von Hans
Leinsberger. 1516–20

100 LANDSHUT, Schloß Trausnitz St. Christophorus aus der Burgkapelle. Um 1520

101 ROTTHALMÜNSTER, Pfarrkirche Maria Himmelfahrt Hl. Nepomuck v. W. Jorhan. 1730–40

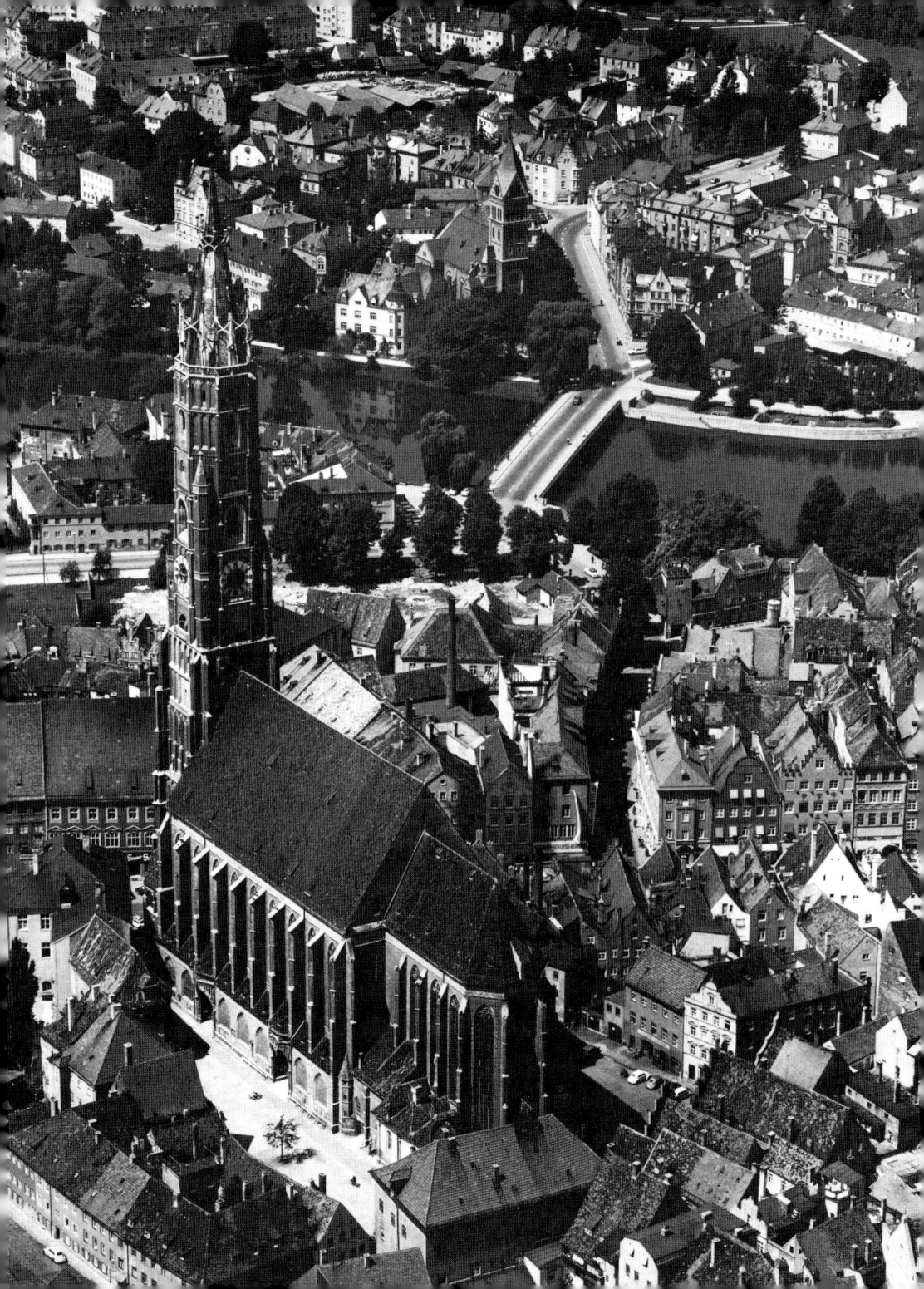

104 LANDSHUT, St. Martin Tabernakel vom Hochaltar. 1424

105 LANDSHUT, Burg Trausnitz Innerer Burghof

106 ST. MARTIN Gewölbe des Langhauses

107 Spitalkirche HL. GEIST Blick zum Chor

108 ST. JODOK Innenraum

109 BURG TRAUSNITZ Ostwand der Burgkapelle St. Georg ▷

111 Schloß SÜNCHING ›Götterwelt des Olymp‹. Ausschnitt aus dem Deckengemälde v. M. Günther. 1761

◁ 110 Schloß ALTEGLOFSHEIM Ovaler Saal mit Deckenfresko

112 Schloß SÜNCHING Schloßsaal, nach Plänen von F. Cuvilliés erbaut

Ärger mit den katholischen Nachbarn führte – war Ortenburg doch die einzige evangelische Enklave im gegenreformierten Niederbayern. Erst 1805 gelang es Bayern, die Ortenburger zum Tausch mit den Herrschaften Tambach und Seßlach in Oberfranken zu bewegen, doch da war der Religionszwist schon überfällig, bekam das von Napoleon beschenkte Bayern evangelische Gebiete zuhauf.

Die Grafen kauften übrigens 1827 ihren Stammsitz Ortenburg zurück und bewohnen noch heute ihr Renaissanceschloß, dessen Rittersaal eine schöne Holzkassettendecke besitzt. Ein Prunkstück ist die aus vielerlei Hölzern gefügte *Kassettendecke* des Großen Saales im Südflügel, die an Farbe und Relief ihresgleichen sucht, nachdem sie im frühen 17. Jh. intarsiert wurde (Abb. 80). – Die evangelische Pfarrkirche, im wesentlichen in der Spätgotik 1518 geformt, birgt weder Stuck noch Fresken, sondern beeindruckt als Grablege der Ortenburger. Bemerkenswert sind die *Hochgräber* des Grafen Joachim († 1600) und des Grafen Anton († 1573). Beide hat noch zu ihren Lebzeiten der Regensburger Hans Petzlinger in Rotmarmor bzw. Sandstein porträtähnlich festgehalten. Während Graf Anton in niederländischer Manier stocksteif auf dem Rücken liegt, ruht Graf Joachim seitlich, lässig den Kopf auf den abgewinkelten Arm gestützt. Er hatte in Padua studiert, italienische Kunst schätzengelernt und dank seiner Heirat mit Ursula von Fugger auch sein Schloß mit Kunstwerken ausstatten können. – Zur Erholung bietet sich der Wildpark an oder die Einkehr beim Schloßwirt.

Vor Passau nimmt uns in FÜRSTENZELL noch einmal Barock gefangen, in der ehem. Zisterzienserklosterkirche Mariä Himmelfahrt. Als 1274 ein Passauer Domkanoniker die Erlaubnis erhielt, im Hof ›Celle‹ Zisterzienser aus Aldersbach anzusiedeln und Herzog Heinrich XIII. von Niederbayern die Gründung förderte, nannte man das KLOSTER FÜRSTENZELL. Den heutigen Kirchenbau entwarf der Bildhauer J. Matthias Götz und begann ihn 1739, war den Forderungen aber nicht gewachsen (»baute mehr Mauer als Kürch«), weshalb man ihn durch den »von vieler Experience« berühmten Joh. Michael Fischer ablösen ließ, der in das Rechteck mit dicken Mauern einen kurvigen, schwingenden Raum einpaßte, der 1743 gewölbt wurde. Aus der 1745 bis auf den Südturm vollendeten Kirche hat man nach der Säkularisation den Chorschluß mit Sakristei und Mönchschor herausgebrochen. Fischer hat die Starre der Wandpfeilerkirche dadurch gelockert, daß er die Empore über den flachen Kapellen in konvexe Schwünge brachte, daß er die Ecken muldete und eine hohe Tonne aufsetzte. – Die reiche Dekoration verschmilzt vollends die Einzelteile. Joh. Modler stuckierte im plastischen Rocaille die Flächen; setzte auf die Emporenbrüstungen Putten und Muscheln, formte Kartuschen und Reliefs in zarten Farben (Gelb, Rosa), um die Fresken des Tirolers Joh. Jakob Zeiller nicht zu übertönen. Dieser freskierte zum Erstaunen des kritischen Klosterchronisten in zwei Monaten den Chor mit der Glorie des Himmels und das Langhaus mit dem Weg der Mönche dorthin unter dem Schutze Mariens. Er malte auch das Blatt ›Mariä Himmelfahrt‹ für den Hauptaltar, den der

◁ 113 ROHR, Klosterkirche Mariä Himmelfahrt   Apostel vom Hochaltar des E. Q. Asam

Münchner Joh. Baptist Straub 1741 mit einem hohen lodernden Auszug schmückte, den die Trinität beherrscht. Die schon 1720–30 gelieferten Seitenaltäre haben den unglücklichen 'Baumeister' M. Götz zum Schöpfer. Zeiller malte 1746 für die meisten neue Bilder.

Die ehem. Klostergebäude, 1687 gebaut, lehnen sich im Süden an die Kirche, umfangen einen Binnenhof. Bei Führungen sieht man im Prälaturflügel den Fürstensaal, in dem ohne Stuck nur die Fresken des Bartolomeo Altomonte sprechen, der schon 1733 Götter und Allegorien der Gewerbe der Bavaria huldigen läßt. Im ehem. Speisesaal ließ der Wiener Joh. Gfall im Deckenfresko die Religion das Füllhorn ihrer Gaben ausschütten. Während Zeiller die Decke des barocken Treppenhauses mit dem Weltgericht bemalen durfte, gab man Gfall den Auftrag, sowohl den zweigeschossigen Kirchengang an der Südseite der Kirche wie den gegenüberliegenden Refektoriumsflügel mit Architekturmalerei zu schmükken. Im südlichen Fortsatz des Ostflügels liegt der weite Bibliothekssaal, eine Kostbarkeit des Rokoko, mit weißen und goldenen Emporenbrüstungen, mit Wandregalen, die grau, violett, gelblich und rötlich marmoriert sind (Abb. 86). Alle Putten, Atlanten, Ornamente schuf Jos. Deutschmann. Ihm gelangen auch die heiteren Knaben über den Aufgängen an den Schmalseiten, Allegorien auf den ehrlichen und unehrlichen Kampf in der Literatur.

Passau

Der Ulmer Martin Zeiller, der für Matthaeus Merian die Texte schrieb, nannte 1632 in seinem ›Itinerarium Germaniae‹ Passau eine dreifache Stadt und bezeichnete sie »alt, berühmt und bischöflich«. Dreifach, weil einmal der massive Bergrücken zwischen Inn und Donau seit der Jungsteinzeit besiedelt war, später aber auch das rechte Ufer des Inn mit der Innstadt, das linke Ufer der aus dem Bayerischen Wald kommenden Ilz mit der Ilzstadt bebaut wurde. Am begehrtesten als Baugelände war der Domberg zwischen Donau und Inn, ursprünglich eine hochwasserfreie Insel. Die Innstadt wird heute von der Wallfahrtskirche Mariahilf akzentuiert (Ft. 26), auf dem steilen Bergsporn zwischen Donau und Ilz thront die Festung Oberhaus. Diese Lage an der Einmündung zweier Flüsse führte früh zu einer Ansiedlung, die im Werk des Geographen Klaudius Ptolemäus (150 n. Chr.) mit dem Keltennamen Boiodurum bezeichnet wird. Diese ummauerte Burg der Bojer ist in Resten in der Altstadtmauer zwischen Paulusbogen und Innbrückbogen nachzuweisen. Als die Römer mit ihrem Blick für militärisch geeignete Plätze um 80 n. Ch. hier ein Kastell errichten, geht der Name Boiodoro (Bojotro) auf dieses Lager über, dessen Name heute noch im Ortsteil Beiderwies rechts des Inns steckt. Das zweite Kastell auf dem Altstadthügel hieß Batavis, abgeleitet von der hier stationierten batavischen Kohorte, woraus Passau entstand. Der Übergang dieses römischen Stützpunktes an die eindringenden Bajuwaren vollzog sich ohne blutige Schlacht. Erst die Völkerwanderung brachte dieser romanisch-keltischen Bevölkerung schweres Leid. Um 470 tritt der hl. Severin den plündernden und mordenden Scharen entgegen, kann aber nicht verhindern, daß Passau 476 von Thüringern erobert und verwüstet wird. Über die halbzerstörte Siedlung schweigen die Quellen, bis um

731 Bischof Vivilo in Passau, das eine agilolfingische Herzogspfalz besitzt, zu wirken beginnt, 739 von Bonifatius ausdrücklich im Amte bestätigt.

Von da an ist Passau Bischofssitz und ist es bis heute geblieben. Die Ostgrenze des Bistums wurde bis nach Ungarn vorgeschoben. Nach dem Sieg auf dem Lechfeld über die Ungarn 955 war es das flächenmäßig größte Bistum des Reiches, bis 1469 auf Drängen Kaiser Friedrichs III. an der Ostflanke ein Erzbistum Wien herausgelöst wurde. Als Kaiser Joseph II. 1784 auch noch die Bistümer St. Pölten und Linz aus dem Passauer Gebiet herausnahm, gehörte Passau zu den kleinsten Bistümern Deutschlands. Joseph II. wollte seine Untertanen nicht 'fremden Bischöfen' zugetan sehen. – Kaiser Otto III. erhob 999 die Bischöfe zu Stadtherren, was sie bis zur Säkularisation von 1803 blieben; 1217 machte sie Friedrich II. zu Reichsfürsten mit Sitz und Stimme im Reichstag. So glatt sich das liest, die Bürger der Stadt erhoben sich im 13. und 14. Jh. viermal gefährlich – wenn auch erfolglos – gegen ihren Herrn. In der Mitte des 16. Jh. war die Stadt nahe daran, protestantisch zu werden, doch Bischof Urban von Trenbach (1561–1598) gelang es, den alten Glauben wieder durchzusetzen. Die Gegenreformation wurde in Passau von Franziskanern (1564) und Kapuzinern (1610) getragen. Nach der Säkularisation mit der üblichen Verschleuderung kirchlichen Gutes wird Passau zur bayerischen Provinzstadt, die Bezirksregierung 1838 nach Landshut verlegt.

Seitdem ist Passau ganz auf Handel und Handwerk, neuerdings auf Industrie angewiesen. Seit der römischen Zeit handelten seine Bürger mit Salz, Wein und Getreide, begünstigt durch das Stapelrecht. Danach mußten alle auf Donau und Inn beförderten Waren vor dem Weitertransport in der Stadt angeboten werden; abwärts Passau war der Transport nur auf passauischen Schiffen erlaubt. Die Eingriffe der bayerischen Herzöge und das Verbot des Salzhandels nach Böhmen durch die Habsburger seit 1692 drückten den Handel. Berühmt war Passau für seine vielen Handwerkssparten, wobei die Klingenschmiede seit dem 10. Jh. Weltruf genossen, wetteifernd mit denen zu Toledo und Damaskus. Ende des 15. Jh. erhielt Passau die vierte deutsche Dombauhütte (nach Straßburg, Köln und Wien), die von hier aus das Steinmetzwesen im westlichen Böhmen organisierte. Lebenswichtig waren Passaus Brücken. Über den Inn wird die erste 1143 geschlagen, über die Donau erst 1278.

Beginnen wir unseren Rundgang durch Passau mit dem DOM ST. STEPHAN, der nach gründlicher Renovierung seit dem Sommer 1980 wieder in allen Teilen zugänglich ist. – Schon in der Lebensbeschreibung des hl. Severin zu Beginn des 6. Jh. wird eine Taufkirche erwähnt, an deren Stelle Mitte des 8. Jh. die Bischofskirche St. Stephan tritt. Als Sonderpatron kommt St. Valentin hinzu, Mitte des 5. Jh. Bischof von Rätien, dessen Reliquien Herzog Tassilo III. um 770 aus Mais in Südtirol hierher überführen ließ. Spätestens im 10. Jh. tritt St. Maximilian als zweiter Patron dazu. Während von den Domen des Mittelalters keine Spuren blieben, hat sich vom spätgotischen, 1407–1530 errichteten Bau am Chor und Querschiff, innen barock überlagert, einiges erhalten können, geschaffen von dem aus Böhmen stammenden Hans Krumenauer, einem recht selbständigen Kopf aus der Schule der Parler. Erst der Landshuter Hans Glapsberger konnte 1520–30 das Werk vollenden, das nach 1550 seine Wölbungen erhielt. – Nachdem ein verheerender Brand 1662 das Langhaus

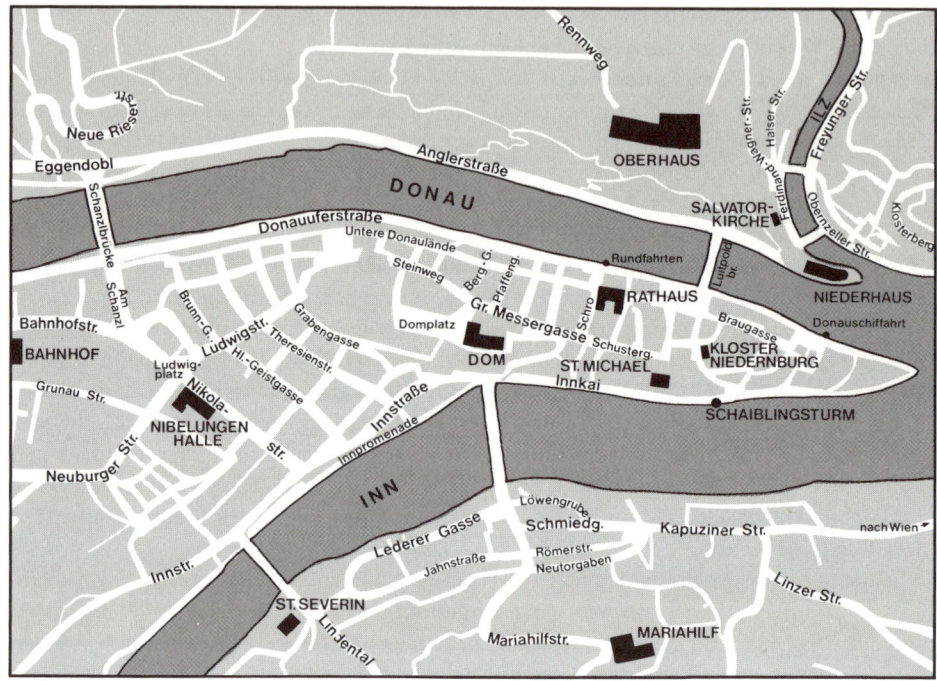

Stadtplan von Passau

nahezu vernichtet hatte, wurde mit dem Wiederaufbau der Italiener Carlo Lurago beauftragt, der zunächst einen völligen Neubau anstrebte. Da Fürstbischof Wenzel Graf von
Thun (1664–73) seine Mittel auch für die obdachlose Bevölkerung zur Verfügung stellte,
mußte Lurago – um Kosten zu sparen – die nördliche Langhausmauer bis zur Höhe des
angelehnten Kreuzganges und den ‚jungen' Ostchor übernehmen. Er integrierte sie nicht
nur nahtlos, er schuf in 20 Jahren Bauzeit die größte hochbarocke Kirche Bayerns (Länge:
101 m, Breite der dreischiffigen Anlage: 33 m, Kuppelhöhe 69 m, Höhe der beiden
Westtürme: 68 m). Seinen Landsmann Giovanni Battista Carlone beauftragte 1678 Fürstbischof Sebastian von Pötting mit den Stuckarbeiten, die dieser zusammen mit Paul d'Aglio
und 16 Gehilfen in acht Jahren ausführte. Gleichzeitig wurden die Fresken aufgetragen,
zuerst von Carpoforo Tencalla, nach seinem Tod von Matthias Rauchmiller aus Wien und
nach dessen Ableben von Carlo Antonio Bussi aus dem Tessin. Noch dreimal hat man das
Domäußere ‚aufgebessert': 1707 verliert der Vierungsturm seine Spitzhaube und erhält die
geschweifte Barockkuppel, kurz darauf erweitert Jakob Pawanger (Pawagner) die Westfassade über die Breite des Domplatzes hin, so daß der Platz völlig auf den Dom hin gerichtet
ist, schließlich erhalten 1896–97 die Westtürme ihre heutigen Kuppeln nach dem Vorbild des
Salzburger Doms.

276

Das INNERE der barocken Basilika besticht durch Höhe und Weite (Abb. 93). Der Stuck der Carlone und d'Aglio prägen die Kirche italienisch, ja lombardisch. Die Meister überzogen nicht nur die Strukturteile mit überquellender Fülle, sondern schufen auch die Putten mit Texttafeln, die Allegorien bei den Arkadenbogen, die gesimstragenden Atlanten, die Propheten, alle pathetisch und bewegt in ihren Gebärden. Bei der Renovierung wurden an die 1000 Figuren und Figurenelemente gezählt, darunter auch die kostbaren Stuckplastiken des Bischofsoratoriums an der Südwand des Chores. Aber nicht die Vielzahl war Carlones Stärke, sondern die Erfindungsgabe, jede Figur anders zu gestalten, 'sprechen' zu lassen, jedes ornamentale oder vegetabilische Element zu immer neuen Schmuckbändern und Zierfüllungen zu variieren. Carlone, der auch die beiden Stuckmonumente der Diözesanpatrone St. Valentin und St. Maximilian zu seiten des Hochaltars formen durfte, bemühte sich um den Auftrag für alle Stuckmarmoraltäre an den Seitenwänden, lieferte 1685 auch den Frauen- oder Sakramentsaltar an der nördlichen Querhausmauer für 1750 Gulden ab, geriet aber wegen des Valentinaltares mit der Dombauverwaltung in Differenz, weil die 350 Gulden weniger zahlen wollte. Die 1689 von den »Gypsarbeitern« Balthasar Hackhenmüller und Paul Rauchmüller aus Kempten gelieferten Seitenaltäre vor der Westempore fielen aber so mäßig aus, daß sie im Jahr darauf auf Befehl des Fürstbischofs Joh. Philipp von

PASSAU Ansicht des Domplatzes mit der Westfassade des Doms noch ohne Kuppeloktogone der Westtürme. Federlithographie um 1825 von H. Kurz

Ansicht des Domes zu Passau
von Westen.

Lamberg (1689–1712) 'weggehackt' und durch Carlones Schöpfungen ersetzt werden mußten. Seit 1980 trägt der Stuck auch wieder die von Carlone erdachte Färbung statt des unisonen Weiß des frühen 19. Jahrhunderts.

Die Ausmalung der 171 Gewölbeflächen konnte wegen der geschilderten Todesfälle nicht einheitlich erfolgen. C. Tencalla aus Bissone am Luganer See begann 1679 mit unerhörtem Tempo im Chor, also entgegengesetzt zum Bildprogramm, mit dem Kelch der Eucharistie und der Steinigung des hl. Stephanus. In der mächtigen Kuppel schwebt Gottvater in den Kreisen der Engelschöre, während die Evangelisten in den Gewölbezwickeln sitzen. In der Wölbung des südlichen Querschiffs werden St. Valentin und St. Maximilian geehrt, deren Legende auf dem Altarblatt von Frans de Neve (1687) darunter erzählt wird. Tencallas Fresko im nördlichen Querhaus bringt die Krönung Mariens durch die Trinität, die Altarblätter darunter stammen von einem Unbekannten, gelegentlich werden sie G. B. Gaulli aus Genua zugeschrieben. Nach dem Dombrand 1680 mußte Tencalla im östlichen Langhaus sein Fresko ›Siegeszug des Neuen Bundes‹ gründlich erneuern und fügte im nächsten Joch den ›Irdischen Triumphzug der Kirche und Eucharistie‹ an. Das mittlere Joch zeigt Engelsgruppen um das Gitter, mit dem das 'Hl.-Geist-Loch' verschlossen war, das an Pfingsten und Christi Himmelfahrt für geistliche Dramen benötigt wurde. Im zweiten westlichen Joch ist ›Die Hoffnung auf das Heil‹ freskiert und im letzten Joch über der Empore wird das beliebte Eingangsthema der ›Tempelreinigung‹ dargestellt. Als Nachfolger Tencallas († 1685) hat man M. Rauchmiller, seinen Mitarbeiter bei der Wiener Dominikaner-kirche, berufen, der allerdings nur die vorderste rechte und linke Seitenkapelle ausmalen konnte. In der Johanniskapelle (rechts) malte die beiden Altarblätter 1693 der Salzburger Hofmaler Joh. Michael Rottmayr. Im April 1687 wurde Tencallas Schwiegersohn C. A. Bussi verpflichtet, der schon im Juni 1688 Vollzug melden kann; in dieser Rekordzeit hatte er acht Seitenkapellen freskiert. Die Altarbilder in der Katharinen- und Martinskapelle schuf der Garstener Carl Resl von Reslfeld. Das höchste Honorar für ein Dombild erhielt der Münchner Joh. Andreas Wolf mit 1200 Gulden für eine ›Anbetung der Hirten‹ in der vorletzten nördlichen Kapelle.

Die 18 Flächen unter der Orgelempore bemalte C. A. Bussi mit einem von St. Cäcilia geleiteten Engelskonzert, sinniger Hinweis auf die darüberstehende HAUPTORGEL, deren riesiges Gehäuse Jos. Matthias Götz schnitzte, während 1718 der Passauer Jos. Hartmann den Prospekt der beiden Seitenemporenorgeln fertigte. Zusammen mit der unterm Dach in der Langhausmitte eingebauten Fernorgel und der Chororgel verfügt der Organist seit 1929 über fünf Werke mit 231 klingenden Registern und 17330 Pfeifen, also über die größte Kirchenorgel der Welt. Da man eine Orgel hören muß, um sich am Klang zu erfreuen, finden in den Sommermonaten an den Wochentagen um die Mittagszeit Orgelkonzerte statt; wegen der genauen Uhrzeit beachte man die Anschläge neben der Domtür.

Schon lange fiel uns die vergoldete *Kanzel* auf, ein exzellentes Stück Wiener Plastik, vermutlich nach einem Entwurf des Lukas von Hildebrandt vom Wiener Hoftischler Georg Series errichtet, während Ludwig Högenwald die Figuren nach einem Modell von Raffael Donner geschnitzt hat. 1726, vier Jahre nach dem Tod des Auftraggebers Fürstbischof

Raymund Ferdinand von Rabatta, wird zum ersten Mal von diesem wiederholt kopierten »Werk imperialer Kunst« gepredigt. Die Evangelisten (Abb. 94) sind einzigartige Studien des nachdenkenden und erkennenden Menschen. Auf dem Schalldeckel triumphiert die Kirche mit ihren Symbolen. – Das jüngste Stück der Einrichtung ist der auffällige HOCHALTAR, deren Figuren der Münchner Jos. Henselmann 1945–53 aus Pappelholz gehauen und mit Silberblech umkleidet hat. Der hl. Stephan wird von zwei Schergen gesteinigt, deren Gewand Saulus, der Verfolger, hält, während sich ein Pharisäer hochmütig abwendet. Die Reform der Liturgie erforderte einen Kreuzaltar in der Vierung, dessen Marmor das kreuztragende Lamm und die Symbole der sieben Sakramente trägt, 1961 von Henselmann geschaffen. – Die zahlreichen Marmorgrabmäler der in der Gruft beigesetzten Bischöfe, im Chor und in den Seitenschiffen aufgestellt, beschreiben die Kirchenführer.

Der gotische DOMKREUZGANG aus dem frühen 14. Jh. wurde 1812 bis auf wenige Reste abgetragen; erhalten blieb das schöne Portal zum Steinweg, das auf 1430 datiert wird. Da die Grafen von Ortenburg schon im 13. Jh. begannen, ihre Angehörigen in der Sixtuskapelle am Domkreuzgang zu bestatten, ging ihr Name auf den Raum mit drei Kreuzgewölben über, deren Schlußsteine aus dem 14. Jh. stammen. Unter den Grabmälern ist das für Graf Heinrich († 1360) eine sehenswerte Tumba mit der Figur des Verstorbenen auf der Deckplatte, um 1430 im späten Weichen Stil ausgeführt.

Im Norden schließt die St. Andreas geweihte *Herrenkapelle* an, im frühen 14. Jh. erbaut und als Grablege der Domherren benutzt. Im frühen 15. Jh. wurde der Chor (Erasmuskapelle) gestiftet. Durchs Westportal, das von einem Steinrelief von 1300 bekrönt wird, betritt man die dreischiffige Halle mit dem Kruzifixus von 1190. Unter den zumeist hervorragend gearbeiteten Grabmälern seien an der Chornordwand die schrägliegende Reliefplatte für P. von Polheim von 1440 und an der Chorsüdwand das Doppelgrab für von Wolfseck und von Rohrbach herausgehoben. Der Augsburger Christoph Murmann schuf um 1610 die Platte mit der Darstellung der Himmelfahrt Mariens (Abb. 92).

Vor der barocken Westfassade des Doms (Abb. 89) liegt der rechteckige DOMPLATZ, in dessen von parkenden Wagen okkupierter Fläche die Passauer 1824 ihrem neuen Herrn Max I. Joseph ein Denkmal setzten. Bischof Konrad von Babenberg hatte 1155 den Platz seinem Domkapitel geschenkt, damit um seine Seiten Kanonikatshöfe gebaut würden, die später eine barocke Fassade erhielten. Die schönste besitzt das PALAIS LAMBERG, 1724 von Joh. Michael Prunner aus Linz (damals zur Diözese Passau gehörig) im repräsentativen Ernst Wiener Fassaden gestaltet, jedoch mit seinen Schmuckdetails angereichert. Heute birgt es das DIÖZESANMUSEUM, kann also besucht werden. Einst wurde dort 1552 der ›Passauer Vertrag‹ unterzeichnet, der den Augsburger Religionsfrieden von 1555 vorbereitete, der als wesentliche Bestimmung enthielt, daß der Landesherr die Konfession seiner Untertanen bestimmen könne. – Andere Domherrnhöfe sind schwerer zugänglich, es sei denn, man habe mit den Ämtern darin zu tun. An der Südseite dominiert die Dompropstei, eine große Anlage mit Binnenhof, 1544 und 1632 gebaut, mit merkwürdiger Fensterfront, da die Barbarakapelle eingebaut werden mußte.

Benutzt man den Bogen im Südturm des Doms, gelangt man in die schmale ZENGERGASSE (Ft. 28), an deren Südseite der Zengerhof steht, daneben die barockisierte Wand der ehem. Hofkapelle, schließlich der Nordtrakt der ALTEN BISCHOFSRESIDENZ, deren Binnenhof mit einem originellen, über drei Obergeschosse geführten Bogen prunkt. Das Hauptportal, eine Säulenanlage, trägt in der Giebelnische die Büste des Fürstbischofs von Thun, der den Bau 1670 wieder aufrichten ließ. Die jenseits des Hofes liegenden Südtrakte betonen den Abfall der Halbinsel zum Inn, zeigen der Innseite ein festungsartiges Gesicht. Der anliegende spätgotische, im 17. Jh. umgebaute, im frühen 18. Jh. dekorierte Saalbau ist durch einen Galerieflügel mit der NEUEN BISCHOFSRESIDENZ verbunden, die am Residenzplatz liegt, in den von Westen her der gotische Domchor hineinragt. Den Bau mit der stattlichen Front in großer Pilasterfolge und den ausladenden Balkonen über den beiden Portalen ließ vor 1712 Kardinal von Lamberg beginnen, doch erst sein Nachfolger Fürstbischof von Rabatta erlebte 1730 die Vollendung. Als Baumeister wird mal Domenico d'Angeli, bald der Wiener Theateringenieur Antonio Beduzzi vorgeschlagen. Großartig ist das Stiegenhaus, das Joh.

Unterzeichnung des ›Passauer Vertrags‹ 1552. Kupferstich von 1752

PASSAU   Residenzplatz mit Marstallhof, Domchor und Neuer Bischofsresidenz (links). Stahlstich von G. F. Poppel, nach einer Zeichnung von G. Seeberger. Um 1850

Modler stuckiert hat, während die graziösen Putten auf den oberen Treppenläufen von Jos. Bergler stammen. Darüber gewährt ein Fresko Einblick in den Olymp. Die Repräsentationsräume im zweiten Obergeschoß besitzen Tapisserien, Gemälde und Möbel aus dem Rokoko.

Vom Residenzplatz mit dem Wittelsbacherbrunnen und der Großen Messergasse führen mehrere schmale Gäßchen hinab zur Donau im Norden und zum RATHAUS. Wie in anderen Bischofsstädten auch, gelang es der Bürgerschaft erst spät, 1393–1405, und nach manchem Aufstand ein eigenes Haus zu beziehen und den mächtigen Streitturm zu erbauen. Zwar wurde er 1811 wegen Baufälligkeit abgetragen, aber 1890 in seiner heutigen Form wieder aufgerichtet. Der nördliche Saalbau mit seinen Arkaden im Erdgeschoß, die jetzt für den Ratskeller genutzt werden, wurde nach Abbruch alter Häuser 1446 erbaut. In den Ecken des Rahmens des spätgotischen Hauptportals erinnern die Brustbilder zweier Gewappneter an das Rathaus zu Regensburg, dessen Reichsstadtfreiheiten die Passauer vergeblich zu erlangen suchten. Das darüber gesetzte Wappen mit den beiden Löwen als Schildhaltern stammt wie die Drachen und Affen in den Zwickeln aus den Jahren um 1425. Ruprecht Fueterer († 1476) begann 1471 mit der Bemalung der Fassade, die nach seinem Tod Rueland

Frueauf d. Ä. nach 1481 vollendet hat. Als 1922 auch die Reste dieser Fresken zerstört wurden, malte Jos. Hengge nachempfindend Kaiser Ludwig d. B., der 1345 den Freiheitsbrief (erhalten im Stadtarchiv) ausstellte, und vier Kurfürsten an die Wand, dazu die Silhouette Passaus, wie sie in Hartmann Schedels ›Weltchronik‹ von 1493 überliefert ist. Die RATHAUSSÄLE sind von der Schrottgasse aus zugänglich. Die Wappenhalterin am Portal von 1510 wird dem Kreis um Nikolaus Gerhard von Leyden zugeschrieben. Stilvergleiche legen nahe, daß die Steinmetzen der Treppe und des feingliedrigen Gewölbes samt der Schlußsteine von der Passauer Dombauhütte um 1446 kamen. Nach dem Stadtbrand wölbte C. Lurago den Großen Saal neu ein, G. B. Carlone schuf die drei Portale und stuckierte beide Säle. Die Wände scheinen nicht mehr bemalt worden zu sein, bis 1885 der aus Passau gebürtige Historienmaler Ferdinand Wagner mit zwei Kolossalgemälden beauftragt wurde: ›Einzug Kri(e)mhildes in Passau an der Seite ihres Oheims Bischof Pilgrim‹; ›Hochzeit Kaiser Leopolds mit Eleonore von Pfalz-Neuburg in Passau 1676‹. In die Decke des Kleinen Saales malte Wagner die Passavia, umworben von den drei Flüssen, an die Wand die Huldigung der Bürger an König Max I. Joseph von Bayern nach 1803. Im INNENHOF wurde 1969 der 1555 geschaffene Rolandsbrunnen aufgestellt, der ursprünglich auf dem Residenzplatz stand, aber 1860 durch eine Marienfigur ersetzt worden war. – Das angrenzende ehem. Dikasterialgebäude mit den wertvollen Stuckdecken des G. B. Carlone, vor allem im Zimmer des Oberbürgermeisters, wurde jüngst sorgfältig restauriert.

Auf dem Weg nach Niedernburg gelangen wir durch die Milchgasse zur ehem. Jesuitenkirche ST. MICHAEL (Abb. 90), deren Turmpaar und dessen burgartiges Kolleggebäude dem Betrachter imponiert. Daß die Türme unscheinbare Pultdächer besitzen, geht auf den dringenden fürstbischöflichen Wunsch zurück, daß der Anblick des Doms nicht beeinträchtigt werden dürfe. Die schlichte Wandpfeileranlage mit Emporen und einem flach geschlossenen Chor ist mit Stuck der Zeit um 1677 geschmückt, dessen Figuren der Engel, Kirchenväter und Propheten auf den Kreis um Carlone verweisen. Das Hochaltarblatt ›Engelsturz‹ ist mit »C. J. Carlone P(inxit) 1714« signiert. – Drei Gebäudetrakte um den Hof des Jesuitenkollegs wurden um 1680 gebaut, beherbergen heute das Gymnasium Leopoldinum und die Staatliche Bibliothek. Der alte Bibliothekssaal wurde 1740–50 mit Stuck in italienischer Manier dekoriert.

Das nahe KLOSTER NIEDERNBURG führt seine Gründung auf agilolfingische Herzöge des 8. Jh. zurück, war auf jeden Fall 976 bischöflich. Kaiser Heinrich II. erhob es 1010 zur Reichsabtei, denn seine Tante Heilika ward dort Äbtissin, später seine Schwester Gisela, zuvor Gemahlin des Königs Stephan des Heiligen von Ungarn. (Noch heute werden in Niedernburg Messen in ungarischer Sprache für geflohene Ungarn gelesen.) 1161 gab Friedrich I. Barbarossa das Kloster an den Passauer Bischof zurück, der mit dem Klosterbesitz bis zur böhmischen Grenze den Grundstock zum Territorium seines Hochstifts im Norden legte. Nach den verheerenden Stadtbränden im Barock um 1687 wieder aufgebaut, wurde das Kloster 1807 säkularisiert, u. a. als Heu- und Strohmagazin, als Irrenhaus und Feldbäckerei genutzt, bis 1836 die Englischen Fräulein den Komplex erwarben, der heute einer Mädchenrealschule und einem Mädchengymnasium Platz bietet.

Zugänglich ist nur die Kirche HL. KREUZ, das einzige der drei Gotteshäuser, die zu Kaiser Heinrichs II. Zeit existierten. Die dreischiffige Pfeilerbasilika, im wesentlichen im 13. Jh. gebaut, ist das größte romanische Bauwerk Passaus, trotz mancher Änderungen der Gotik und des Barocks. Über neun Stufen steigt man hinab zur romansichen Vorhalle, die über sich die alte Nonnenempore trägt. Die derben Eckpfeiler, die kräftigen Schildbogen verweisen auf die 1. Hälfte des 11. Jh., die Wölbungen und Pilaster des siebenjochigen Langhauses gehören dem Barock an. Im Ansatz des nördlichen Seitenschiffs sitzt die Erasmuskapelle, im nördlichen Querschiffarm die Kreuzkapelle, im südlichen die Parzkapelle mit Chörlein um 1530. Der spätgotische Chor wurde 1573 in zwei Geschosse unterteilt. Von der alten Einrichtung haben die Brände überstanden das lebensgroße Kruzifix von 1508, dazu an zwei Pfeilern links eine Marienfigur von 1490 und eine Steinplastik der hl. Hedwig von 1420, meist als hl. Gisela mißdeutet. Die *Grabmäler* der Äbtissinnen Gisela († um 1060) und Heilika († 1020), erst im frühen 15. Jh. gearbeitet, stehen in der Parzkapelle. Durch das offene Unterteil der Gisela-Tumba sieht man auf eine ältere Grabplatte mit dem Relief eines Vortragekreuzes und zweier heraldischer Adler. Grabungen unter dem Hochgrab haben eine Bestattungshöhling für die Gebeine der Äbtissin erbracht. Unter den zahlreichen Grabsteinen ragt die Rotmarmorplatte für Bürgermeister Endl († 1516) hervor, die der Passauer Jörg Gartner gestaltet hat. – Nur selten zugänglich ist der Rest der zweiten Klosterkirche ST. MARIEN, deren romanische Vorhalle zwischen den Stümpfen des Turmpaares mit spätromanischen Fresken und einer Inschrift steht, die auf Friedrich II. hindeutet, der 1217 Passau besucht hat.

Wer von hier zum Innkai vordringt, sieht im vielgemalten Schaiblingsturm den Rest der innseitigen Stadtbefestigung. Nahebei steht der 1504 gebaute mächtige SALZSTADEL, in dem das von Hallein bei Salzburg verschiffte Salz vom städtischen Stadelmeister aufgekauft und bei guter Konjunktur wieder verkauft wurde. So wurden 1553/54 immerhin 241 360 Zentner Salz über Passau verhandelt. Mit dem böhmischen und bayerischen Einfuhrverbot kam der Salzhandel zum Erliegen. Heute ist der Salzstadel ein Wohnhaus. – Eine einzigartige Lage zwischen Inn und Donau hat das WAISENHAUS, gestiftet vom Schiffsmeister Lukas Kern mit Testament von 1749 über 77 400 Gulden. 1913 übernahmen die Englischen Fräulein den mächtigen Vierseitbau, dessen kahle Mauern mit zierlichen Fenstergittern, einem Fresko des Stifterpaares und Rokokostuck belebt wurden. Zur Donau hin gelegen ist die 1763 geweihte Waisenhauskapelle, ein Kuppelraum mit dichtem Stuckornament, das auch Fenster- und Türstürze mit Ranken- und Muschelwerk des Rokoko überzieht, die mit dem zu Dommelstadl (s. S. 291) eng verwandt sind. Als Baumeister wird Joh. Michael Schneitmann, als Stukkateur Loraghi genannt. – Am Donaukai davor legen die Schiffe der DDSG (Donau-Dampf-Schiffahrts-Gesellschaft) an, vor dem Rathaus weiter donauaufwärts die Ausflugsdampfer für Rundfahrten (siehe Stadtplan).

Auf halbem Wege dorthin führt die Luitpoldbrücke (Hängebrücke) hinüber aufs linke Donauufer und vor die VESTE (Feste; Festung) NIEDERHAUS, die auf dem schmalen Sporn zwischen Donau und Ilz sitzt und bequem die Salzstraße nach Böhmen ilzaufwärts sperren konnte. Noch wichtiger war die Kontrolle des Schiffsverkehrs auf der Donau. Als

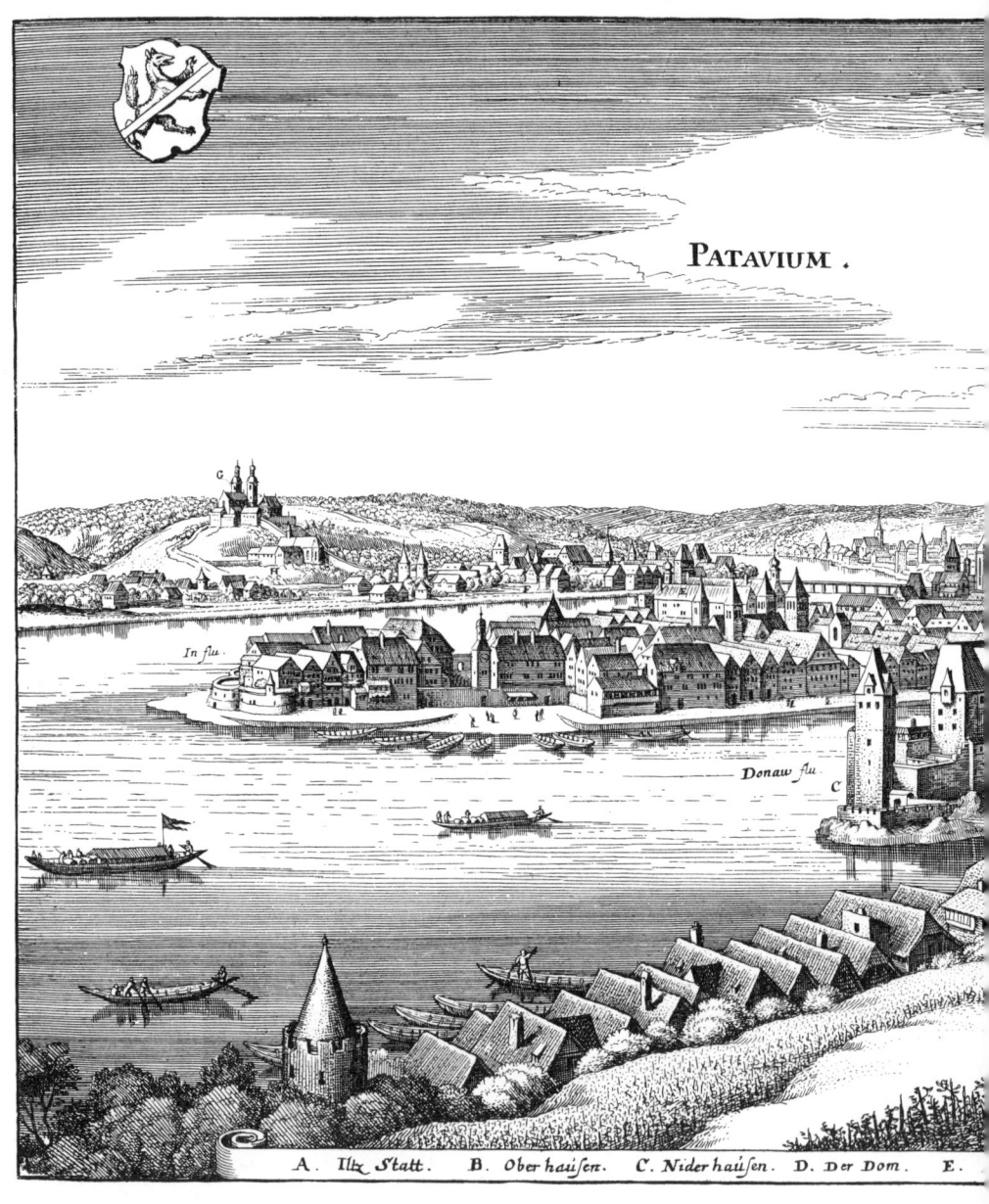

PATAVIUM.

In flu.

Donaw flu.

A . Iltz Statt .   B . Oberhaufen .   C . Niderhaufen .   D . Der Dom .   E .

Passau   1657. Kupferstich von Matthaeus Merian

aw.

B

A

F. In Statt.   G. Maria Hilff Closter.   H. Capuciner Closter .I. S. Bartolomeʒ.

Befestigung gehört Niederhaus zur Festung Oberhaus, die der Passauer Bischof Ulrich Graf von Dießen-Andechs (1215–22) 1219 auf dem ›Jörgenberg‹ (Georgsberg) hatte anfangen lassen. Mit einem doppelten Wehrgang ist Ober- mit Niederhaus verbunden, das Mitte des 13. Jh. gebaut wurde, allerdings beim Bürgeraufstand 1367 in deren Hand geriet, die von da aus Bischof, Domkapitel und Klerus im Oberhaus beschossen. Die heutigen Bauten gehen auf Fürstbischof Leonhard von Layming (1423–51) zurück, der nach dem Bericht des Aeneas Silvius Piccolomini (später Papst Pius II. 1458–64) von 1444 ganz besonders prächtig eingerichtet war. (Von ihm, der damals Geheimsekretär von Kasiser Friedrich III. war, stammt der Satz: »Es ist leichter, in Rom Papst zu werden, als in Passau Domherr«, was er selbst erlebt hatte.) Auf Befehl Napoleons, der 1809 eine »militärische Bereinigung und Sanierung« der Stadt angeordnet hatte, wurden Teile der Anlage abgetragen und alle Türme erniedrigt. Schließlich wurde Niederhaus Gefängnis und Arbeitshaus, bis der Maler Ferdinand Wagner den Komplex 1890 ankaufte und ihn 'mittelalterlich' her- und einrichtete. Als die Hängebrücke gebaut wurde und den freien Blick auf die Stadt behinderte, verkaufte er verbittert seine 'Burg' und zog nach München. Niederhaus ist bis heute Privatbesitz geblieben.

Bevor wir nach Oberhaus aufsteigen, werfen wir einen Blick in die SALVATORKIRCHE auf dem rechten Ilzufer, die anstelle der alten Synagoge steht. Als man 1476 einen angeblichen Hostienfrevel entdeckte, wurde die Synagoge zerstört und 1479 St. Salvator zur Sühne (für die Entweihung des Platzes durch die Juden) errichtet, der 1501–1803 ein Kollegiatstift zugeordnet war. Um die Höhenunterschiede des Geländes auszugleichen, baute man eine Krypta ›Zum hl. Kreuz‹, die den Chor trägt. Wegen der Enge der Lage unter den Felsen und an der Handelsstraße betritt man das Langhaus über eine schmale Seitentreppe. In die Streben sind Kapellen eingefügt, von denen die beiden oberen an der Südwand ein kurvendes, verschlungenes Rippennetz besitzen, wie es uns im böhmischen Kuttenberg oder auf dem Hradschin begegnet. Die Ausstattung stammt aus der Zeit der Renovierung 1860, ausgenommen das damals miteingebrachte romanische Kruzifix um 1200. Der Raum wird gerne für Konzerte genutzt.

Über die steile Ferdinand-Wagner-Straße gewinnen wir die Zufahrt zur FESTUNG OBERHAUS, an der vom 13. bis ins 19. Jh. immer wieder gebaut wurde. Für Details ist der Kunstführer Nr. 596 zuständig. Der endgültige und aufwendige Ausbau zu einer barocken Festung erfolgte 1674–1723 durch Giovanni Pieroni und C. Lurago, der seit 1668 Dombaumeister war. 1809–13, als Oberhaus eine französische Besatzung hatte, sollte eine riesige Sperrfestung gegen Österreich ausgebaut werden, doch blieb es Passau erspart, mehr Soldaten als Einwohner zu bekommen. Ab 1822 wurde Oberhaus (Abb. 91) als Kaserne, Militärgefängnis und für die Festungshaft politischer Häftlinge verwendet, die Festungseigenschaft erst 1867 nach dem verlorenen Krieg von 1866 aufgehoben. 1932 übernahm die Stadt Passau die Anlagen und richtete darin u. a. das Museum, eine Wetterstation und eine Jugendherberge ein, zu der ein großer Zeltplatz paßt, einer der bestgelegenen, was die Aussicht betrifft, die von Oberhaus auf die Stadt, auf den Zusammenfluß (Ft. 27), aber auch weit ins österreichische Innviertel und in den Bayerischen Wald reicht. Das Museum hat sich seit 1885 aus kleinen privaten Anfängen zu neun gehaltvollen Abteilungen entwickelt. Vorgestellt werden Handwerke und Zünfte mit der einzigen Sammlung Passauer Porzellans. Daneben informiert das historische Stadtmuseum über die Entwicklung seit frühesten Zeiten (Ft. 29), während die volkskundliche Abteilung speziell auf Schiffahrt, Flößerei und Fischerei eingeht. Der 1503 vollendete große Rittersaal (mit dem Blick auf die Stadt) wartet mit trefflichen Beispielen der Passauer Schwertschmieden (Bihänder u. a.) auf. Das angegliederte Böhmerwaldmuseum zeigt gerettete Objekte aus Südböhmen, soweit es von Deutschen besiedelt war. In den Galeriesälen ist die ›Bischöfliche Diözesansammlung‹ aufgestellt, die ihren Schwerpunkt in der Spätgotik hat, weil im 15. und 16. Jh. in Passau eine Reihe bekannter Werkstätten wirkten, so die der Kriechbaum, des Rueland Frueauf d. Ä., in der vorübergehend Lucas Cranach und Jörg Bräu tätig waren, so die des Jörg Gartner, der Marmorepitaphe bis Mähren und Kärnten lieferte, vor allem des Wolf Huber, des Meisters der Donauschule, der 1510 zuzog und 1553 als Hofmaler und Stadtbaumeister zu Passau starb. In der ›Passauer Galerie‹ werden Bilder und Plastiken aus dem Raum um Passau vom 16. Jh. bis heute gesammelt. Im Judenkeller unter dem Fürstenbau hat man einst die 1476 am angeblichen Hostienfrevel (s. St. Salvator) beteiligten Juden bis zu ihrem grausigen Tod gefangengehalten. Nebenan finden Sie die Folterkammer und das Feuerwehrmuseum. Im Lapidarium, der Sammlung alter Steinmetzarbeiten, werden hervorragende Proben der in Passau einst so berühmten Steinmetzhütten gezeigt. Vorzüglich eingerichtet sind Bischofs- und Waffensaal. Die dem hl. Georg geweihte Burgkapelle besitzt noch Fresken aus dem 13. Jh. und ist heute beliebte Trauungskirche.

Westlich Oberhaus ließ Kardinal Jos. Franz Graf von Auersperg auf einer waldigen Anhöhe 1785 einen Sommersitz errichten, denn die Sommerschlösser Thyrnau und Hacklberg gefielen ihm nicht. Er wollte ein »zwanglos-freyes Schloß inmitten eines sentimentalischen Naturparks«, das ihm der Hofbaudirektor Joh. Georg Hagenauer 1785–92 erbaute. FREUNDENHAIN nannte er es, weil er dort ohne Hofzeremoniell im Kreise gleichgesinnter Freunde die Natur genießen konnte. Der Fürstenbau mit seinem Mansarddach und zwei Flügel mit Kavaliers- und Wirtschaftsräumen umfassen den Ehrenhof, der mit einem Gitter nach außen geschlossen ist. Die Innenräume tragen Stuck im Louis XVI.-Stil. – Der Park im Nordwesten, von dem Ernst Moritz Arndt 1798 schrieb, er gehöre zu den schönsten, die er gesehen habe, ist mit seinen Denkmälern und 'Stimmungszonen' zugrunde gegangen, doch blieben einige Partien erhalten, so das holländische Dörfchen ›Plantage‹, das ›Chinesische Porzellankabinett‹, das ›Speisehaus‹ und die ›Grotte des Canopus‹.

Nahebei und am linken Donauufer nordwestlich der Stadt gelegen, steht das ehem. fürstbischöfliche SOMMERSCHLOSS HACKLBERG, das Fürstbischof Wolfgang von Salm um 1550 errichten und mit Parkanlagen im italienischen Geschmack umgeben ließ. Der heutige Bau wurde erst unter dem baufreudigen Fürstbischof Graf von Lamberg errichtet. Berühmt ist der Rondellsaal, den Carlone und sein Kreis üppig mit Stuck überzogen, auch mit Wappen und Namenszug des Erbauers, dazu Muschelnischen aufbauten, die Figuren der Jahreszeiten und Elemente bergen. Das *Deckenfresko* zeigt den Götterhimmel, umgeben von den damals bekannten vier Erdteilen. – Von der um 1700 erneuerten Gartenanlage ist

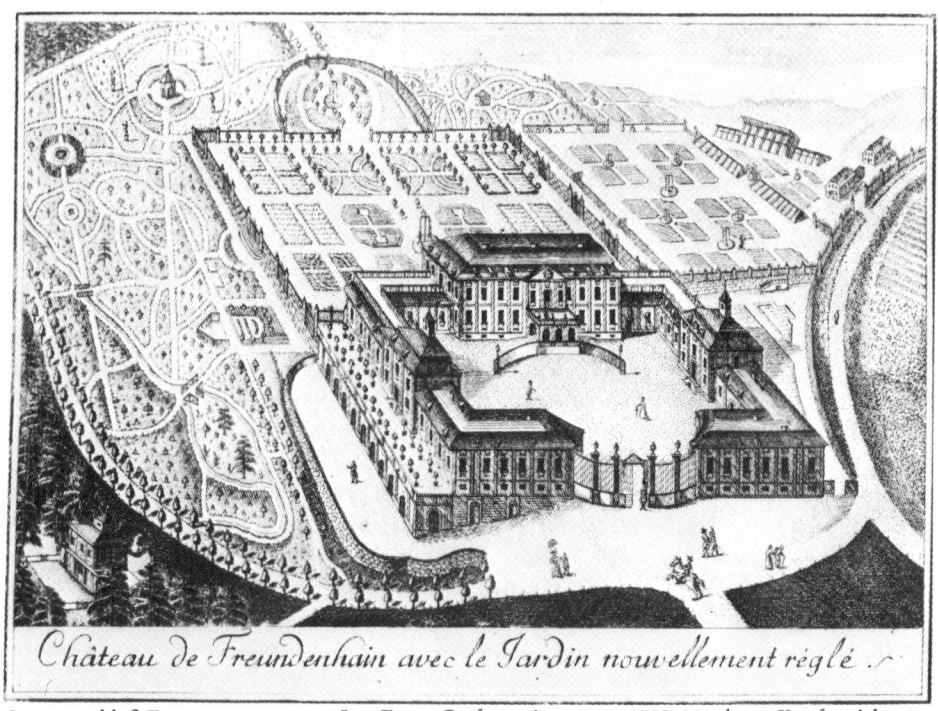

Château de Freundenhain avec le Jardin nouvellement réglé.

Sommerschloß FREUNDENHAIN, von Jos. Franz Graf von Auersperg 1785–92 erbaut. Kupferstich von Friedrich Karl, 1792

nur noch die Rückwand einer Grotte erhalten. Die Mauer und der klassizistische Pavillon wurden erst im späten 18. Jh. dazugefügt.

Um zur Innstadt zu kommen, müssen wir zunächst die Donau überqueren, dann am Westfuß des Domberges entlangfahren und über die Marienbrücke das rechte Innufer gewinnen. Innaufwärts (durch die Lederergasse und das Severinstor) erreichen wir die Kirche ST. SEVERIN, die an der Stelle stehen soll, an der der hl. Severin um 460 eine Betzelle errichtet habe. Das breite einschiffige Langhaus ist karolingisch, stammt aus dem 9. Jh., wird aber erst 1143 genannt. Der spätgotische Chor wurde 1476 errichtet, wobei der quadratische Turm im südlichen Zwickel zwischen Chor und Langhaus nur bis zum Dachansatz geführt ist. Im Nordwesten lehnt sich die Severinszelle an, die jetzt auch von der Westempore her betreten werden kann. Der Grundriß des Raumes, der mit Arkaden zum Schiff hin geöffnet wurde, geht vielleicht auf das 5. Jh. zurück, sicher nicht die Mauern. Eine eingehende Grabung nach 'römischen' Grundmauern ist wegen des Friedhofs nicht möglich, denn St. Severin wurde, da vor dem Tor der Innstadt gelegen, Friedhofskirche. Der neugotische Hochaltar besitzt eine um 1450 vorzüglich geschnitzte Muttergottes (Abb. 95). Gleichaltrig ist auch das Kruzifix im Chorbogen.

Als man 1975 beim gotischen Gruberhaus den Grund für einen geplanten Kindergarten aushob, stieß man auf dicke Mauerreste, die von Gutachtern als Fundamente des römischen Kastells Bojotro erkannt wurden. Die Mauerreste sind nun vollends ausgegraben und konserviert und sollen demnächst auf dem Grabungsgelände museumsartig zugänglich sein.

Oberhalb der Innstadt steht als Gegenakzent zu Oberhaus die Wallfahrts- und KLOSTERKIRCHE MARIAHILF mit dem Kloster der Kapuziner (Ft. 26), die der Domherr Marquard von Schwendi 1624–27 durch Francesco Garbanino bauen ließ. Er wollte mit seiner Stiftung den Wallfahrten ein Ziel geben, die seit 1622 zur Kopie eines Gnadenbildes eingesetzt hatten, das er in der Holzkapelle seines Gartens aufgestellt hatte. Das von Lucas Cranach d. Ä. (1474–1553) gemalte Original des Muttergottesbildes erhielt 1611 Fürstbischof Erzherzog Leopold von Österreich als Geschenk des Kurfürsten Joh. Georg von Sachsen bei einem Besuch in Dresden. Marquard von Schwendi ließ durch Hofmaler Pius eine Kopie anfertigen, was wohlgetan war, denn Erzherzog Leopold nahm Cranachs Bild mit nach Innsbruck, als er zum Regenten der gefürsteten Grafschaft Tirol eingesetzt wurde. Zwar wurde Mariahilf 1662 auch vom großen Stadtbrand erfaßt, doch nur die Dächer verbrannten. Bei der folgenden Restaurierung erhielten die beiden Türme ihre merkwürdigen Bekrönungen, je eine Kuppel, der eine offene, von geschweiften Säulchen getragene Laterne mit einer Zwiebelhaube aufsitzt. Dem einfachen Äußeren entspricht der schlichte, langgestreckte Raum mit halbrunder Apsis und zwei Seitenkapellen. Kein Stuck überkrustet Wände oder Decken, nur ins Chorgewölbe ist ein Brokatmuster gemalt worden. Der das Gnadenbild umrahmende baldachinartige HOCHALTAR sitzt auf Marmor auf und stammt von 1729. Die Seitenaltäre, 1774 aus grauem und rotem Marmor im Stil des späten Rokoko komponiert, tragen gute Altarblätter des Passauers Jos. Bergler d. J., rechts Mariä Heimsuchung, links die Beweinung Christi. – Im linken Querschiff haben sich einige der 'Türkenwaffen' (Roßschweif, Köcher mit Pfeil, lederbezogener Schild und Bogen) erhalten, Reste einer Schenkung Kaiser Leopolds I. nach dem Sieg über die Türken bei Wien 1683, weil er während der Belagerung Wiens in Passau geweilt und in Mariahilf für den Sieg gebetet hatte. Im Mittelschiff hängt eine kostbare Arbeit des Augsburger Goldschmiedes Lukas Lang († 1680), die *Kaiserampel*, die Leopold I. anläßlich seiner Vermählung mit Eleonora von Pfalz-Neuburg 1676 gestiftet hat. Bei der Säkularisation beschlagnahmte der bayerische Staat die Ampel, doch protestierte das Haus Habsburg mit Erfolg. Als persönliches Hochzeitsgeschenk kam die Ampel in die Wallfahrskirche zurück, die zahlreiche Votivtafeln von Wallfahrern besitzt. Die Maria um Hilfe Anrufenden kommen auch nicht mit dem Wagen, sondern erklimmen den Berg über die 321 Stufen der 'weltlichen Stiege', an den Kreuzwegstationen von 1864 vorbei, während die 'geistliche Stiege' weiter östlich von den Kapuzinern benutzt wird, die 1890 in das säkularisierte Kloster zurückkehren konnten.

Kloster FÜRSTENZELL   Putto an den Chorstühlen mit den Symbolen der Gerechtigkeit

VII Von Passau durch das Rottal nach Landshut und Rohr

Von Passau führt uns der Weg nach einem leichten Westbogen aufs linke Innufer und nach DOMMELSTADL. Dort ließ Kardinal Joseph Dominikus von Lamberg 1747–51 anstelle einer alten Kapelle die Pfarrkirche Hl. Dreifaltigkeit bauen, die symbolhaft Bezug auf die Dreieinigkeit nimmt. Vermutlich von der 1724 vollendeten Dreifaltigkeitskirche in Stadl Paura bei Lambach in Oberösterreich angeregt, ist der Grundriß ein gleichschenkliges Dreieck, dessen Seiten als Konchen nach außen sich wölben und von einer flachen Kuppel überfangen sind. Severin Goldberger, der erste Baumeister, mußte wegen defekter Gewölbekonstruktion durch Philipp Jakob Köglsperger abgelöst werden, der ein neues Gewölbe einzog und die pilastergeschmückte Eingangsfront mit dem Dreiecksgiebel im Norden aufrichtete, aber beim Turmbau versagte. Ihn und den restlichen Bau vollendete J. M. Schneitmann aus Passau. Die feinen Stukkaturen schuf der Carlone-Schüler Joh. Baptist d'Aglio, der besonders lockeres Band- und Rankenwerk mit vornehmen Rocaillen zu binden wußte. Die drei Gewölbezwickel tragen Kartuschen mit Reliefs von Glaube, Hoffnung und Liebe, den göttlichen Tugenden. Die Altäre stammen aus den Jahren nach der Vollendung; das Hochaltarblatt mit der Dreifaltigkeit malte der Wiener Paul Troger 1752.

Dommelstadls eigentlicher Begründer, der durch Ansiedlung von Gewerbebetrieben den Ort erst lebensfähig gemacht hat, war Georg Ludwig Graf von Sinzendorf, der als Nachfolger des Grafen Salm 1654–98 sowohl Schloß Neuburg am Inn wie das jenseits des Inns gelegene SCHLOSS WERNSTEIN besaß. Die starke Burg auf waldiger Anhöhe wird 1005 als Besitz des Gaugrafen Tiemo ›von Neuburg‹ bezeugt, die 1158 an die Grafen von Andechs, dann an die Wittelsbacher kam, bis 1310 die Habsburger die heruntergebrannte Burg einnahmen. 1463 an die Grafen Freiherrn von Rohrbach verkauft, erwarben sie 1528 die Grafen Salm, 1654 die Grafen Sinzendorf, 1698 die schottischen Grafen Hamilton, 1719 die Grafen Lamberg, schließlich 1730 das Hochstift Passau. Im 19. Jh. teils ausgekauft, ist 1908 ein von Prinzregent Luitpold gestiftetes Künstler-Erholungsheim untergekommen, dessen Besucher die Reste der Lustgärten nutzten, die einst die Grafen Sinzendorf und Hamilton als Rahmen ihres gesellschaftlichen Lebens mit Pavillons, Teichen und Wasserspielen bestückt hatten. Geblieben ist noch der Blumengarten nördlich der Vorburg mit einer Kunstgrotte von 1681 und die 1675 von Joh. Georg Spatz aus Linz gemeißelte Kolossalfigur eines Schmerzensmannes, der nach zwei Richtungen blickt, vor dem Torbau von 1484. Hinter dem 1738 erhöhten Mauerring und einem Graben liegt als angenähertes

Oval um den Innenhof die HAUPTBURG mit dem massigen Bergfried. Gut erhalten haben sich die zweigeschossigen Wohnbauten an der Ostseite, darunter ein kreuzgewölbter Saal mit einer toskanischen Mittelsäule im Geschmack der Renaissance. Ein nach 1730 errichtetes Barockportal führt, flankiert von den Heiligen Georg und Ludwig, in die Kapelle, einen einschiffigen Raum des frühen 14. Jh., dessen Laubwerkkonsolen und Profilrippen denen im Passauer Domkreuzgang verwandt sind. Der Altar von 1686 wurde aus der Ursulakirche von Vilshofen hierher überführt. – Das Erdgeschoß südlich der Kapelle bietet herrliche Renaissanceräume aus der Zeit der Grafen Salm um 1531. Der ehedem mit weißem Marmor verkleidete ›Weiße Saal‹ von einem (ergänzten) Netzrippengewölbe überspannt, wird noch übertroffen vom ›Rotmarmorsteinernen Zimmer‹ mit einem Gewölbe aus ornamentierten Terrakottarippen und Akanthusmalerei auf den Flächen, beides 1705 durch die Grafen Hamilton eingebracht. Die Wandverkleidung wurde unter Verwendung originaler Teile rekonstruiert. Das anschließende ›Grüne Saletti‹ hat zwar seine Wölbungsrippen eingebüßt, doch gut erneuerte Dekorationsmalerei von 1705/06 behalten. Leider ist nicht nur der Salmsche Südflügel, sondern auch das obere Geschoß dieses Ostflügels durch Brand vernichtet worden. In einem der Zimmer ist jüngst ein Fresko entdeckt worden, das dem Wolf Huber zugeschrieben wird, einst Hofmaler des Grafen Niklas von Salm, der wie die nachfolgenden Sinzendorfer üppigen Hof hielt. Jetzt ist das Schloß Tagungsort der ›Europäischen Akademie‹ der Gustav-Stresemann-Stiftung; deren Gäste sitzen nun unter den alten Kastanien.

Nur 3 km südlich liegt am Beginn der Innenge das EHEM. BENEDIKTINERKLOSTER VORNBACH, um 1040 von Graf Ekbert und Gräfin Himiltrut (lt. Stifterplatte Mathilde) von Vornbach-Neuburg gestiftet und 1125 in die verlassene Burg verlegt. Ein großer Förderer des Klosters war Kaiser Lothar von Supplinburg († 1137), dessen Mutter aus dem Hause Vornbach-Neuburg stammt. Vom mittelalterlichen Bau der Kirche Mariä Himmelfahrt ist wenig bekannt, doch blieb der romanische Unterbau der beiden eng stehenden Türme erhalten, denen nach 1728 Pilaster und barocke Helme aufgesetzt und nach 1770 eine schwingende Rokokofassade vorgeblendet wurden. Der übrige Außenbau stammt aus den Jahren vor der Weihe 1637, ist schlicht gehalten, für den barocken Bau 1728–33 stemmte man hohe Fenster für die Kapellenregion über den Pultdächern aus, damit das Licht breit in den einschiffigen Raum falle, der von der Westempore bis zum Chor von vier Kapellen begleitet wird, deren Nischen zwischen Rundung und Rechteck abwechseln. Über den Kapellen verlaufen zu beiden Seiten Oratoriengänge, die von der Sakristei zum Mönchschor auf der unteren Westempore führen. Bis auf wenige Gebälkstreifen hat der Stukkateur Ignaz Holzinger Gewölbe, Nischen und Flächen mit einem Filigran an Bandwerk, Pflanzenmotiven und Netzen überzogen, ohne die Architektur hervorzuheben. Ihm verdankt man auch die Engel und Putten, die Kanzel und sehr wahrscheinlich die Altäre um 1730. Die *Fresken* malte zu gleicher Zeit der Burghausener Ratsherr Innozenz Anton Warathi, so im Chor Satans Sturz, im Langhaus Annas Zurückweisung vom Opfer, die Verbringung der noch nicht geborenen Maria zu ihren Eltern und die Geburt Mariens. In kleinerem Format werden Ester vor Ahasver, Maria fürbittend vor Jesus, Judith mit dem Haupt des

Holofernes und die Immaculata gezeigt, während die Wandgemälde Begebenheiten aus dem Marienleben schildern. Der Hochaltar, um 1730 aufgerichtet, ist sehr wahrscheinlich eine Arbeit Holzingers, der die flankierenden Heiligen Benedikt und Martin ebenso aus Stuck formte wie die Verkörperungen von Glaube, Hoffnung und Liebe im Auszug. Das Gemälde der Himmelfahrt Mariens malte Martin Altomonte, während die Altäre am Chorbogen mit Gemälden des Joseph Bergler aus dem späten 18. Jh. geschmückt wurden. Fast alle KAPELLEN enthalten Kostbarkeiten, so die erste südliche neben den Grabplatten des Stifterpaares aus dem frühen 14. Jh. eine geschnitzte Muttergottes um 1480, die dritte im Süden einen romanischen Taufstein aus dem späten 12. Jh., die vierte im Süden eine um 1420 geschaffene Beweinung Christi auf Holz, die erste im Norden eine barocke Ölberggruppe, um 1730 wahrscheinlich von Holzinger in Stuck ausgeführt, schließlich die vierte im Norden eine Anna Selbdritt aus der Mitte des 15. Jh.

Ein Abstecher führt uns nach AIGEN mit dem mächtigen Kubus des ehem. bischöflich passauischen Kastengebäudes, einem nach 1450 sauber aus Tuffsteinen gebauten Amtshaus mit übereck gestelltem Erker. Im Erdgeschoß waren Gerichtssaal und Taferne (Gasthaus, von lat. taberna), im ersten Stock die Wohnung des Pflegerichters, darüber der Speicher fürs Zehntgetreide untergebracht. Das Grabendach wird vom Mauerkranz verdeckt. Ein seltenes Beispiel eines angenehmen Nutzbaues. – Die WALLFAHRTSKIRCHE ST. LEONHARD hat seit dem 13. Jh. – als ein wundertätiges Marienbild vom Inn angeschwemmt wurde – als zweites Patrozinium Mariä Himmelfahrt. Der niedere Sattelturm im Süden stammt noch von der ersten Kapelle, der gotische Westturm wie der übrige Bau aus der Zeit um 1500, wovon schon der sterngewölbte Vorbau der zweischiffigen Halle mit ihrem Netzrippengewölbe zeugt. Achteckige Stützen tragen beide Schiffe, die in einen eingezogenen Chor münden. Dort wird der hl. Leonhard als Helfer auf Fresken gezeigt. Die hohe Zahl von Votivgaben hat die Wertschätzung seiner Hilfe festgehalten.

Auf der Fahrt nach Norden erreichen wir ROTTHALMÜNSTER, dessen Pfarrkirche MARIÄ HIMMELFAHRT 1452 gebaut wurde, wobei der Unterbau eines alten Turmes mitverwendet werden konnte. Erst 1733 überformte Georg Hirschstötter aus Landshut den Turm im barocken Stil. Da das Dach über alle drei Schiffe hinweggreicht, fehlen die lichtspendenden Fenstergaden, um die hochkomplizierten Netzfiguren des Gewölbes voll wirken zu lassen. Der mächtige Hochaltar von 1700 besitzt ein hervorragendes Altarblatt ›Mariä Himmelfahrt‹ von Joh. Kaspar Sing. Von der alten Friedhofsbefestigung steht noch das Portalstöckl mit seiner überdachten Freitreppe, die einst zum Wehrgang führte. – Die nahe Wallfahrtskirche ›Mater Dolorosa oder zum seligen End‹, kurz die WIESKAPELLE genannt, ist ein schlichter Bau von 1737–40 mit einem gleichzeitigen Altar, dessen zwei vorzügliche Schnitzfiguren, Joachim und Anna, dem Wenzel Jorhan zugeschrieben werden. Das um 1420 geschaffene Vesperbild ist das alte Wallfahrtsziel.

Nach Westen ausbiegend gelangen wir nach KÖSSLARN, das eine ehem. Wallfahrts-, jetzige Pfarrkirche HL. DREIFALTIGKEIT besitzt. Die Legende vermeldet, daß 1364 einer der Grafen von Ortenburg beim Köstlhof ein wundertätiges Marienbild in einem Wacholderbusch gefunden habe, zu dem sofort Wallfahrten aufbrachen, die schließlich zur Siedlung

Kößlarn führten. Eine kleine Kapelle ersetzte man 1440–43 durch die jetzige, 1451 erweiterte Kirche, einen einschiffigen Raum mit Netzgewölbe, vor dessen Westwand ein kräftiger vierkantiger Turm gestellt wurde. 1730 wurde ihm eine barocke Achteckzwiebel aufgesetzt. Der barocke Hochaltar ist bereits von 1708, der Tabernakel jedoch erst 1779 von Jos. Deutschmann aus Passau geschaffen. Noch prächtiger als der Tabernakel ist eine wohlverwahrte Silbermadonna, die Herzog Georg der Reiche von Landshut von Balthasar Goldschmit 1488 treiben ließ und der Wallfahrtskirche schenkte. Im 15. und 16. Jh. zog man um die Kirche eine feste Mauer, in die zwei Torbauten eingelassen sind, durch die man Pfarr-, Mesner- und Benefiziatenhaus erreicht.

Nahe der Rott treffen wir in ASBACH auf die EHEM. BENEDIKTINERABTEI, deren Kirche, eine Rarität, auf der Wende vom Rokoko zum Klassizismus gebaut wurde. Der baufreudige Abt Rupert Feigele brachte die hohe Summe von 100000 Gulden auf, um nach Plänen von François Cuvilliés d. J. ST. MATTHÄUS bauen zu lassen, den letzten bedeutenden Kirchenbau des 18. Jh. in Altbayern. Nicht (wie sonst zu klagen) Brand zerstörte den Vorgängerbau, sondern die leidenschaftliche Neigung des Prälaten zum neuen Geschmack führte zum Neubau 1771–80. Die Strenge des Frühklassizismus zeigt sich in der klaren Wandpfeileranlage und der ruhigen Tonnenwölbung, die Schnörkellust des Rokoko ist auf kühles Rankenwerk in den Rahmen reduziert. In die Gewölbe setzte der Tiroler Joseph Schöpf 1784 vorzügliche *Fresken*, so ›Christi Verklärung‹ in den Chor, in großer Fläche ›Mariä Himmelfahrt‹ in das Langhaus und den psalmensingenden David über die Orgelempore. Noch näher dem Rokoko steht die nach 1780 eingebrachte Einrichtung, deren Figuren Jos. Deutschmann schuf, dessen puttenumlagerter Tabernakel noch ganz dem 'alten Stil' verhaftet ist wie auch seine Figuren der Heiligen Petrus und Paulus, Benedikt und Scholastika am Hochaltar. Sein Werk ist auch die Kanzel. Die *Altarblätter* hingegen mit ihren sorgfältig komponierten Lichteffekten sind Arbeiten des Martin Joh. Schmidt, gen. Kremser-Schmidt, der hier am besten studiert werden kann, hat er doch acht Blätter gemalt. Am Hochaltar wird der Martertod des hl. Matthäus geschildert, an den Seitenaltären (von Osten) zeigt er Maria als Himmelskönigin, Benedikt auf dem Sterbelager, Isaaks Opferung, das Martyrium der hl. Barbara, die Verherrlichung des hl. Leonhard und schließlich Bischof Otto I. von Bamberg, der das Kloster unter den Schutz des Altöttinger Gnadenbildes stellt. Dieser Bischof hatte 1127 die Schenkung der Gräfin Christine von Asbach ans Bistum Bamberg angenommen und auch das Kloster geweiht, das zwar nie zu den großen des Ordens zählte, aber Anziehungskraft besaß. Die fürbittende Maria in der klassizistisch überformten ›Armeseelenkapelle‹ ist Kremser-Schmidts achtes Werk für Asbach. – Die zweigeschossigen Klostergebäude gruppieren sich um zwei Höfe, wobei die Trakte um den Osthof 1680 von Domenico Christoforo Zuccalli, dem Architekten des Klosters Au am Inn, erbaut wurden. Den Stuck um die Fenster und den im Grafenzimmer trug Joh. Baptist Modler aus Kößlarn an, während das dortige Deckengemälde von Joh. Jakob Zeiller stammt, der das Fresko ›Manna-Regen‹ im Speisesaal 1771 signiert hat. Am Tage St. Benedikt 1803 wurde das Kloster säkularisiert, alles Gut versteigert, später die Kirche St. Michael abgerissen und St. Matthäus zur Pfarrkirche bestimmt, was den Bau gerettet hat.

Wer von Neuhaus am Inn ohne den Umweg über Aigen direkt das Rottal aufwärts fährt, findet in ROTTHOF BEI RUHSTORF die 1484 gebaute SIEBENSCHLÄFERKAPELLE, deren Portalvorhalle einen Römerstein als Pfeilerfundament besitzt. Unter dem gotischen Netzrippengewölbe stehen gleich drei Altäre des Joh. Baptist Modler, der aus Hohenberg/Opf. stammte, auf der Gesellenwanderung nach Obernberg/Inn kam, dort die Tochter seines Stukkateurmeisters heiratete und sich in Kößlarn niederließ. (Sein Sohn Jos. Narziß Modler hat 1782 drei Altäre für die alte Kirche in Ruhstorf im spätesten, erstarrten Rokoko geliefert.) Der Vater gestaltete in Rotthof den Hochaltar als Grotte, in die er die sieben schlafenden Jünglinge legte, die, aus Stuck geformt, in Rokokotracht ihrer Entdeckung harren (Ft. 25). Seltsamerweise findet sich auch an der südlichen Außenwand ein verwitterter römischer Grabstein mit sieben Halbfiguren, die eventuell das Patrozinium veranlaßt haben. Aus dem Friedhof der im 3. Jh. nach Christus zerstörten Römersiedlung stammen auch die drei Bruchstücke, auf 150–170 n. Chr. datiert, aus denen das Weihwasserbecken unter der Empore zusammengesetzt ist.

Auf der weiten Pockinger Heide, die sich zwischen Rotthof und Pocking hinzieht, schlug 909 Herzog Arnulf von Bayern die von einem Raubzug heimwärts ziehenden Ungarn. Seitdem geht die Sage um, die Rottaler Pferdezucht sei einst mit ungarischen Beutepferden begonnen worden. Während heute in Pocking die Rinderzucht blüht, betreibt man Pferdezucht im ganzen Rottal, besonders in Karpfham. In Pfarrkirchen, wo 1895 die erste Trabrennbahn Bayerns eröffnet wurde, konnte der Münchner Bildhauer Hans Wimmer 1966 auch den ›Rottaler Fuchs‹ als Denkmal erfolgreicher Pferdezucht auf dem Stadtplatz aufstellen. Natürlich sind die meist sehr stattlichen Höfe längst mit allen Maschinen ausgestattet, ist die Pferdehaltung Luxus, den man sich leisten kann und vorzeigen will. Bei den Leonhardiritten und beim sonntäglichen Kirchgang zeigen die so realistisch denkenden Bauern eine solide Frömmigkeit, wie alle, die in ihren Erträgen stark von den Unbilden der Natur abhängig sind. Stolz ist man im Umkreis des Rottales, daß man wenigstens einen Heiligen aufzuweisen hat, den, 1818 auf dem Venushof zu Parzham geborenen Joh. Ev. Birndorfer, der mit 31 Jahren seine Habe verschenkte und als Bruder Konrad bis zu seinem Tode 1894 der barmherzige Pförtner von St. Anna zu Altötting für Zehntausende Pilger gewesen ist. 1934 wurde der Kapuziner heiliggesprochen.

Nach dem Thermalbad Birnbach erreichen wir PFARRKIRCHEN, schon im letzten Viertel des 9. Jh. gen., spätestens seit 1317 Markt. Hier erinnern zahlreiche Häuser an die Städte am Inn mit ihren Giebeln oder den Grabendächern, verdeckt vom vorgeblendeten geraden Giebelschluß. Von der einstigen Befestigung besitzt die quadratisch angelegte Stadt nur noch zwei Ecktürme, denn auf dem einstigen Graben und Wall laufen jetzt Grünanlagen. Mittelpunkt ist der Marktplatz mit der feinen Staffelung der Häuser und ihrer Giebel, die sich auch in der Lindner- und Plinganserstraße findet, während die Häuserzeilen in der Pfleggasse und Simbacherstraße mit ihren stumpfen, vorgeschobenen Giebeln den ländlichen Charakter hereingetragen haben. Beherrschend ist im Zentrum das ALTE RATHAUS mit seinem achteckigen Kuppelturm und der Stuckzier von 1787. Aus der Zeit um 1500 stammt die netzgewölbte Halle im Erdgeschoß, in der einst die Marktwaage stand, und der

Gerichtssaal mit schöner kassettierter Decke, in dem das Städtische Museum untergebracht wurde. Zwei Gasthäuser, im 16. und 17. Jh. mit Laubengängen zur Hofseite hin geschmückt, der ›Münchner Hof‹ und ›Zum Plinganser‹, heben sich heraus. Das Wohnhaus des niederbayrischen Helden der Erhebung gegen Österreich 1705/06, des Gerichtsschreibers Georg Sebastian Plinganser, ist neuerdings eine Diskothek. Der Neubau der Stadtpfarrkirche St. Simon und Judas um 1500 benutzte die Fundamente und Turmuntergeschosse des romanischen Vorläufers. Nach einem Brand blieb nur der mächtige Nordwestturm erhalten und 1663 mit einer neuen Haube gekrönt. Die dreischiffige Basilika ist neugotisch ausgestattet, ausgenommen ein spätgotisches Kruzifix am Hochaltar. Die kleine Erasmuskapelle hinter dem Chor, ein spätgotischer Bau des 15. Jh., ist ein Oktogon mit einer Gruftkapelle und einer Oberkirche darüber, in Süddeutschland Karner genannt, typisch für Friedhofskapellen. Der Pfarrhof, 1714–16 in barocken Formen erbaut, ist einer der schönsten Niederbayerns.

Nördlich der Stadt liegt auf kleiner Anhöhe die Wallfahrtskirche Gartlberg, ein doppeltürmiger Saalbau mit flachgewölbter Tonne, 1661–70 von D. Chr. Zuccalli erbaut. Überreich der Stuck im Chor, der dem Passauer Carlone-Kreis zugeschrieben wird wie auch die Figuren am prunkenden Hochaltar von 1687. Ruhiger und magerer ist der Stuck des Langhauses von 1715. Während die Fresken im Chorgewölbe die acht Bitten des Vaterunsers darstellen, beziehen die des Langhauses ihre Themen aus dem Neuen Testament.

Schloss Thurnstein bei Postmünster, im Besitz der Grafen von La Rosée, birgt in seiner Kapelle einen Rokokoaltar von 1763, eine gleichaltrige Kanzel von Jos. Deutschmann und zwei Altäre, 1783 von Christian Jorhan geschaffen. In der spätgotischen Kirche verblüfft der Hochaltar im späten Rokoko mit einer auf Wolken schwebenden Figur des hl. Benedikt und sehr bewegten Seitenfiguren. Ein geschnitzter Akanthusrahmen umgibt auf dem rechten Seitenaltar eine zierliche Muttergottes mit Kind aus dem Barock.

Eggenfelden, wachsende Industriestadt (seit 1901) mitten im agrarischen Rottal, 1140 erstmals genannt, besitzt in seinem Rathaus und der Pfarrkirche St. Nikolaus und Stephan zwei hervorragend gemauerte und gegliederte Backsteinbauten aus Blankziegeln, wie man sie hier nicht vermutet. Die von einem Meister der Braunauer Schule entworfene Kirche, 1444 geweiht, erhielt ihren kräftigen, fünfgeschossigen Turm erst im 16. Jh., ein Wächter über zahlreiche Epitaphien des 15. und 16. Jh. – darunter einige vorzügliche aus Rotmarmor – an den Außenwänden. Das Netzgewölbe auf starken Stützen überwölbt einen monumentalen Raum mit neugotischer Einrichtung. Unter den erhaltenen spätgotischen Schnitzfiguren ist eine Krönung Mariens (um 1500) in der ersten Kapelle der Südseite besonders gut geraten. Die daneben stehende St.-Anna-Kapelle, spätgotisch um 1500, ist ein Karner gewesen, dessen Obergeschoß aus der Bauzeit erhalten blieb, während das Untergeschoß barockisiert wurde. – Das in der Kreisberufsschule eingerichtete ›Theater an der Rott‹ ist ein denkwürdiges Projekt, da neben Gastspielen (u. a. des Burgtheaters in Wien) auch eigene Inszenierungen geboten werden. – Im nebenan liegenden Gern wird seit 1348 im Frühjahr die ›Gerner Dult‹ gefeiert, wobei die bierausschenkenden Hausbesitzer ihr Privileg durch einen auf eine Stange gehängten Strohwisch ankündigen.

Ein Abstecher nach Süden führt zur WALLFAHRTSKIRCHE ST. ÄGIDIUS in SCHILDTHURN, in der seit alters die Begleiterinnen der hl. Ursula – Einbeth, Willbeth und Warbeth – verehrt werden, neuerdings jedoch von der Rosenkranzkönigin verdrängt. Der spätgotische Bau des 15. Jh. besitzt einen mit 78 m ungewöhnlich hohen Turm, der 1530 vollendet wurde. Aus dieser Zeit sollen auch die prächtigen Beschläge der Sakristeitüren stammen, während der Innenraum zwei Jahrhunderte später, 1730–40, barock umgestaltet wurde. Hierher wallfahrteten lange Zeit unfruchtbare Frauen, die bei Erhörung ihrer Bitten kleine Wiegen aus Silber stifteten, die bei der Säkularisation alle nach München zur Münzschmelze kamen. Nur eine späte Wiege von 1868 wird noch aufbewahrt. – Die benachbarte, um 1493 gebaute Leonhardikapelle wird am Namenstag (6. 11.) beim traditionellen Leonhardiritt besucht.

Wieder an der Rott treffen wir beim Markt Massing auf das 250 Jahre alte Stockhausgehöft aus Schusteröd, das als NIEDERBAYERISCHES BAUERNMUSEUM ausgebaut wird. Gerade im agrarischen Niederbayern hat man vielfach das 'Unnütze' (wie Tracht, Geschirr, alte Geräte), Unmoderne oder Feuergefährliche (Holzhäuser) verschleudert oder vernichtet. – GANGKOFEN liegt bereits am Zufluß Bina, wurde 889 erstmals erwähnt, als der Ort an die Abtei St. Emmeram in Regensburg geschenkt wurde. Später kam er an die Grafen von Leonberg, von denen Graf Werner 1278 hier eine Kommende des Deutschen Ritterordens stiftete, der er beitrat. Nach einem Brand hat man um 1691 die Ritterkommende und die jetzige Pfarrkirche Mariä Himmelfahrt neu gebaut. – Nordöstlich des Marktes liegt die Kirche St. Nikola aus dem 13. Jh., die ihren spätromanischen Innenraum nahezu unversehrt erhalten konnte. Die 1905 wiederentdeckten Wandfresken des 14. Jh. zeigen als ›Bilderbibel‹ Szenen aus dem Leben Jesu. – Die Wallfahrtskirche St. Salvator im benachbarten Panzing behütet einen hervorragenden, um 1480 geschnitzten Flügelaltar.

Durch Binabiburg mit seiner Wallfahrtskirche St. Salvator, 1710–30 durch den Freisinger Hofmaurermeister Dominicus Gläßl errichtet, gelangen wir nach VILSBIBURG, das am langgestreckten weiten Markt entstand, zu dem die Straße Landshut-Burghausen auf dem linken Vilsufer verbreitert worden war. Die darum gelagerte Altstadt erlebte ihren Aufschwung unter Landshuts 'reichen Herzögen', besaß einen Mauerring, von dem noch das Obere Tor aus dem 15. Jh. geblieben ist, um 1540 mit einer neuen Haube beschenkt. Die Stadtpfarrkiche MARIÄ HIMMELFAHRT, eine spätgotische dreischiffige Halle von 1412–27, erinnert im Innern und mit ihrem wuchtigen Westturm mit der dicken Zwiebel obenauf an Landshuter Vorbilder, ist jedoch keinesfalls von Hans Stethaimer. Die barocke Einrichtung wurde im 19. Jh. bei einer 'Stilreinigung' beseitigt. Gleichaltrig mit ihr ist die Spitalkirche Hl. Dreifaltigkeit, die als Katharinenkirche schon hier stand, als 1460 das anstoßende Spital gebaut wurde. Von den noblen Bürgerhäusern steht eines gleich links vor dem Spital mit zinnengekröntem Giebel und vorkragendem Erker aus der ersten Hälfte des 16. Jh., während der Gasthof Stammler schräg gegenüber ein Renaissancebau mit Arkaden im Innenhof ist. Weitere Fassaden, bisweilen im Rokokostuck, fallen uns auf. – Die Wallfahrtskirche Mariä Geburt auf dem Mariahilfberg im Süden wurde in neuromanischen Formen 1832–36 anstatt einer baufälligen Barockkirche errichtet.

Auf dem Wege nach Landshut treffen wir in GEISENHAUSEN auf eine alte Ortschaft. Bereits 974 wird ein Graf Heinrich von Geisenhausen Bischof von Augsburg, auch der Patron der Pfarrkirche St. Martin kündet von hohem Alter. Die Kirche ist ein stattlicher dreischiffiger Ziegelbau, 1477 begonnen, und wird der Landshuter Bauschule zugerechnet, deren Leistungen harmonische Gesamtwirkung bei guter Ausarbeitung der Details zeigen. Auf dem Leberberg steht die Wallfahrtskirche St. Theobald, die 1724 barock ausgestattet wurde. – Wer Umwege liebt, fährt über JENKOFEN in die Hauptstadt Niederbayerns, denn an den Chor- und Mittelschiffwänden der Pfarrkirche MARIÄ HIMMELFAHRT sind Passionsszenen und die Sieben Schmerzen Mariens um 1600 aufgemalt worden. Die spätgotische Muttergottes im neugotischen Altar gehört wie die beiden alten Schreinflügel zu den besten Schöpfungen der Landshuter Schule der Spätgotik; das Abendmahlsrelief des nördlichen Seitenaltars ist eine Entlehnung von Hans Leinberger. Am kostbarsten sind aber die gemalten *Chorfenster* aus der Zeit 1460–70. Die beiden Medaillons wurden schon 1447 von Herzog Georg dem Reichen gestiftet, der sich kniend vor den Hl. Frauen Barbara, Elisabeth, Margarethe und Katharina darstellen und seinen Wahlspruch ›wolt got‹ beifügen ließ. Hier und beim Medaillon ›Maria mit Kind‹ erflehte er Hilfe für die armen Sünder und Sünderinnen, was moderne Betrachter auf den Gedanken verfallen ließ, der Herzog könnte hier seine Raffgier und Brutalität bereut haben. Beide Rundscheiben sind Köstlichkeiten des ausklingenden 'Weichen Stils' von besonderer Farbigkeit.

Landshut

LANDSHUT ist eine Schöpfung der Wittelsbacher und war enger mit ihnen verbunden als München, die Gründung Heinrichs des Löwen. Seine Absetzung als Herzog von Bayern 1180 bescherte den Wittelsbachern das allerdings drastisch verkleinerte Herzogtum zum Dank, daß ihr Stammvater Otto (I.) Kaiser Friedrich Barbarossa in der Veroneser Klause den Rückzug aus Italien gesichert hatte. Als Otto 1183 starb, war sein neunjähriger Sohn Ludwig der Kelheimer (reg. 1184–1231) noch minderjährig, und so führten seine Mutter Agnes von Loon und sein Onkel, Kardinal Konrad von Wittelsbach, die Vormundschaft. 1204 gründete Ludwig seine Stadt Landshut, bei deren Brücke nun der Handel zwischen Burghausen und Regensburg die Isar überqueren mußte, geschützt von der ebenfalls 1204 begonnenen Burg Trausnitz. Die älteste Siedlung gruppierte sich um St. Martin, nur das 1209 gegründete Hl.-Geist Spital saß auf dem rechten Isarufer. Es hatte für den Brückenunterhalt zu sorgen, wofür der Herzog ihm einen Anteil am Brücken- und Wegzoll abgab. Zu gleicher Zeit gründete Ludwigs Ehefrau Ludmilla, eine verwitwete Gräfin von Bogen, auf dem linken Isarufer außerhalb der Stadt das Kloster Seligenthal, in das sie später selbst eintrat. Dieses Frauenkloster existiert bis heute. Ludwigs Sohn, Otto (II.) der Erlauchte, der sich 1228 durch seine Heirat mit Agnes von der Pfalz die Pfalzgrafenwürde gesichert hatte, schlug 1231 seine Residenz in Landshut auf. Als 1255 seine Söhne Ludwig und Heinrich das Herzogtum teilten, wurde Landshut Hauptstadt des niederbayerischen Teilherzogtums

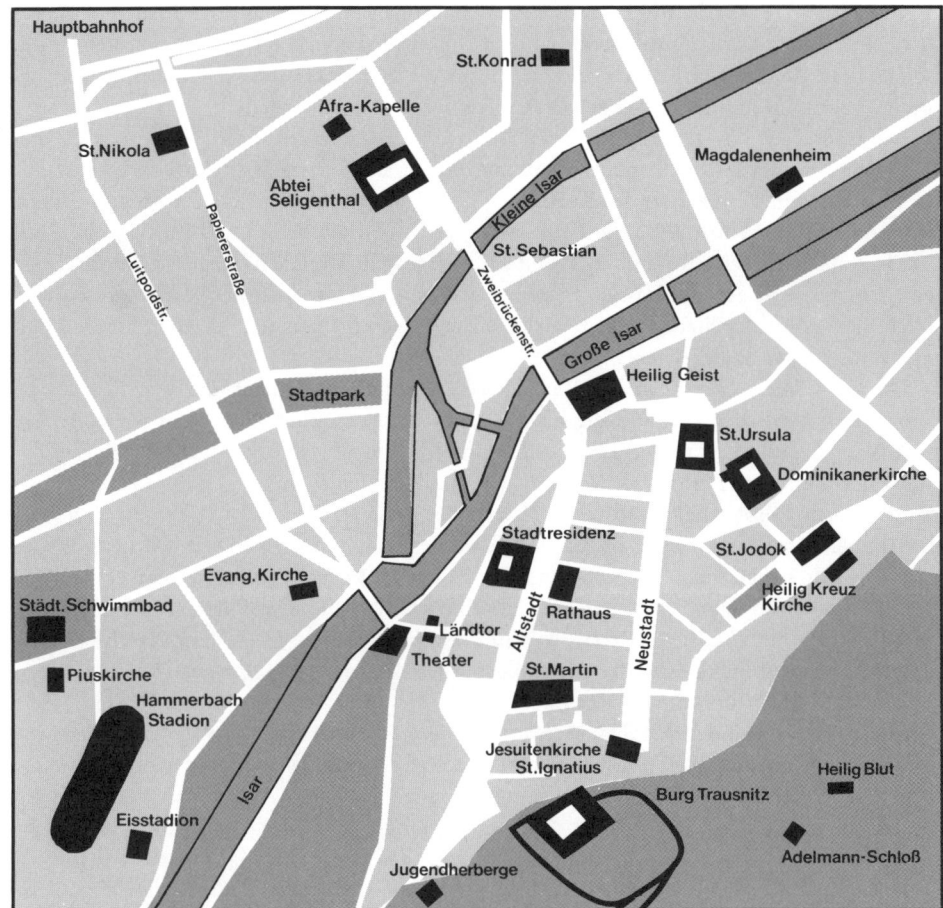

Hauptbahnhof

St. Konrad

Afra-Kapelle

St. Nikola

Abtei
Seligenthal

Magdalenenheim

Kleine Isar

St. Sebastian

Papiererstraße

Luitpoldstr.

Zweibrückenstr.

Große Isar

Heilig Geist

Stadtpark

St. Ursula

Dominikanerkirche

Stadtresidenz

St. Jodok

Evang. Kirche

Heilig Kreuz
Kirche

Städt. Schwimmbad

Altstadt

Rathaus

Neustadt

Ländtor

Piuskirche

Theater

St. Martin

Hammerbach
Stadion

Isar

Jesuitenkirche
St. Ignatius

Heilig Blut

Eisstadion

Burg Trausnitz

Jugendherberge

Adelmann-Schloß

Stadtplan von Landshut

(und München des oberbayerischen Teils). 1279 verlieh Herzog Heinrich XIII. (1253–1290) Landshut ein großzügiges Stadtrecht. Das neue Viertel im Osten wurde 1338 zur ›Freyung‹ erweitert mit dem Privileg, daß jeder dorthin zuziehende Bürger zehn Jahre steuerfrei bleibe. Diese ›Neustadt‹ um St. Jodok stand jetzt der ›Altstadt‹ um St. Martin gegenüber; diese Namen gingen dann auf die beiden großzügigen und großartigen Marktstraßen über, die bis heute das Stadtbild mit ihren giebelreichen Fluchten prägen.

Der unter den Reichen Herzögen (1393–1503) nach Landshut einziehende Wohlstand führte zu zahlreichen Bauten und 1447 zur Bewehrung der Stadt mit Mauern, Türmen und Toren, von denen heute nur noch das Burghauser- und das Ländtor zeugen. Erst Herzog

Ludwig X. (1516–45), Mitregent seines Bruders Wilhelm IV., zog aus der Trausnitz in eine bequeme Stadtresidenz, einen frühen Renaissancebau. Erbprinz Wilhelm (V.) kehrte mit seiner Frau Renate von Lothringen wieder auf die zum Schloß umgebaute Burg zurück, mußte aber – 1579 zum Herzog geworden – nach München übersiedeln.

Landshut, das im Dreißigjährigen Krieg schwere Schäden erlitt, konnte sich erst 1781–1800 wieder als Stadt mit Hofhaltung fühlen, als Herzog Wilhelm von Birkenfeld-Gelnhausen, ein Verwandter des Kurfürsten Carl Theodor, als Pensionär die Stadtresidenz bewohnte. Zwar wurde 1800 die Universität von Ingolstadt nach Landshut verlegt, doch 1825/26 auf Geheiß König Ludwig I. in die Residenzstadt München integriert. Zurück blieb eine Chirurgische Schule. Da sich Industrie erst spät und vor allem im Norden ansiedelte, blieb die Vedute der Stadt bis heute erhalten, wie auch die meisten der alten Straßen und Häuser in beiden Stadtkernen.

Da so viel von Herzögen die Rede gewesen, sollten wir gleich die wuchtige BURG TRAUSNITZ aufsuchen (Ft. 36), die bis 1543, als die Stadtresidenz bezogen ward, Schloß Landshut hieß, da Schutz und Hut des Landes ihre Aufgabe war. Durchs Burghauser Tor führt der Weg zum Torbau der Vorburg mit ihrem langen Wehrgang, dann über Treppen zum unteren Torwarthaus und schließlich in den äußeren Schloßhof. Über die Zwinger-brücke, die bei Belagerungen hochgezogen werden konnte, betreten wir das spätgotische Torhaus mit seinen alten Flankentürmen aus dem 13. Jh. und gelangen jetzt erst in den inneren trapezförmigen Schloßhof der Hauptburg (Abb. 105). Der Fürstenbau im Westen, um die Mitte des 15. Jh. erweitert, verdankt sein heutiges Aussehen dem verschwenderi-schen Prinzen Wilhelm (V.), dem der Augsburger Patrizier Hans Fugger 1573 eine Schar italienischer Maler und Steinmetzen verschaffte, die unter der Leitung des Niederländers Friedrich Sustris standen. Sie mauerten anstelle der mittelalterlichen Holzgalerien steinerne Laubengänge mit rustizierten Pfeilern und ersetzten die Spindeltreppe im Südostürmchen durch schräge, mit den Treppen steigende Bogengänge. Die Flügel hinter den Galerien umfangen Prunkräume des Prinzen Wilhelm (V.), dann die Burgkapelle, die alte und die neue Dürnitz (Wohnbauten), darüber das Quartier, das König Ludwig II. nach 1868 für sich prächtig ausstatten ließ, rechts davon Söller und Damenstock, links der mächtige Wittelsba-cher Turm, der Bergfried des 13. Jh., dessen Fundamente auf 1180 datiert werden.

Die BURGKAPELLE ST. GEORG aus dem 13. Jh., eine der letzten Doppelkapellen in Deutschland, bekam 1517/18 ein spätgotisches Gewölbe statt ihrer Flachdecke. Ein schmaler ansteigender Gang verbindet die östliche Empore der Apsis mit der Fürstenempore im Westen. Die Brüstung im Osten besitzt Steingußfiguren des thronenden Christus inmitten von Heiligen und Aposteln unter einem geschnitzten Kruzifixus mit Maria und Johannes (Abb. 109). Glaubte man hier Einflüsse von Chartres zu spüren, dann bei Barbara und Katharina zu Seiten der Apsis Einwirkungen des Meisters der Straßburger Ecclesia. Eine *Verkündigungsgruppe* mit edler Haltung und hervorragendem Faltenwerk nördlich der Apsis läßt ebenfalls auf eine Künstlergruppe schließen, die ca. 1250–70 hier wirkte, aber in Nordfrankreich oder Straßburg ausgebildet worden war. Herzog Heinrich XVI. stiftete im frühen 15. Jh. den *Hauptaltar*, ließ sich gleich zweimal abbilden, so auf dem rechten Flügel,

LANDSHUT, Burg Trausnitz   Die Burgkapelle St. Georg. Bleistiftzeichnung von Domenico Quaglio.
Um 1812. Privatbesitz

wo Magdalena und Barbara für ihn bitten, und zu St. Georgs Füßen auf der Außentafel. Das
Vesperbild inmitten des Triptychons gehört wie die Predella (Fußstück) und die Seitenflügel
dem 'Weichen Stil' um 1420–30 an – gleichzeitig mit dem südlichen Seitenaltar. Während das
Vesperbild eine seltene Darstellung des Meisters des Pfarrwerfener Altars ist, trägt der
Seitenaltar die Anbetung der Könige aus seiner Hand. Der nördliche Seitenaltar besitzt einen
erst 1460–70 gemalten Gekreuzigten, gleichaltrig mit dem Sakramentshäuschen. Hans
Leinbergers Werkstatt lieferte um 1520 die geschnitzten Figuren des Georg und Christophorus an der Nord- bzw. Südwand.
    Die Wart(Wacht-)stube im ersten Stock des FÜRSTENBAUES wurde 1578/79 von Sustris
Truppe mit Malereien, vornehmlich Grotesken bedeckt, die beim Brand 1961 wie die
südlich anstoßenden Räume und die Lauschkabinette zerstört wurden. Erhalten blieb die

NARRENTREPPE, die Prinz Wilhelm als zierlichen Säulenbau um einen Speisenaufzug anlegen ließ. Die Wände bemalte Sustris Schwager Alessandro Scalzi (Ft. 37), nach seiner Heimat Padua Padovano gen., 1578 mit lebensgroßen Figuren aus der ›Commedia dell'arte‹, der italienischen Stegreifkomödie des 16. Jh., die stets mit den gleichen Personen auskam, die wir hier treffen: Pantalone, der mit seinem Geld angibt, aber betrogen wird, sein gewitzter Diener Zanne, der Harlekin, dann die Vielgeliebte und die Treue, deren Namen häufig wechseln, schließlich Cortigiana, die Kokette, und zum Kontrast die abstoßende Alte. Prinz Wilhelm (V.) und sein Hofstaat ergötzten sich im neuen Renaissanceschloß an dieser Folge von satirischen Glossen, bissigen Späßen, anstößigen Witzen und schlagfertigen Dialogen und Taten, die aktuell abgewandelt und um Arzt, Apotheker, Richter und Diebe nach Bedarf ergänzt wurde. Ungern trennt man sich von diesem (mehrfach restaurierten) Gruß Italiens, um die zur Kapelle führenden, um 1679 barock dekorierten Gemächer zu durchschreiten, deren Deckenbilder wieder den Italienern – Antonio Ponzano, Antonio Maria Viani und Padovano – zu danken sind, die aber wie viele Dinge beim Brand der Trausnitz 1961 stark gelitten haben. Dieser Verheerung fielen auch alle Zimmer Ludwigs II. im zweiten Obergeschoß zum Opfer. Erhalten blieben im Nordflügel die ›Alte Dürnitz‹, eine zweischiffige frühgotische Backsteinhalle, und die ›Neue Dürnitz‹, in der nach einer Ordnung Georgs des Reichen je acht Personen an einem Tisch speisen sollten, die in der Rangfolge Räte, Grafen, Edelleute, Kämmerer und gemeines (=allgemeines) Hofgesinde zu besetzen waren. Heute birgt die Trausnitz die Akten eines Staatsarchivs.

Schon beim Blick von der Trausnitz auf die Stadt ist uns ST. MARTIN aufgefallen (Ft. 35, Abb. 102), dessen 130,6 m hoher Backsteinturm in den Himmel über Landshut sticht, seine Spitze erhielt er um 1500. Das hat Hans Stethaimer, Baumeister der Kirche, nicht mehr erlebt, denn sein Epitaph mit Erbärmdechristus und Porträt beim Südportal meldet, daß der »Meister der Kirche und des Spitals (zum Hl. Geist), zu Salzburg (Franziskanerkirche), Neuötting, Straubing und Wasserburg« 1432 gestorben ist. Das gleiche Jahr wurde in den Türbogen des Hauptportals gemeißelt, dessen Bogenfeld (Tympanon) eine rare Darstellung trägt: Christi Opfertod und dessen unblutige Wiederholung im Meßopfer. Die Figur des Kirchenpatrons steht, im 'Weichen Stil' gehalten, am Mittelpfosten. Vom gleichen unbekannten Meister ist das Tympanon am Bürgerportal (Westportal der Nordwand), das oben Christus als Weltenrichter mit Maria und Johannes d. T. zeigt, darunter Sinnbilder des 5., 1., 9. und 8. Gebotes (Tötung; Moses erhält die Gebote; Habe des Nächsten; Zeugnis vor einem Richter). Die anderen Portale (Braut-, Tauf- und Bauernportal) wurden allesamt 1460–80 aufgerichtet, besitzen Figuren des 'Harten' Stils ihrer Zeit und sind durch zahlreiche Epitaphien voneinander getrennt. Das Bauernportal hat seinen Namen von der Figur eines Bauern, der als Zins die Martinsgans bringt, beim Tympanon mit dem mantelteilenden hl. Martin zu sehen.

Nach dem schlichten Turmvorraum betritt man eine aus Backsteinen erbaute dreischiffige Halle mit 92 m Länge, 28,65 m Breite und 28,80 m Höhe, die gleichmäßig von Licht durchflutet wird. Alle Schiffe sind neun Joche lang, der Chor hat weitere drei Joche und schließt mit fünf Seiten eines Achtecks. Die Statik ist riskant, denn die Gewölbe ruhen auf

LANDSHUT, St. Martin   Relief an der südlichen Außenwand

den schlanken Strebepfeilern und Stützen, da die relativ schmalen, durch hohe Fenster unterbrochenen Außenmauern kaum belastet werden konnten. Die Schlankheit wird noch durch die mageren Dienste an Wänden und Pfeilern betont. Die Gewölberippen knüpfen über dem Mittelschiff ein einfaches Netz, über den Seitenschiffen und Kapellen Sternfiguren und über dem Chor ein dichtes Rautennetz (Abb. 106). (Über die verschiedenen Epochen der Bemalungen und Freilegungen unterrichtet wie über andere Details der Schnell-Kunstführer Nr. 212 von E. Stahleder.) – Kanzel und Hochaltar stammen noch aus der Bauzeit, sind Höhepunkte gotischer Steinbildhauerei. Der aus Sandstein gehauene,

ursprünglich mit Tonfiguren besetzte HOCHALTAR wurde laut Stifterinschrift 1424 errichtet, später mit einem barocken Aufbau umhüllt, Mitte des 19. Jh. aber wieder befreit. Trotz
mancher Verstümmelung präsentiert sich der *Tabernakelaltar* mit einer Fülle von Spruch-
bandtexten und Figuren (Abb. 104). Schon in der Predella melden sich in Vierpaßrahmen hl.
Männer mit Spruchbändern zu Wort: Ezechiel, Markus, Zacharias, Lukas, Jeremias,
Augustinus, Oseas, Ambrosius, Malachias, Gregor d. Gr. Im Schrein flankieren den
Tabernakel acht Figuren, während im Geschoß darüber der hl. Martin, Mariä Verkündi-
gung, Mariä Heimsuchung (neu) und die Anbetung der Könige dargestellt sind. Im Auszug
stehen Maria und Johannes zu Füßen des Gekreuzigten. Die Rückseite hat dieselbe
Einteilung; auch dort verweisen Propheten und Apostel auf das Wunder der Eucharistie. Im
Chorbogen hängt ein ausdrucksvolles Kruzifix, 1495 von der Familie von Schönbrunn
gestiftet, mit 8 m Länge ein Riese unter den spätgotischen Kreuzen, engstens verwandt dem
Schwäbisch Haller Kruzifix von 1494, das Michael Erhart zu Ulm gearbeitet hat. Einen
»Höhepunkt deutscher Kunst« hat man jedoch die *Rosenkranzmadonna* genannt, die der
Landshuter Hans Leinberger 1516–20 geschnitzt hat, eine majestätische Gestalt mit
würdigem Antlitz und lebhaft bewegtem Kind auf dem Arm. Nach mehreren Restauratio-
nen, die ihr auch einen Strahlenkranz statt des Rosenkranzes mit seinen fünf Medaillons
einbrachten, hat sie nach mehrfacher Wanderung hoffentlich endlich ihren letzten Platz an
der Stirnwand des rechten Seitenschiffes gefunden (Abb. 99).

Noch vor Leinberger, etwa um 1500, schnitzte der Landshuter André Taubenbeck etwa
130 Figuren in das Chorgestühl aus Eichenholz, darunter auch Szenen aus dem Leben
Johannes d. T. und des hl. Martin, zu dessen Füßen ein Bürger sitzt, auf dessen Barett das
Signum A auf den Künstler hinweist, der Vorbesitzer des Hauses von Hans Leinberger
war. – An den Langhausdiensten stehen auf figürlichen Konsolen sechs Steinfiguren aus der
Zeit von 1410–75, als älteste ein Petrus von 1410–20, als jüngste ein Jakobus, der auf 1476
datiert ist. – Von den zwei großen Ölgemälden im linken Seitenschiff schreibt man die
›Kreuzigung Christi‹ von 1580 neuerdings Fr. Sustris zu, der bei Vasari in Florenz gelernt
hat, die um 1700 gemalte ›Geburt Christi‹ dem Andreas Wolf.

Von den ans linke Seitenschiff anschließenden Kapellen interessiert zunächst die CASTU-
LUS-KAPELLE mit dem neugotischen Schrein für die Reliquien des hl. Castulus, die samt dem
gleichnamigen Kollegiatstift in Moosburg 1596–99 nach St. Martin übertragen wurden, um
die Stadt für die Belastungen während der Residenzzeit und die Verluste seit der Verlegung
des Hofes nach München (1579) zu entschädigen. Das Stiftskapitel stärkte nicht nur die
Geistlichkeit der Stadt, es öffnete die Kirchen auch dem Barock. Nach der Aufhebung durch
die Säkularisation wurde 1937 das Kollegiatstift neubegründet. Das moderne Glasgemälde
von Max Lacher zeigt beim Martyrium des hl. Castulus Henkersknechte mit Gesichtszügen
von Machthabern des Dritten Reiches. Das Holzrelief Geißelung Christi, vermutlich um
1500 in Landshut entstanden, ist Leihgabe des Bayer. Nationalmuseums. – Die anschließende ALTDORFER-KAPELLE besitzt ein kunstvolles Grabdenkmal aus Rotmarmor, das der
Augsburger Joh. Beierlein für den Kapellenstifter, den Landshuter Georg Altdorfer,
Bischof von Chiemsee († 1495), schuf. Neben dem Epitaph für des Bischofs Vater Hans

(† 1460) birgt die Kapelle die Gräber der Kanoniker des 16.–19. Jh. und die Gruft für die nach 1937 verstorbenen Stiftspröpste. – Im rechten Seitenschiff sind bemerkenswert der spätgotische TAUFSTEIN in Pokalform aus rotem Marmor und das Holzrelief einer Mariä Verkündigung um 1500 (Leihgabe). Daneben beeindrucken die zahlreichen Grabsteine der Bürger wie der herzoglichen Räte, deren Selbstbewußtsein wie Opfersinn diese Kirche mit ihrem riesigen Turm, dem höchsten aus Ziegelsteinen, erst ermöglicht hat. Dazu kamen großzügige Spenden der Herzöge, die schon für ihre Fürstenhochzeiten einen repräsentativen Bau benötigten. – Das direkt neben St. Martin stehende Amtsgebäude war die 1710–12 vermutlich nach Plänen von Antonio Riva erbaute Propstei.

Der gleiche Hans Stethaimer begann, eine Inschrift an der Turmostseite meldet das, 1407 die SPITALKIRCHE HL. GEIST, erlebte aber wie bei St. Martin nicht die Vollendung des Chorgewölbes 1461. Die Kirche gehört zu dem 1209 genannten Spital, steht aber seit je durch eine Straße von der schmucklosen Vierflügelanlage von 1722–28 getrennt. In Backstein wurden die drei Baukörper des breitgelagerten Schiffes, der steilgiebligen Vorhalle und des unvollendeten stumpfen Turmes ausgeführt. Aus Sandstein sind nur das Hauptportal, die Gesimse und die Bekrönungen der Strebepfeiler gemeißelt. Die 1411 von Herzog Heinrich II. gestiftete Katharinenkapelle wurde an die Westseite des Turmes gefügt, dem an der Südwand die doppelstöckige Sakristei entspricht. Weit schiebt sich die nach drei Seiten offene Portalhalle gegen Westen hin vor. Der Mittelpfeiler ihrer zweiteiligen Türe trägt einen Erbärmdechristus, die Wandpfosten zeigen die Mater Dolorosa und Johannes d. Ev., darüber reihen sich Propheten- und Frauenbüsten. Die Texte ihrer Spruchbänder verweisen alle auf den Weltenrichter im Tympanon und den Fürbittern Maria und Johannes über den klugen und törichten Jungfrauen. So deutlich an das Ende aller Menschen wurden die Spitalinsassen beim täglichen Gottesdienst erinnert. – Festlich wirkt die helle dreischiffige Halle, die zwar niedriger als St. Martin ist, aber dank der schlanken hochstrebenden Säulen diesen Eindruck nicht vermittelt. Die Rippen bilden Sterngewölbe, die bei den Seitenschiffen, die auch um den Chor ziehen, von Wandpfeilerdiensten getragen werden (Abb. 107). Im Chor strebt (wie in der Salzburger Franziskanerkirche) eine Mittelsäule wie eine Fächerpalme empor. Genau gegenüber ragt im westlichsten Mittelschiffjoch eine sternförmige Empore auf Pfeilern in den Raum. In der neugotischen Ausstattung des 19. Jh. haben sich nur wenige frühere Werke einen Platz sichern können, so im südlichen Seitenschiff das ehem. Hochaltarbild ›Pfingstfest‹ von Ignaz Kaufmann (1721–88) aus Landshut, so der um 1460 freskierte ›Schmerzensmann‹ am Eingang zur Katharinenkapelle, die eine Marienkrönung besitzt, um 1520 geschnitzt, die an den Chormittelpfeiler kommen soll. Im nördlichen Seitenschiff neben der Kapelle prunkt mit Helldunkelkontrasten das ›Martyrium der hl. Katharina‹ von J. K. Sing von 1701, hängt die Tafel ›Anbetung der Hirten‹, die, wie die ›Anbetung der Könige‹ im Chor, 1630 unter niederländischem Einfluß gemalt wurde. Die Apostel im Mittelschiff, vor allem die ergreifende Mater Dolorosa und einen Christus Salvator schnitzte um 1770 Christian Jorhan mit ekstatischen Bewegungen und lebhaften Gesichtszügen. Von ihm stammt auch das kleine Kruzifix in der Sakristei, deren Gewölbekonsolen als Büsten gearbeitet wurden, von denen eine die Züge des Baumeisters Hans

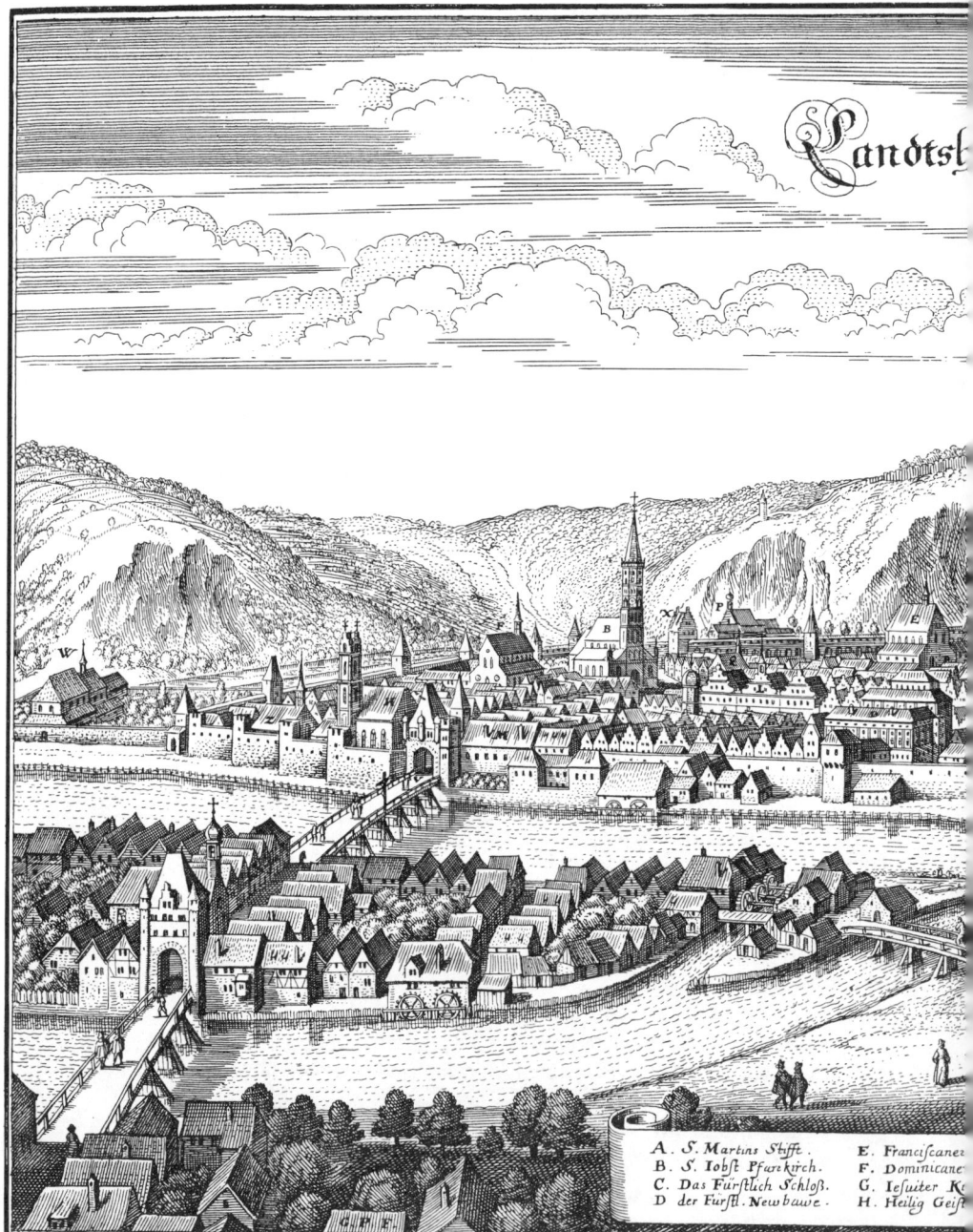

LANDSHUT   1657. Kupferstich von Matthaeus Merian

A. *S. Martins Stiffte.*
B. *S. Iobst Pfarekirch.*
C. *Das Fürstlich Schloß.*
D *der Fürstl. Newbawe.*
E. *Franciscaner*
F. *Dominicaner*
G. *Iesuiter K*
H. *Heilig Geist*

I. S. Saluator.	N. Fürstl. Gtrait kasten.	R. Iüden thor.	W. Capuciner Closter. Aa. Thiergarten.
K. Fürstliche Cantzley.	O. Schieß hütten.	S. Hüter thor.	X. Haber thor. Bb. Abgebrant Schlößl.
L. Statt Rahthauß.	P. Loreta Frawen Closter.	T. Lendtt hor.	Y. New brück. Cc. Waßerthürn.
M. Spital.	Q. H. Creük Frawen Closter.	V. Yser thor.	Z. Gotts acker. Dd. Zum H. Blut.

Stethaimer trägt. Der kurz nach 1407 gemeißelten Porträtbüste sagt man Anklänge an den Stil der Parler-Köpfe im Prager Dom nach.

ST. JODOK, die zweite Pfarrkirche des alten Landshut, wurde 1338 von Herzog Heinrich XIV. für die privilegierten Bürger seiner Neustadt gestiftet. Ihm verdankt die Kirche auch den seltenen Namen, denn er beschenkte sie mit den Reliquien des bretonischen Prinzen und Einsiedlers Jodocus († 669). Der Turm der 1368 vollendeten Kirche ist ein Vorgänger des zu St. Martin mit seinen beiden quadratischen Untergeschossen und dem von Ecktürmchen besetzten achteckigen Uhren- und Glockengeschoß, das allerdings rasch in eine Spitzhaube mündet. Der INNENRAUM ist eine dreischiffige Pfeilerbasilika mit einem Netzgewölbe, das über dem Hochschiff besonders reich gehalten wurde (Abb. 108). Unter dem erhöhten Chor liegt eine dreischiffige Krypta mit Rundpfeilern, noch aus dem 14. Jh. stammend, während die Kapellen im 15. Jh. angebaut wurden; erst 1611 zog man durch das westlichste Joch eine Empore mit zeitgenössischem Felderstuck. Die Ausstattung ist wie in der Spitalkirche Neugotik des 19. Jh., wobei sich wieder einige ältere Werke halten konnten, so eine um 1460 freskierte Schilderung der Zehn Gebote, deren Szenen aus dem Alltag des Malers und seiner Zeitgenossen gewählt wurden. Von Christian Jorhans Können legen gegenüber der Kanzel die Figuren Johannes und Magdalena unterm Kreuz Zeugnis ab. Links vom Chorbogen thront schließlich eine Marienfigur des ausgehenden 15. Jh. im kräftigen bayerischen Typus.

Noch eine weitere Kirche sollten Sie sehen, ST. IGNATIUS, die ehem. Jesuitenkirche zu Füßen der Trausnitz, eine Sperre am Südende der ›Neustadt‹. Den turm- und fassadenlosen Bau zu gliedern war schwierig und wurde schließlich durch einen ausgreifenden Chor und ein Uhrengeschoß gelöst, das über die drei Ostachsen der Nordwand läuft. Das Innere der tonnengewölbten Emporenkirche hält sich an das Vorbild aller bayerischen Jesuitenkirchen – an St. Michael in München. Abweichend ist die größere Höhe des Raumes, ist der Mangel einer Querschiffandeutung, sind vor allem die *Stukkaturen* des Matthäus Schmuzer aus Wessobrunn, der seine kühlen Rahmen, seine lockeren Perl- und Blattstäbe 1640–41 anträgt, die 1698 an der unteren Empore und 1720–30 mit Bandelwerk unterhalb der Fenster ergänzt wurden, ohne das Meisterwerk zu stören. Gegen den weißen Stuck wurden Altäre in dunklen Farben gesetzt, so der *Hochaltar* von 1663–65 mit dem Bild ›Christus erscheint dem hl. Ignatius von Loyola‹ von J. C. Storer, so die Seitenaltäre, die zwischen 1644 und 1675 aufgerichtet wurden. Das Bronzekruzifix unter dem Chorbogen wurde 1643 gegossen. Das um 1640 geschnitzte Chorgestühl ist nahezu eine Kopie des Vorbildes zu St. Michael in München. – Das schlichte Kolleggebäude vollendete Michael Beer 1668, das Gymnasium 1690 Michael Thumb. Der Jesuitenorden hat sich hier nicht zufällig niedergelassen, sondern es gehörte in der Gegenreformation zum Plan der Festigung des katholischen Glaubens, Kirchen und Schulen der ›Soldaten Christi‹ in die bayerischen Städte zu bringen, so 1549 nach Ingolstadt, damals Bayerns einziger Universität, oder 1559 nach München, 1629 nach Amberg zur Rekatholisierung der Oberpfalz und 1631 nach Straubing. Da die Jesuitenpatres damals wie heute neben dem Theologiestudium auch eine der geistes- oder naturwissenschaftlichen Disziplinen absolvieren mußten, waren sie für den Unterricht an Gymnasien und Universitäten gut gerüstet.

Nun sollten wir uns aber die Stadt, vor allem die beiden geschlossenen MARKTSTRASSEN besehen, die steilen Giebel der (wegen der hohen Grundstückspreise) schmalbrüstigen Häuser, deren Binnenhöfe oft von Laubengängen umzogen sind. Ein schmaler Anteil an der Handelsstraße genügte, um auf sich aufmerksam zu machen; Familie und Gewerbe lebten in den schmalen, aber zumeist tiefen Höfen. Ein Beispiel aus dem 15. Jh. ist das PAPPENBER-GERHAUS (Altstadt 81), dessen Stufengiebel Zinnen und kleine Türmchen trägt; im Innern haben sich Gewölbe der Erbauungszeit erhalten. Gleichaltrig dürfte das GRASBERGERHAUS (Altstadt 300) sein, nur wenig jünger das Haus Altstadt 69; die Trausnitzänderungen ab 1573 wirkten auch auf die Altstadt, wo man sich breitere Laubengänge leistete – z. B. beim Haus Altstadt 299 – oder Dekor in Rauhputz auftrug, so anfangs des 17. Jh. am Haus Nr. 570 am Regierungsplatz. Aus der gleichen Zeit stammt der PFARRHOF ST. MARTIN in der Kirchgasse, der ein großartiges Stiegenhaus und stuckierte Zimmer besitzt. Ganz aus dem bürgerlichen Rahmen fällt das PALAIS ETZDORF (Obere Ländgasse 50), dessen Rokokoschmuck auf Entwürfe des Joh. Baptist Zimmermann zurückgehen sollen. (Über alle historisch relevanten Bauten berichtet Theo Herzog in seiner zweibändigen ›Landshuter Häuserchronik‹ von 1957.)

Fürstlichen Zuschnitt hat die STADTRESIDENZ, die Herzog Ludwig X. (1516–45), Mitregent seines Bruders Wilhelm IV., nach 20 Jahren eingeschränkter Lebenshaltung auf der Trausnitz ab 1536 in der Altstadt errichten ließ. Als er im gleichen Jahr zu einem Staatsbesuch in Mantua weilte, begeisterte ihn der von Giulio Romano erbaute Palazzo del Té so, daß er italienische Baumeister nach Landshut verpflichtete, um dort den einzigen 'Palazzo' Deutschlands zu bauen. Ihn, der 1543 vollendet war, hat er nur zwei Jahre bewohnen können, dann diente er durchreisenden Fürstlichkeiten als Quartier, schließlich zu Ende des 18. Jh. fast zwei Dezennien dem Herzog von Birkenfeld-Gelnhausen als Alterssitz, der für die steife klassizistische Fassade zur Altstadt verantwortlich ist. Während der 'Deutsche Bau' Portal- und Gigantenmalerei der Renaissance nach 1780 eingebüßt hat, behielt der 'Italienische Bau' an der Ländgasse sein Rustikaquaderwerk im Parterre und die gliedernden flachen Pilaster in den Obergeschossen in strenger Renaissance, die bis dahin in Deutschland nur als Zugabe zu spätgotischen Bauten sichtbar geworden war. Hier war ein Palast nach strengem Kanon entstanden, durch einen gedeckten Gang über die Gasse hinweg mit einem Badepavillon an der Isar verbunden. Die dreischiffige Eingangshalle des Deutschen Baues besitzt noch ein Kreuzgewölbe auf Rotmarmorsäulen, führt jedoch in den 'italienischen' Arkadenhof, dessen westlicher Gang eine Kassettenwölbung trägt. Ludwig Refinger hat sie zur Erbauungszeit mit Szenen aus dem Alten Testament ausgemalt, während die Büsten der vier Jahreszeiten und der Brunnen unter den Arkaden der Südseite erst im späten 18. Jh. von Christ. Jorhan beigefügt wurden. Über die Reitertreppe gelangen wir aus der Westhalle zu den Prunkgemächern des Hauptstockes, eröffnet vom ITALIENISCHEN SAAL, dessen Tonnenwölbung auf Pfeilern aus schwarzem Marmor ruht (Abb. 103). Über einem Puttenfries von Hans Bocksberger d. Ä. blicken die Porträts antiker Philosophen, Heroen und Herrscher aus den Feldern der Kassettendecke. Die Reliefs aus Solnhofener Stein mit den Taten des Herakles rühren wahrscheinlich von Thomas Hering her, dem Sohn

LANDSHUT, Stadtresidenz ›Taten des Herakles‹. Reliefs aus Solnhofener Stein im Italienischen Saal

des Loy Hering zu Eichstätt. Die anschließenden REPRÄSENTATIONSRÄUME, wie Göttersaal (auch Saal der Elemente gen.), Sternen-, Apollo-, Venus- und Dianazimmer beziehen ihre Namen von der jeweiligen Gewölbemalerei, die von Hans Bocksberger d. Ä. aus Salzburg, Ludwig Refinger aus München und einem Hermann Posthumus (von unbekannter Heimat) besorgt wurden. Die Räume des Untergeschosses (Nemesis-, Eck-, Arachne- und Latonazimmer) wurden mit Deckenfresken moralisierender Art geschmückt. Der Gang, der vom Südflügel zum Deutschen Bau führt, zeigt Gemälde von zehn Ahnen des Herzogs Ludwig X. von H. Bocksberger d. Ä.; das Marmorportal schließt die hohe, 1543 geweihte Residenzkapelle ab, die als Altarblatt eine Anbetung der Könige von H. Posthumus erhielt.

Im ersten Obergeschoß des Deuschen Baues hat man sorgsam einige Birkenfeld-Zimmer rekonstruiert, klassizistische Wohnräume, unter dem ›Festsaal‹ mit einer reichen Kassettendecke von 1540 gelegen. Die übrigen Räume wurden, da unmöbliert, der Staatl. Gemäldegalerie und den städtischen Sammlungen überlassen.

Ein Jahr nachdem Herzog Ludwig der Kelheimer ermordet worden war, stiftete 1232 seine Witwe Ludmilla, Tochter des Böhmenkönigs Friedrich, zum Gedächtnis ein Zisterzienserinnenkloster jenseits der Isar, in das sie dann selbst eintrat. Noch vor Vollendung des Klosterbaues berief sie Nonnen aus dem Kloster Trebnitz in Schlesien, das 1202 von ihrer

311

Base, der hl. Hedwig, begründet worden war. Um die Frauen unterzubringen, wurde ein kleines Haus an der Schwestergasse errichtet, heute der älteste Wohnbau Süddeutschlands, der an der unverputzten Seite noch seine romanische Ziegelfassade mit Ziermustern zeigt. Die ABTEI SELIGENTHAL hatte von Anfang an eine Sonderstellung, war sie doch fürstliches Hauskloster, was die Herkunft zahlreicher Äbtissinnen und Chorfrauen aus dem bayerischen Adel erklärt, dazu von 1259–1579 Grablege für über 40 Mitglieder des Hauses Wittelsbach, seit 1233 Grabstätte der Grafen von Preysing, später auch der Edlen von Kargl. Nicht nur die Stifterin Ludmilla, sondern zahlreiche Wittelsbacher und die Familien der Chorfrauen beschenkten Seligenthal mit Grundbesitz, der von Tirol bis zum Bayerischen Wald verstreut lag, bei der Säkularisation 1803 in Staatshand kam, während die Liegenschaften in und um Landshut der Universität übereignet wurden; glücklicherweise fand sich niemand, der die Kirche für 1600 Gulden auf Abbruch kaufen wollte. Erst 1835 gestattete König Ludwig I. den noch lebenden Nonnen die Rückkehr und den Rückkauf des Klosters, in dem 1838 eine Institutsschule und 1867 eine Lehrerinnenbildungsanstalt eröffnet wurden, für Landshut von großer Bedeutung. Zugänglich sind nur der von Schulgebäuden und der Kirche umgebene Hof, nicht jedoch die Afrakapelle von 1232–34 und das Refektorium mit einer erst 1972 aufgedeckten Wandmalerei ›Krönung Mariens‹ aus der Wende des 13 zum 14. Jh. im Tympanon eines Spitzbogens. – Von der 1259 geweihten KLOSTERKIRCHE sind nur die Langhausmauern von Joh. Baptist Gunezrainer (Gunetsrhainer) für seine einschiffige, kreuzförmige Kirche mit halbrundem Chor und flacher Kuppel über der Vierung genutzt worden, die er 1732–34 errichtete. Die lichtüberflutete Nonnenempore stellte er auf zwei Reihen zu je vier ionischen Säulen, die so eine Art Vorhalle bilden. Bewußt setzte Joh. Baptist Zimmermann ins emporenbestückte Langhaus nur wenig Stuck, um ihn in Vierung, Chor und Querhaus voll zu entfalten mit geschwungenen Kartuschen, spätem Bandel- und frühem Rocaillewerk auf schwerem Brokatgrund oder lichter Tönung. Von ihm stammen auch die Reliefs der Kirchenväter in den Zwickeln und das Fresko ›Krönung Mariä‹ im Stuckrund der Kuppel. Im Querhaus schildern kleinere Gemälde Szenen aus dem Marienleben, das auch auf den drei östlichen Altären zitiert wird: Anna Selbdritt unter dem Fresko der Geburt Mariens; ihre Himmelfahrt auf dem Hochaltarbild von J. B. Zimmermann; eine barock überformte gotische Gottesmutter unter dem Fresko, das ihren Tod zeigt. Die schweren, dunklen Prachtaltäre schuf der Zisterzienser P. Kaspar Grießmann aus Kloster Aldersbach; aus der alten Ausstattung wurde nur der Viktorinsaltar im südlichen Querschiff gerettet, der ein Blatt des Landshuters Franz Joseph Geiger trägt, auf 1677 datiert. – Von der Grablege der Wittelsbacher ist nur die Grabplatte des Herzogs Ludwig X. († 1545), des Mäzens der Wissenschaftler, geblieben, die aus der Werkstatt Loy Herings kam, vielleicht von seinem Sohn Thomas gemeißelt. – An die Südseite des Langhauses wurde die Doppelkapelle der Preysing und Kargl als Grabstätte beider Geschlechter gebaut. Von den Altären aus der 1. Hälfte des 17. Jh. birgt der östliche eine hervorragende Muttergottes aus dem 14. Jh., etwa gleichaltrig den Stifterfiguren von 1330–40 auf dem nicht zugänglichen Nonnenchor (Abb. 98). – Der sehr schlanke Turm erhielt erst 1698 seine jetzige Krönung.

Abtei SELIGENTHAL Marienfigur vom
Altar der Preysing-Kapelle. Frühes 14. Jh.

Noch vieles gäbe es in Landshut zu sehen, z. B. St. Nikola, aber unsere nächste Route soll zur Donau führen. Über Frauenberg, dessen Kirche Mariä Heimsuchung eine wertvolle spätgotische Madonna auf dem Rokokoaltar präsentiert, kommen wir nach NIEDERVIEHBACH, auf dessen Ufer 1731–33 Joh. Michael Fischer ein behäbiges Dominikanerinnenkloster mit barocken Pavillons stellte, das 1803 säkularisiert und teilweise verbaut wurde. Die Kirche besitzt noch eine Muttergottes aus Stein, um 1400 im Weichen Stil geschaffen, und einen Rokokoaltar von 1755. – DINGOLFING (Ft. 4) überrascht mit zwei extrem verschiedenen Bauten, dem in Silber und Blau gehaltenen, nicht nur modernen, sondern auch eleganten Automobilwerk, und mit der stattlichen Backsteinkirche ST. JOHANNES, deren Grundstein laut Inschrift neben dem Südportal 1467 im Beisein des Baumeisters Jörg Probst gelegt wurde. Der Kirchenpatron weist darauf hin, daß in der ›Unterstadt‹ einst eine karolingische Taufkapelle stand, wo jetzt kräftige Rundpfeiler eine dreischiffige große Halle aus Backsteinen tragen. Vom alten gotischen Hochaltar sind noch zwei Figuren des hl. Johannes erhalten geblieben; die Johannesfigur von 1522 wird in den Umkreis des H. Leinberger und seiner Schule gerückt. – In der ›Oberstadt‹ steht der herzogliche Pfleghof, HERZOGSSCHLOSS genannt, ein spätgotischer Backsteinbau mit reich verblendetem Stufengiebel, ein von Landshut beeinflußter Bau, der heute das Heimatmuseum birgt. Den Zugang vom Süden in diesen Stadtteil vermittelt die Hochbrücke, ein 1592 errichteter 19 m hoher Backsteinbau mit fünf Rundbogenjochen. – Über Pilsting, wo einst der Vater des Dichters Hans Carossa praktizierte, geht es nach Plattling an der Donau.

Wer in Landshut links der Isar gestartet ist, kommt durch das langgestreckte Straßendorf WÖRTH A. D. ISAR und ins Hügelland nördlich davon, wo in naher Nachbarschaft aus stattlichen Hofmarksitzen die vier Schlösser Grießenbach, Mettenbach, Weng und Oberköllnach herausgewachsen sind. Am Dreifaltigkeitsberg bei Rimbach, einer heute vergessenen Wallfahrtsstätte, vorbei führt die Straße auf reichem bäuerlichen Grund bis nach Straubing durch endlose Felder und kleine Orte. Wer nach Mengkofen abbiegt, erreicht GEISELHÖRING, Viehmarkt und Einkaufszentrum des unteren Tales der Kleinen Laaber, mit einer 1761–64 erbauten Pfarrkirche Petrus und Erasmus, die das gotische Untergeschoß samt dem alten Chor mitverwendete. Die Ausstattung im Stil des Rokoko wird überhöht durch das Deckengemälde im Langhaus, die ›Schlüsselübergabe‹, von Matthäus Günther, der auch in den Nachbarkirchen Sallach (St. Nikolaus) und Hadersbach (Mariä Himmelfahrt) die Deckenfresken ausgeführt hat.

In SÜNCHING im Tal der Großen Laaber wird ein Herrensitz schon für das 8. Jh. nachgewiesen, deren Edle von Sünching im 12. Jh. Marschälle der Bischöfe von Regensburg waren. Die WASSERBURG mit achteckigem Innenhof kaufte 1573 Georg Ludwig Freiherr von Seinsheim, Obrist des Fränkischen Kreises, der wenig Freude am neuen Besitz hatte, war er doch der einzige Protestant im katholischen Umland. Erst seine katholisch gewordenen Erben, 1705 in den Grafenstand erhoben, konnten sich des Gutes erfreuen, mit Adam Friedrich gar einen Fürstbischof von Bamberg und Würzburg präsentieren, einen Grandseigneur, der im Treppenhaus abgebildet ist, vor dem Schloßgarten Veitshöchheim bei Würzburg mit seinen Figuren von Ferdinand Tietz posierend. Sinnigerweise überreicht ihm ein Beamter eine lange Rechnung seiner Ausgaben für Kunst, Oper und Edelsteine. Sein Bruder Franz Maria, einflußreicher kurfürstlicher Rat in München, ließ nach Plänen von François Cuvilliés einen SCHLOSSSAAL bauen (Abb. 112), den Franz Xaver Feichtmayr aus Wessobrunn und sein Schwiegersohn Jakob Rauch mit feinem Rocaillestuck überzogen, in dessen Decke der Augsburger Matthäus Günther die auf 1761 datierte ›Götterwelt des Olymp‹ und die vier Jahreszeiten freskierte (Abb. 111). Ignaz Günther schuf schließlich die beiden Gestalten der Fama (des Ruhmes) über den Spiegeln, deutliche Anspielungen auf die Grafen Adam Friedrich und Franz Maria, deren Porträts über den Rotmarmorkaminen hängen. In der zweigeschossigen Schloßkapelle war das begabte Trio nochmals am Werke: Feichtmayr übernahm den Stuck, M. Günther das Deckenfresko, während I. Günther das Altarrelief ›Himmelfahrt Mariens‹ schnitzte. In der klassizistischen Bibliothek stehen Gips-Büsten der Wittelsbacher, die Bertel Thorwaldsen dem Grafen Carl von Seinsheim schenkte, weil dieser als Begleiter auf einer Italienreise König Ludwig I. auf den dänischen Künstler aufmerksam gemacht hatte. Porträts der Seinsheim von Desmarées, Lenbach, Kaulbach u. a. schmücken die Gänge des Schlosses, das 1893 durch Heirat an die irischen Freiherrn Hoenning-O'Caroll kam, von ihnen bewohnt wird und am besten bei Konzerten besehen werden kann.

Bereits vor den Toren Regensburgs liegt SCHLOSS ALTEGLOFSHEIM, ein unregelmäßiger Baukörper, denn rücksichtsvoll blieb der alte Bergfried erhalten, dazu der Westbau mit Flankentürmchen aus dem frühen 17. Jh., an den der Schloßbau von 1680 mit der schlichten Kapelle angehängt wurde, ehe man 1730 das neue Schloß mit dem Festsaaltrakt errichtete. So 'zusammengewürfelt' das Äußere, so einheitlich im Stil um 1730 das Innere, beginnend beim Stiegenhaus neben dem Bergfried, wo Bandlwerk- und Netzkartuschenstuck das Fresko ›Götterhimmel‹ des Nikolaus Gottfried Stuber umzieht. Das Hauptgeschoß, von François Cuvilliés entworfen, besitzt in einem der Erkerzimmer das Bild ›Endymion und Diana‹ von Cosmas D. Asam. Durch einen Saal mit älterer Stukkatur und einem Deckengemälde ›Urteil des Paris‹ gelangen wir in Gemächer, die Stuber stuckiert und freskiert hat, so mit ›Hermes mit dem Haupt des Argus vor Jupiter‹. Höhepunkt ist der KAISERSAAL mit quellendem italienischem Stuck um 1680, mit Laub- und Fruchtgirlanden über den Figuren der vier (damals bekannten) Erdteile. Gemälde des späten 17. Jh. zeigen Kaiser Leopold I. und seine Vasallen, vier kleinere Bilder die Geburt der Venus, Venus und Mars, Boreas und Orithyia und Rinaldo und Armida. Nach Westen schließen sich die ›Schönen Zimmer‹ an, um 1730 von Joh. Baptist Zimmermann dekoriert. Vornehmster Raum ist der OVALER SAAL (Asamsaal gen.) im Querflügel, zu dem ein breites Stiegenhaus mit doppelläufiger Treppe führt (Abb. 110). Die Ausstattung schreibt man (nach Vergleichen mit Schleißheim) dem Hofstukkateur Charles Dubut zu, mitunter auch Egid Quirin Asam. Unzweifelhaft hat Cosmas Damian Asam das Fresko *Der Tag*, eines der prächtigsten Deckengemälde Bayerns, in die Flachkuppel gemalt. Apollo auf dem Triumphwagen verscheucht die Gestalten der Nacht, besungen von den Musen, während Gartenbau und Jagd ihr Tagwerk beginnen. – Die immensen Summen, die das Schloß um 1730 verschlungen hat, brachte Graf Anton Maria von Königsfeld auf, ein Günstling des Kurfürsten Karl Albrecht, der – 1742 von den

Schloß ALTEGLOFSHEIM   Stuckfigur im ›Kaisersaal‹. Um 1680

Gegnern Habsburgs zum Kaiser Karl VII. gewählt – Königsfeld zum Reichsvizekanzler erhob, ein Amt, das er nur die drei Jahre bis zum Tode seines Herrn nutzen konnte. Das Schloß erwarben 1835 die Fürsten Thurn und Taxis und verkauften es 1938 an den Ortspfarrer. Erst 1973 gelangte es in den Besitz des Freistaats Bayern, der es gründlich für die Nutzung durch die Universität Regensburg restaurieren ließ.

Wer von Landshut aus Regensburg auf kürzerem Wege erreichen will, kommt durch MALLERSDORF, in dem Heinrich der Graue und sein Sohn Ernst, Ministeriale des Regensburger Reichsstiftes Niedermünster, wohl 1109 ein Benediktinerkloster gründeteten, das Kaiser Lothar 1129 bestätigte. Besetzt wurde es mit Mönchen aus dem Kloster Michelsberg in Bamberg, 1803 säkularisiert und an Private veräußert, aber 1869 von der Kongregation der Armen Franziskanerinnen gekauft und zum Mutterhaus ihrer vornehmlich in Südafrika missionierenden ›Mallersdorfer Schwestern‹ erhoben. Von der romanischen KIRCHE ist nur die Westpartie mit den beiden ergänzten Backsteintürmen des 13. Jh. erhalten geblieben, auch das Portal mit dem flachen Kreuzrelief inmitten der Flechtbandornamente, das vor 1265 entstanden und in die achteckige Vorhalle des 18. Jh. gefügt wurde. Die Dämonen und allegorischen Figuren der Kapitellzone erinnern an die älteren Figuren der Regensburger Schottenkirche und sind bis heute nicht erforscht. Langhaus und Chor wurden wie die Innenausstattung Mitte des 18. Jh. neu geschaffen. Während das Langhaus mit seiner Wandpfeileranlage fast völlig frei von Stuck ist, wurde das Chorgewölbe mit den Oratorien nach 1740 mit Blattbüscheln und Rocaille stuckiert. Dort schuf Joh. Adam Schöpf 1747 das Deckenfresko mit einem Thema aus der Weissagung Johannis: Gottvater thront über dem apokalyptischen Lamm, vor dem sich die 24 Ältesten neigen. Das Langhausfresko, der Kirchenpatron Johannes verweigert den Götzendienst, wurde erst 1776 von Matthias Schiffer im beginnenden Klassizismus angetragen. Schon 1768 war der HOCHALTAR aufgerichtet und mit einem Bild ›Johannes vernichtet die Ungläubigen‹ von Martin Speer geschmückt worden, da schnitzte I. Günther die hervorragenden Seitenfiguren Benedikt und Scholastika, Heinrich II. und Kunigunde, die auf die Bamberger Herkunft des ersten Konvents verweisen. Bei der Kaiserin Kunigunde, die mit bloßen Füßen auf die glühende Pflugschar tritt, wird auf das bekannte Wunder hingewiesen, mit dem sie sich vom Vorwurf der ehelichen Untreue befreit hat. Im Auszug schließlich entflieht Maria dem dräuenden Drachenrachen des Antichrist, auf den St. Michael herniederfährt. Noch ein Bildhauer hat für St. Johannes d. Ev. in Mallersdorf gewirkt: Christian Jorhan schnitzte die Putten und Ornamentstücke für die Orgel von 1783.

Den Weg von Landshut nach Weltenburg und Kelheim sollte man so legen, daß man durch ROHR kommt, das zwischen Rottenburg und Abensberg liegt. Graf Adalbert von Rohr aus dem Hause der Grafen von Abensberg gründete dort ein Augustinerchorherrenstift, das 1133 bestätigt, aber 1803 säkularisiert wurde. 1946 ist in Rohr eine Benediktinerabtei eingezogen, die nun die KLOSTERKIRCHE MARIÄ HIMMELFAHRT betreut. Vom romanischen Bau ist nur der Sockel des wuchtigen Turmes erhalten geblieben, dem 1696 Jos. Bader aus

Wessobrunn eine lastende Haube aufgesetzt hat. Alle anderen Bauteile wurden 1717 restlos abgetragen, um freie Bahn für Egid Quirin Asam zu schaffen, der in nur zwei Jahren den Neubau errichtete, der wegen der aufwendigen Innenausstattung erst 1722 geweiht werden konnte. Bis auf die Kanzel von 1740 ist jede Einzelheit von ihm geplant und von seiner Werkstatt ausgeführt worden. Der INNENRAUM, eine tonnengewölbte Halle mit Querschiff ohne Vierungskuppel, erinnert stark an das Schema der Theatinerkirche in München, besitzt nur flache Kapellen, um die Blicke des Beschauers ungehindert zum Hochaltar (1719) zu lenken, auf dessen Geschehen hin die Kirche ausgerichtet ist. Dem Gläubigen verdecktes seitliches Licht taucht die 'Bühne' in wechselnde Helligkeit (Ft. 42). Dort seht der offene Marmorsarg, aus dem Maria auferstanden ist, umgeben von Aposteln, in deren dramatischen Gesten und Blicken sich Erstaunen, Entrückung, Verehrung und Ergebenheit ausdrücken (Abb. 113). Atemberaubend, wie Maria, von graziösen Engeln getragen, gen Himmel schwebt, mit der Handbewegung der Siegerin über den Tod. Goldenes Licht bricht durch die Wolken, über denen Engel jubilieren und die Trinität wartet. In Stein, Stuck und Glas hat hier E. Q. Asam grandios übersetzt, was sonst bei Passions- und Weihnachtsspielen über dörfliche Bretter gegangen war. (Ein ähnliches 'Heiliges Theater' vermochte er noch für die Asamkirche in München zu schaffen.) Die Altäre im Querhaus nehmen die Idee in knapperer Form auf; so leiten im Norden die Heiligen Florian und Martin auf das Bild einer Verherrlichung des hl. Joseph von Joh. Pletzger zu, im Süden die Heiligen Ambrosius und Monica auf das Martyrium Petri und Pauli, von Cosmas Damian Asam gemalt. Gegenstück zum Chor ist die über die ganze Breite des Schiffs sich ziehende *Orgel*, mit einem reich geschnitzten Prospekt. Leider wurde Joh. Konrad Brandensteins Werk von 1725 entfernt und durch ein neues ersetzt. Erst wenn Musik den Raum füllt, wird Asams Schöpfung so großartig, wie sie gedacht war.

Raum für Ihre Reisenotizen

Anschriften neuer Freunde, Foto- u. Filmvermerke, neuentdeckte gute Restaurants, etc.

Raum für Ihre Reisenotizen

Anschriften neuer Freunde, Foto- u. Filmvermerke, neuentdeckte gute Restaurants, etc.

Nützliche Hinweise für Urlauber, Wanderer, Festspiel- und Museumsbesucher – dergl. für Hungrige und Durstige

Markante Landschaften

Nicht nur das menschenarme Ostbayerische Grenzgebirge bietet eine Fülle von eigenwilligen Landschaftsräumen, die großstädtische Besucher zur Schwärmerei verleiten, auch die Teichlandschaften der Oberpfälzer Senke, die Hügelkette, die den Donaulauf von Regensburg bis Passau begleitet, der Donaudurchbruch bei Weltenburg, die Hallertau und die Auen an Isar und Inn sind sehenswert. Da es auszuwählen galt, werden nur vier Empfehlungen gebracht.

Der Nationalpark Bayerischer Wald

Seit 1872 als erster der Yellowstone Nationalpark in den USA abgegrenzt wurde, sind über 1200 derartige Schutzgebiete auf der Welt geschaffen worden, um einmalige Naturlandschaften mit ihrer eigentümlichen Tier- und Pflanzenwelt für künftige Generationen zu bewahren. Der Freistaat Bayern wies 1970 rund 13 000 ha für einen Nationalpark Bayerischer Wald aus, in den über 70 Millionen DM investiert wurden und der im Jahr 1,5 Millionen Besucher anzieht. Dort soll der Mensch die Rolle des Nutznießers der Natur mit der des Beobachters tauschen und die Umkehr des Kulturwaldes zum Urwald beobachten können. Die Forschung kann in solchen Bereichen die Regeln ergründen, die das vielfältige Wechselspiel im ungestörten Naturhaushalt steuern, um Entscheidungshilfen für den Naturschutz und für eine gesunde Umwelt zu liefern. Seit 1982 werden diese Einsichten und Erkenntnisse den Besuchern in einem Informationszentrum bei Neuschönau nahegebracht, wobei Wechselausstellungen, Filme, ein botanischer Garten und Exkursionen zum Angebot gehören.

Erschlossen ist der Nationalpark durch 200 km markierte Wege, die nicht verlassen werden sollen. Geboten wird die Gehegezone mit charakteristischen Vertretern der heimischen Tierwelt, von Neuschönau zu erreichen, dann ein waldgeschichtliches Wandergebiet nördlich Finsterau, die Felswanderzone an der Straße Neuschönau–Mauth, ein urwaldartiges Gebiet mit großartigen Felsgebilden und Ausblicken. Die Naturlehrpfade »Urwald« und »Eiszeit« findet man am Rachelsee, »Bergbach« an der Fredenbrücke, »Tanzboden« bei Neuschönau. (Programme und Auskünfte bei der Nationalparkverwaltung [8352] Grafenau.)

Der Pfahl

Als der heutige Bayerwald gehoben und aufgewölbt wurde, riß das Granit-Gneis-Gebirge in der Streichrichtung zu einer Spalte auf, die aus der Tiefe mit Kieselsäure aufgefüllt wurde. Dieses Quarzriff verwitterte langsamer als seine Umgebung, wurde daher als ›Härtling‹ herauspräpariert und im Mittelalter als ›Teufelsmauer‹ bezeichnet, da man sich die Herkunft dieser hellschimmernden Mauer von Freyung im Osten bis nahe Schwandorf in der Naabsenke anders nicht erklären konnte. Der rund 150 km lange Pfahl im Süden des Regentales ist zwischen 50 und 100 m breit, aber verschieden hoch, so daß er mitunter nur auf der geologischen Karte sichtbar bleibt. Besonders steile Stellen wurden für Burgen genutzt, wie für Burg Thierlstein westlich Cham oder für Burg Weißenstein ob Regen, die der baltische Schriftsteller Siegfried von Vegesack 40 Jahre lang bewohnt hat. Bedroht wurde der Pfahl seit langem durch den Quarzbedarf der Glasfabriken, neuerdings auch durch die Verwendung als Quarzschotter und für die Elektrochemie. Der Freistaat Bayern hat daher seit gut zehn Jahren immer wieder landschaftsbeherrschende Teile des Pfahls gekauft, z. B. bei Viechtach, um »damit das größte und imposanteste Naturdenkmal des Landes vor der Vernichtung zu bewahren«. Zahlreiche Wanderwege erschließen den Pfahl, den die Tüchtigen in ganzer Länge und in beiden Richtungen durchstreifen.

Der Donaudurchbruch bei Weltenburg

Ursprünglich zog die Donau ihren Lauf nicht direkt durch die Jurafelsen und bot so keinen Platz für das Kloster Weltenburg mit seiner einmaligen Asam-Kirche. Über Nassenfels floß sie nach Nordosten und bahnte

Bauernhof in LAUTERBACH bei Tirschenreuth

sich ein Tal, das heute die untere Altmühl nutzt. Erst spät gelang es der Donau, sich in vielen Windungen durch die rund 100 m hohen Jurakalkfelsen zu sägen. An den engsten Stellen ist sie nur 70 m breit, aber 25 m tief. Die mit Mischwald bestandenen Felsen sind inzwischen von der Witterung angegriffen und zu bizarren Formen gestaltet worden, die in der Phantasie der Besucher nun die ›Drei feindlichen Brüder‹, die ›Versteinerte Jungfrau‹, ›Peter und Paul‹ und ›Napoleons Reisekoffer‹ heißen. Am eindrucksvollsten erlebt man den Durchbruch auf einer Schiffsreise, die allerdings nur vom 1. 4. bis 15. 10. von Kelheim aus möglich ist. Jeden ersten Samstag im Juli wird auf der 5 km langen Strecke das Spektakel ›Flammende Donau‹ mit bengalischer Beleuchtung geboten.

Die Hallertau (Holledau)

Noch keiner hat ihr Lied gesungen, galt sie doch als bis in den letzten Hektar genutzte Landschaft, die sich nur durch den Hopfenanbau und eine gleichnamige Autobahnraststätte bekannt gemacht hat. Im Gegensatz zu ihrem Namen, der mit ›Aue am finsteren Wald‹ übersetzt wird, gibt es nur wenige Wiesen und zu Gehölzen geschrumpfte Wälder, die, ähnlich den Dörfern, bald auf einem Hügel thronen, bald eine Mulde besetzt halten. Da die Straßen, vor allem die Nord-Südachse der B 13, hügelauf und hügelab laufen, öffnen sich immer neue Anblicke auf die weißgekalkten oder gelbgetünchten Häusergruppen, auf abgelegen stehende Kirchen und Kapellen, auf einsam gelegene Riesenhöfe, die wehrhaft und abweisend in sich beharren. Im Sommer ist diese bucklige Welt in drei Grundfarben gekleidet, ins Dunkelgrün der Waldstreifen, das Gold des Getreides und das Hellgrün der rechteckigen Hopfengärten, die wie lanzentragende Landsknechthaufen die Hügel hinan- und hinabziehen, seit einiger Zeit in ihrer Zahl beschränkt, so daß es nie zur Monokultur kommt. Kaum vorstellbar, daß die Hallertau einst ein Weinbaugebiet gewesen, in dem der Hopfen, seit dem 8. Jh. angepflanzt, eine geringe Rolle spielte. Als jedoch 1788 die kurfürstlichen Brauereien angewiesen wurden, ihr Weißbier mit Hallertauer Hopfen zu veredeln, als das Hofbräuhaus zu München nur noch Hopfen aus dem Gebiet zwischen Ilm und Isar verwendete, da ging es aufwärts mit diesem Bauernland. Zwar kommen keine 90 000 Hopfenpflücker mehr per Bahn und Bus, um zwei bis drei Wochen im Akkord die Ernte einzubringen, das besorgen jetzt 6000 Mann mit 3500 Pflückmaschinen, aber gefeiert wird der Ertrag immer noch in den Bierzelten, wobei man in Wolnzach eine Hopfenkönigin wählt, die aus einem der 8000 Betriebe stammen muß, die 15 % der Welthopfenernte erzeugen. Alle haben, den Ernteschwankungen ausgesetzt, den schlichten Reim gelernt:

> »Der Hopf ist ein Tropf,
> Jeden nimmt er beim Schopf.«

Wanderungen – Übernachtungen – Urlaubsgestaltung

Diese und andere Landschaften unseres Gebietes erschließt man sich, wenn es die Beine leisten, am besten zu Fuß. Wer wandert, sollte sich gute Übersichtskarten verschaffen, am besten im Maßstab 1 : 100 000 oder gar 1 : 50 000, nicht, weil er etwa im erschlossenen Gebiet verloren gehen könnte, sondern damit er alle Aussichtstürme, Mühlen und Sägewerke, Glashütten und Fischteiche berühren kann, wenn ihm der Sinn danach steht. – Ein alljährlich auf den neuesten Stand gebrachtes Verzeichnis der Unterkünfte und Gasthöfe bringt der Fremdenverkehrsverband Ostbayern (Landshuter Str. 13, 8400 Regensburg) heraus, während für den Südteil Niederbayerns der Landesfremdenverkehrsverein Bayern (Sonnenstr. 10; 8000 München 2) zuständig ist, der Kern des ›Waldes‹ vom Bayerischen Waldverein e. V. (Angerstr. 39; 8372 Zwiesel) und das Vorland vom Oberpfälzer Waldverein e. V. (Sebastianstr. 25; 8480 Weiden) eigens vorgestellt werden. Herbergsbesucher erhalten ihr Verzeichnis vom Deutschen Jugendherbergswerk (Bülowstr. 26; 4930 Detmold), die Naturfreunde exklusiv vom Touristenverein ›Die Naturfreunde‹ (Großglocknerstr. 28; 7000 Stuttgart 60). Im Verbandsverzeichnis Ostbayern findet man auch alle Erholungsmöglichkeiten für den Sommer und alle Sportmöglichkeiten für den Winter (z. B. Eisstockschießen, dazu 32 Eislaufplätze, Kunsteisstadien in Bischofsmais, Deggendorf, Regensburg und Vilshofen), Tennisplätze so gut wie Langlaufloipen. Auf dem Monte Kaolino, der riesigen Abraumhalde in Hirschau, kann man zu allen Jahreszeiten Ski auf dem Trockenen fahren.

Wer im Urlaub noch etwas Malerei, insbesondere Bauernmalerei erlernen will, schreibe an die ›Freizeitakademie Bayerwald‹ im Ortsteil Hofdorf der Stadt (8404) Wörth an der Donau, wer mit seiner Familie ›Urlaub auf dem Bauernhof‹ probieren will, kann das in Sattelbogen, Gemeinde (8491) Traitsching, oder im dortigen Familienfe-

riendorf des Deutschen Erholungswerkes (Johnsallee 65; 2000 Hamburg) oder wendet sich an die Verkehrsdirektion in (8352) Grafenau, die Höfe mit dem grünen Siegel der DLG ›Ferien auf dem Bauernhof‹ gerne nachweist. Nicht vergessen soll werden, daß von den neun Orten, die 1980 den Wettbewerb ›Unser Gastliches Bayern‹ gewonnen haben, vier in unserem Gebiet liegen: Pleystein, Schönsee, Falkenstein und Bad Birnbach im Rottal im südlichen Landkreis Passau.

Einkehr in kleinen Museen

In beiden Bezirken bemüht man sich, nicht nur Naturschönheiten und alte Bausubstanz zu erhalten, sondern auch das, was an handwerklichen und industriellen Formen der Vergangenheit auf uns, zumeist nur in Resten, überkommen ist, zu zeigen. VOLKSKUNDLICHE SAMMLUNGEN finden wir in Amberg (mit Fayencen und Bergmannsgeräten des 18. Jh.), im Stadtturm zu Furth im Wald, ganz auf die Further Bürger ausgerichtet, in Riedenburg zeigt man ein Hallstattgrab und Zinngießereien, in Schwandorf religiöse Volkskunst, in Sulzbach-Rosenberg Beiträge zur Stadtgeschichte, in Vohenstrauß einen Porzellanofen und Modelle für Glas-Schleif-Polierwerke, in Weiden ein Max-Reger-Zimmer, während in Abensbergs Aventinusmuseum im ehem. Karmeliterkloster Erinnerungen an den Historiker Joh. Thurmair gen. Aventinus gepflegt werden. – MINERALOGISCH-GEOLOGISCHE SAMMLUNGEN präsentieren u. a. Schwarzenfeld, Altmannstein (dazu Erinnerungen an Ignaz Günther, dem in Altmannstein geborenen Bildhauer) und im Pleysteiner Rat-

THEUERN Bergbau- und Industriemuseum

haus. – Vom Bergbau- und Industriemuseum im Hammerherrenschloß Theuern wurde auf S. 109 berichtet. Im HANDWERKSMUSEUM Hillstett bei Rötz wird der bereits 1475 urkundlich gen. Seebarnhammer vorgeführt, der vom Eixendorfer Stausee getrieben wird, und weitere Schmiedetechniken. Im HEIMATMUSEUM Grafenwöhr lernt man die Leinwandbereitung und Wagnerei kennen, das ländliche Handwerk hingegen in Walderbach. Ein Bauernmuseum wurde im Edelmannshof in Perschen bei Nabburg eingerichtet, wo ein Bauernhof mit allem Mobiliar aufgebaut ist. Ein 250 Jahre altes Stockhausgehöft mit vier Firsten aus Schusteröd hat man im niederbayerischen Massing an der Rott wiederaufgerichtet. Mit ihm begann das Niederbayerische Freilichtmuseum seine Tätigkeit; inzwischen sind weitere Gehöfte, so der »Kochhof«, dazugekommen. In Finsterau bei Grafenau wird derzeit ein FREILANDMUSEUM alter Waldhäuser aufgebaut, wobei man so lebensnah blieb, neben die Wohnhäuser auch ein Wirtshaus, eine Nagelschmiede und ein Austraghäusl (Alterssitz) zu stellen, denn auch in alten Zeiten blieb man nicht ewig jung.

Brauchtum, Feste, Augen- und Ohrenschmaus

Obwohl die Oberpfalz, der 'Wald' und Niederbayern jahrhundertelang ihre eigene andere Geschichte hatten, obwohl zwischen den Waldlern und den reichen Bauern etwa auf dem Gäuboden oder der Hallertau größte Unterschiede in Vermögen, Haltung und Ansichten bestehen, gibt es doch drei Gemeinsamkeiten der Leute zwischen Waldsassen und Rotthalmünster: der Dialekt, der nur geringe Abweichungen kennt, das in den Jahresrhythmus eingespannte Brauchtum und die Bindung an den katholischen Glauben, dem heute noch 90 % der Bevölkerung angehören. Der erste Höhepunkt religiösen Brauchtums ist der Palmsonntag (Sonntag vor Ostern), an dem Palmbuschen (geschmückte Weidenkätzchen) in der Kirche geweiht werden, von denen einige Gerten das Jahr über ans Kruzifix im Herrgottswinkel gesteckt, einige an den Dachfirst geheftet werden, um das Haus vor Blitzschlag zu bewahren, schließlich aus dem Rest kleine Kreuze geflochten werden, die am Ackerrand für Fruchtbarkeit sorgen sollen. Um reichen Ertrag der Äcker bittet man auch bei den Flurprozessionen im Frühjahr, wobei das Weihwasser, das der Priester auf die Fluren sprengt, auch Frost und Schädlinge fernhalten soll. In vielen Dörfern, vor allem in Niederbayerns Ackerlandschaften, stellen die jungen Burschen des Dorfes am Vorabend des 1. Mai einen Maibaum auf, wofür sie Freibier erhalten. Gelegentlich kommt es noch vor, daß in rivalisierenden Dörfern Maibäume entwendet werden, doch ist dieser Brauch wegen der saftigen Strafen nach den Prügeleien nicht mehr sehr in Mode.

Zu Pfingsten haben sich einige Wallfahrten erhalten, die heute von weither Zuschauer anlocken, obwohl sie mit einer Schau nichts, mit einem Gelübde alles zu tun haben. So ziehen die HOLZKIRCHENER mit einer Kerzenwallfahrt (die 13 m hohe Kerzenstange wird abwechselnd getragen)

auf den Bogenberg oberhalb Bogen, um am Gnadenbild ›Maria in der Hoffnung‹ zu beten. – In ST. ENGLMAR, das von den über 1000 m hohen Gipfeln des Pröllers, Predigtstuhles und Hirschensteins umgeben ist, ist am Pfingstmontag ›Englmarisuchen‹. Bei dem Spiel wird die Holzstatue des Heiligen erst versteckt, dann feierlich eingeholt, was auf die Legende zurückgeht, der Einsiedler Englmar sei von einem Stallknecht des Grafen von Bogen erschlagen worden, weil der es leid war, stets den mühevollen Weg zum Eremiten zu leisten, den der Graf mit Lebensmitteln versorgte. Fromme Pilger allerdings entdeckten die verscharrte Leiche des frommen Mannes und brachten sie zu der Stelle, die heute die Pfarrkirche über dem Grab einnimmt. – Am bekanntesten ist der PFINGSTRITT ZU KÖTZTING geworden. Ein Gelöbnis, das seit 1442 urkundlich festgehalten ist, bringt an jedem Pfingstmontag mehrere hundert Reiter in Bauerntracht an der Veitskirche zusammen, die dann auf ihren herrlich herausgeputzten Rössern gemeinsam mit den berittenen Geistlichen die 7 km nach Steinbühl reiten, um an der Nikolauskirche einen Feldgottesdienst zu besuchen. Es ist für jeden, der ein Pferd besitzt, eine hohe Ehre, zum Pfingstritt aufgefordert zu werden. Inzwischen wurde eine ab Pfingstsamstag anhebende Festwoche mit Volksfest und kulturellen Veranstaltungen an die einstige Gelübdeerfüllung gehängt.

In WALDKIRCHEN, halbwegs zwischen Freyung und Hauzenberg im Bayer. Wald gelegen, hat sich der alte Brauch des ›Wasservögelsingens‹ erhalten. Am Pfingstsonntag ziehen nach Einbruch der Dunkelheit vier als Vögel vermummte Männer vor bestimmte Häuser der Umgebung und stellen die Hausbesitzer mit 'Gstanzln' (Versen zu

BREITENBRUNN, Opf.   Votivkerzen des 18. und 19. Jahrhunderts aus der Wallfahrtskirche St. Sebastian

eigenartigen Melodien) bloß, »derblecken« sie. Während des Gesangs schüttet man aus den Stockwerken Wasser auf sie, was das Zeug hält, dieweil der fünfte Mann, der »Eiermarder« (Oamarder), versucht, möglichst viele Eier zu erbetteln, die in der Regel von denen gestiftet werden, die verschont blieben.

Der Festtag des Kirchenpatrons, die KIRCHWEIH', wird am Sonntag nach dem Namenstag mit Hochamt und Segen feierlich begangen. Der weltliche Teil mit ausgiebigem Wirtshausbesuch und Tanz hat sich inzwischen auf drei Tage ausgedehnt und bezieht auch die Gäste mit ein. Seit 1868 gibt es darüber hinaus die ›Allerweltskirchweih‹ am 3. Sonntag im Oktober, die nun nicht mehr bei Saat und Ernte stört. (Diese und andere Feiern in Niederbayern des ausgehenden 19. Jh. hat auf innige Weise beschrieben Joseph Schlicht in ›Bayerisch Land und Bayerisch Volk‹.)

Das enge Band zwischen dem hilfesuchenden Gläubigen und der trostspendenden Gottesmutter oder einigen Heiligen zeigen die zahlreichen *Votivgaben in den Wallfahrtskirchen,* deren Gnadenbilder und Reliquien in der Not aufgesucht wurden. Den Dank statteten viele Erhörte mit Votivtafeln in Hinterglasmalerei ab, die uns heute noch tiefe Einblicke in das Leben der Geschundenen erlauben. Die Wachszieher fertigten wertvolle Prunkkerzen an, Silberschmiede trieben aus Silberblech Abbilder der geheilten Gliedmaßen, Zeichen gläubigen Vertrauens, sicher manchem 'Vernünftigen' ein Greuel, aber allemal zu schade für die Hausbar eines 'Sammlers'. – Leider wird auch ein anderer religiöser Volksbrauch durch Diebstahl und Friedhofsordnung bald nur noch sagenhafte Erinnerung haben. Die *Totenbretter,* die einst im ganzen Bayerischen Wald aufgestellt wurden, haben noch im Lamer Winkel eine Zuflucht. Das Brett, auf dem ursprünglich der Tote aufgebahrt war, hatte man mit Namen und Lebensdaten des Toten versehen, bald auch einige humorvolle oder derbe Sprüche eingeschnitzt, und am Wegrand, an der Unfallstelle oder bei der Friedhofskapelle aufgestellt, Die letzten Zeugen stehen in Heimatmuseen oder werden vom Denkmalschutz gehütet. Die letzten Verse stammten aus den Zwanzigerjahren, denn später wurden die Nachkommen empfindlich und fühlten sich bloßgestellt.

Wer Spektakel liebt, kommt zum DRACHENSTICH nach FURTH IM WALD, der seit 1878 von der Fronleichnamsprozession getrennt und in die Mitte des August gelegt wurde. Damit wollte man an die Schlacht von Taus im Hussitenkrieg erinnern. Inzwischen muß der weiße Ritter Udo, ein verkappter St. Georg, unter dem Beifall des Festausschusses und der Burgherrin an sieben Tagen den flügelschlagenden, feuer- und rauchspeienden Drachen auf dem Festplatz erlegen. Das Monstrum ist 16 m lang und 3 m hoch, vollmotorisiert und bewegt seine Gliedmaßen hydraulisch. Sein Leben haucht das Ungetüm natürlich erst nach einem Festspiel aus, das Josef Martin Bauer 1952 abgefaßt hat. Sehenswert ist schon der Festzug mit mehr als tausend Mitwirkenden und über 200 Reitern, die sieben Jahrhunderte farbig vorführen.

Tragisch endete eine andere 'Fürstengeschichte', die in STRAUBING alle Schaltjahre Ende Juni bis Mitte Juli aufgeführt wird, wegen eines Jubiläums erst 1985 statt 1984. Die AGNES-BERNAUER-FESTSPIELE erinnern an die schöne Baderstocher aus Augsburg, die dem späteren Herzog Albrecht III. von

Totenbretter im Bayerischen Wald

Bayern-München so den Kopf verdrehte, daß er sie 1432 heimlich heiratete. Sein Vater, der regierende Herzog Ernst, hätte zu dieser Ehe nie seine Zustimmung gegeben, denn Agnes war nicht ebenbürtig, zudem Tochter eines Handwerkers, der zur Ader ließ, also Blut vergoß, was im Ansehen weit unter Gold- und Silberschmieden stand. Diese Heirat brachte nicht nur keine fürstliche Mitgift und Schwägerschaft ein, sie konnte auch den Ausschluß Albrechts vom Herzogsamt bringen. Herzog Ernst ließ daher Agnes verhaften und als Zauberin anklagen, denn ihre Schönheit, die seinen Sohn geblendet hatte, konnte wohl nur vom Satan kommen. Ein willfähriges Gericht verurteilte Agnes, die am 12.10 1435 vom Henker in die Donau bei Straubing gestürzt wurde, während ihr Gemahl bei einem Turnier weilte, zu dem er gelockt worden war. Am bekanntesten wurde Friedrich Hebbels Drama (1852), das sich ganz von der Lokalgeschichte löst. Seine Agnes stört durch ihre Schönheit die Ordnung der Welt und stirbt als Opfer der Staatsräson.

Ganz ohne Tragik feiert LANDSHUT im Juni seine FÜRSTENHOCHZEIT, eine farbenprächtige, teure Erinnerung an Ludwig den Reichen (1450–79), der für seinen Sohn Georg erfolgreich um die Hand der 17 Jahre alten Hedwig, der Tochter König Kasimirs IV. Jagiello von Polen, angehalten hatte. Hedwig kam im Herbst 1475 mit ihren Eltern und einem Gefolge von 642 Reisigen und hundert Wagen zur Hochzeit, die mit Kirchgang, Turnier und Gastereien besonders üppig ausfiel, mußten doch 323 Ochsen, 285 Schweine, 1133 ungarische Schafe, 490 Kälber und 40000 Hühner geschlachtet werden, um alle Gäste zu sättigen. Heute ziehen unter Glockengeläut die Hochzeitsgäste in historisch getreuen Gewändern von der Neustadt in die Altstadt (Ft. 38–41), begleitet von der Hofmusik, Ludwig dem Reichen in der Sänfte, Prinzessin Hedwig in von acht Schimmeln gezogenem vergoldeten Brautwagen; Gefolge und Reisige, fahrendes Volk und Zigeuner dürfen nicht fehlen. Ein gutes Vierteljahr müssen die Ritter üben, die in eisernen Rüstungen Ringelstechen und Stechturnier am Nachmittag bestreiten, ein historisches Fest, mit der Freude am Spiel belebt.

Nicht der Vergangenheit, sondern unmittelbar der Gegenwart verpflichtet sind die EUROPÄISCHEN WOCHEN IN PASSAU, die 1981 zum 29. Male zwischen Mitte Juni und Anfang August in einem dichtgedrängten Programm Ensembles aus Österreich und den Ostblockstaaten, vor allem der ČSSR zu Konzerten, Serenaden, Ballettabenden verpflichten, um das europäische Erbe sichtbar zu machen, wozu einige Ausstellungen von zeitgenössischen Künstlern im Oberhausmuseum, der St.-Anna-Kapelle und Schloß Neuburg/Inn kommen.

Nur der Volksmusik und dem Volkslied verschrieben sind die beiden WETTBEWERBE IN ZWIESEL, der ›Jugendfink‹ im späten Frühjahr, der ›Zwiesler Fink‹ im September, so benannt nach den begehrten Trophäen. Die 'böhmischen Musikanten' sind zwar durch Radio und Tonband längst verdrängt, doch ist den 'Waldlern' die Freude am ›Heimatsingen‹ geblieben. – Die Freude am Theaterspielen kann auf mehreren FREILICHTBÜHNEN ausgelebt werden. Am lebhaftesten geht es Mitte Juli in Neunußberg zu, wo Reiter eingesetzt werden, um Szenen aus dem ›Böcklerkrieg‹, einem Aufstand des Waldadels gegen die Wittelsbacher Mitte des 15. Jh., zu spielen, die der legendäre Bürgermeister Karl Gareis († 1974) niedergeschrieben hat. – In die Geschichte des 1. Schlesischen Krieges greifen seit 1951 die Waldmünchener, die seitdem im Juni und August nachts ›Trenck der Pandur vor Waldmünchen‹ aufführen, eine Erinnerung an die brutale Behandlung der Bevölkerung nach der Eroberung durch die Panduren in Diensten Maria Theresias am 15. 9. 1742. Eine ›Panduren-Reitschule‹ hat sich im nahen Geigant etabliert. – Im Juli und August werden in Rinchnach (südöstl. Regen) Szenen aus dem Leben des Laienbruders und Einsiedlers St. Gunther gespielt, der 1011 das Klosterdorf gegründet hat. Die Episoden hat man den Fresken des Andreas

Haindl aus Wels in der ehem. Benediktiner-propsteikirche entnommen.

Ganz irdisch ist das PICHELSTEINERFEST in Regen, das seit 1874 an fünf Tagen um das letzte Juliwochenende gefeiert wird. Dieses Eintopfgericht muß zumindest aus dreierlei Fleisch (Rind, Kalb und Schwein, früher auch noch Hammel), Kartoffeln und Gelberüben (Karotten) in Würfeln bestehen, die ohne Umrühren langsam mit Petersilie, Zwiebeln und Gewürzen garen müssen. Nach dem Festzug mit dem Festkoch gibt es in zwei Festhallen das sättigende Gericht, als abendliche Zugabe Gondelfahrten mit Lampionbeleuchtung auf dem Flüßchen Regen. – Nur ward der Pichelsteiner gar nicht in Regen erfunden, sondern von einer Wirtin zu Grattersdorf (östl. Deggendorf) einer Herrenpartie vorgesetzt worden, die ca. 1830 den Bichlstein (862 m) erklommen hatte. Seit neuestem gibt es daher Ende Juli auch ein Pichelsteinerfest am Bichlstein.

Kulinarisches Divertimento

Nur in Niederbayern (in Niederaichbach) gibt es ein Restaurant, das im Michelin einen Stern besitzt, aber es finden sich erstaunlich viele Gasthäuser, die alle Genüsse des Landes in solider, guter Verfassung auf den Tisch bringen und für ihre Zuverlässigkeit zu loben sind. Hier hat man es nicht nötig, aus Flechsen und Fleischresten Schnitzel zu pressen, das Rindermark durch Knochenraspel zu strecken, Pommes frites in Ketchup zu ertränken, denn Fleisch, Fische, Wild und alle Zutaten gibt es frisch und reichlich.

Beginnen wir unseren Streifzug mit den SUPPEN, die zu keiner kräftigenden Mahl-zeit fehlen, steigen von der gerösteten Grieß- und der Gerstensuppe mit Schwammerl (Pilzen) zur Buttermilch- oder sauren Suppe, die auf eine Scheibe Brot im Teller gegossen und mit Kümmel bestreut wird, über verschiedene Brennsuppen (mit Zukker; mit Rahm und Rotwein; mit Kümmel oder Schnittlauch) zur Bretzensuppe (Fastenbretze und Parmesankäse) und Kräutelsuppe (sieben feingehackte Kräuter oder nur Kerbel oder Kresse) zur Schlotsuppe (mit kleingeschnittenem Schwarzgeräuchertem) und Sauerampfer- oder Hopfensuppe (ein Teller Hopfensprossen zu zwei Semmeln, Pfeffer und Muskatnuß) auf zum Gipfel mit den fünf Spitzen: Wein-, Bier-, Milz-, Leber- und Hirnsuppe. Jenseits der bäuerlich-bürgerlichen Suppenterrine lag die Regensburger Domherrensuppe, deren Kern 36 Austern, 12 Krebse und 12 Champignons bilden.

Zahlreich sind die FISCHGERICHTE, denn gerade die Oberpfalz bietet in 12 000 ha Teichflächen herrliche Karpfen (vier von zehn Karpfen der Bundesrepublik stammen von dort) und Forellen aus zahlreichen klaren Bächen und Teichen. Dazu gesellen sich Hechte und Huchen, Schleien, Eiteln, Brachsen und Aale. König der Fische aber ist der Waller (Wels), der allerdings in Donau, Naab und Regen ein seltener Gast geworden ist, daher von Save und Drave eingeführt wird. Zahlreiche Fischstiftungen für Spitäler und Altersheime zeugen bis heute von der Bedeutung dieser Nahrung, die barocke Fischerkanzel in der Wallfahrtskirche Weißenregen b. Kötzting vom erhofften Fischsegen. An Zubereitungen seien nur genannt: Forelle in Tokayer oder (wie alle Weißfische) in Wurzelsud, Hecht auf Sauerkraut oder gespickt, Aal Burglengenfeld (in Bierteig gebacken), Zander in Weißwein mit Schwammerl, Waller in Dillsoße oder vom Rost oder gar gebratene Wallerleber auf Toast, aber damit sind wir schon bei der Hotelküche.

Wer hart arbeiten muß, will herzhaft, also FLEISCH essen. Gut ist immer Ochsen- oder Rindfleisch, in Wurzeln (Suppengrün) gekocht und mit warmer Kren-(Meerrettich) soße genossen, oder zum frühen Wirtshausbesuch (Gabelfrühstück) ein Tellerfleisch mit Salz, Kren und Essiggurken auf dem Holzteller serviert, auf beim Anschneiden der Saft laufen muß. Stärkend ist auch Ochsenschweif, der mit Zwiebeln und Pfefferkörnern 2–3 Stunden in dunklem Bockbier gedämpft wird, Rindsnierenwickelbraten, Waldmeisterbraten oder der beliebte Sauerbraten, aber nicht rheinisch, sondern mit Markknochen und Rinderklein geschmort und mit Grießklößen umlegt. Den Koch, die Köchin der Oberpfalz adelt jedoch erst Bifflamott (Boeuf à la mode), für das es Dutzende Rezepte gibt (die 'Schulen' scheiden sich nach Rotwein oder Schwarzbrotrinde), die als Beigabe Knödel oder Spatzen nennen. Wer fürs Zarte schwärmt, greift zur rollierten Kalbsbrust, der abgebräunten Kalbshaxe oder eingemachtem Kalbfleisch, wozu Semmelknödel oder kleine Spatzen gereicht werden. Am meisten Abwechslung herrscht aber beim Schweinefleisch, das auch beim kleinsten Bauern verwurstet, gesurt und geselcht das Jahr über vorrätig ist. Als saures Schweinefleisch mit Salzkartoffeln, als Schweinebauch in Eiersoße mit Dotsch (Kartoffelfladen) kommt es auf den Tisch, als Schweinsfuß mit Rübenkraut (Weiße oder Stoppelrüben), als geräuchertes Wammerl (Fleisch zwischen Kehle und Brust) mit Linsen und Fingernudeln gelten

sie als Zwischenessen, als Schinken in Portweinsoße oder als Regensburger Koteletts (ein in Weißwein gedämpfter halber Apfel, mit Mus aus Kren und Preiselbeeren gefüllt, liegt obenauf) ist es ein Festtagsessen. Als Beikost ist Sauerkraut oder Weißkrautsalat mit zerlassenen Speckwürfeln beliebt.

Im ganzen südlichen Bayern hat man eine gesunde Neigung zu INNEREIEN, was gar viele Touristen erstaunt, die vergessen haben, was einst die Römer und heute noch alle Mittelmeervölker schätzen. Neben Leber, Lunge und Herz steht die Milz in hohem Kurs, mit Majoran oder Thymian gewürzt, aber auch Kalbsgekröse (Mittel- und Kranzdärme), in Ei und Brösel gewendet, in Schmalz schwimmend herausgebakken, hat seine Kenner, und gebackenes Kuheuter, zuvor in Essigbrühe gebeizt, seine Verehrer. Kuttelfleck (feingeschnittener Rindslabmagen) sind gar zum ersten Gang des bäuerlichen Hochzeitsessens aufgestiegen; am liebsten mag man sie süßsauer. Über die WÜRSTE könnte man seitenlang schreiben, dazu über die Tellersulzen, die besonders frisch in den mit einer Metzgerei verbundenen Gasthäusern anzutreffen sind. Immerhin ist eine Wurst, die Regensburger, weit über Bayern hinaus bekannt geworden. Man genieße Bratwürste in der Historischen Wurstküche zu Regensburg nahe dem Donaustrudel, die urkundlich seit 1616 Würste und Sauerkraut abgibt, damit verdorbene Mägen wieder eingerenkt werden. (Die Wasserstandsmarken verraten, wie oft die Wurstküche selbst verdorben wurde.)

Je nach Anbau sind KARTOFFELN oder MEHLGERICHTE die häufigste Beikost. Aus der nördlichen Oberpfalz sind allein 100 Rezepte überliefert, um die billige Kartoffel variantenreich auf den Tisch zu bringen, sie

Was's wie die Sonnenuhr zähl die heiteren Stunden nur

AD 1956

Zu jeder Tat geb Gott Rat

1535

DEGGENDORF, Rathaus   Sonnenuhr von 1535

als Nudeln, Strudel, Kuchen, Gemüs, Salat oder im Bunde mit Topfen (Quark), Mohn, Majoran, Butter oder Käse anzurichten. Die Knödelsorten hat noch niemand gezählt, doch sind sie genauso abwechslungsreich aus den Grundformen der rohen (grünen), halbseidenen (Pharisäer) und gekochten Knödel entsprungen, haben schmackhafte Leber-, Grieß-, Grünkern- und Hefeknödel gezeugt, Schinken-, Fleisch- und Gremel-(Grieben)knödel zu Enkeln, aber den Alltag beherrschen die Semmelknödel(n) und die schon genannten Fingernudeln, die man mit Speck oder Weißkraut veredeln kann.

Wo viel Wald, da viel WILD. Man sollte seine Wildgerichte am besten im Steinwald, im Oberpfälzer und Bayerischen Wald bestellen, denn dort hat man für Hirsch und Reh, für Hase und Rebhuhn seine ausgeklügelten Rezepte und Gewürze (z. B. Ingwer, Nelken und Kardamom für den Hasen in Weinsulz), die einer Hausfrau nie einfallen würden. Da die Jagd dem Herrn gehörte, verzehrte der 'kleine Mann' seine Faisch (Farce) vom Kaninchen (Stallhasen) oder einen leckeren Ziegenbraten.

Da ich beim nächsten Besuch in diesen nahrhaften Landstrichen von den meist recht selbstbewußten Wirten nicht gesteinigt werden möchte, aber nicht alle Gasthöfe eines Ortes aufzuzählen vermag, beschränke ich mich auf einige HISTORISCHE GASTSTÄTTEN als Beispiele für reelle Einkehren. In Regensburg sitzt der ›Bischofshof‹ nicht nur im alten bischöflichen Palais, sondern auch neben den von Altdorfer ausgemalten Baderäumen. Im ›Ratskeller‹ wird als Besonderheit Waller vom Rost serviert, bei der ›Stritzelbäckerin‹ gibt es die hervorragenden heißen Stritzel in einer Patrizier-

burg und der ›Spitalgarten‹ am Nordende der Steinernen Brücke bietet Brotzeiten unter schattigen Kastanien. In Straubing hat die echte niederbayerische Küche der ›Seethaler‹ am Theresienplatz. In Wiesenfelden sitzt die Schloßbrauerei, in Falkenfels das Burghotel in historischem Gemäuer. In Deggendorf interessiert ausnahmsweise ein Cafetier und Wachszieher namens Wiedemann, der am Stadtplatz barocke Kerzen in mannigfacher Ausführung bereithält oder auch nach Wunsch zieht. In Plattling (Pledelingen) legte Kriemhild auf dem Weg zu Etzel eine Rast ein, übernachtete Marie Antoinette im Gasthof ›Alte Post‹ auf dem Wege zu Ludwig XVI. in Versailles. Verwöhnen lassen kann man sich auf Schloß Egg, das zum Hotel umgebaut wurde. In der Schloßwirtschaft Moos beim Schloß der Arco-Zinneberg reicht man zur Brotzeit warmen Leberkäs. Wer während der ›Europäischen Wochen‹ keinen Platz in Passau findet, versuche es mal mit der Maxhöhe (Gut Wolfersdorf) im nahen Kellberg oder auf ›Inas Bauernhof‹ in Vocking, wo die Besitzerin in Bauernmalerei unterrichtet. In Hals schließlich erinnert ein Schild beim ›Hofwirt‹ (Gasthof Schilleder) daran, daß Franz Lehar dort seine Operette ›Wiener Frauen‹ schrieb, als er wie Pfarrer Kneipp und Peter Rosegger bei preiswerter Badekur verweilte.

So zahlreich fast wie die guten Gaststätten sind auch die BIERE, die von den Land- und Stadtbrauereien angeboten werden, wobei nur Kenner erklären können, welchem braunen oder blonden Bier der Vorzug zu geben ist. Immerhin ist die Hallertau das größte Hopfenanbaugebiet Europas, kommt ausgezeichneter Weizen fürs Weißbier aus dem Gäuboden, steht Bayerns größte Privatbrauerei in Regensburg. Die kleinste Privatbrauerei Deutschlands, der Steiner Bräu in Pfarrkirchen, arbeitet nur mit einem Mann und gibt Bier noch in Flaschen mit Bügelverschluß ab. In diesem Falle geht wieder Probieren über Studieren. Wer auf diese flüssige Nahrung verzichten muß, greift zum Kondrauer, einem Säuerling aus Waldsassen. Zwar gedeiht in Krukkenberg östlich Regensburg ein herber Wein, doch wird er meist schon als Federweißer (junger Most) von den Einheimischen getrunken, so daß Donauwein nur in Bach und Kruckenberg zu haben ist. Eine Rarität ist der auf den Winzerer Höhen in Regensburg geherbstete Dr. Rießsche Wein, der z.B. im »Bayerischen Hof« zu München auf der Karte steht.

Eine Besonderheit, das Tabakschnupfen, ist ja inzwischen durch Hanseaten hoffähig geworden, so daß ich es erwähnen darf. Die Prise 'Schmalzler' (Schmai) verdankt ihren Namen dem glättenden Butterschmalz, von dem man wieder abgekommen ist. Ehrgeizige können beim Sommerfest im Juli in Teisnach (südöstl. Viechtach) zum Preisschnupfen antreten oder beim 'Schmalzlerfest' in Perlesreuth (südöstl. Grafenau), der Heimat einer besonderen Sorte, beim Festzug und Wettstreit mitwirken. Was ein rechter Schnupfer ist, der hat zumindest eines der flachen und farbigen Gläser zur Hand, wie sie in Zwiesel und Grafenau handgeblasen werden.

Fotonachweis

Wilfried Bahnmüller, Gelting   Abb. 5, 21, 24, 30, 37, 41, 42, 56, 57, 80, 81, 84, 86, 93; S. 153, 237, 290

Luftbild Albrecht Brugger, Stuttgart   Abb. 2, 71, 72, 75, 102 (freigeg. vom Reg. Präs. Nord-Württemberg Nr. 2/12197, Innenminist. Baden-Württemberg Nr. 2/12207, Nr. 2/12210, Nr. 2/12189, Reg. Präs. Stuttgart Nr. 2/12192)

Bildarchiv Huber, Garmisch-Partenkirchen   Ft. 7, 10

Bildarchiv Kinkelin, Worms   Ft. 26
– P. Klaes   Einband Vorderseite; Ft. 1, 6, 14, 15, 23, 32, 33
– Christian Koch   Einband Rückseite; Abb. 60

Luftbild Klammet & Aberl, Germering   Ft. 2–5, 9, 19, 20 (freigeg. durch die Reg. v. Oberbayern Nr. G 43/1143, G 43/1144, G 43/465, G 43/992, G 43/994, G 43/567, G 43/564)

Löbl-Schreyer, Bad Tölz   Ft. 11, 12, 16–18, 22, 25, 28, 30, 31, 36, 37, 42

Werner Neumeister, München   Abb. 3, 4, 10, 16–20, 22, 23, 25–29, 34, 36, 38, 43–47, 50–52, 54, 61, 62, 64, 66–69, 76, 85, 99, 101, 103–110; S. 2, 47, 73, 202, 303, 310, 311, 325, 329

Ursula Pfistermeister, Fürnried   Ft. 8, 21, 34; Abb. 6, 7, 9, 13–15, 31–33, 35, 39, 40, 48, 49, 53, 55, 58, 73, 74, 78, 79, 82, 87, 92, 94, 95, 97, 98, 100, 111–113; S. 28, 38, 83, 87, 218, 220, 222, 239, 316, 327

Bildarchiv Fritz Prenzel, Gröbenzell
– Amberg   Ft. 41
– Kinlein   Ft. 38–40

Toni Schneiders, Lindau   Einband Innenklappe; Ft. 13, 24, 27, 29, 35

Wilkin Spitta, Zeitlarn   Abb. 11, 12; S. 69

Werner Stuhler, Hergensweiler   Abb. 1, 8, 59, 63, 65, 70, 77, 83, 88–91, 96; S. 333

Orts- und Sachverzeichnis

Sind mehrere Seitenzahlen angegeben, bedeuten halbfette Ziffern ausführliche Beschreibungen.

Namensverzeichnis

A = Architekt, Baumeister
B = Bildhauer, Bildschnitzer
M= Maler
St = Stukkateur

Bei Herrschern sind die Regierungsdaten in Klammern angegeben

Franken

Kunst, Geschichte und Landschaft
Entdeckungsfahrten in einem schönen Land – Würzburg, Rothenburg, Bamberg, Nürnberg und die Kunststätten der Umgebung
408 Seiten mit 52 farbigen und 122 einfarbigen Abbildungen, 28 Zeichnungen, 2 Karten, 14 Seiten praktischen Reisehinweisen, Namenverzeichnis, Orts- und Sachregister, kartoniert
»Wer Franken bisher nicht kennt, der dürfte von den entsprechenden, originellen und sehr informativen Ausführungen Werner Dettelbachers so angeregt sein, daß auch er sich zu einer Entdeckungsreise entschließt. Allen Reisenden und Kunstfreunden, die sich angelockt fühlen von dem Gebiet, vermag dieser Band Begleiter und Ratgeber zu sein, da er auch die verborgenen Schönheiten der Landschaft und der Kunstfreunde entdeckt, an denen Franken so überreich ist.« *Wiesbadener Tagblatt*

Zwischen Neckar und Donau

Kunst, Kultur und Landschaft von Heidelberg bis Heilbronn, im Hohenloher Land, Ries, Altmühltal und an der oberen Donau
268 Seiten mit 22 farbigen und 128 einfarbigen Abbildungen, 31 Zeichnungen, Karten und Plänen, 11 Seiten praktischen Reisehinweisen, Literaturauswahl, Register, kartoniert
»Dem Leser wird eine wahre Schatzkammer an kunsthistorischen Sehenswürdigkeiten und landschaftlichem Liebreiz erschlossen. Ein ebenso reicher wie attraktiver Bildteil, landeskundliche Erläuterungen, praktische Reisehinweise und ein gastronomischer Ratgeber ergänzen den mit großer Sachkenntnis und viel Liebe zum Detail geschriebenen Text.« *Main Post*

Salzburg, Salzkammergut, Oberösterreich

Kunst und Kultur auf einer Reise vom Dachstein bis zum Böhmerwald
320 Seiten mit 38 farbigen und 152 einfarbigen Abbildungen, 9 Karten und Stadtplänen, 49 Zeichnungen, 23 Seiten praktischen Reisehinweisen, Register, kartoniert
»Was man an diesem Kunst-Reiseführer besonders zu schätzen weiß, ist der flüssige Stil, der durchaus engagiert von kleinen und großen Kostbarkeiten erzählt, aber dem Leser nie die obligaten Werturteile und vorformulierten Eindrücke mitliefert. Wer das handliche Buch mit sich führt, wird verläßlich mit reicher Ernte heimkehren.« *Salzburger Nachrichten*

DuMont Kunst-Reiseführer

Frankreich für Pferdefreunde
Kulturgeschichte des Pferdes von der Höhlenmalerei bis zur Gegenwart. Camargue, Pyrenäen-Vorland, Périgord, Burgund, Loiretal, Bretagne, Normandie, Lothringen. Von Gerhard Kapitzke (DuMont Landschaftsführer)

Frankreichs gotische Kathedralen
Eine Reise zu den Höhepunkten mittelalterlicher Architektur in Frankreich. Von Werner Schäfke

Languedoc – Roussillon
Von der Rhône zu den Pyrenäen. Von Rolf Legler

Das Tal der Loire
Schlösser, Kirchen und Städte im ›Garten Frankreichs‹. Von Wilfried Hansmann

Die Normandie
Vom Seine-Tal zum Mont St. Michel. Von Werner Schäfke

Paris und die Ile de France
Die Metropole und das Herzland Frankreichs. Von der antiken Lutetia bis zur Millionenstadt. Von Klaus Bußmann

Périgord und Atlantikküste
Kunst und Natur im Lande der Dordogne und an der Côte d'Argent von Bordeaux bis Biarritz. Von Thorsten Droste

Die Provence
Ein Reisebegleiter durch eine der schönsten Kulturlandschaften Europas. Von Ingeborg Tetzlaff

Savoyen
Vom Genfer See zum Montblanc – Natur und Kunst in den französischen Alpen. Von Ruth und Jean-Yves Mariotte

Südwest-Frankreich
Vom Zentralmassiv zu den Pyrenäen – Kunst, Kultur und Geschichte. Von Rolf Legler

Griechenland

Athen
Geschichte, Kunst und Leben der ältesten europäischen Großstadt von der Antike bis zur Gegenwart. Von Evi Melas

Die griechischen Inseln
Ein Reisebegleiter zu den Inseln des Lichts. Kultur und Geschichte. Hrsg. von Evi Melas

Kreta – Kunst aus fünf Jahrtausenden
Minoische Paläste – Byzantinische Kirchen – Venezianische Kastelle. Von Klaus Gallas

Alte Kirchen und Klöster Griechenlands
Ein Begleiter zu den byzantinischen Stätten. Hrsg. von Evi Melas

Tempel und Stätten der Götter Griechenlands
Ein Reisebegleiter zu den antiken Kultzentren der Griechen. Hrsg. von Evi Melas

Großbritannien

Englische Kathedralen
Eine Reise zu den Höhepunkten englischer Architektur von 1066 bis heute. Von Werner Schäfke

Die Kanalinseln und die Insel Wight
Kunst, Geschichte und Landschaft. Die britischen Inseln zwischen Normandie und Süd-England. Von Bernd Rink

Schottland
Geschichte und Literatur. Architektur und Landschaft. Von Peter Sager

Süd-England
Von Kent bis Cornwall. Architektur und Landschaft, Literatur und Geschichte. Von Peter Sager

Guatemala
Honduras – Belize. Die versunkene Welt der Maya. Von Hans Helfritz

Holland
Kunst, Kultur und Landschaft. Ein Reisebegleiter durch Städte und Provinzen der Niederlande. Von Jutka Rona

Indien
Indien
Von den Klöstern im Himalaya zu den Tempelstätten Südindiens. Von Niels Gutschow und Jan Pieper
Ladakh und Zanskar
Lamaistische Klosterkultur im Land zwischen Indien und Tibet. Von Anneliese und Peter Keilhauer

Indonesien
Ein Reisebegleiter nach Java, Sumatra, Bali und Sulawesi (Celebes). Von Hans Helfritz

Iran
Kulturstätten Persiens zwischen Wüsten, Steppen und Bergen. Von Klaus Gallas

Irland – Kunst, Kultur und Landschaft
Entdeckungsfahrten zu den Kunststätten der ›Grünen Insel‹. Von Wolfgang Ziegler

Italien
Apulien – Kathedralen und Kastelle
Ein Reisebegleiter durch das normannisch-staufische Apulien. Von Carl Arnold Willemsen
Elba
Ferieninsel im Tyrrhenischen Meer. Macchienwildnis, Kulturstätten, Dörfer, Mineralienfundorte. Von Almut und Frank Rother (DuMont Landschaftsführer)
Das etruskische Italien
Entdeckungsfahrten zu den Kunststätten und Nekropolen der Etrusker. Von Robert Hess und Elfriede Paschinger
Florenz und die Medici
Ein Begleiter durch das Florenz der Renaissance. Von My Heilmann
Ober-Italien
Kunst, Kultur und Landschaft zwischen den Oberitalienischen Seen und der Adria. Von Fritz Baumgart
Von Pavia nach Rom
Ein Reisebegleiter entlang der mittelalterlichen Kaiserstraße Italiens. Von Werner Goez
Rom
Kunst und Kultur der ›Ewigen Stadt‹ in mehr als 1000 Bildern. Von Leonard von Matt und Franco Barelli
Das antike Rom
Die Stadt der sieben Hügel: Plätze, Monumente und Kunstwerke. Geschichte und Leben im alten Rom. Von Herbert Alexander Stützer
Sardinien
Geschichte, Kultur und Landschaft – Entdeckungsreisen auf einer der schönsten Inseln im Mittelmeer. Von Rainer Pauli

»Richtig reisen«